TÉLÉTEXTE

Perspectives sur la France d'aujourd'hui

Anthony A. Ciccone
University of Wisconsin—Milwaukee

Martine Darmon Meyer
University of Wisconsin—Milwaukee

Heinle & Heinle Publishers
A Division of Wadsworth, Inc.
Boston, Massachusetts 02116 U.S.A.

Vice-President and Publisher: Stanley J. Galek
Editor: Petra Hausberger
Production Editor: Julianna Nielsen
Production Manager: Elizabeth Holthaus
Internal Design and Layout: Keithley and Associates
Cover Design: Petra Hausberger
Mapmakers: Herb Heidt/Mapworks & Keithley and Associates

To our long-suffering families, Sue, Emily, Mark, and Stephanie, without whose encouragement and patience this project would not have been possible.

Manufactured in the United States of America

ISBN 0-8384-3666-8 (Student Edition)
ISBN 0-8384-3673-0 (Teacher's Edition)
Heinle & Heinle Publishers is a division of Wadsworth, Inc.

10   9   8   7   6   5   4   3   2   1

PREFACE

PHILOSOPHY

Télétexte: Perspectives sur la France d'aujourd'hui exists thanks to our belief that real language learning takes place in the presence of meaningful, interesting texts (audio, video, and written) that invite critical response. We also believe that students can be exposed to authentic texts before knowing all the grammatical rules and their exceptions. The principal instructional implication of these two beliefs is that the positions of grammar and content must be reversed. The intrinsic interest of the materials in this textbook, the reinforcement of their content through repetition in various modes, and their structured presentation through preparatory activities, successive viewings, listenings, and readings, and personalized questions enable students to make significant progress in comprehending authentic French. Attention to and imitation of the spoken and written linguistic models and timely explanation of the appropriate grammatical forms in their context enable students to make similar progress in speaking and writing.

We are further convinced that students respond best to the study of authentic materials, despite the difficulties inherent in understanding language that has not been written for instructional purposes. Students can and will confront unfamiliar vocabulary, decipher complex ideas, and struggle to understand the use of connotation and other stylistic devices that express (or obscure) authorial point of view if they are asked to examine texts that have literary and social value.

GENERAL DESCRIPTION AND GOALS OF THE PROGRAM

Télétexte: Perspectives sur la France d'aujourd'hui is an innovative conversation and culture text for intermediate–advanced level university classes that presents a wide variety of oral and written language in the belief that second- and third-year students need to increase their ability to understand authentic oral and written French if they are to expand their speaking and writing skills. The organizing principle is thematic, and the materials have been chosen for their ability to serve as models and provide cultural perspectives that encourage comparison and critical thinking. Each chapter includes a written introduction in standard native French that situates a particular subject of French life in its contemporary and historical contexts, a video section that develops several of the issues related to the theme, an audio section in which native French speakers are interviewed about the video and other chapter themes, and a reading section that includes literary, journalistic, autobiographical, and sociological passages. *Télétexte* is designed for the instructor who is interested in authentic materials, comprehensible input, "productive" and "receptive" skills, and the primacy of meaning over form.

The **Introduction** helps students prepare for the more difficult authentic speech of the later sections by familiarizing them with the topic and its vocabulary and by encouraging comprehension strategies that will be repeated throughout the text. In **A vous d'abord**, students are asked to reflect on the experiences they have had that bear on the issues and to review what they already know about them. This is usually accomplished using surveys or other information that invites reaction. Any pertinent historical or geographic information is presented here as well. The *introductory reading* itself is organized thematically and then historically within each theme. Each section begins with a series of questions whose answers are to be found in the subsequent paragraphs and supporting materials (maps, charts, tables, etc.). These *intertextual questions* enable students to make certain that they understand the important elements of the passages.

The **Video** section is the crucial section of the chapter. It may be composed of short, separate clips from a number of sources, or it may involve an entire 25–30 minute program on one topic. Most chapters have parts that are prepared for classroom activity and parts that can be done as extra work in a laboratory setting. In the **Avant de visionner** section, students first read some important *background information* on the program. The **A vous d'abord** section invites them to use their own experiences to imagine, predict, and thus prepare to understand what they will be seeing. Completing the **Un peu de vocabulaire** exercises orally provides practice in both the sound and the meaning of the important expressions soon to be heard. The **Pendant que vous visionnez** section enables students to deepen their comprehension of the material through *successive viewings* of segments up to four minutes in length. Often these segments are presented first without sound to demonstrate how much meaning is related to visual image. Later viewings with sound are accompanied by a variety of true-or-false, multiple-choice, and fill-in questions. The **Et maintenant** section raises important points of stylistic interpretation and asks questions that encourage comparison or contrast with personal experience. They are essential for making the video a springboard for further thinking. In a number of chapters, one or more **Textes complémentaires** are also part of this section. These reading passages present a continuation of or a contrast with the preceding video and invite students to solidify the information they have just comprehended by extending its implications or evaluating its worth in other contexts.

The **Audio** section is similarly structured: **Avant d'écouter, Pendant que vous écoutez,** and **Et maintenant.** The successive listenings include activities that are graded in difficulty. The content of this section always includes reactions to the video on the part of the interviewees. Thus students are led to consider different points of view.

The readings in the **Lecture** section at the end of the chapter represent a wide variety of styles and purposes and are meant to present even more points of view. Again, an **Avant de lire** section provides *background information* on the author and nature of the passage. The **Pendant que vous lisez** section invites successive readings for different levels of meaning. Questions for the first reading require students to read either for general comprehension (skim) or for particular information (scan). Second and subsequent readings are supported by glosses that require choosing between two possible paraphrases, as well as by the more traditional "French equivalent" and "English translation" glosses. The **Et maintenant** section poses questions that relate sequentially to sections of the passage and more global questions of interpretation and opinion that can be the source of group conversation or individual writing. Grammar is explained and exercises provided in relation to the corresponding chapter and only in the companion text, *Télétexte chez soi*. Instructors may assign whatever they feel is needed. There is therefore no unnecessary rehashing of material for students who already know it and no need to work through material whose usefulness is neither immediate nor essential.

Télétexte: Perspectives sur la France d'aujourd'hui and *Télétexte chez soi* are designed for use over two semesters. Each of the eight chapters requires up to 12 one-hour classes. If time problems arise, instructors are encouraged to use parts of every section and every chapter rather than eliminate entire sections or topics. The **Instructor's Edition** contains specific suggestions for dealing with this and other pedagogical concerns.

TO THE STUDENT

Télétexte is not like any other foreign language textbook you may have used, and its philosophy and structure take some getting used to. You may find that your success (and satisfaction) varies with each section and with each chapter and that you are often daunted by the apparent difficulty of the material. Students who have used the material in manuscript form have helped us define this feeling more precisely, and we would like to share their comments with you.

In the first place, many were unfamiliar with authentic materials and their pace and sophistication. Forgetting that in their native language attention to every word is not necessary, they expected to understand every word of the foreign material upon the first listening. Incapable (especially at the outset) of understanding even 50 percent, they often expressed frustration. It took them some time to realize that hearing all the words is not essential to understanding their meaning.

Second, many students were not accustomed to doing as much preparatory work before class. This work (the **A vous d'abord** and **Un peu de vocabulaire** sections) is essential if the video is to make sense.

Third, many assumed that watching foreign-language video was a passive activity, similar to watching American TV. They were not accustomed to watching actively—looking for visual clues, taking notes, noticing how the material was organized. Within a few weeks, however, they recognized the importance of preparation and how much it facilitated their comprehension of the material. Their confidence increased with their growing grasp of technique and content, and they became quite satisfied with their noticeable progress in understanding and speaking adult-level French.

We hope that you will have the same experience when using *Télétexte*.

ACKNOWLEDGMENTS

We would like to thank the people at Heinle and Heinle Publishers who helped bring this complex project to fruition: Charles Heinle and Stan Galek for their support and encouragement; Petra Hausberger for turning a large box of materials into an organized series of texts, video and audio cassettes, and transcripts; Amy Jamieson for keeping a number of tasks on track; and especially our production editor Julianna Nielsen, for her quiet confidence and superb organizing skills. A special thanks as well to Katia Lutz for her insights on format and structure that turned good materials into a teachable program. Finally, we would like to express our gratitude to our original collaborator, Laura McKenna, for understanding and accepting the important innovative features of *Télétexte* and encouraging us to remain faithful to the original idea despite its complexities.

Télétexte could not exist without interesting videos that are well presented and easy to manipulate. The authors would especially like to express their appreciation to Anny Ewing, French program coordinator at the Project for International Communication Studies (PICS), for her attention to detail, certainly, but more important, for her creativity, encouragement, and genuine interest in the project. We also thank Rick Altman, codirector of PICS, for his excellent suggestions on using video in the classroom and his generous commitment of time and resources. The entire PICS staff, especially Susan Redfern, has our deepest gratitude. We thank also the University of Iowa for its warm welcome and for making available to us its equipment and facilities.

We would like to thank our native speakers for their time, interest, and openness: Mehdi Al-Amrani, Nicole Chandler, Brigitte Coste, Colette Delhaye, José Fripiat, Jason Lockwood, Marie-Claude McNulty, Gérard Roullot, Michelle Szkilnik, and Madeleine Velguth. We thank Dan Chew, John Gray, Frank Campenni, and Dave Kleczewski of the Educational Communications Division of the University of Wisconsin—Milwaukee for producing the audio portions.

We are especially grateful to Marie Fayad for her work in transcribing the oral interviews, to Susan Ciccone for work on the Glossary, and to John Bowden and Andy Biewer of the Language Resource Center at the University of Wisconsin—Milwaukee for their consultation on computer problems. We would also like to thank Darlene Hagopian, our indispensable secretary at the Department of French and Italian at UWM, and the work-study students who helped at several points, Sally Gendron, Kevin Hohn and Brenda Buchert.

We would also like to thank our many high school and university colleagues who have generously shared their comments on the philosophy, structure, and content of *Télétexte*. In particular, we thank Marie Fayad, Jim Mileham, Michelle Szkilnik, and Madeleine

Velguth for testing the material in manuscript form. We have also greatly appreciated the candid comments and suggestions of our students and of the educators who reviewed the book in draft form: Audrey Gaquin of the United States Naval Academy, Elaine Hopkins Garrett of Bucknell University, Edmund J. Campion of the University of Tennessee at Knoxville, Michael Danahy of the University of Wisconsin—Stevens Point, Susanna S. Bellocq of Ohio Wesleyan University, Wendell McClendon of Texas Tech University, Patricia Jordhal of Roanoke College, Josy McGinn of Syracuse University, Elizabeth M. Guthrie of University of California at Irvine, Margaret W. Blades of Linfield College, David M. Uber of Baylor University, Dorothy M. Betz of Georgetown University, Douglas A. Bonneville of the University of Florida at Gainesville, Jo Ann M. Recker of Xavier University, Virginia M. Scott of Vanderbilt University, Lynne Breakstone of Washington University, Pierre M. Verdaguer of the University of Maryland, Diane Fagin Adler of North Carolina State University, Lynn Klausenburger of the University of Washington, Elaine Phillips of Southwestern University, Margo R. Kaufman of the University of California at Davis, Mary Ann Lyman-Hager of the Pennsylvania State University, Kevin Elstob of Cleveland State University, Gale Crouse of the University of Wisconsin—Eau Claire, Emese Soos of Tufts University, Sharon Guinn Scinicariello of Case Western Reserve University, Celeste Kinginger of Stanford University, D. Hampton Morris of Auburn University, Michael West of Carnegie Mellon University, Diane M. Dansereau of the University of Colorado at Denver, and Raymond J. Pelletier of the University of Maine.

PHOTO CREDITS

Page 2 Peter Menzel; 22 *Left* © Cap-Viollet, *Right* © Cap-Viollet; 25 Stuart Cohen/Comstock; 30 Mike Mazzaschi/Stock Boston; 34 Arlene Collins; 38 Mark Antman/The Image Works; 72 Stuart Cohen/Comstock; 84 *Top* © Collection Viollet, *Bottom* Peter Menzel; 91 Peter Menzel; 94 Peter Menzel; 110 Hugh Rogers; 117 © Lipnitzki-Viollet; 126 *Top and Bottom* Peter Menzel; 132 Reuters/Bettman; 148 Stuart Cohen/Comstock; 160 Ulrike Welsch; 165 © Frank Siteman; 172 *Top* © Roger-Viollet, *Bottom* Hugh Rogers; 197 © Cap-Viollet; 202 Peter Menzel; 211 © Roger-Viollet; 216 © Gontier/The Image Works; 244 Hugh Rogers; 256 Beryl Goldberg; 266 *Top* Betty Press, *Bottom* Owen Franken/Stock Boston; 287 Godsey; 312 *Top* © Mark Antman/The Image Works, *Bottom* Hugh Rogers; 332 Beryl Goldberg; 334 © Lipnitzki-Viollet; 339 UPI-Bettman.

TEXT PERMISSIONS

In addition to the authors and publishers credited within this text, we wish to thank the following for permission to reprint:

Pages 5 & 6: Tables "Les Principales qualités des Français" and "Les principaux défauts des Français" from *L'Etat de l'opinion 1990*, SOFRES, Editions du Seuil, 1990.
Page 7: Cartoon, "Les Européens" by Wolinski from *Insight magazine*, June 20, 1988. Reprinted by permission of *Le Nouvel Observateur*.
Page 9: "Les Représentations dominantes de la France" from *L'Etat de l'opinion 1990*, SOFRES, Editions du Seuil, 1990.
Page 53: Listings from *Télé 7 jours*, 9 juillet 1990, pages 50–51.
Page 62: Entry of "Atlanthal" from the *Michelin Red Guide France 1991* edition, Pneu Michelin, Services de Tourisme. Reprinted by permission of Michelin Travel Publications.
Page 87: Table "Lorsque l'enfant disparaît" from *Francoscopie* by Gérard Mermet, page 124, source INSEE.
Page 89: Table "Les Grands Changements depuis deux siècles" from *L'Etat de l'opinion, Clés pour 1989*, page 166, SOFRES, Editions du Seuil.
Page 92: Chart, "Scolarité des enfants: les hommes se défilent (55%)" from *Le Nouvel Observateur*, Numéro 1361, du 6 au 12 décembre 1990, page 10. Copyright © 1990 by Le Nouvel Observateur.
Pages 90, 93: From *Madame Figaro*, 11 Fév. 1989, pages 96–96 and 99. Copyright © 1989 by Madame Figaro.
Page 120: From "Le Malade Imaginaire," Act 1, Scène 5 from *Oeuvres Complètes, Tome Second*, by Molière, pages 772–775. Copyright © 1962 by Garnier Frères. Reprinted by permission of Bordas Dunod Gauthier–Villars.
Pages 144, 147, 150: Excerpts, charts and maps from "TGV-AVION-AUTO: Le Match de de la vitesse et des prix," *Le Point*, Numéro 878, 17 juillet 1989, pages 56–62.
Page 163: Charles Baudelaire, *Les Fleurs du mal et autres poèmes*. Paris, France: Garnier–Flammarion, 1964, pages 77–78.
Page 167: Emile Zola, *La Bête humaine*. Paris, France: Fasquelle, 1890, pages 49–50.
Page 175: Chart "Métier Idéal, Métier Réel," from *Le Point*, Numéro 910, 26 Fév. 1990, page 39.
Page 179: Chart "Privatisations, Nationalisations ou Statu-Quo" from *L'Etat de l'opinion 1990*, page 82, SOFRES, Editions du Seuil.
Page 180: Chart "Les Motivations au travail" from *L'Etat de l'opinion 1990*, page 82, SOFRES, Editions du Seuil.
Page 219: Table "L'Avenir des immigrés" from *L'Etat de l'opinion, Clés pour 1981*, SOFRES, Editions du Seuil, 1989.
Page 220: Table "1 500 000 Travailleurs étrangers" from *Francoscopie* by Gérard Mermet, page 257, source INSEE.
Page 221: Map of Africa, "Le Partage de L'Afrique: Situation en 1914" from *Histoire Contemporaine (1848–1914)* by J.-M. Hoop et R. Hubac, page 337. Copyright © 1961 by Librairie Delagrave.
Page 223: Figure, "Liste des pays et régions où le français occupe un statut particulier" from *Atlas de la Francophonie* by Université Laval, page 10. Reproduit avec l'autorisation des Publications du Québec.
Page 257: Cover illustration and excerpt from *La Réclusion solitaire* by Tahar Ben Jelloun, coll. "Points Roman," Editions du Seuil, 1981.

Page 260: Cartoon "A la Réflexion" by Denis Fremond, *Le Point,* Numéro 901, 25 déc. 1989, page 106.
Page 268: Chart "Franglais" from *L'Etat de l'opinion 1990,* page 223, SOFRES, Editions du Seuil, 1990.
Page 294: Words from song "Gens du Pays" from *Les Gens de mon pays,* by Gilles Vigneault, Les Nouvelles Editions.
Page 321: Chart "Proportion des français..." from *Les Pratiques culturelles des français 1988–189,* page 127, Ministère de la Culture et de la Communication, La Documentation Française.
Page 324: **métro** map courtesy of RATP.

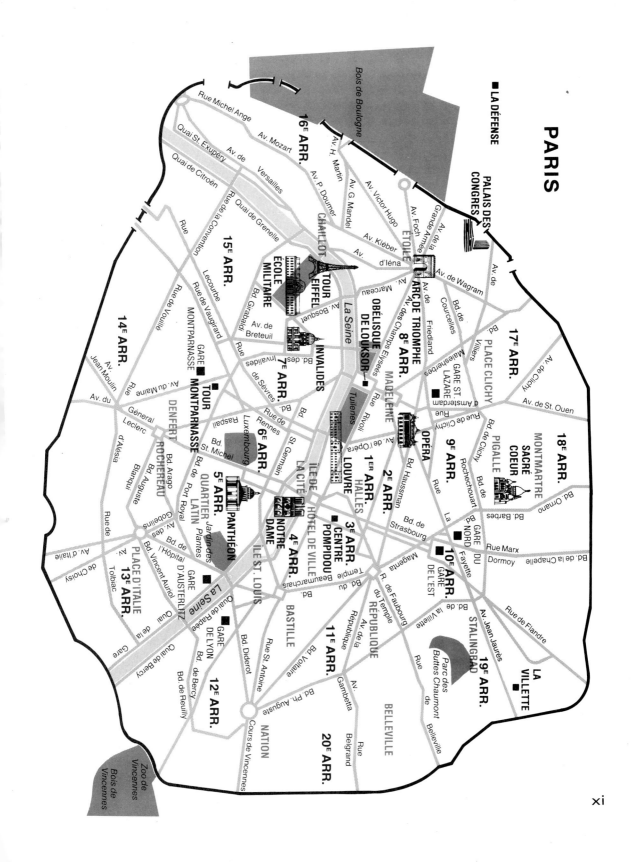

PARIS

xi

QUÉBEC

Nouveau-Brunsw

Québec

Montréal

Nouvelle-Ecosse

St-Pierre-et-Miqu

Maine

NOUVELLE-ANGLETERR

AMÉRIQUE
DU NORD

LOUISIANE

La Nouvelle-Orléans

*L'Océan
Atlantique*

HAÏTI

Port-au-
Prince

GUADELOUPE

MARTINIQUE

*L'Océan
Pacifique*

GUYANE
FRANÇAISE

Cayenne

AMÉRIQUE
DU SUD

NOUVELLE
HÉBRIDES

NOUVELLE-
CALÉDONIE

POLYNÉSIE FRANÇAISE

Tahiti

LE MONDE
FRANCOPHONE

ASIE

EUROPE

Bruxelles   BELGIQUE
Jersey   LUXEMBOURG
Paris   Genève
FRANCE   SUISSE
ONACO   Val d'Aoste
DORRE   CORSE
Rabat   Tunis
AROC   Alger TUNISIE
            ALGÉRIE   LIBAN

LAOS   Hanoi
Vientiane
CAMBODGE   VIÊT-NAM
Pondichéry Phnom Penh

15

AFRIQUE

1
2
3
8
7
10
18 9
11
16
12 13
14
17

ÎLES SEYCHELLES   L'Océan
                  Indien
ÎLES COMORES
                  ÎLES MAURICE
                  RÉUNION
RÉPUBLIQUE
DÉMOCRATIQUE DE MADAGASCAR

Tananarive

AUSTRALIE

1. Mali   5. Mauritanie   9. Bénin   13. Congo   17. Burundi
2. Niger   6. Guinée   10. République Centrafricaine 14. Zaïre   18. Togo   xiii
3. Tchad   7. Côte-D'Ivoire   11. Cameroun   15. Djibouti
4. Sénégal   8. Burkina-Faso   12. Gabon   16. Rwanda

PERCEPTIONS

1

INTRODUCTION

Vous allez étudier dans ce chapitre les perceptions typiques des Américains vis-à-vis des Français et vice versa. Vous examinerez ce que les personnes d'autres nationalités pensent des Français et de la France et vous étudierez les raisons possibles et la validité de ces perceptions.

VIDEO

Vous allez voir deux courts métrages qui présentent une image traditionnelle de la vie française; cette image tend à disparaître, mais c'est toujours celle de beaucoup d'étrangers. Quelques textes complémentaires vous aideront à mieux apprécier cette contradiction.

AUDIO

Vous écouterez ensuite l'interview de trois Françaises qui connaissent bien les Etats-Unis et qui donnent leurs impressions de la vie américaine.

LECTURE

Vous lirez enfin plusieurs passages journalistiques et sociologiques dans lesquels on traite des différences culturelles apparentes entre les Français et les Américains.

INTRODUCTION

A vous d'abord

1. Avant de commencer la lecture, parlons un peu de vos idées de la France. Quelles images visuelles avez-vous de la France? Dressez une liste d'au moins dix images. Décrivez-les. Groupez vos images en catégories: par monuments, produits et personnages, par exemple. D'où viennent ces images? Viennent-elles de la publicité vue à la télévision ou de magazines, de films, de manuels scolaires?

2. Voici une liste d'éléments positifs de la France d'aujourd'hui cités par des gens de plusieurs nationalités: le savoir-vivre, la culture, l'histoire, la technologie. Définissez ces éléments et donnez-en des exemples (savoir-vivre: la connaissance et la pratique des usages du monde — savoir donner une réception élégante, par exemple). A votre avis, lesquels des éléments s'appliquent le mieux à la France? Pouvez-vous en ajouter d'autres?

3. Connaissez-vous personnellement des Français? Qui sont-ils? Décrivez-les. Quel est leur métier?

I. Perceptions des Français

A. Etudiez les tableaux et les paragraphes suivants sur les qualités et défauts principaux des Français selon des personnes de différentes nationalités.

1. Groupez les adjectifs suivants du premier tableau avec leurs antonymes (contraires) du deuxième tableau: *accueillant, travailleur, honnête.*

2. Quel est le contraire des adjectifs suivants: *sympathique, intelligent, propre, sérieux, courageux, bavard, entêté, agressif, vieux jeu?*

3. Cherchez une bonne définition du mot *débrouillard.*

4. Remarquez surtout:
   - la nationalité de ceux qui trouvent les Français le plus sympathiques.
   - la nationalité de ceux qui trouvent les Français le moins sympathiques.
   - la nationalité de ceux qui trouvent les Français le plus accueillants.
   - les défauts des Français remarqués par le plus grand nombre d'Américains.
   - les différences entre les réponses des Québécois (*contents d'eux, bavards*) et les réponses des Américains.
   - les raisons pour lesquelles les Québécois sont très méfiants envers les Français.

5. Après avoir lu cette partie, faites un petit sondage dans votre classe et auprès de vos amis américains qui connaissent des Français. Employez les mêmes adjectifs.

Dans un livre très amusant de l'humoriste français Pierre Daninos, le
narrateur essaie de définir ce que c'est qu'un Français. Il est, nous dit-il,
«saisi de vertige°» devant les contradictions qu'il constate chez les
Français. Ils sont à la fois crédules° et méfiants°; ils se disent
5 rationalistes et cartésiens°, mais leur histoire montre qu'ils croient
fermement aux miracles (voir la section III, «Un peu d'histoire»); ils sont
en même temps accueillants° et inhospitaliers°, individualistes et
conformistes, etc.

Dans un sondage sur les qualités et les défauts des Français, réalisé
10 auprès d'étrangers en 1988 (tableaux 2 et 3), 22% des Américains
trouvent les Français accueillants (16% les trouvent froids et distants),
tandis qu'au contraire 55% des Belges les trouvent accueillants et 6%
froids et distants!

On peut voir, d'après ces sondages, que les étrangers ne sont pas
15 unanimes° sur les qualités et les défauts des Français. Leurs perceptions
varient et dépendent de leur connaissance de la France et de la langue
française, des relations historiques de leur pays avec la France et
surtout de leur propre perspective culturelle. Dans le tableau 2, il est
évident que les Québécois et les Belges, qui parlent français, auront des
20 perceptions des Français différentes de celles des Anglais, qui le parlent
moins. De même, il est très compréhensible que les Québécois soient
plus méfiants que les Belges envers les Français: au cours de leur
histoire, ils n'ont pas reçu des Français le soutien° auquel ils auraient
pu s'attendre (voir chapitre 7). De plus, la communauté de langue, qui

LES PRINCIPALES QUALITÉS DES FRANCAIS

Dans la liste suivante, quelles sont, selon vous les principales qualités des Français ?

	Québec	Belgique	Espagne	Italie	Allema-gne de l'Ouest	Grande-Bretagne	Etats-Unis	Japon	U.R.S.S.*
Sympathiques	41	62	20	34	37	15	38	37	78
Accueillants	26	55	22	26	50	22	22	7	70
Intelligents	26	34	18	14	19	17	33	23	73
Débrouillards	24	44	11	17	43	18	19	4	71
Travailleurs	19	19	23	13	6	18	28	2	56
Propres	13	16	17	29	7	16	16	24	43
Sérieux	17	22	18	7	3	18	14	3	38
Honnêtes	16	32	5	5	11	9	16	3	//
Energiques	21	24	6	6	8	13	19	3	69
Courageux	9	19	2	5	6	5	12	3	51
Sans opinion	19	7	23	13	28	35	32	31	//
	%(1)	%	%	%	%	%	%	%	%

Tableau 1

LES PRINCIPAUX DEFAUTS DES FRANCAIS

Dans la liste suivante, quels sont, selon vous les principaux défauts des Français ?

	Québec	Belgique	Espagne	Italie	Allemagne de l'Ouest	Grande-Bretagne	Etats-Unis	Japon	U.R.S.S.*
Contents d'eux	40	67	7	33	20	23	20	23	38
Bavards	42	64	14	26	21	18	21	12	48
Froids, distants	14	6	30	16	6	16	16	19	9
Entêtés	29	24	16	11	14	21	14	11	6
Hypocrites	6	11	18	10	3	17	13	6	10
Agressifs	11	14	16	6	6	15	10	4	10
Paresseux	2	18	3	7	16	5	5	6	23
Vieux jeu	8	13	4	8	5	9	11	2	10
Menteurs	4	6	7	6	2	5	8	1	8
Malhonnêtes	2	3	7	3	2	5	4	2	7
· Sans opinion	25	11	29	20	49	34	45	42	//
	%(1)	%	%	%	%	%	%	%	%

(1) Le total des pourcentages est supérieur à 100, les personnes interrogées ayant pu donner plusieurs réponses.

* Dans le cas de l'Union Soviétique, les interviewés ont répondu pour chacun des qualificatifs s'il s'appliquait bien aux Français. Nous n'avons retenu que les réponses positives.

Enquêtes SOFRES dans neuf pays au printemps 1988 pour LE FIGARO-MAGAZINE.

Tableau 2

25   contribue en général à l'unité, peut ici contribuer à la méfiance. Le
français canadien est différent du français métropolitain, et il est
possible que les Québécois craignent que les Français se moquent de
leur accent et de leurs expressions particulières.

     Nos rapports avec les autres, et à plus forte raison°, avec les
30   étrangers, sont déterminés par toutes sortes de facteurs, conscients et
inconscients, que la sociologue-ethnologue Raymonde Carroll appelle
«évidences invisibles». Elle analyse avec beaucoup de finesse les raisons
souvent à peine formulables de certains malentendus° entre Français et
Américains dans les domaines de l'amitié, de la conversation, de
35   l'éducation des enfants, de l'espace personnel, etc. Son livre aide à
comprendre ce qui nous différencie des Français (voir les lectures à la
fin du chapitre).

B. Il n'y a pas que les Américains qui ont des idées stéréotypées des étrangers.
Regardez l'ensemble des caricatures à la page 7 pour voir comment les Européens
perçoivent leurs voisins.

- Selon le caricaturiste, quelles devraient être les caractéristiques de l'Européen
«unifié»?
- Trouvez un synonyme ou une définition des mots *rigolo, discret, hospitalier,
galant, prolifique.*

• Ces stéréotypes vous surprennent-ils ou correspondent-ils à vos perceptions des gens de différentes nationalités?

II. Perceptions de la France

A. Lisez les paragraphes suivants et relevez-y:
   • l'origine de nos images de la France.
   • l'image de la France dans la publicité.
   • les produits qui sont mentionnés.
   • les parties du journal dans lesquelles on mentionne souvent la France.
   • la façon de présenter la France dans les films français qu'on passe aux Etats-Unis.

Il devrait être plus facile de se faire une image claire de la France. Si on a recours à° des documents valables et récents, à des statistiques et des sondages, on arrive à se former une idée exacte de ce qui constitue la France d'aujourd'hui. Malheureusement, beaucoup d'images stéréotypées
5 persistent et sont propagées° par certains médias et même par des visiteurs en France qui sont soit° mal informés soit° trop paresseux pour essayer de pénétrer la réalité française.

D'où vient votre idée de la France? Si vous êtes un Américain
moyen° qui n'a ni voyagé en France ni étudié le français, votre image de
10   la France sera surtout formée par les médias: la télévision, la presse et
le cinéma. L'image de la France présentée à la télé et dans les
magazines est très stéréotypée. Elle est en général limitée à la publicité
pour des produits de luxe° comme les parfums et les produits de
beauté. La publicité la plus courante° suggère un genre de vie riche et
15   raffiné: de très belles femmes, un peu mystérieuses, n'essaient pas de
déguiser le coût du produit. Au contraire, plus° il est cher, plus° il
promet de valoriser l'acheteur. Même un produit bon marché et utilisé
par des consommateurs de toutes les classes sociales, comme la
moutarde, est présenté comme l'accompagnement indispensable des
20   repas des riches et des privilégiés.

La publicité dans les magazines, en plus des produits déjà
mentionnés, comprend quelquefois des automobiles (de luxe), des
stylos (chers), des robes extravagantes° (créées par les grands
couturiers°). A l'exception de quelques grands quotidiens° nationaux, la
25   plupart des journaux américains ne mentionnent la France qu'en cas de
grande catastrophe (déraillement de train, accident d'avion, attaque
terroriste à Paris) ou de célébration historique (le centenaire de la
statue de la Liberté, le bicentenaire de la Révolution française). Les
seules parties du journal dans lesquelles la France est mentionnée avec
30   une certaine régularité sont les pages consacrées° aux beaux-arts, à la
littérature et à la cuisine, car, on le sait, la France est la patrie° des
artistes, des écrivains et des gourmets!

Les films français que l'on montre aux Etats-Unis ajoutent d'autres
thèmes: l'amour, bien entendu, la facilité avec laquelle les Français et
35   Françaises changent de partenaire°. Ils introduisent aussi d'autres
thèmes, comme la France rurale, rebelle à la modernisation, le paysan
français rusé° et tenace°. Le succès des films *Jean de Florette* et *Manon
des sources* montre que cette image traditionnelle et démodée° de la
France éveille° la nostalgie des spectateurs, aux Etats-Unis aussi bien
40   qu'en France. En France, c'est vraiment de la nostalgie, le regret et
l'idéalisation du temps passé; aux Etats-Unis, c'est plutôt la satisfaction
de voir un film qui correspond si bien à l'idée qu'on se fait de la France.

B. Le tableau suivant illustre cette image déformée que les étrangers se font de la
France.

   1. Etudiez bien ce tableau sur les représentations dominantes de la France pour
apprendre:
- la nationalité des personnes interrogées qui n'ont pas mentionné les couturiers parmi les métiers représentatifs des Français actuels.
- les deux pays dont les résultats se ressemblent le plus (choix des métiers,
pourcentages).

- les deux éléments positifs qui sont mentionnés dans tous les pays.
- les pays où les habitants ont mentionné la technologie.

2. Après avoir lu le sondage, répondez aux questions suivantes.
   - Pourquoi croyez-vous que l'Espagne et l'Italie ont mentionné la technologie, mais pas l'Allemagne? Connaissez-vous un ou deux grands projets communs à la France et à la Grande-Bretagne qui expliqueraient pourquoi les Anglais ont mentionné la technologie?
   - Pourquoi les Russes n'ont-ils pas mentionné le métier de couturier? A votre avis, qu'est-ce que cela révèle sur leur pays?
   - Comment ces résultats correspondent-ils aux images que vous avez présentées au début du chapitre?

LES REPRESENTATIONS DOMINANTES DE LA FRANCE							
Pays	Eléments positifs de la France d'aujourd'hui		Personnalités incarnant la France		Métiers représentatifs des Français actuels	
QUEBEC	Savoir-vivre	54 %	Couturiers (Dior, Saint-Laurent)	49 %	Couturiers	46 %
	Culture	52 %	Ecrivains (V. Hugo, Proust)	44 %	Cuisiniers	45 %
	Technologie	27 %	Chefs d'Etat (Louis XIV, Napoléon, de Gaulle)	42 %	Ecrivains	38 %
BELGIQUE	Savoir-vivre	55 %	Couturiers	52 %	Couturiers	53 %
	Culture	52 %	Chefs d'Etat	50 %	Agriculteurs	50 %
	Histoire	39 %	Ecrivains	43 %	Cuisiniers	48 %
ESPAGNE	Savoir-vivre	46 %	Chefs d'Etat	39 %	Agriculteurs	41 %
	Culture	38 %	Couturiers	37 %	Couturiers	40 %
	Technologie	27 %	Peintres	24 %	Cuisiniers	24 %
ITALIE	Savoir-vivre	47 %	Chefs d'Etat	51 %	Couturiers	38 %
	Culture	37 %	Couturiers	34 %	Peintres	27 %
	Technologie	29 %	Peintres	31 %	Acteurs	26 %
ALLEMAGNE DE L'OUEST	Savoir-vivre	70 %	Couturiers	52 %	Couturiers	59 %
	Culture	34 %	Chefs d'Etat	40 %	Cuisiniers	48 %
	Histoire	27 %	Peintres	29 %	Agriculteurs	44 %
GRANDE-BRETAGNE	Savoir-vivre	61 %	Couturiers	38 %	Couturiers	43 %
	Culture	35 %	Peintres	37 %	Agriculteurs	39 %
	Technologie	21 %	Chefs d'Etat	36 %	Cuisiniers	20 %
ETATS-UNIS	Savoir-vivre	46 %	Couturiers	57 %	Couturiers	60 %
	Culture	44 %	Peintres	45 %	Cuisiniers	44 %
	Histoire	26 %	Chefs d'Etat	33 %	Peintres	39 %
JAPON	Savoir-vivre	55 %	Couturiers	60 %	Couturiers	70 %
	Culture	46 %	Chefs d'Etat	50 %	Cuisiniers	39 %
	Histoire	38 %	Peintres	40 %	Peintres	30 %
U.R.S.S.	Savoir-vivre	52 %	Chefs d'Etat	25 %	Agriculteurs	33 %
	Technologie	20 %	Peintres	25 %	Peintres	21 %
	Culture	12 %	Ecrivains	22 %	Cuisiniers	11 %

Enquête SOFRES dans neuf pays au printemps 1988 réalisée pour LE FIGARO-MAGAZINE.

Tableau 3

Questionnés sur les métiers représentatifs des Français actuels, les habitants de huit pays différents ont cité, d'abord, les couturiers, suivis des cuisiniers, des écrivains, des agriculteurs, des peintres et des acteurs. Questionnés sur les éléments positifs de la France
5 d'aujourd'hui, les mêmes étrangers ont surtout choisi le savoir-vivre, la culture et l'histoire. La technologie n'a été mentionnée que par les habitants de cinq pays et à un rang beaucoup plus bas.

C. Cette perception de la France, tout en contenant une part de vérité, doit être complétée et modernisée. Lisez les paragraphes suivants pour apprendre:
- ce qu'il faut ajouter à l'image traditionnelle de la France.
- comment le Français moyen moderne diffère du Français typique d'autrefois.
- l'idée essentielle de Zeldin.

La France d'aujourd'hui est un pays dynamique et industrialisé. Elle exporte sa technologie tout autant que ses fromages, et ses ingénieurs et chercheurs° contribuent plus à la civilisation que ses couturiers et ses parfumeurs. Le Français moyen est plutôt un employé ou un ouvrier
5 qui passe ses congés payés° en voyage organisé en Tunisie ou en Turquie qu'un paysan, coiffé d'un béret°, qui roule à bicyclette sur une route de la France rurale.

Comme le fait Théodore Zeldin dans son livre, *Les Français*, il est temps de remplacer les stéréotypes, qui découlent° d'une connaissance
10 superficielle et incomplète, par une compréhension plus nuancée° et plus exacte de la réalité française.

III. Un peu d'histoire

Daninos a dit que «le miracle est avec la vigne°, l'une des principales cultures de la France» et aussi que «la France attire les miracles comme d'autres pays l'humidité». Lisez les paragraphes suivants pour apprendre quelques détails sur deux événements «miraculeux» de l'histoire de France.

Parmi ces «miracles», nous en mentionnerons deux. Le premier remonte au XVe siècle, pendant la guerre de Cent Ans qui oppose depuis longtemps la France et l'Angleterre. Le roi d'Angleterre et son puissant allié, le duc de Bourgogne, contrôlent la plus grande partie du territoire français.
5 L'héritier du trône français, le dauphin Charles, est dans une situation désespérée. C'est à ce moment qu'une jeune paysanne de l'est de la France, nommée Jeanne d'Arc, arrive à la cour, annonçant qu'elle a été envoyée par Dieu, saint Michel, sainte Catherine et sainte Marguerite pour sauver la France.
10 Aussi étonnant que cela puisse paraître, Jeanne réussit à convaincre le dauphin, qui lui confie° le commandement de ses troupes. En quelques mois, elle délivre la ville d'Orléans, assiégée par les Anglais, et fait sacrer° le dauphin à la cathédrale de Reims. Ces deux événements marquent le début du rétablissement de la position française pendant la guerre de
15 Cent Ans.

En 1940, les Allemands envahissent la France et le gouvernement décide de demander l'armistice. Un jeune général de l'armée française, Charles de

Gaulle, passe en Angleterre. Il prononce à la radio son fameux discours° du
18 juin, dans lequel il appelle les Français à la résistance. Pour beaucoup
20 de Français, le courage et le message de de Gaulle ressortissent° au
miracle.

VOCABULAIRE

I. A.

le vertige: égarement, trouble
crédules: naïfs; ils croient tout ce qu'on leur dit
méfiants: sceptiques; ils n'ont confiance en personne
cartésiens: logiques et rationnels; du nom du philosophe français René Descartes (1596–1650)
accueillants: ils reçoivent aimablement les étrangers
inhospitaliers: pas accueillants; ils reçoivent mal les étrangers
unanimes: de la même opinion
le soutien: l'aide
à plus forte raison: *even more so*
malentendus: *misunderstandings*

II. A.

Si on a recours à: si on se sert de
propagées: diffusées
soit... soit... :   *either . . . or*
un Américain moyen: *an average American*
des produits de luxe: des produits qui sont chers et ne sont pas indispensables
courante: habituelle
plus... plus: *the more . . . the more*
extravagantes: bizarres
les grands couturiers: *fashion designers*

quotidiens: journaux qui paraissent tous les jours
consacrées à: *devoted to*
la patrie: le pays où l'on est né
le partenaire: personne avec qui on est associé — son mari, sa femme, son amant, par exemple
rusé: trompeur (*devious*)
tenace: obstiné (*tenacious*)
démodée: vieille, archaïque
éveille: provoque

II. C.

chercheurs: *researchers*
ses congés payés: ses vacances, pendant lesquelles l'employeur lui paie tout de même son salaire
coiffé d'un béret: avec un béret sur la tête
qui découlent: qui viennent, qui sont basés sur
nuancée: qui exprime des différences subtiles, qui n'est pas une généralisation

III.

la vigne: la plante qui produit le raisin et le vin
lui confie: lui donne
sacrer: couronner
le discours: *speech*
ressortissent: sont du domaine

VIDEO
LA FIEVRE MONTE A CASTELNAU (-A-)

Avant de visionner

Vous allez voir un court métrage, un petit film de neuf minutes, qui présente un incident fictif dans la vie d'un village qui s'appelle Castelnau. L'histoire est très simple: un agriculteur malin trouve le moyen de faire labourer ses champs par les autres habitants du village. Il n'y a presque aucun dialogue, mais le film semble présenter une conception stéréotypée de certains Français.

A vous d'abord

1. Vingt-six villes ou villages français portent le nom de Castelnau ou Castelnaud; l'un compte moins de 100 habitants, dix ont entre 100 et 500 habitants et neuf ont entre 500 et 1.000 habitants. A votre avis, pourquoi le cinéaste a-t-il choisi un nom si commun?

2. Nous nous faisons tous une image de la France rurale et des paysans français. Dans chaque paire de mots ci-dessous, lequel semble le mieux représenter votre image des paysans français ou de leur vie?

   jeune/vieux   homogène/hétérogène
   avare/généreux   intelligent/stupide
   sophistiqué/simple   mécanisé/manuel
   moderne/arriéré   simple/compliqué
   tranquille/mouvementé   religieux/séculier
   conservateur/libéral   original/conformiste
   malin/naïf   travailleur/paresseux

3. Imaginez un village français et dessinez-le. Quels bâtiments y voyez-vous? Comment sont les rues? La place? Où sont les champs?

Un peu de vocabulaire

Il y a très peu de dialogue dans ce film, mais vous aurez besoin des mots suivants (entre autres) pour décrire ce que vous allez voir. Vérifiez le sens des mots que vous ne connaissez pas.

Pour parler du travail agricole:

travailler, labourer, cultiver, semer, bêcher, tracer un sillon avec la charrue, les bœufs, le sol, les champs

Pour décrire le village:

les rues, la place, l'église, la boulangerie, le café, la station-service, le cimetière, le monument aux morts

Pendant que vous visionnez

A. Visionnez le film en entier une première fois pour trouver les renseignements suivants.

1. Quelles sont les professions présentées?

boulangère, pharmacien, curé, maire, professeur, garagiste, gardien de cimetière, agriculteur, avocat, banquier

2. Quelles sont les activités présentées?

labourer les champs, réparer un tracteur, aller à l'église, courir, acheter du pain, boire, lire, manger, récolter, semer

3. En quelle saison sommes-nous? Comment le savez-vous? Quel jour sommes-nous? Dans quelle partie de la France?

B. Visionnez le film une deuxième fois pour mettre les actions suivantes en ordre chronologique. Organisez votre liste à l'aide des expressions *dimanche matin, dimanche après-midi, dimanche soir, pendant la nuit, lundi matin* et *lundi après-midi.* (*Il* = l'agriculteur; *ils* = les habitants du village.)

Il travaille dans ses champs.	Il passe devant la station-service.
La charrue ne marche pas.	Il parle au maire.
Il réfléchit.	Ils quittent le café.
Il se met à courir.	Il entre dans un café.
Ils vont aux champs.	Il se couche.
Il montre trois petits cailloux au maire.	Il rentre chez lui.
Ils commencent à creuser et à bêcher.	Ils sortent de l'église.
Il se met au lit.	Il regarde ses champs.
Il prend son petit déjeuner.	Il se lève.
Il sème des graines dans les champs.	

C. Visionnez le film une dernière fois.

Et maintenant

A. *Compréhension*

1. Regardez de nouveau la liste d'adjectifs que vous avez dressée avant de regarder la vidéo. Lesquelles de ces caractéristiques le cinéaste a-t-il choisies?

2. Comment les habitants du village considèrent-ils l'agriculteur? Ont-ils raison ou tort?

3. Il est évident que le cinéaste ne s'est pas limité à présenter une image objective des Français. Quelles caractéristiques des Français montre-t-il? Qu'est-ce que le film nous révèle sur les Français et la religion? Sur le travail? Sur le conformisme?

4. L'agriculteur ressemble-t-il aux autres habitants du village? Comment le cinéaste cherche-t-il à montrer la différence?

B. *Texte complémentaire: «Le laboureur et ses enfants»*

1. Voici une fable de La Fontaine qui traite d'un incident semblable mais avec une morale différente. A la première lecture, remarquez surtout comment les enfants ressemblent aux villageois de Castelnau.

Travaillez, **prenez de la peine**:		faites des efforts
C'est **le fonds** qui manque le moins.		les ressources
Un riche Laboureur, sentant sa mort **prochaine,**		très proche
Fit venir ses Enfants, leur parla **sans témoins**.		appela / seul avec ses enfants
5 «**Gardez-vous,** leur dit-il, **de vendre** l'héritage		ne vendez pas
Que nous ont laissé **nos parents:**		nos ancêtres
Un trésor est caché dedans.		
Je ne sais pas l'endroit; mais un peu de courage		
Vous **le fera trouver: vous en viendrez à bout.**		aidera à le trouver / vous y réussirez
10 Remuez votre champ **dès qu'on aura fait l'oût:**		au mois d'août
Creusez, fouillez, bêchez; ne laissez nulle place		
Où la main ne passe et repasse.»		
Le Père mort, les Fils vous **retournent** le champ		travaillent
Deçà, delà, partout: si bien qu'au bout de l'an		
15 **Il en rapporta davantage.**		c.-à-d. la récolte fut bonne
D'argent, **point de caché.** Mais le Père fut sage		il n'y en avait pas
De leur montrer, avant sa mort,		
Que le travail est un trésor.		

2. Comment le père de la fable est-il différent de l'agriculteur dans le film?
3. Comment les fils ressemblent-ils aux villageois?
4. Qui gagne dans cette fable? Dans le film?
5. La Fontaine et le cinéaste ont-ils la même attitude envers le travail? La morale de la fable est «le travail est un trésor». Pouvez-vous écrire une phrase similaire pour exprimer la morale du court métrage?

LA BISTROTE (-B-)

Avant de visionner

Dans ce petit documentaire de treize minutes, on nous présente une bistrote, c'est-à-dire une femme qui est la patronne d'un bistrot. Le réalisateur l'a choisie parce que l'histoire de sa vie et les images du bistrot évoquent des éléments traditionnels de la culture française qui tendent à disparaître. C'est un documentaire, ce qui veut dire que la présentation est assez objective, mais le réalisateur évoque à plusieurs reprises les aspects «poétiques» ou folkloriques du bistrot.

A vous d'abord

1. Comment imaginez-vous un café ou un petit restaurant français? Avez-vous jamais vu ou visité un bistrot ou un café en France? Qu'est-ce qu'on y trouve? Qu'est-ce qu'on peut y boire ou y manger? Faites un petit dessin de votre idée d'un bistrot.
2. Avez-vous jamais travaillé dans un restaurant ou un bar américain? Décrivez-le. Quelles étaient vos responsabilités? Est-ce que le patron ou la patronne était une personne intéressante?

Un peu de géographie

La patronne du bistrot est auvergnate, c'est-à-dire qu'elle vient d'Auvergne. Trouvez cette région sur la carte de France présentée à la page 1. Qu'est-ce que vous savez de l'Auvergne? Lisez le paragraphe ci-dessous et donnez les renseignements demandés: population, superficie, activités principales, problèmes.

Auvergne, région du Massif central formée des quatre départements de l'Allier, du Cantal, de la Haute-Loire et du Puy-de-Dôme; 25.988 km^2; 1.330.479 hab. (Auvergnats). Chef-lieu: Clermont-Ferrand.

L'Auvergne couvre une superficie de l'ordre de 5% du territoire du pays, mais ne compte que 2,5% de la population française. La densité de population dépasse à peine 50 habitants au km^2, à peu près la moitié de la moyenne nationale. L'agriculture reste un secteur fondamental, occupant environ le quart de la population active. Elle est orientée vers l'élevage, surtout en montagnes, les cultures étant prépondérantes sur les riches terres des Limagnes. Ces terres riches étant limitées, beaucoup de cultivateurs sont obligés de partir vers d'autres régions pour y trouver du travail (exode rural). L'industrie occupe le tiers de la population active, mais ce secteur est en difficulté. Le secteur tertiaire (les services) est le principal fournisseur d'emplois, surtout dans le domaine du tourisme et du thermalisme, ressource traditionnelle de la région.

D'après le Dictionnaire géographique de la France (*Paris: Larousse, 1979), p. 57.*

Avant de visionner la première partie (-B1-)

Nous verrons le comptoir du bistrot ou «le zinc», plusieurs objets qu'un Français trouverait très familiers et le menu du bistrot.

Un peu de vocabulaire

1. Vous verrez les objets énumérés ci-dessous. Après avoir regardé cette partie de la vidéo, essayez de les décrire ou de les identifier en anglais.

   le zinc, le présentoir à œufs, la sous-tasse, «le limonadier» (le tire-bouchon), le sucrier, une tablette

2. Vérifiez aussi le sens des expressions suivantes.

Pour parler du zinc:

«cela me pique les narines», sécher, briller, être coude à coude avec quelqu'un, rêvasser, noyer les chagrins

Pour parler de la nourriture:

le plat du jour, l'assiette, le cantal (fromage fabriqué en Auvergne), les lentilles, le bourguignon, les spécialités de la maison

Pendant que vous visionnez

A. Visionnez la séquence une première fois.

1. Quel instrument de musique entendez-vous au début? Quelle sorte de musique est-ce? Est-ce une musique triste ou gaie? Moderne ou nostalgique?

2. Lesquels des objets suivants voyez-vous?

un comptoir, un chiffon, un couteau, un tire-bouchon, des pièces d'argent, des œufs, du sel, du poivre

3. A quoi sert la petite tablette noire? Essayez de compléter ce qui est écrit dessus:

Croque _____ géant   35 FF

_____ auvergnate   _____ FF

Plat du _____ au _____ _____ FF

B. Visionnez la séquence une deuxième fois.

1. On retourne la petite soucoupe en plastique (quand le client a payé / quand le client n'a pas payé / quand il n'y a pas de client à la table).

2. Le limonadier sert à (déboucher les bouteilles / faire payer les clients / contrôler les recettes).

3. Les ingrédients d'un croque auvergnat sont le pain, le fromage bleu d'Auvergne et _____ .

4. Les ingrédients d'une assiette auvergnate sont le cantal, les noix, _____ et _____ .

5. Est-ce que le plat du jour est toujours le même?

Et maintenant

1. Comment imaginez-vous la bistrote physiquement? Est-elle grande ou petite? Est-elle jeune ou vieille? Quel âge a-t-elle? Qu'est-ce qu'elle porte?

2. Le réalisateur parle du zinc comme d'un endroit très intéressant. Selon le narrateur, qu'est-ce que les clients y font? Employez les expressions suivantes: *noyer ses chagrins, rêvasser, être coude à coude avec des gens différents.*

Avant de visionner la deuxième partie (-B2-)

Nous verrons comment faire le café et comment servir à boire. Nous entendrons aussi la voix du réalisateur qui nous explique pourquoi il a choisi cette femme.

A vous d'abord

1. Aimez-vous le café? Préférez-vous le café nature, le café crème, le café au lait ou le café décaféiné («le déca»)?
2. Etes-vous assez âgé(e) pour aller dans un bar? A quel âge peut-on boire légalement dans votre état? Buvez-vous du vin rouge (par exemple, du bordeaux ou du côtes du Rhône)? Qu'est-ce que vous commandez dans un bar?

Un peu de vocabulaire

1. Vous allez voir les objets suivants. Après avoir regardé cette partie de la vidéo, essayez de les décrire ou de les identifier en anglais.

   une cafetière, des tasses, une lavette, «une mitrailleuse», «le petit tronc», le doseur, des verres

2. Vérifiez le sens des mots suivants.
   Pour parler du service:

   les serveuses, le pourboire, tromper les clients, la dose, verser, être alcoolique, trinquer, les heures creuses, bavarder, sympathiser

Pendant que vous visionnez

A. Visionnez la séquence une première fois.
   1. Une cafetière est (une personne / un endroit / un appareil ménager).
   2. On se sert de la «mitrailleuse» pour (cacher les bouteilles / rendre le service plus rapide / se défendre contre les voleurs).
   3. On se sert des doseurs pour (mesurer la quantité de liquide / vérifier la qualité du café / calculer les recettes).
   4. Quand un client lui offre à boire, Janine prend (un verre de rouge / un café / de l'eau minérale).

B. Visionnez la séquence une deuxième fois.
   1. Est-il facile de tromper les clients en servant à boire?
   2. «Le petit tronc» est (la caisse du café / la boîte pour les pourboires / une sorte de doseur).
   3. Les clients de bistrot sont-ils souvent alcooliques?

Et maintenant

1. Le réalisateur dit à la patronne que beaucoup de clients pensent que les patrons de bistrot trichent en servant les boissons. Comment répond Janine?
2. Le réalisateur dit que «la mitrailleuse» du café est une métaphore militaire. Cherchez le sens militaire de ce mot. Pensez-vous qu'il s'applique bien à la mitrailleuse du café?
3. Le réalisateur dit que «le petit tronc» du café lui rappelle la religion. Pourquoi? Cherchez le sens religieux de ce mot.
4. Pourquoi le réalisateur a-t-il décidé de filmer Janine?

Avant de visionner la troisième partie (-B3-)

On parle ici des recettes du bistrot en nous montrant plusieurs objets importants. Le réalisateur évoque aussi une des maladies typiques des patronnes de bistrot. Enfin il nous explique «le flipper».

Un peu de vocabulaire

1. Vous allez voir les objets énumérés ci-dessous. Après avoir regardé cette partie de la vidéo, essayez de les décrire ou de les identifier en anglais.

   un pique-fiche, la caisse, des boutons, des pièces d'argent, des billets, des moyens de défense, un encadrement, un tuyau, le flipper

2. Vérifiez aussi le sens des mots suivants.
   Pour parler des recettes:

   enregistrer, surveiller, relever, contrôler

Pendant que vous visionnez

A. Visionnez la séquence une première fois.
   1. On se sert d'un pique-fiche pour (garder les additions / ramasser les billets de banque / présenter les fleurs).
   2. Le patron doit toujours (circuler dans la salle / rester à sa caisse / manger avec les clients).
   3. Janine a payé (10.000 FF / 50.000 FF / 60.000 FF) pour sa caisse il y a 22 ans.
   4. Charles Rigoulot était (le mari de Janine / un homme célèbre / le fils de Janine).
   5. «Le flipper» est (un jeu / une vidéo / une boisson).

B. Visionnez la séquence une deuxième fois.
   1. Janine met l'argent (dans sa poche / dans la caisse / dans un tiroir à côté).
   2. Charles Rigoulot (faisait des épreuves de force / travaillait pour la compagnie du téléphone / s'occupait d'animaux).
   3. Il y a un «flipper» dans ce bar parce que (le jeu rapporte beaucoup d'argent / le fils de Janine aime jouer / les clients aiment se détendre).

Et maintenant

1. Employez les mots suivants pour indiquer comment on compte l'argent dans un bistrot: *enregistrer, relever, contrôler.*
2. Quels sont les «moyens de défense» dont Janine parle ici? S'en est-elle déjà servie?
3. Le tuyau d'eau chaude rappelle au réalisateur que les patronnes de bistrot souffrent presque toutes d'une certaine maladie physique. Laquelle? Pourquoi? Qu'est-ce que Janine a dû faire?

Avant de visionner la quatrième partie (-B4-)

Nous allons voir la table de brasserie typique avec son couvert. Janine explique ce qu'elle fait avec le pain qui reste. Ensuite, elle nous parle de son passé. Pour finir, le réalisateur nous montre la reproduction d'un tableau de Monet qui semble faire contraste avec la vie de Janine.

A vous d'abord

1. Qu'est-ce qu'on trouve normalement sur les tables des petits restaurants américains?

2. Qu'est-ce que vous savez de Monet? Quelles sortes de tableaux a-t-il peints? A quelle époque vivait-il?

Pendant que vous visionnez

A. Visionnez la séquence une première fois.

1. Dessinez une table de bistrot.

> le pain, le verre, la serviette, le pichet, l'huile, le vinaigre, la moutarde, le sel, le poivre, la fourchette, le couteau, l'assiette, la nappe

2. Que fait Janine du pain qui reste? (Elle le jette. / Elle le donne à d'autres clients. / Elle en fait un gâteau.)

3. Quelles personnes voyons-nous dans cette partie?

B. Visionnez la séquence une deuxième fois.

1. Janine est née (à la campagne / à Paris / dans la région parisienne).

2. Pourquoi ne travaille-t-elle pas avec son mari? (Il est mort. / Elle est divorcée. / Il a un autre restaurant.)

3. Elle a (deux / trois / six) enfants.

4. Les enfants ont renoncé à leurs études de droit pour (aider leur mère / travailler à la ferme / commencer de nouvelles études).

Et maintenant

A. *Compréhension*

1. Résumez la vie de Janine en complétant les phrases suivantes.
Janine est née _____ . Sa famille était assez grande: _____ . A l'âge de 20 ans, _____ pour devenir serveuse. Ensuite, elle a rencontré un homme et _____ .
Elle a eu _____ . Elle a d'abord travaillé avec son mari _____ . Il y a 22 ans, ils _____ . Il y a 10 ans, _____ . A ce moment-là, ses deux fils _____ pour l'aider.
Un des fils, Jean-Claude, et sa fiancée vont _____ .

2. Décrivez le tableau de Monet intitulé «La Promenade». Pourquoi le réalisateur a-t-il choisi ce tableau pour terminer son petit film? Pourquoi remarque-t-il à la fin: «La dame qui s'y trouve (dans le tableau), elle, n'a pas l'air d'avoir gardé les vaches»?

3. La chanson dont on entend la mélodie au début s'intitule «A la claire fontaine». Le refrain de cette chanson est: «Il y a longtemps que je t'aime / Jamais je ne t'oublierai.» Maintenant que vous savez les détails de la vie de Janine, pouvez-vous imaginer pourquoi le cinéaste a choisi cette chanson?

B. *Texte complémentaire: Le Solitaire*

1. Le passage présente un petit restaurant d'un point de vue différent—celui du client. A la première lecture, essayez d'apprendre:
• à quelle heure se passe l'action.
• si le narrateur aime le restaurant.
• ce que la serveuse pense de son travail.

(...) J'ouvris la porte du restaurant et regardai avec inquiétude si ma table était toujours libre. Elle l'était, j'en fus content. Ç'allait être ma table. Il y avait déjà du monde dans le restaurant et les lampes étaient allumées. Je me **faufilai** jusqu'à mon coin, mis *entrai inaperçu*
5 mon chapeau sur le portemanteau, puis m'assis. Dehors, **les lampadaires** s'allumaient aussi. La serveuse s'approcha de moi, *street lights* me reconnut: «Vous étiez là à midi?
—Oui. Je viendrai tous les jours. Est-ce que vous pouvez me **retenir** la même table?» *garder*
10 Elle me répondit que ça ne se faisait **guère** dans un petit *pas souvent* restaurant comme celui-ci. On retenait les tables dans les grands restaurants. Mais enfin elle essaierait, **pourvu que je vienne** assez *si je venais* tôt. Je lui dis que j'avais des habitudes assez régulières et que je pouvais venir pour le déjeuner à midi trente par exemple et pour
15 le soir à sept heures.
«On voit bien que vous aimez avoir vos habitudes», me répondit-elle. Mais **je devais** lui paraître assez **singulier.** Elle me *I must have / bizarre, étrange* présenta la carte. A midi j'avais pris des **harengs** avec des *herrings* pommes à l'huile, je voulus changer et je demandai une sardine
20 et, pour la suite, un steak avec des pâtes et pour dessert un baba au rhum. Et, bien sûr, une bouteille de beaujolais.
«Vous êtes bien **gourmand,** hein?» me dit la serveuse. «C'est *amateur de bonne cuisine* vrai, j'aime bien manger et la cuisine est bonne chez vous. J'aime aussi votre beaujolais.
25 —Le patron connaît **un propriétaire,** il lui envoie directement *un viticulteur* le vin de chez lui et puis tout est frais chez nous, et propre. Vous voyez les clients qu'il y a. Ils ont l'air contents et mangent avec appétit. C'est le meilleur restaurant du quartier. Il y a encore une **brasserie,** mais il n'y a personne. Et il y a encore un restaurant, *bistrot où le menu est plus varié*
30 ils appellent ça **auberge,** ça veut être chic.» *inn*
Elle m'apprit qu'elle était la belle-sœur du patron, la sœur de sa femme. Un cousin à elle travaillait aussi pour la maison, il était

au comptoir. C'est le patron qui faisait les gros achats et **faisait
venir** la nourriture.

commandait

35   «C'est mieux de travailler en famille, **on s'entend bien.** Mais je
m'en vais, j'ai du travail. Je vous apporte votre commande tout de
suite.»

on ne se dispute pas

Eugène Ionesco, Le Solitaire (Paris: Mercure de France, 1973), pp. 57–58.

2. Décrivez le client du restaurant. Est-ce un excentrique, un routinier, un imaginatif? Citez les passages du texte qui justifient votre réponse.
3. Pourquoi la serveuse dit-elle que le client est gourmand? Etes-vous gourmand(e)? Quel est votre plat favori?
4. En quoi ce restaurant ressemble-t-il au bistrot de Janine? Cherchez dans le texte comment on décrit les clients, les dimensions du restaurant, les gens qui y travaillent. Croyez-vous que ce client serait content chez Janine?
5. Essayez de trouver dans ce passage plusieurs détails qu'on ne trouverait peut-être pas s'il s'agissait d'un restaurant américain. Y a-t-il un restaurant français dans votre ville? Qu'est-ce qu'on y sert?
6. Pourquoi le vin de ce restaurant est-il particulièrement bon? Cherchez sur la carte de France les régions où l'on produit du vin célèbre: la Bourgogne (le vin de Bourgogne), le Bordelais (le vin de Bordeaux), le Beaujolais (le beaujolais), la Champagne (le champagne).

Notes culturelles

L'alcoolisme en France reste un grand problème. En 1990, par exemple, la consommation moyenne d'alcool pur par Français était de 13,3 litres, un record mondial. Trente-huit pour cent des maladies digestives sont des cirrhoses. Les hommes en souffrent plus parce qu'ils boivent plus que les femmes. Aujourd'hui, le Français moyen consomme moins d'alcool qu'auparavant aux repas et plus pendant ses activités de loisir.

Bertrand Du Guesclin était un homme militaire français (1320–1380) qui aida le roi de France pendant la guerre contre les Anglais (la guerre de Cent Ans). A cette époque, les militaires portaient des casques qui ressemblaient au sucrier du bistrot.

Le pain Poilâne vient d'une boulangerie célèbre à Paris.

AUDIO

DIFFERENCES CULTURELLES

Avant d'écouter

Nous allons faire la connaissance de deux Françaises, Nicole et Marie-Claude, qui habitent aux Etats-Unis depuis longtemps. Nicole est née à Châlons-sur-Marne et Marie-Claude à Annecy. Elles nous parleront de leurs premières impressions des Etats-Unis, de ce qui leur manque et de ce qu'elles aiment et des différences entre le comportement social des Français et celui des Américains.

Avant d'écouter la première partie

Nicole et Marie-Claude se présentent.

A vous d'abord

1. Lisez les paragraphes suivants et donnez les renseignements demandés. Châlons-sur-Marne et Annecy: population, département, distance et direction par rapport à Paris, nom des habitants.

> Châlons-sur-Marne (Châlonnais). Chef-lieu de la région Champagne-Ardennes et du département de la Marne, sur la Marne, à 167 km à l'E. de Paris et à 43 km au S.-E. de Reims; 55.709 hab.

Châlons-sur-Marne

Annecy

Annecy (Annéciens). Chef-lieu du département de la Haute-Savoie, à 448 m d'altitude, à l'extrémité du lac d'Annecy, à 520 km au S.-E. de Paris et à 43 km au S. de Genève; 54.954 hab.

Dictionnaire géographique de la France
(Paris: Larousse, 1979), pp. 168, 28.

2. Interviewez un Français ou une Française qui habite aux Etats-Unis. Vous voulez savoir:

   a. comment il (elle) s'appelle
   b. où il (elle) est né(e)
   c. où il (elle) habite
   d. depuis quand il (elle) est aux Etats-Unis
   e. où il (elle) a vécu
   f. ce qu'il (elle) fait comme métier

Pendant que vous écoutez

A. Première écoute
   1. Nicole habite aux Etats-Unis depuis (25 / 50 / 5) ans.
   2. Marie-Claude habite aux Etats-Unis depuis (7 / 27 / 20) ans.
   3. Dans quels pays Nicole a-t-elle vécu? (en France / au Maroc / en Suisse / aux Etats-Unis / en Allemagne / en Angleterre)

B. Deuxième écoute
   1. Nicole est traductrice et _____ .
   2. Marie-Claude est professeur de _____ .
   3. Marie-Claude a épousé un _____ .

Et maintenant

En vous servant des renseignements que vous avez trouvés, présentez Nicole et Marie-Claude à votre groupe.

Avant d'écouter la deuxième partie

Ici, Nicole et Marie-Claude parlent de leurs premières impressions des Etats-Unis. Marie-Claude voit un rapport entre la grandeur du pays et des caractéristiques de la personnalité et de la société américaines, tandis que Nicole nous explique ce qu'elle aime dans les rapports entre les gens aux Etats-Unis.

A vous d'abord

A votre avis, quelle est probablement la plus grande surprise des Français qui arrivent aux Etats-Unis pour la première fois? Quelles caractéristiques de notre vie quotidienne vont-ils remarquer?

Un peu de vocabulaire

Définissez chacune des expressions ci-dessous et employez-la dans une phrase complète.

l'immensité, la liberté, la vie quotidienne, une classe sociale, être restreint par les règles, l'égalité

Pendant que vous écoutez

A. Première écoute

1. Pour Nicole, la première grande surprise a été (la grandeur / le climat / la nourriture) des Etats-Unis.

2. Pour Marie-Claude, la première grande surprise a été (la vie quotidienne / les autoroutes / la grandeur) des Etats-Unis.

3. Selon Nicole, est-ce que l'idée de l'égalité entre les gens s'applique plus à la France ou aux Etats-Unis?

4. Lesquelles des conditions suivantes sont plus typiques de la vie en France? de la vie aux Etats-Unis?

   a. Etre accepté par une classe sociale plus élevée.

   b. Etre restreint par certaines règles de société.

   c. Pouvoir changer de classe sociale en gagnant de l'argent.

   d. Avoir une conversation dans un café avec le garçon ou la serveuse.

B. Deuxième écoute

1. Pour Marie-Claude, l'impression de l'immensité des Etats-Unis fait penser à l'idée de _____ ; tout lui semble _____ .

2. Selon Marie-Claude, on peut changer de classe sociale si on _____ suffisamment ou si on _____ suffisamment d'argent.

3. Selon Nicole, l'égalité se manifeste dans les restaurants où on peut _____ .

Et maintenant

1. Comment les idées suivantes se lient-elles dans la pensée de Marie-Claude?

   l'immensité géographique du pays, la liberté, la possibilité de changer de classe sociale

2. Que pensez-vous des impressions de Nicole et de Marie-Claude? Etes-vous d'accord ou non? Pourquoi ou pourquoi pas?

Avant d'écouter la troisième partie

Ici, nous parlons de la cuisine américaine. Nous comparons la restauration rapide américaine et française. Marie-Claude et Nicole nous disent aussi ce qui leur manque le plus aux Etats-Unis.

A vous d'abord

1. Où dînez-vous quand vous sortez avec vos amis? Si vous allez dans un restaurant ethnique, lequel choisissez-vous — un restaurant chinois ou italien ou peut-être un restaurant plus exotique où on prépare la cuisine thaïlandaise ou vietnamienne? Que prenez-vous quand vous allez dans un restaurant rapide?
2. Qu'est-ce qu'on achète dans une charcuterie en France? Dans une pâtisserie?

Brioches, croissants, gâteaux, un choix difficile.

Pendant que vous écoutez

A. Première écoute

Vrai ou faux?

1. Marie-Claude, Nicole et Martine pensent toutes les trois que la cuisine américaine est mauvaise.
2. Nicole a eu beaucoup de difficultés à trouver de bons produits américains.
3. Marie-Claude trouve le fast-food français meilleur que le fast-food américain.
4. Quand elle fait les courses en France, Marie-Claude se sent isolée.

B. Deuxième écoute

1. Comme exemple de la bonne cuisine américaine, Marie-Claude mentionne la cuisine (du nord / du sud / de l'est).
2. Comme exemple du fast-food français, Marie-Claude mentionne les croque-monsieur, la pizza et _____ .
3. Ce qui manque le plus à Marie-Claude et à Nicole, ce sont les charcuteries, les pâtisseries et _____ .

Et maintenant

1. Avez-vous des recettes spéciales dans votre famille? Lesquelles? Faites-vous la cuisine? Quelle est votre spécialité?

2. Comment faites-vous les courses? Allez-vous au supermarché? Y allez-vous en voiture ou à pied?

Avant d'écouter la dernière partie

Ici, nous discutons le comportement social des Français et des Américains, c'est-à-dire, comment on se conduit en société. Est-ce que les Français respectent les lois ou les règles sociales autant que les Américains? Cette dernière partie est divisée en deux sections.

A vous d'abord

1. Quelle est la limite de vitesse sur les autoroutes américaines? Quel est l'équivalent en kilomètres-heure? A votre avis, est-ce qu'on conduit plus vite en France ou aux Etats-Unis?

2. Regardez de nouveau le tableau de la page 6. Est-ce que beaucoup de nationalités pensent que les Français sont contents d'eux ou arrogants? Quels pays citent cette caractéristique en premier ou deuxième lieu?

3. Quand vous allez à la banque, faites-vous la queue tranquillement ou essayez-vous de passer devant tout le monde (resquiller)?

Pendant que vous écoutez

A. Première écoute
   Ecoutez d'abord toute la conversation.
   1. De quelles activités sociales parle-t-on?

conduire une voiture	prendre le train
faire la queue	monter dans un autobus
prendre l'avion	appeler un taxi
aller à la banque	monter dans l'ascenseur
dîner dans un restaurant	aller dans des magasins
aller à la poste	

   2. Observe-t-on mieux les lois en France ou aux Etats-Unis?

B. Deuxième écoute
   Ecoutez la première section (jusqu'à «les règles sont pour les autres»).
   1. On a traité Martine d'imbécile parce qu'elle (a conduit trop vite / a observé la limite de vitesse / n'a pas voulu conduire sur l'autoroute).
   2. Selon Marie-Claude, le Français typique veut toujours (obéir aux lois / montrer sa supériorité par rapport à la loi / parler de politique).
   3. Selon Marie-Claude, le Français typique aime affirmer son _____ devant la loi.

C. Troisième écoute

Ecoutez la deuxième section.

1. Qu'est-ce qui exaspère Marie-Claude quand elle est en France? (Il faut toujours attendre. / Les gens ne font pas la queue. / Il y a toujours trop de monde dans les magasins.)

2. Selon Nicole, est-ce qu'on est plus poli en France ou aux Etats-Unis?

3. Qu'est-ce qui est arrivé à Tony à la banque? (Quelqu'un lui a volé ses chèques de voyage. / Il a remarqué que tout le monde respectait son espace personnel. / Quelqu'un a regardé ce qu'il était en train de faire.)

Et maintenant

1. Résumez les idées de cette partie en faisant des phrases avec les structures et les expressions suivantes.

Modèle: en France / aux Etats-Unis / tandis que / observer plus souvent la limite de vitesse / conduire très vite

En France, les gens conduisent très vite, tandis qu'aux Etats-Unis, on observe plus souvent la limite de vitesse.

a. les Français / les Américains / tandis que / être naïfs / être arrogants / trouver

b. les Français / les Américains / mais / obéir à la loi / enfreindre la loi

c. les Français / les Américains / tandis que / passer le premier / attendre patiemment

d. les Français / les Américains / tandis que / se tenir à distance / se mettre tout de suite à côté de vous

2. Les Françaises qui ont participé à cette discussion se sont évidemment bien adaptées aux Etats-Unis. Dressez une liste de ce qu'elles préfèrent aux Etats-Unis. Dans quels domaines ont-elles eu le plus de mal à s'adapter?

LECTURE
RAYMONDE CARROLL: *EVIDENCES INVISIBLES*

Avant de lire

Nos rapports avec les autres et, à plus forte raison, avec les étrangers, sont déterminés par toutes sortes de facteurs, conscients et inconscients, que la sociologue-ethnologue Raymonde Carroll appelle «évidences invisibles». Y a-t-il vraiment des différences profondes et généralisables entre les Français et les Américains? Il est très difficile de l'affirmer, mais Carroll a au moins essayé d'expliquer les *perceptions* différentes que chaque nationalité semble avoir de l'autre. Elle analyse les raisons de certains malentendus qui pourraient survenir entre Français et Américains dans les domaines de l'amitié, de la conversation, de l'éducation des enfants, de l'espace personnel, etc.

Avant de lire le premier extrait

Carroll examine l'art de la conversation.

A vous d'abord

Avez-vous jamais tenu une conversation avec un Français? Avez-vous jamais observé une conversation entre un Français et un Américain ou entre plusieurs Français? Qu'est-ce que vous avez remarqué? Y a-t-il beaucoup d'interruptions? Change-t-on souvent de sujet?

Pendant que vous lisez

A la première lecture, essayez de préciser les éléments de la situation:
- les personnages principaux.
- où se passe l'action.
- les sentiments de l'Américain.

Une soirée, dans une ville universitaire des Etats-Unis, en l'honneur d'un universitaire français très connu. La majorité des invités, tout comme **l'hôte,** sont français. Quelques Américains **parsemés.** L'universitaire français, auquel on vient de présenter un historien
5 américain, **prend l'air intéressé:** «Justement je m'intéresse

une réception

host / par-ci, par-là

semble intéressé

beaucoup à l'histoire... Vous connaissez X (historien américain
célèbre)?» «Oui.» «Que pensez-vous de son dernier livre, xxxx?»
L'Américain répond, dit ce qu'il pense du livre en question. Le
Français n'écoute plus **depuis** un moment, **cherche des yeux** dans   *après / regarde*
10 le salon, **élargit** le cercle **avec empressement** à l'approche d'un   *widen / **Avec enthousiasme ou nonchalamment?***
autre Français, qui «interrompt brutalement » la conversation par une
plaisanterie. Le nouveau venu se tourne vers l'Américain: «A quoi   *une blague*
est-ce que tu travailles en ce moment?» L'autre, **échaudé,** répond très   **Déçu ou heureux?**
brièvement: «Oh, la même chose», et fait une plaisanterie.
15   Cette petite scène m'a été décrite par l'Américain en question, qui
a ajouté: «Je ne comprends vraiment pas les Français, ils posent des
questions pour **faire semblant,** ça **m'étonne** d'un homme aussi   *avoir l'air / me surprend*
célèbre. Il n'avait aucun besoin de poser la question si la réponse ne
l'intéressait pas. Tu penses bien que je n'allais pas **me faire prendre**   *me laisser tromper*
20 une deuxième fois, alors j'ai plaisanté au lieu de répondre, **à la**
manière des Français.»   *comme les*
        Des Américains se sont souvent étonnés en ma présence de ce
que les Français, «qui se disent très respectueux des règles de
politesse», soient eux-mêmes si **grossiers**: «Ils vous inter-   *rude*
25 rompent tout le temps dans une conversation», «ils terminent
vos phrases pour vous», «ils vous posent des questions et n'écoutent
jamais la réponse», etc. Les Français, **en revanche,** se plaignent   *par contre*
souvent de ce que les conversations américaines soient «ennuyeuses»,
que les Américains «répondent à la **moindre** question par une   **Petite ou grande?**
30 **conférence**», qu'ils «remontent à Adam et Eve» et qu'ils «**ignorent**   **Un long discours ou un court discours?**
tout de l'art de la conversation».   *ne connaissent pas*

Raymonde Carroll, Evidences invisibles
(Paris: Editions du Seuil, 1987), p. 44.

Et maintenant

Relisez l'extrait en faisant surtout attention au choix des mots et aux explications dans
les marges.

1. Qu'est-ce qu'on demande à l'Américain?
2. Comment réagit le Français?
3. Qu'est-ce qui se passe pendant que l'Américain s'explique?
4. Comment répond-il au deuxième Français?
5. Comment l'Américain comprend-il ce qui s'est passé?
6. Selon l'auteur, qu'est-ce que les Américains reprochent aux Français dans les
   conversations? Qu'est-ce que les Français reprochent aux Américains?
7. Evidemment, chaque nationalité se fait une idée différente de «l'art de la conversation». Avec un partenaire, tenez une conversation «correcte» selon les
   Américains et puis selon les Français.

Avant de lire le deuxième extrait

Ici, Carroll nous explique comment les parents français et américains diffèrent dans leurs idées sur l'éducation des enfants.

A vous d'abord

1. Vous faites-vous déjà une idée de votre avenir? Qu'est-ce que vous deviendrez? Est-ce que ce choix vient de vous ou de vos parents?

2. Savez-vous ce que c'est qu'un «jardin classique» ou «à la française»? Comment se différencie-t-il d'un «jardin anglais»?

Jardin à la française.

3. A votre avis, quelles sont les caractéristiques d'un bon père ou d'une bonne mère?

Pendant que vous lisez

A la première lecture, essayez de déterminer:

- de quelle nationalité sont les personnes qui préparent principalement leurs enfants à remplir leur rôle social.
- de quelle nationalité sont les personnes qui préparent principalement leurs enfants à développer leurs qualités personnelles.
- comment on définit le succès dans les deux groupes.

Bien sûr, ce sont les parents (américains), là aussi, qui **se chargent** · prennent la responsabilité
de l'éducation de leurs enfants. Mais la différence essentielle, c'est
que cette **charge leur appartient** exclusivement. Quand je · responsabilité / est leur domaine
(américain) deviens parent, c'est envers mon enfant que je contracte
5 une obligation, **plutôt qu'**envers la société qui, elle, vient en deuxième · *rather than*
place. Mon obligation n'est pas de lui apprendre les règles et usages
de la société, mais avant tout de lui donner toutes les chances
possibles de découvrir et développer ses «qualités naturelles»,
d'exploiter ses **dons** et de **s'épanouir.** · talents / se développer librement

10 Ainsi, quand j'élève mon enfant à la française, je **défriche,** en · prépare
quelque sorte, un **lopin** de terre, j'arrache **les mauvaises herbes,** je · un petit morceau/*weeds*
taille, je plante, etc., pour en faire un beau jardin qui soit en parfaite · *trim, shape*
harmonie avec les autres jardins. Ce qui veut dire que j'ai **en tête** une · dans l'esprit
idée claire du résultat que je veux obtenir et de ce que j'ai à faire pour y
15 arriver. Ma seule difficulté viendra de la nature **du sol,** si je m'applique · de la terre
régulièrement à la tâche **s'entend.** · bien entendu

Mais quand j'élève mon enfant à l'américaine, c'est un peu comme
si je plantais une graine dans la terre sans trop savoir quelle sorte de
graine j'ai plantée. **Je me dois** de lui donner de la nourriture, de l'air, · je suis obligé(e)
20 de l'espace, de la lumière, **un tuteur** si c'est nécessaire, **des soins,** · *a stake* / **De l'attention ou de l'inattention?**
de l'eau, **bref,** tout ce dont la graine a besoin pour se développer le · enfin
mieux possible. Et puis j'attends, **je suis** les développements avec · **J'observe ou j'ignore?**
attention, **je pourvois** aux nouveaux besoins et j'essaie de deviner · **Je m'en occupe ou je les oublie?**
quelle plante cela va donner. Bien sûr, tous les espoirs me sont
25 permis. Mais si j'essayais de donner forme à mes rêves, de transformer ma
graine de tomate en pomme de terre par exemple, je ne serais pas «bon
parent». Pour être bon parent, je donnerai donc à mon enfant toutes les
chances, toutes les «opportunités» possibles, et puis je «**laisserai la** · *let nature take its course*
nature suivre son cours». Si je lui enseigne **les bonnes manières,** · le savoir
30 **les usages de la société,** c'est pour lui donner une chance de · les coutumes sociales
plus, **en sachant** qu'il en aura autant besoin pour «réussir» sa vie, · en me rendant compte
s'accomplir, que de leçons de musique, danse, sport, etc., de livres,
jouets et **appareils** de toutes sortes qui favoriseront son · *machines*
développement. Quand je lui aurai assuré une «éducation
35 supérieure», c'est-à-dire quatre années à l'université de son choix, j'aurai
fait tout mon possible pour lui donner les meilleurs moyens de réaliser
tous ses rêves, de se choisir.

pp. 80–81

Et maintenant

Relisez l'extrait en faisant surtout attention au choix des mots et aux explications dans
les marges.

1. Selon l'auteur, lesquelles des descriptions suivantes s'appliquent aux idées françaises de l'éducation des enfants? Lesquelles s'appliquent aux idées américaines?

   a. Il faut que l'enfant choisisse ce qu'il (elle) aime.

   b. Il faut que l'enfant développe ses propres talents.

   c. L'enfant appartient avant tout à la société.

   d. Il faut qu'un parent dirige strictement les choix de ses enfants.

2. L'auteur compare les deux systèmes en utilisant la métaphore du jardin. Elever un enfant à la française, c'est créer un jardin selon un plan préconçu; élever un enfant à l'américaine, c'est cultiver une plante dont on ne peut pas imaginer la forme adulte. Regardez de nouveau ce passage dans le texte et essayez de préciser les actions différentes du «parent-jardinier» dans les deux cas.

3. Pouvez-vous maintenant imaginer ce que c'est qu'un «jardin à la française»?

Avant de lire le troisième extrait

Carroll examine les rapports entre étudiants et professeurs.

A vous d'abord

Quelles sont les qualités d'un bon professeur?

Pendant que vous lisez

A la première lecture, essayez de comprendre la différence essentielle que l'auteur trouve entre l'attitude du professeur américain et celle du professeur français envers l'étudiant.

L'enfant américain est encouragé très tôt à jouer avec d'autres enfants du même âge (donc **en dehors** de la famille), à «se faire des amis», à apprendre à entrer en relation avec des étrangers, à «devenir populaire» parmi ses égaux. A la maison, c'est **l'approbation** ou les
5 encouragements des parents (...) qu'il **recherche;** il est donc logique qu'**il se sente** en compétition avec ses sœurs et frères. A l'école, **il en sera de même, il devra** en même temps se faire des amis parmi ses camarades et entrer en compétition avec eux pour l'attention et l'approbation du maître et plus tard du professeur, pour lequel il
10 «fera le mieux possible». Cette compétition **ne vise pas** à **écraser** les autres mais à les stimuler, et à **extraire,** «éliciter» de chacun la meilleure performance possible, et **que** le meilleur gagne. Et tout comme le parent, le prof **ne se permettra pas** de critiquer en public le travail d'un(e) étudiant(e), mais lui donnera **les moyens** de trouver
15 en lui (elle) et de développer ce en quoi il (elle) excellera. Un prof qui

A l'extérieur ou à l'intérieur?

L'acceptation ou le refus?
Demande ou ne veut pas?
il ait l'impression d'être
ce sera la même chose / il sera obligé de

ne cherche pas / *crush*
Tirer ou remplir?
may
Prendra ou ne prendra pas l'occasion?
la possibilité

ferait en classe des commentaires **cassants, méprisants** ou même
moqueurs sur chaque devoir qu'il **rend,** comme c'est possible dans
le système français, serait jugé malade, **détraqué** et en tout cas
inhabile à enseigner. Son cours serait simplement déserté, comme je
20 l'ai vu arriver à un jeune **lecteur fraîchement** arrivé de France dans
une université américaine. L'étudiant américain, habitué **dès** l'enfance
à l'explication **plutôt qu'à** l'autorité absolue ou la démonstration par
l'exemple, n'hésite pas à poser des questions, discuter, ne pas être
d'accord, **remettre en question,** ce qui surprend toujours les
25 étudiants français en visite aux Etats-Unis. Ce qui les surprend encore
plus, c'est que le prof ne prenne pas la question comme un signe
d'hostilité, **un défi à** son autorité, mais la traite comme un signe
d'indépendance intellectuelle ou un désir sincère de mieux
comprendre, de participer à la discussion sur un sujet qui l'intéresse,
30 attitude que le «bon» prof cherchera à encourager. Il est à remarquer ici
que l'étudiant américain se tourne spontanément **vers le** professeur
plutôt que vers ses camarades de classe, **reproduisant** ainsi le
rapport qu'il a établi avec ses parents. La relation ne concerne que
ces deux personnes. Ni parent ni enfant ne donne **à quiconque** le
35 droit d'intervenir, d'«interférer», dans leur relation, pas même à l'autre
parent.

pp. 88–89

Margin glosses:

Durs ou gentils?/Humiliants ou encourageants?
caustiques / redonne à l'élève
Fou ou brillant?

Incapable ou très apte?

aide enseignant / nouvellement
depuis

rather than

Douter ou accepter?

un refus de

en direction du
Imitant ou changeant?

to anyone

Et maintenant

Relisez l'extrait en faisant surtout attention au choix des mots et aux explications dans
les marges.

1. Voici une liste d'actions ou d'attitudes. Pour chacune d'entre elles, indiquez si
l'auteur pense qu'on la trouvera plus souvent en France ou aux Etats-Unis.
   a. Exprimer une opinion différente de celle du prof.
   b. Insulter un étudiant.
   c. Encourager la liberté d'esprit.
   d. Se sentir agressé par la question d'un étudiant.

2. Dans une salle de classe, un étudiant pose une question qui montre qu'il n'est pas
d'accord avec le prof. Selon l'auteur, qu'est-ce qui se passerait en France? Aux
Etats-Unis?

3. Comment les rapports entre élève et professeur ressemblent-ils aux rapports entre
enfant et parent?

Avant de lire le quatrième extrait

Carroll fait remarquer les ressemblances entre les deux cultures.

A vous d'abord

1. Quels produits français achetez-vous? A votre avis, quels produits américains un Français achète-t-il?

2. A votre avis, quels problèmes sociaux sont les mêmes en France et aux Etats-Unis?

Pendant que vous lisez

A la première lecture, essayez de déterminer si Carroll pense qu'il y a beaucoup ou très peu de ressemblances entre les deux cultures.

Manger vite ou manger bien? Le McDo des Champs-Elysées.

(...) **Il ne faut pas être sorcier** pour **se rendre compte** que nos jeunes se ressemblent plus qu'ils ne ressemblent à leurs parents, que nos **tours** se ressemblent, que nos supermarchés se ressemblent, que nos restaurants se ressemblent, que nos voitures se ressemblent; que
5 les Américains achètent leur pain, leurs croissants, leur Perrier, leurs fromages, leur moutarde et leurs vins français, **tout autant que** les Français achètent Coca-Cola, bourbon, ketchup, jeans, hamburgers, **feuilletons** télévisés, films, disques, etc., américains. Ici et là, les mêmes articles de journaux qui **s'indignent de** «l'invasion» de l'autre
10 culture ou de l'autre langue, qui **se moquent du** snobisme de **telle mode** ou telle boisson «étrangère»; les mêmes cris d'alarme, les mêmes réactions de refus. Les mêmes problèmes et inquiétudes concernant les crimes, l'insécurité, le trafic de drogue, le suicide des jeunes, «la décadence morale», la solitude des vieux, le scandale de **la**
15 **pauvreté;** la menace nucléaire, le cancer, les crises cardiaques, les

il n'est pas difficile /
Comprendre ou oublier?

gratte-ciel

tout comme

séries

Se fâchent ou sont contents?
ridiculisent le

such and such a style

La privation ou la richesse?

divorces, **l'aliénation,** le stress; l'alcoolisme; la violence... Plus d'un voyageur, **dans l'un ou l'autre sens, s'est étonné, déçu,** de ne pas s'étonner, de retrouver le familier là où il **attendait** le choc de **l'étranger.**

l'isolement

dans les deux directions / a été surpris / **Mécontent ou content?** / se préparait pour / **Ce qui est ou n'est pas familier?**

p. 202

Et maintenant

Relisez l'extrait en faisant surtout attention au choix des mots et aux explications dans les marges.

1. Résumez l'essentiel de ce paragraphe en deux ou trois phrases. Employez les expressions suivantes: il est évident que..., en effet, parfois..., mais en fin de compte..., et très souvent, le voyageur...
2. Etes-vous d'accord avec Raymonde Carroll quand elle dit que la culture américaine et la culture française se ressemblent?
3. Remarquez les produits que l'auteur mentionne. Quelles différences notez-vous entre les produits français que les Américains achètent et les produits américains que les Français achètent?

ANNE-MARIE CRESSATTI: «LA FRANCE VUE DE L'EXTERIEUR»

Avant de lire

Dans cet article du *Journal français d'Amérique,* Anne-Marie Cressatti résume les idées principales d'un livre très critique de la France intitulé *La France vue d'en face,* de la psychosociologue Dominique Fricker. Cet auteur a essayé de préciser ce qu'on appelle «le mal français» en interrogeant une centaine d'observateurs étrangers de plusieurs nationalités.

A vous d'abord

1. A votre avis, est-ce que les Américains pensent que la France joue un rôle politique important dans le monde?
2. Révisez les perceptions que les Américains et les Japonais ont des Français au début de ce chapitre (tableaux 1 et 2, pp. 5 et 6).

Pendant que vous lisez

A la première lecture, essayez d'apprendre:
   • si les Français se font la même idée de leur importance que des gens d'autres nationalités.

• l'essentiel du «mal français» selon l'auteur.
• ce que les étrangers admirent dans le système français.

Depuis la perte de son empire colonial, la France vit, selon l'auteur, avec l'obsession, **voire** la «mystique de la grandeur», alors que pour certains étudiants américains en géopolitique, elle «n'est qu'un **pion mineur.** Malgré ses découvertes et ses réussites technologiques, la
5 France n'est **perçue** et appréciée que comme un des plus beaux musées de la culture européenne.»

    Une enquête parue dans le journal japonais *Mainichi* à la fin de l'année dernière allait **sensiblement** dans le même sens. Le journal avait choisi de s'intéresser de près à **l'Hexagone,** puisqu'il avait été
10 le premier **destinataire** des touristes **nippons** en Europe. Cette enquête plaçait la France au premier rang mondial pour la culture, mais en vingt-troisième pour les produits jeunes et sportifs, par exemple. Le directeur du Centre de recherches sur le Japon contemporain a commenté à l'époque: «Les Japonais ont le sentiment
15 que **le vieux continent part à la dérive,** tout en gardant, comme la France, certains **atouts** dans le domaine du **superflu,** pour lequel ils conservent quelque respect.»

Un désintérêt prononcé pour les tâches routinières

    Prenant exemple dans tous les domaines, les témoins étrangers de *La*
20 France vue d'en face **stigmatisent** la **mégalomanie** française, (... les) grandes réalisations architecturales comme le Musée d'Orsay, l'Opéra-Bastille et la Grande Arche. Les Français, obsédés de prestige, semblent incapables de s'investir dans un travail **routinier,** sans aspect grandiose et spectaculaire. (...)

25 ### Le système de formation mis en cause

    L'échec commercial du Concorde est donné en illustration par les professionnels interrogés dans *La France vue d'en face:* l'avion le plus rapide du monde est une réussite de haute technologie, mais ses **responsables** ont oublié de vérifier par des études approfondies **les**
30 **débouchés commerciaux.**

    Pour la majorité des observateurs étrangers, **la clef de voûte** du «mal français» tient essentiellement à son système de formation, mais seulement après l'école maternelle. Car tout le réseau des **crèches,** des **garderies** et des **écoles maternelles** apparaît comme un
35 système idéal sur lequel on veut prendre modèle. Des chercheurs américains ont, **il y a peu,** rendu public un rapport destiné aux membres du Congrès, où ils **soulignaient** tous les côtés positifs de **la prise en charge** des petits Français en âge préscolaire. Sauf l'école

---

Margin glosses:

même
Participant important ou sans importance?

considérée

une étude
notablement
la France
pays visité par / japonais

l'Europe n'est plus guidée
Avantages ou désavantages? / Ce qui n'est pas ou est nécessaire?

Attaquent ou célèbrent? / folie des grandeurs

Quotidien ou exceptionnel?

Le succès ou la faillite?

créateurs
les acheteurs possibles
la base

daycare centers
centers for children under age 3 /centers for children over age 3
récemment
Insistaient sur ou mentionnaient rapidement? / la prise de responsabilité

maternelle donc, les étrangers jugent le système de formation
40 «**démobilisant** et **castrateur,** reposant sur la sélection par l'échec,
injuste et antidémocratique». Les exemples souvent cités sont l'état
des collèges et lycées, **l'archaïsme** des programmes et les leçons
apprises «par cœur».

Qui encourage ou
immobilise les
jeunes? / Qui affaiblit ou
qui donne de l'énergie?
La nouveauté ou
l'ancienneté?

Il y a **en revanche** des domaines de la réalité française que les
45 étrangers sont unanimes à **louer.** Ils **ne tarissent pas d'admiration**
quant à «l'efficacité des services publics», notamment dans les
hôpitaux, les postes et les services sociaux, cependant marqués par
une omniprésence de l'Etat.

par contre

admirer / **Leur admiration
est limitée ou immense?**

la présence partout

En dépit de la sévérité des jugements, les étrangers aiment la
50 France d'un amour **ambigu** et **ils estiment** que «**séjourner** en
France reste un privilège». Paradoxalement, certains ajoutent même
qu' «une France trop moderne, trop organisée, trop performante,
n'aurait plus le même charme»!

malgré

Clair ou ambivalent? / ils ont
l'opinion / **Passer du
temps ou ne pas voyager?**

Anne-Marie Cressatti, «La France vue de l'extérieur»,
Journal français d'Amérique, 9–22 février 1990, p. 8.

Et maintenant

Relisez l'extrait en faisant surtout attention au choix des mots et aux explications dans
les marges.

1. Pourquoi les Japonais s'intéressent-ils à la France?
2. Qu'est-ce que les Américains apprécient en France?
3. Qu'est-ce que les Japonais apprécient en France? Que pensez-vous de leurs
   réponses?
4. Pourquoi dit-on que les Français souffrent de mégalomanie?
5. Selon l'auteur, qu'est-ce que les Français sont incapables de faire?
6. En quoi le Concorde est-il une réussite? Pourquoi est-il aussi un échec?
7. Quelle est la source du «mal français» selon l'auteur?
8. Qu'est-ce qu'on pense des écoles maternelles?
9. Qu'est-ce qu'on pense des collèges et des lycées?

Questions d'ensemble

1. Imaginez que vous êtes un(e) étudiant(e) français(e) qui séjourne aux Etats-Unis.
   Ecrivez une lettre à votre famille ou à un ami en mentionnant ce que vous préférez
   aux Etats-Unis.
2. A votre avis, qu'est-ce qu'un Français penserait des domaines suivants aux
   Etats-Unis: la nourriture, le travail, les écoles, les bâtiments, les transports, la
   politique?

VIES QUOTIDIENNES

INTRODUCTION

Comment vivent les Français? Quels sont leurs loisirs préférés? Comment célèbrent-ils les fêtes? Dans ce chapitre, vous allez étudier la vie quotidienne des Français. Les premiers sondages vous donneront une idée de ce que font les Français pendant leurs loisirs. Vous lirez ensuite la description de la vie d'un couple parisien.

VIDEO

Composée de séquences de l'émission matinale «Télématin», la vidéo vous présentera des renseignements sur la presse, les actualités et la météo, les vacances, les fêtes de Noël et du nouvel an, le goût des objets et l'école. Plusieurs passages écrits approfondiront ces sujets.

AUDIO

Vous écouterez l'interview d'une Française qui vous fera mieux connaître la vie d'une famille des environs de Fontainebleau.

LECTURE

Vous lirez enfin un passage de roman analysant le développement d'une société de consommation en France à partir des années 60.

INTRODUCTION

A vous d'abord

Voici quelques statistiques sur la vie quotidienne des Français.

1. Pour le sondage suivant sur les sorties des Français, la première colonne vous donne la moyenne pour l'ensemble des Français âgés de 15 ans et plus. La deuxième colonne vous donne les chiffres précis pour le groupe de 20 à 24 ans. Quelles sont les activités les plus populaires chez les Français de 20 à 24 ans? Comment ce groupe est-il différent de l'ensemble des Français? Indiquez vos préférences en vous servant des mots suivants: *souvent, de temps en temps, rarement, jamais.*

PROPORTION DE L'ENSEMBLE DES FRANÇAIS AGES DE 15 ANS ET PLUS QUI SORTENT (DE TEMPS EN TEMPS OU SOUVENT) LE SOIR POUR...

	ensemble	20–24 ans
· aller au cinéma	37%	67%
· aller au spectacle	22	30
· aller chez des parents	51	62
· aller chez des amis	60	79
· aller à une réunion autre que familiale ou amicale (réunion de parents d'élèves, de locataires, d'associations)	29	20
· aller au restaurant	47	66
· aller se promener, retrouver des amis dans la rue ou au café	31	57

Nouvelle enquête sur les pratiques culturelles des Français (Paris: La Documentation française, 1990), p. 39.

Tableau 1

2. Voici un sondage sur d'autres activités des Français. Pour quelles activités les réponses des jeunes dépassent-elles la moyenne? Indiquez vos préférences en vous servant des mots suivants: *souvent, de temps en temps, rarement, jamais.*

PROPORTION DE L'ENSEMBLE DES FRANÇAIS AGES DE 15 ANS ET PLUS QUI ONT PRATIQUE (DE TEMPS EN TEMPS OU SOUVENT) AU COURS DES 12 DERNIERS MOIS LES ACTIVITES SUIVANTES:

	ensemble	20–24 ans
· aller dans les magasins pour l'ameublement ou la décoration du domicile	44	52
· faire les boutiques pour acheter des vêtements à la mode	49	73
· faire des mots croisés	32	32
· essayer de nouvelles recettes de cuisine	39	44
· faire soi-même des travaux de petit bricolage (étagère, pose de papier peint...)	50	52
· s'occuper de sa voiture ou de sa moto (la laver, la réparer)	37	43
· s'occuper d'un jardin potager (légumes)	27	11
· s'occuper d'un jardin d'agrément (fleurs, pelouse)	38	17
· jouer aux cartes	43	52
· jouer à des jeux électroniques	14	24
· jouer au tennis	13	26
· pratiquer un sport d'équipe	13	23
· faire du jogging ou du footing	23	34
· faire de la gymnastique chez soi ou dans une salle spécialisée	20	26
· jouer aux boules	20	17
· aller à la pêche	16	16
· aller à la chasse	5	4

Pratiques culturelles, p. 23.

Tableau 2

Le passage ci-dessous présente la vie quotidienne d'un couple parisien qu'un des auteurs connaît depuis très longtemps. C'est une vie assez typique, qui reflète la situation actuelle des habitants de Paris, ainsi que son évolution depuis la Deuxième

Guerre mondiale. Quoique typiques en général, Georges et Marianne ne le sont pas dans tous les domaines. Ainsi, vous trouverez à plusieurs reprises des statistiques qui vous aideront à mieux les comparer à la moyenne.

I. L'appartement

Lisez les paragraphes suivants pour apprendre:
- où habitent Georges et Marianne.
- de quelle époque date leur appartement.
- comment sont disposées les pièces de l'appartement.
- quelles pièces ont été modernisées.
- pourquoi Georges et Marianne ont eu besoin d'aide domestique.
- de quels pays les bonnes venaient.

Mes amis Georges et Marianne habitent un bel appartement à Paris. Situé au premier étage d'un immeuble datant du XIXe siècle, cet appartement a tous les avantages (et les inconvénients) d'une époque révolue°. Les pièces de réception (salon, salle à manger, chambre de maîtres) sont immenses,
5   les plafonds très hauts. Par contre, la cuisine est minuscule et assez éloignée de la salle à manger, et les chambres d'enfants sont très petites et donnent sur la cour. Il y a quelques années, Georges et Marianne ont fait refaire la salle de bains qui est maintenant luxueuse et ultra-moderne. Bien entendu, le water-closet occupe une pièce séparée. La dimension des
10 pièces d'apparat° rend l'appartement très difficile à entretenir. Il est évident que l'immeuble a été construit à une époque à laquelle on pouvait sans peine trouver de nombreux domestiques: une femme de ménage pour cirer° les parquets°, une femme de chambre pour faire le service de table et transporter les plats entre la cuisine et la salle à manger et, très
15 probablement, une cuisinière pour préparer ces mêmes plats. Au fil des années, Marianne a essayé de trouver de l'aide domestique et elle a eu une succession de bonnes à tout faire° dont l'origine reflétait la nationalité des différentes vagues d'immigration en France: il y a eu la bonne espagnole, puis la bonne martiniquaise, puis la bonne
20 marocaine. Finalement, Marianne a décidé qu'il serait plus simple de s'occuper toute seule de sa maison et aujourd'hui, elle en assure tout l'entretien, aidée de toutes sortes d'appareils ménagers°.

- Près de 51% des ménages sont propriétaires de leur résidence principale (appartement ou maison), dont 67% dans les communes rurales et 34% à Paris.

Gérard Mermet, Francoscopie 89, Paris: Librairie Larousse, p. 178.

· De toutes les pièces de la maison, c'est la cuisine qui a le plus changé.

· Les cuisines d'antan, meublées d'une table, d'un évier, d'une cuisinière à charbon et de quelques placards, appartiennent à un passé définitivement révolu. Elles ont fait place aux «cuisines-laboratoires», peuplées de machines perfectionnées et d'éléments fonctionnels réalisés sur mesure.

· Après les réfrigérateurs (97,5% des ménages), congélateurs (37,6%), machines à laver le linge (85,5%) et robots de toutes sortes, ce sont les lave-vaisselle (26,6%), les fours à micro-ondes (6%) et les sèche-linge (5%) qui s'installent aujourd'hui dans les cuisines françaises.

Francoscopie 89, pp. 181–182; chiffres 1987.

La salle de bains redécouverte.

· Après avoir beaucoup investi dans leur cuisine, c'est à la salle de bains que les Français s'intéressent aujourd'hui...

· 70% des Français souhaitent améliorer leur salle de bains; 33% sont prêts à la transformer.

Francoscopie 89, p. 183.

II. La vie en ville

Lisez les paragraphes suivants pour apprendre:
   · les avantages d'habiter dans le Quartier latin.
   · les problèmes rencontrés quand on habite dans le Quartier latin.
   · pourquoi Georges et Marianne n'ont pas déménagé.

Quand les gens entendent dire que Georges et Marianne habitent en plein cœur° du Quartier latin, ils sont envieux de ce qu'ils considèrent être un emplacement privilégié. Evidemment, c'est pratique et on est aux premières loges° quand il y a une manifestation! Mais la circulation automobile qui
5 étouffe° le boulevard Saint-Germain est bruyante et polluante. Marianne ne peut jamais ouvrir les grandes fenêtres de son salon, qui donne sur le boulevard, et la chambre d'amis, qui donne aussi sur le boulevard, est inhabitable. En été, on y crève de chaud°, et si on ouvre la fenêtre, on ne peut fermer l'œil de la nuit à cause du bruit. Quand le bruit des autos et
10 des touristes a disparu, c'est l'heure du ramassage d'ordures°. Les éboueurs° passent quotidiennement, sauf s'ils sont en grève, bien entendu.
   Marianne aurait bien aimé déménager, surtout quand ses enfants étaient jeunes, dans un appartement plus commode et plus facile à entretenir. Mais l'immeuble est dans la famille de son mari depuis qu'il a

15 été construit, et lui et sa mère se sont opposés à un déménagement.
Aujourd'hui, elle s'est habituée à son logement et fait contre mauvaise
fortune bon cœur°.

· C'est le bruit qui gêne le plus les Français.
· Environ 20.000 plaintes enregistrées chaque année, dont plus de la moitié à
   Paris.
· Les griefs le plus souvent évoqués sont les aboiements des chiens. (...) Dans
   les villes, les nouvelles sirènes des voitures de police, la multiplication des
   systèmes d'alarme des logements et des voitures (...) ont accru le niveau, déjà
   passablement élevé, du bruit ambiant.

Francoscopie 89, pp. 213–214.

III. Les repas chez soi

Lisez les paragraphes suivants pour apprendre:
   · les différences entre les repas de Georges et ceux de Marianne.
   · quand ils mangent ensemble.
   · ce qu'on prend le soir.
   · où Marianne a travaillé.
   · si Georges partage avec sa femme les responsabilités ménagères.

Pour ne pas passer trop de temps dans la cuisine, qui est vraiment exiguë°,
Marianne a beaucoup simplifié la préparation des repas. Quoique
excellente cuisinière, elle se contente souvent, pour le repas du soir, de
passer un repas surgelé au four à micro-ondes°.
5   Georges prépare son petit déjeuner (Marianne ne prend qu'une tasse de
thé le matin). Comme il travaille en banlieue, il ne rentre pas à la maison à
midi. Il prend un repas assez copieux dans un restaurant près de son lieu
de travail. En général, Marianne mange peu à midi, et de préférence
quelque chose qui n'a pas besoin d'être cuisiné. Quand les enfants étaient
10 encore à l'école, elle préparait le déjeuner. Aujourd'hui, le repas du soir est
le seul repas familial. Georges et Marianne et l'un ou l'autre de leurs
enfants, ainsi que des parents ou des invités occasionnels, le prennent
toujours dans la salle à manger, à une table mise avec soin°: nappe°, ou
sets de table, argenterie, vaisselle assortie°. En plus du plat surgelé ou
préparé par Marianne, il y a toujours une salade, du fromage et des fruits
pour le dessert. Marianne boit du vin avec son repas, mais Georges n'en
boit jamais. Quoique élevé dans une famille de vrais connaisseurs, il n'a
jamais appris à l'apprécier.

Georges et Marianne ont deux enfants. Avant son mariage, Marianne
20 travaillait dans un bureau de la Communauté européenne. Quand elle
travaillait à l'extérieur, Georges l'aidait un peu à tenir la maison. Quand elle
a pris la décision de rester au foyer pour s'occuper des enfants, Georges lui
a abandonné toutes les responsabilités domestiques. Quand elle voyage, il
arrive à faire sa lessive° tout seul (dans la machine à laver), mais il prend
25 tous ses repas au restaurant.

· Les repas tendent à se «déstructurer».
· Les traditionnels menus avec entrée, plat de résistance, salade, fromage et
  dessert, qui prédisposaient plus à la sieste qu'à toute autre activité, ne sont
  plus de rigueur. Trop longs, trop coûteux, trop riches en calories. Les repas
  quotidiens, surtout à midi, tendent à se limiter à un plat principal, éven-
  tuellement complété d'un fromage ou d'un dessert.

Francoscopie 89, p. 160.

IV. Les repas au restaurant, les vêtements

Lisez les paragraphes suivants pour apprendre:
· où ils mangent souvent ensemble.
· comment Georges a pu perdre quelques kilos.
· comment ils s'habillent.
· ce qu'ils pensent de la haute couture.

Depuis que les enfants sont grands, Georges et Marianne mangent
beaucoup dehors. Ils aiment fréquenter les petits restaurants qui abondent
dans leur quartier. Leurs goûts culinaires sont assez exotiques: ils adorent
la cuisine vietnamienne, thaïlandaise, marocaine, italienne et russe et ils
5 profitent des nombreux restaurants ethniques de leur quartier. Georges est
très gourmand et, depuis quelques années, Marianne surveille beaucoup le
régime de son mari. En faisant très attention, elle a réussi à lui faire perdre
quelques kilos. Il avoue lui-même qu'il a réussi à maigrir en surveillant les
quantités de pain, de beurre et de fromage qu'il mangeait. Quant à
10 Marianne, elle est excessivement mince, et d'une élégance remarquable.
Même quand elle fait ses courses le matin au marché du quartier, elle
s'habille impeccablement. Ils aiment tous les deux les vêtements de bonne
qualité, très classiques et d'un aspect assez anglo-saxon: les beaux tweeds,
les pulls en cachemire, les imperméables et parapluies achetés à Londres.

15 Ils ne s'intéressent absolument pas à la haute couture° que Marianne
considère ridicule et importable, et ils achètent le plus possible au moment
des soldes°, dans les magasins où l'on peut trouver des vêtements de
bonne qualité démarqués°.

- Plus d'un repas sur deux est pris à l'extérieur.
- Les Français ont de plus en plus souvent l'occasion de déjeuner à l'extérieur.
  Le développement de la journée continue empêche souvent les personnes
  qui travaillent de rentrer chez elles à midi.

Francoscopie 89, p. 159.

- On consomme aujourd'hui moins d'aliments de base (pain, pommes de
  terre, sucre) et plus de viande (bœuf, porc, volaille), de poisson et de
  produits laitiers. Les produits qui se sont développés le plus au cours de
  ces dernières années sont les glaces et les surgelés, les conserves diverses,
  la charcuterie, les produits laitiers frais. La consommation de viandes de
  boucherie, boissons alcoolisées et corps gras a par contre plutôt régressé.

Francoscopie 89, p. 161.

V. Les études, le travail, les intérêts

Lisez les paragraphes suivants pour apprendre:
- la profession de Georges.
- ses tendances politiques.
- à quoi s'intéresse Marianne.
- ce qu'elle aime dans ce domaine.

Georges est économiste. Il a fait d'excellentes études (il est diplômé d'une
grande école°). Il est professeur dans une université de la banlieue
parisienne. Depuis quelques années, il y occupe aussi un poste
administratif qu'il apprécie beaucoup. Malgré ses nouvelles responsabilités,
5 il a pu continuer ses recherches et publie avec son équipe de nombreux
rapports statistiques sur la situation des travailleurs en Europe. Quand il
était jeune, il faisait beaucoup de politique, et il a été plusieurs fois
candidat à l'Assemblée nationale, sur la liste d'un petit parti politique de
gauche. Il se considère homme de gauche, au grand désespoir de sa
qui était extrêmement conservatrice et votait toujours pour la droite.
Européen convaincu, et c'est un des rares Français que je
à bien comprendre le système américain.

Maintenant que ses enfants sont grands, Marianne se consacre à°
l'histoire de l'art, sa passion. Elle est auditrice à l'Ecole du Louvre, et elle
15 est devenue véritable experte de l'art égyptien. Elle peut déchiffrer les
caractères hiéroglyphiques et, au cours de plusieurs voyages, a pris des
photos extraordinaires de statues et de monuments égyptiens. Comme elle
fréquente un milieu artistique, elle est souvent invitée à des vernissages°,
mais elle n'apprécie ni l'art moderne ni la musique contemporaine. Par
20 contre, elle n'hésitera pas à faire la queue pendant des heures pour visiter
une exposition de peinture importante au Grand Palais, par exemple. Elle
refuse d'aller au musée Pompidou et, quoiqu'elle apprécie les améliorations
pratiques du Grand Louvre, elle a du mal à s'habituer à la pyramide de Pei.

Les résultats des élections présidentielles de 1988 (2e tour):
· François Mitterrand (Parti socialiste) (de gauche), 54%
· Jacques Chirac (Rassemblement pour la République) (de droite), 46%

VI. Les loisirs: musique, lecture, voyages

Lisez les paragraphes suivants pour apprendre:
  · leurs loisirs principaux.
  · leur attitude envers la télévision.
  · comment ils se déplacent en ville.
  · ce qu'ils font en vacances.
  · dans quels pays ils voyagent.

Georges s'intéresse à la musique classique et contemporaine. Il a un
transistor, qu'il écoute surtout au moment des nouvelles, et il achète
beaucoup de cassettes orchestrales. Il a une passion pour Mahler et
Wagner. Il n'aime pas beaucoup sortir, préférant rester à la maison pour
5 lire et écouter de la musique. Il lit surtout des essais politiques et
philosophiques. C'est un lecteur de journaux enthousiaste. Chaque jour, il
lit *Le Monde*, l'*International Herald Tribune* et *Le Canard enchaîné*°. Quand
il était jeune, il dévorait les aventures de Tintin°. Georges et Marianne vont
très rarement au théâtre. Ils aiment bien le cinéma, surtout les vieux films
10 que l'on passe dans les cinémathèques de leur quartier.
   Bien que très à l'aise financièrement (en plus de son salaire
d'enseignant et de ses honoraires° de consultant, Georges a aussi fait
plusieurs gros héritages), Georges et Marianne n'ont ni télévision ni voiture.
   Il y a quelques années, ils ont acheté une télé. Quand Marianne s'est
15 rendu compte que Georges et leur fils André passaient leurs heures de
détente collés° au téléviseur, elle s'en est vite débarrassée. Quant à l'auto,

Georges et Marianne, qui habitent au cœur de Paris, n'en sentent vraiment
pas le besoin. Georges prend le RER° pour se rendre au travail (la station
est à deux pas de leur immeuble). Marianne déteste le métro; elle préfère
20   se déplacer en autobus ou marcher. Quand Georges et Marianne voyagent
en France, ils prennent le train. Arrivés à destination, ils louent une voiture
dans laquelle ils circulent dans la région. Ils partent généralement en
vacances pendant l'été. Ils retournent avec plaisir en Dordogne et dans le
Périgord. Maintenant, ils aiment passer quelques semaines sur la côte
25   bretonne. Ils ont aussi beaucoup voyagé à l'étranger (Autriche, Iran, Irlande,
Maroc, Belgique, etc.). Georges a fait des études aux Etats-Unis, mais
Marianne n'y est jamais allée. Elle a très envie de voir les collections des
musées américains.

- 47% des Français lisent régulièrement un quotidien (1987), contre 60% en
  1967.

Francoscopie 89, p. 372.

- 4% des Français n'ont aucun téléviseur à la maison.
- 12% des cadres et professions intellectuelles supérieures n'en ont pas.
- 14% des résidents de Paris n'en ont pas.
- 11% des personnes ayant étudié au-delà du bac n'en ont pas.

Pratiques culturelles, p. 24.

- 76% des ménages ont une voiture (janvier 1988).
- Ils n'étaient que 30% en 1960 (58% en 1970).
- La France compte 390 voitures pour 1.000 habitants (contre 560 aux Etats-
  Unis).

Francoscopie 89, p. 187.

- L'Ile-de-France représente aujourd'hui 90% des bouchons° enregistrés sur
  tout le territoire. Un milliard d'heures sont perdues chaque année dans les
  ᵐbouteillages à Paris.
  ˙   des automobilistes de la région parisienne déclarent s'être battus à la
      d'un embouteillage.

Francoscopie 89, p. 188.

VII. Les enfants

Lisez cette partie pour apprendre:
- combien d'enfants ont Georges et Marianne.
- en quoi leurs enfants diffèrent.
- ce que fait André.
- où travaille Céline.

Georges et Marianne ont élevé deux enfants: un fils, André, qui a
aujourd'hui 29 ans, et une fille, Céline, qui en a 27. Une des grandes
déceptions de leur vie a sans doute été que leur fils n'ait pas été doué°
pour les études. Dès les petites classes, on s'est rendu compte qu'André
5 préférait les sports à l'école. Il a fait de l'équitation et de la natation; il a été
moniteur de ski; aujourd'hui son rêve est de faire le rallye Paris-Dakar°. Il a
quitté le lycée sans avoir réussi au baccalauréat et, pendant un certain
temps, a causé beaucoup d'inquiétudes à ses parents. Après son service
militaire, il s'est un peu assagi° et il travaille depuis plusieurs années dans
10 une agence d'assurances, où ses talents ont l'air d'être appréciés.

Céline a été beaucoup plus studieuse. Elle a été reçue au bac et a
commencé à faire son droit°. Mais, au bout d'un certain temps, elle aussi
s'est désintéressée de ses études et a abandonné. Comme elle parle très
bien l'anglais, elle travaille aujourd'hui dans les bureaux parisiens d'une
15 multinationale.

Les enfants ont de bons rapports avec leurs parents. Il y a eu, bien
entendu, des moments difficiles pendant leur adolescence, surtout quand
André avait des difficultés scolaires, mais aujourd'hui Marianne et Georges
ont l'air de bien s'entendre avec leurs enfants et d'apprécier les moments
20 qu'ils passent en leur compagnie.

VIII. Conclusion

Lisez cette dernière partie pour apprendre:
- comment Georges et Marianne se sont adaptés aux changements du monde moderne.
- ce que Marianne pense de la situation «conjugale» de son fils.

Georges est né en 1929, Marianne est un peu plus jeune. Leur adaptation
aux changements qui sont intervenus dans la société française depuis la
Deuxième Guerre mondiale est vraiment remarquable. Ils ont un minitel°,
qu'ils utilisent constamment; ils sautent dans un avion sous le moindre
5 prétexte pour visiter un pays étranger. Marianne a accepté facilement que
son fils cohabite avec une étudiante sans être marié. Comme André et sa

petite amie habitent dans une des anciennes chambres de bonne au
dernier étage de l'immeuble de Georges, il était difficile de ne pas
s'apercevoir de la situation! C'est Marianne qui a suggéré que le nom de la
10 compagne d'André soit mis sur la boîte aux lettres, à côté du sien. Elle
aimerait qu'André se marie, car elle voudrait bien avoir des petits-enfants
(elle adore pouponner°), mais elle a trop de tact pour en parler
directement au jeune couple.

Récemment, Céline a convaincu sa mère de la vertu bénéfique du
15 jogging. Avant de s'y lancer, Marianne a fait les magasins° pour se procurer
les vêtements qu'il convient de porter quand on court, à 7 heures du
matin, dans le jardin du Luxembourg.

· Deux tiers des jeunes couples vivent d'abord ensemble sans se marier et,
année après année, la cohabitation gagne du terrain.

Journal français d'Amérique, 21 fév. 1991, p. 8.

VOCABULAIRE

I.

révolue: passée
les pièces d'apparat: pièces de réception
cirer: polir, faire briller
les parquets: *hardwood floors*
une bonne à tout faire: une domestique qui n'est
    pas spécialisée
les appareils ménagers: les machines dont on se
    sert pour les tâches domestiques

II.

en plein cœur de: au milieu de
aux premières loges: aux meilleures places (dans
    un théâtre)
étouffe: *chokes*
n y crève de chaud (*fam.*): on y meurt de chaud
    massage d'ordures: *garbage collection*
    ueurs: les ouvriers qui ramassent les ordures
    tre mauvaise fortune bon cœur: accepter la
    n

III.

exiguë: petite
le four à micro-ondes: *microwave oven*
mise avec soin: préparée avec beaucoup d'atten-
    tion aux détails
une nappe: *tablecloth*
assortie: *matching*
faire la lessive: laver les vêtements

IV.

la haute couture: *designer clothes*
les soldes: ventes de marchandises à prix réduit
démarqués: dont les prix sont réduits

V.

une grande école: école spécialisée de niveau uni-
    versitaire dans laquelle on entre après avoir
    réussi à un concours très difficile; le nombre de
    places est très limité
se consacre à: étudie
un vernissage: l'ouverture d'une exposition d'art

VI.

le *Canard enchaîné*: journal satirique et politique, qui aime révéler les scandales gouvernementaux

Tintin: personnage principal d'une bande dessinée; on a publié de nombreux volumes d'aventures de Tintin

honoraires: argent qu'on gagne pour un travail professionnel

collés: *glued*

le RER: Réseau express régional, le métro rapide qui relie Paris à la banlieue

le bouchon: *traffic jam*

VII.

doué: *gifted*

le rallye Paris-Dakar: une course automobile importante

s'assagir: se calmer, devenir sage

faire son droit: *to study law, go to law school*

VIII.

un Minitel: *home computer terminal with a number of on-line services*

pouponner: s'occuper de petits bébés

faire les magasins: faire des courses

VIDEO
SEQUENCES DE «TELEMATIN»

Avant de visionner

Les séquences de vidéo de ce chapitre sont tirées de «Télématin», une émission française qui ressemble à «Good Morning America» ou «Today». Comme les programmes américains, «Télématin» est un programme matinal; il commence à 6 heures et demie et dure deux heures, du lundi au vendredi. Les formats se ressemblent aussi (actualités, interviews, publicité, météo). Plusieurs speakers ou speakerines présentent les sujets.

A vous d'abord

1. Est-ce que la télévision joue un rôle important dans la vie quotidienne des Français? Lisez les renseignements suivants tirés de *Francoscopie 89* pour apprendre quelques faits intéressants et peut-être surprenants sur l'emploi de la télé en France.

   Près de 20 millions de foyers sont équipés de la boîte magique, soit 94% de la population totale. (...) La télé s'est vite installée dans l'emploi du temps des Français. Au point d'animer la plupart de leurs soirées, de leurs week-ends, souvent même de leurs repas. L'information, la distraction, la connaissance sont les trois apports principaux de la télévision. (...) La télévision occupe plus de la moitié du temps libre des Français. (...) Les téléspectateurs passent 3 h 26 chaque jour devant le petit écran. Si la durée est comparable à celle des autres pays européens, elle reste très inférieure à celle des Etats-Unis (environ 7 heures!).

2. Qu'est-ce qu'on peut regarder à la télé en France? Regardez l'horaire typique ci-contre d'une des chaînes françaises, Antenne 2, pour la journée du 9 juillet 1990.
   a. A quelle heure commence la première émission? A quelle heure finit la dernière?
   b. A quels moments de la journée peut-on regarder les actualités (le journal)?
   c. Y a-t-il beaucoup d'émissions américaines? Lesquelles?
   d. Trouvez une émission historique, une émission comique, une émission sur les sports et une émission culturelle.

3. Regardez attentivement les renseignements relatifs à «Télématin». Quelles séquences trouverait-on également dans un horaire américain? Quelles séquences vous paraissent surprenantes? Pouvez-vous imaginer le but des séquences «A2 pour vous», «Jardins et balcons», «Point de vue» et «Le Marché de Vincent»?

LUNDI

9 juillet

6.30 TÉLÉMATIN
Présentation de William Leymergie avec Cabu qui commente en dessins l'actualité et le courrier.
Journal à 7 h 00, 7 h 30 et 8 h 00
Présentation de Gérard Morin
6 h 44 et 8 h 27 par Vincent Ferniot, 6.47 Jardins et Balcons, par Michel Lis, 6.51 A2 pour vous, par Christilla Pelle-Douel, 7.10 Sports avec Jean Lanzi, 7.14 Point de vue, 7.17 Emploi, par Sophie Pignal, 7.20 Chanson 7.24 Trouvailles par Marie-Jo Jouan, 7.38 KT Vidéo, 7.41 Culture aujourd'hui, Musique avec Philippe Manoeuvre
7.47 Les Quatre Vérités par François Ponchelet 7.50 Dessin animé 8.14 logement, par Sophie Pignal, 8.21 Santé, 8.25 Le Truc de Laura Fronty

8.30 AMOUREUSEMENT VOTRE
feuilleton américain
Link regrette d'avoir cédé aux avances de Zona. Il accuse sa mère d'avoir tout mangé...

8.55 ÉRIC, ET TOI, ET MOI
Présentation d'Eric Galliano
SPÉCIAL TUNISIE

Richard Comar et Sophie Barjac

8.55 BOULI
LE TROU
9.05 LA PANTHÈRE ROSE
9.20 LES RATONS LAVEURS
LE PARFUM DE LA GLOIRE
9.50 BÉCÉBÉGÉ

10.15 LE CLUB DES CINQ
LES CINQ DÉPARTENT
10.45 COPS
10.55 LES DEUX FONT LA LOI
LES JUSTES
Sous-titrage apparent par décodeur.
Commentaires de Patrick Chêne, Robert Chapatte, Jean-Paul Ollivier et Thierry Adam. Réalisation de Pierre Badel et Jean-René Vivet
Marie Dumont ... Sophie Barjac
Bennett ... John H. Brennan
Craddock ... Richard Comar
Après le passage devant la maison de Jean-Claude Kilby, dans la banlieue de Genève où sera jugée l'arrivée, au terme d'une longue ligne droite plate, les coureurs auront vécu une journée délicate avec des côtes dans le Doubs et le Jura ainsi que la côte des Rousses très difficile mais située bien loin de Genève.

11.25 MOTUS
Jeu présenté par Thierry Beccaro

11.55 BONNE QUESTION, MERCI DE L'AVOIR POSÉE
animé par Lionel Cassan

12.25 LES MARIÉS DE L'A2

13.00 JOURNAL

13.40 MÉTÉO 1, 2, 3, SOLEIL

13.45 FALCON CREST
Feuilleton américain
CHANTAGE
Première partie
Tony Cumson ... John Saxon
Lance ... Lorenzo Lamas
Angela ... Jane Wyman
En l'absence de Richard, Angela en profite pour se rapprocher de son père...

14.10 LARRY ET BALKI
Série américaine
AH LE GRAND AMOUR
Balkie ... Bronson Pinchot
Larry ... Mark Linn-Baker
Twinkie ... Lise Cutter
Susan ... Ernie Sabella
Balki est tombé amoureux. Larry doute de la sincérité de ses sentiments...

14.45 77e TOUR DE FRANCE
En direct de Genève
9e ÉTAPE
BESANCON-GENÈVE
(196 km)

16.40 VIVE LE VÉLO
Magazine proposé par Gérard Holtz

17.15 DES CHIFFRES ET DES LETTRES

17.35 LES BRIGADES DU TIGRE
BANDES ET CONTREBANDES
Valentin ... Jean-Claude Bouillon
Pujol ... Jean-Paul Tribout
Terrasson ... Pierre Maguelon
Faivre ... François Maistre
Clara ... Nita Klein
Diffusée en 1985, 1987 et 1989
Au printemps 1912, une vague de violence inquiète l'opinion. Outre les attentats et les cambriolages, une série de crimes déconcerte la police. En peu de temps et dans les conditions identiques, un anarchiste, un affairiste, un caïd du milieu sont tués.

18.30 GIGA
ALF
LA GRANDE BALADE
THÉO
QUI A PEUR DE SA MORT?
REPORTAGES
Alexandre Legrand-Lingerie
Association contre l'anémie
Des pieds et des mains

19.30 JOURNAL DU TOUR

20.00 JOURNAL
PARTIR À DEUX
et MÉTÉO 1, 2, 3, SOLEIL

9 juillet

20.40 LE GRAND BAZAR
VARIÉTÉS PROPOSÉES PAR MARITÉ ET GILBERT CARPENTIER

Maurane
Eddy Mitchell
Patricia Bruel au piano

RÉALISATION DE MATHIAS LEDOUX AVEC LA COLLABORATION DE FRANÇOISE AZENCOT

À Istanbul nous allons vivre une histoire pleine de suspense et de rebondissements dans des lieux magiques, au milieu des plus beaux monuments de cette ville: construire à l'entrée du Bosphore, au bord de la mer de Marmara.

L'ARGUMENT
Un couple de détectives privés aide une jeune fille à retrouver sa mémoire qu'elle a perdue, le jour de ses 15 ans, alors qu'elle se promenait dans le Grand Bazar à la recherche de bijoux qui leur permettront de découvrir la véritable identité de la jeune fille et le nom de l'homme mystérieux qui la provoque. Une enquête semée d'embûches qui nous conduira entre autres à la mosquée... lancent chacun de leur côté à la recherche d'indices... bleue, au Pera Palas, au Palais de Dolmabace, au harem de Topkapi et dans une promenade de chansons avec Eddy Mitchell, Lio, Vanessa Paradis, Jean-Claude Brialy, Marc Lavoine, Patrick Bruel, Maurane et Dee Dee Bridgwater.

22.15 DESSEIN ET DESTIN DE CHARLES DE GAULLE
Document en six émissions
de François Moreuil

Cinquième émission
ADIEU À L'EMPIRE
Chef du gouvernement français depuis quatre jours, Charles De Gaulle, appelé au secours par les Français d'Algérie, se prononce le 4 juin 1958 à Alger, puis le 7 juin à Mostaganem, en faveur de l'Algérie française. Il semble ainsi cautionner, selon l'opinion unanime, la politique française dans l'ensemble de l'empire colonial. Pourtant, rapidement, il donne une direction différente à cette politique, prônant un nouveau type d'association avec les territoires d'Outre-mer dans le cadre de la communauté et affirmant le droit des peuples à disposer d'eux-mêmes. La difficile question algérienne se terminera par une tragédie qui durera quatre ans avec les accords d'Évian signés en 1982 et l'accès de l'Algérie à l'indépendance. Dans cette période de crise sement, de l'Empire à l'Union française et de la connaissance de l'indépendance, à l'évocation de l'Algérie et de la Guinée (indépendante en 1958, celle-ci refusera de s'intégrer à la communauté française) des adieux à l'empire se réaliseront sans ambages, sauf majeur en Afrique et à Madagascar.

De Gaulle: « Je vous ai compris »

23.10 ÉDITION DE LA NUIT
et MÉTÉO 1, 2, 3, SOLEIL

23.25 JOURNAL DU TOUR

23.45 THE VOICE
OU 50 ANS DE CHANSONS
Rediffusion
À l'aide de documents inédits, André Halimi retrace la carrière de Frank Sinatra

0.35 Fin des émissions

Avant de visionner la première partie (-A1-)
«La Une du jour»

Les actualités de «Télématin» sont présentées toutes les 30 minutes. En plus, chaque émission a une séquence intitulée «La Une du jour», pendant laquelle on présente les nouvelles publiées en première page des journaux nationaux et régionaux.

Vous allez voir une courte introduction. Ensuite, un journaliste présentera les gros titres de dix journaux. A la fin, il y aura un «fait divers» (une nouvelle normalement pas très importante) et un reportage sur un accident qui vient d'avoir lieu.

A vous d'abord

Quels journaux français connaissez-vous? Trouve-t-on des journaux et des magazines français dans votre ville?

Pendant que vous visionnez

A. Visionnez d'abord la séquence sans mettre le son.

Par groupes de deux ou trois, relevez les sujets présentés à la une des dix journaux. Choisissez un ou deux mots dans chaque cas. Ensuite, essayez de catégoriser les sujets: internationaux, nationaux, européens, américains.

B. Visionnez maintenant, avec le son, l'introduction et les gros titres de *France-Soir*.

    1. Qu'est-ce qu'on présente ici? (une nouvelle voiture de police / une nouvelle radio pour la voiture / un nouvel instrument technologique)

    2. Qu'est-ce que cet objet peut faire? (Il peut filmer les voitures qui vont trop vite./ Il peut rouler très vite. / Il vous permet de faire des vidéos de vos amis.)

    3. Cet objet aura des avantages pour (la police / les chauffeurs / les piétons).

    4. Résumez ce qu'on a présenté ici en employant les expressions suivantes pour compléter le paragraphe:

> un radar (deux fois), roulant, une voiture banalisée, une caméra-vidéo, filmer les infractions (deux fois)

> Il s'agit d'un nouveau _____ dont un policier peut se servir pour _____ avec _____ . Le _____ est monté dans _____ , c'est-à-dire une voiture d'apparence normale, et le policier peut _____ même en _____ .

C. Visionnez les gros titres du *Parisien* et de *Libération*.

    1. Ici, on parle du problème (de la sécheresse / de la chaleur / du mauvais temps).

    2. Résumez ce qu'on a présenté ici en employant les expressions suivantes pour compléter le paragraphe:

> avalanches, inondations, mauvais temps, morts

> Dans ces deux journaux, on parle du _____ . En montagne, il y a un danger d' _____ ; à cause de la pluie, on risque d'avoir aussi des _____ . On a déjà compté six _____ .

D. Visionnez les gros titres de *Nice-Matin* et du *Provençal*.

1. De quel sujet parle-t-on? (des projets de réforme dans les écoles / du nombre d'élèves dans les écoles / du manque de discipline dans les écoles)

2. On parle (des lycées / des universités / des écoles primaires).

E. Visionnez les gros titres du *Figaro*.

1. De quels pays parle-t-on?

2. Quel homme politique est mentionné?

F. Visionnez les gros titres du *Midi-Libre*.

1. Qu'est-ce que c'est que le Perrier? (du vin / de l'eau minérale / du fromage)

2. A l'époque, Perrier avait de graves problèmes parce qu'on avait trouvé des produits toxiques dans plusieurs bouteilles. Selon ce reportage, qu'est-ce qui se passe en ce moment? (Perrier commence à se rétablir. / Perrier continue à perdre de l'argent. / Perrier a dû fermer ses portes.)

G. Visionnez les gros titres des *Echos*.

1. De quels pays parle-t-on?

2. Sur quoi Mitterrand et Kohl sont-ils d'accord? (sur l'importance des feux en Allemagne / sur le danger de l'alpinisme en Allemagne / sur l'importance de l'avenir de l'Allemagne)

3. Que dit-on de la maison de courtage Drexel? (Drexel vient d'ouvrir une succursale en France. / Drexel a fait faillite. / Drexel continue à gagner énormément d'argent.)

H. Visionnez les gros titres du *Quotidien de Paris* et de l'*Humanité*.

1. Il s'agit ici d'un projet pour quelle ville en France?

2. Parmi les trois hommes politiques mentionnés — Jacques Chirac, maire de Paris, Georges Marchais, secrétaire général du parti communiste, et Michel Rocard, premier ministre — qui est pour et qui est contre le projet?

3. Pourquoi est-on contre le projet? (C'est trop cher. / C'est trop grand. / C'est trop américain.)

I. Visionnez la séquence sur la *Nouvelle République de Tours*.

C'est l'histoire d'un couple _____ depuis _____ ans. Le mari et la femme sont _____ le même jour, et c'est le jour de la fête de Saint- _____ .

J. Visionnez maintenant la dernière séquence dans laquelle on présente un accident qui vient d'arriver.

1. De quel moyen de transport s'agit-il?

2. Où l'accident a-t-il eu lieu?

3. D'où venaient les voyageurs?

4. Quand?

5. Qu'est-ce qui est arrivé?

6. Y a-t-il eu des morts et des blessés?

Et maintenant

1. Imaginez que vous êtes journaliste et que vous avez été témoin d'un accident de la route en allant au travail. Téléphonez à votre bureau pour donner les renseignements suivants: le nombre de voitures, le nombre de personnes, l'endroit, l'heure, les détails.

2. Procurez-vous un exemplaire de l'un des journaux présentés. Contient-il des articles sur les Etats-Unis? Sur quels sujets? Procurez-vous maintenant un exemplaire de votre journal local. Y a-t-il des articles sur la France ou sur l'Europe? Sur quels sujets?

3. En vous basant sur l'un des journaux montrés sur la vidéo, écrivez le premier paragraphe d'un article suggéré par les gros titres.

Avant de visionner la deuxième partie (-A2-)
«La Météo»

Une météorologue va maintenant nous présenter la météo pour la semaine de la fête du 14 juillet 1989.

A vous d'abord

Voici la conversion des degrés Fahrenheit en degrés Celsius. A quelles températures s'attend-on en été? en hiver?

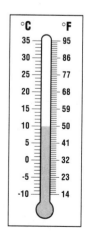

Un peu de géographie

Trouvez sur la carte de France à la page xiv les 22 régions administratives. Indiquez le chef-lieu de plusieurs régions. Préparez-vous à indiquer l'endroit où se trouvent certaines régions selon le modèle suivant:

La région Nord-Pas-de-Calais se trouve au nord de la France, près de la frontière belge. Son chef-lieu est la ville de Lille.

Un peu de vocabulaire

1. Vérifiez le sens des expressions ci-dessous, puis employez-les dans un paragraphe qui indiquera les changements de temps pendant la journée. Commencez par la phrase suivante:

Quand je me suis réveillé(e) à 7 heures du matin, le soleil brillait et le ciel était bleu.

Pour parler du temps (mots usuels):

le ciel bleu, les nuages, la pluie, le brouillard, les éclaircies (f.), la température, durer, disparaître

2. Vérifiez le sens des expressions suivantes, puis complétez les phrases ci-dessous. Pour parler du temps (mots météorologiques):

la photo-satellite, un anticyclone, une zone de haute pression, des masses nuageuses, la visibilité, se dissiper

   a. Un centre de hautes pressions atmosphériques s'appelle un _____ .
   b. Quand elle présente la météo, la jeune météorologue indique sur la carte les zones de basse pression et les _____ .
   c. Aujourd'hui, il fait mauvais temps dans le nord de la France. Le ciel est couvert de _____ et _____ est très faible.
   d. Nous attendons que le mauvais temps _____ avant de faire notre promenade. Nous ne voulons pas être mouillés.
   e. Grâce aux _____ , on peut voir quel temps il fait sur une grande partie de l'Europe.

Pendant que vous visionnez

A. Visionnez la séquence une première fois.
   1. Quelles sont les régions mentionnées?

   la Bretagne, la Bourgogne, la région parisienne, la Corse, la région Champagne-Ardennes, la Franche-Comté, la Normandie, la Picardie, la région Rhône-Alpes, le Nord-Pas-de-Calais

   2. Quelles sont les villes mentionnées?

   Brest, Marseille, Grenoble, Rouen, Lyon, Dijon, Bordeaux, Angers, Lille, Cherbourg, Paris, Orléans, Tours

B. Visionnez la séquence une deuxième fois.

    1. Quel temps fera-t-il cette semaine sur la majorité de la France?

    2. Pourquoi Anne P. parle-t-elle du bleu, du blanc et du rouge?

    3. Dans quelles parties de la France y aura-t-il des nuages?

    4. Indiquez la température pour les villes suivantes:

        Lille (20 / 22 / 26)   Paris (20 / 24 / 26)

        Dijon (24 / 25 / 26)   Bordeaux (25 / 26 / 27)

C. Visionnez la séquence une troisième fois.

Et maintenant

A. *Compréhension*

    1. Que représente chacune des couleurs mentionnées?

    2. Quel est l'effet de l'anticyclone sur le temps?

B. *Texte complémentaire: «La vague de froid en Europe: une situation qui dure»*

    1. L'article qui suit traite d'un temps très différent. Avant de lire l'article en détail, lisez-le rapidement pour trouver les renseignements suivants:

    • La saison et le mois de l'année dont il s'agit.

    • Les problèmes météorologiques.

    • Les problèmes dans les services publics.

    Le froid continue à régner sur une grande partie de l'Europe. En France cependant, les températures ont un peu remonté dans la moitié nord, mais elles restent **tout de même en dessous des** **normales de janvier**. Partout, sauf sur **le littoral** breton et la Côte

5 d'Azur, les températures sont inférieures à zéro. Partout aussi, **la** **circulation** est très difficile ou même impossible sur les routes secondaires. En revanche, **les grands axes** ont été **déblayés**. Dans la Drôme et l'Aveyron cependant, **des congères** dues au vent qui souffle violemment ne cessent de se reformer.

10   Des pannes d'électricité privent des **abonnés** de courant, à Paris notamment. Quant aux **chauffages de fortune**, ils continuent à tuer: le 18 janvier, à Metz, trois enfants sont morts asphyxiés — le quatrième a été très gravement intoxiqué — par la fumée **dégagée** par une couverture et un rideau enflammés par

15 un radiateur électrique trop proche. **Un sexagénaire** de l'Ariège est mort d'une crise cardiaque dans les rues de Foix.

     Dans la Haute-Loire, c'est sans doute **l'avarice** qui a fait mourir de froid un vieux fermier. Vivant seul sans eau ni

Glossary (right margin):

pourtant / inférieures aux

la côte

les déplacements routiers

les routes principales
ouverts, nettoyés
des amas de neige

clients

makeshift heaters

produite

personne de 60 à 70 ans

l'attachement excessif à
l'argent

électricité dans sa ferme, Arthur Chazelet (74 ans) avait pourtant **à**
20 **portée de la main** assez de bois pour se chauffer pendant des   *tout près*
années; les gendarmes ont aussi trouvé chez lui deux **livrets de**
caisse d'épargne «pleins», des **relevés** d'un compte bancaire   *savings passbooks /*
statements
bien **garni** et **un portefeuille d'actions**. (...)   *rempli / stock portfolio*
       Un peu partout en Europe, ce ne sont que grands axes routiers
25 et ferroviaires **coupés** et personnes privées de courant électrique   *bloqués*
par dizaines de milliers. Dans de nombreuses villes, on note aussi
une forte augmentation de la pollution de l'air **en raison du** froid   *à cause du*
qui **ralentit** la circulation atmosphérique. **Un décompte**   *rend plus lente / un calcul*
provisoire a dénombré quelque trois cent trente personnes tuées
30 en Europe par la vague de froid.
                                    Le Monde, 20 janvier 1987, p. 13.

2. Où fait-il le moins froid en France?

3. Pourquoi la circulation est-elle difficile?

4. Pourquoi y a-t-il eu des morts à Metz?

5. Le fermier de la Haute-Loire est mort (parce qu'il n'avait pas d'argent / parce qu'il s'est perdu dans les bois / parce qu'il n'a pas voulu dépenser son argent).

6. Quelles catégories de la population semblent souffrir le plus de cette vague de froid?

7. Pourquoi y a-t-il plus de pollution dans les villes?

8. Par écrit: imaginez que vous étiez à Paris au moment de cette vague de froid. Ecrivez une lettre à vos parents ou à un(e) ami(e) vous décrivez ce qui vous est arrivé pendant la semaine.

Avant de visionner la troisième partie (-A3-) «Le Thermalisme»

Marie-Dominique Perrin va nous présenter une activité de loisir très populaire en France, le séjour dans une station thermale. D'abord, William et Marie-Dominique nous donnent un aperçu historique de la «thalassothérapie» (traitement par les bains de mer ou par les climats maritimes pour améliorer ou maintenir la santé). Ensuite, un film publicitaire nous permet de visiter deux grandes stations thermales, Atlanthal à Anglet et Hélianthal à Saint-Jean-de-Luz, sur la côte Atlantique, près de l'Espagne. Enfin, Marie-Dominique et William parlent des possibilités de logement et du Salon des Thermalies à Paris, où le touriste peut obtenir plus de renseignements.

A vous d'abord

1. Partez-vous souvent en vacances? Où allez-vous? Comment voyagez-vous? Pour combien de temps partez-vous généralement?

2. Lisez les résultats suivants d'un sondage sur les habitudes des Français à ce sujet.

«AU COURS DES 12 DERNIERS MOIS, COMBIEN DE FOIS ETES-VOUS PARTI EN VACANCES, C'EST-A-DIRE EN DEHORS DE VOTRE DOMICILE HABITUEL, POUR AU MOINS QUATRE JOURS DE SUITE?»

	jamais	1 fois	2 fois	3–4 fois	5 fois et plus
Ensemble	37	28	15	12	7
15 à 19 ans	24	33	15	17	11
20 à 24 ans	32	28	14	15	11
25 à 34 ans	33	29	17	12	9
35 à 44 ans	32	30	20	12	6
45 à 54 ans	38	31	14	12	5
55 à 64 ans	40	26	14	12	7
65 ans et plus	56	20	10	9	5

Tableau 3

«QUELLE A ETE LA DUREE DE VOTRE PLUS LONG SEJOUR DE VACANCES HORS DE VOTRE DOMICILE DEPUIS UN AN?»

	8 jours et moins	9 à 15 jours	16 à 29 jours	30 jours et plus
Ensemble	19	33	21	28

Pratiques culturelles, p. 33.

Tableau 4

3. Selon ces résultats, quels sont les groupes qui partent en vacances le moins souvent? Quels sont ceux qui partent en vacances le plus souvent? Qu'est-ce que les résultats nous indiquent sur la durée des vacances en France?

4. Faites un sondage dans votre classe et comparez vos résultats.

Un peu de géographie

Trouvez la ville de Saint-Jean-de-Luz sur la carte de France à la page 1. Dans quelle partie du pays se situe-t-elle? Pouvez-vous imaginer pourquoi un touriste aimerait cet endroit?

Un peu d'histoire

La forme classique de la thalassothérapie comprenait surtout le traitement des maladies par les bains d'eau de mer (froide ou chaude). Sous sa forme moderne, le thermalisme comprend aussi tout ce qu'on trouve dans les stations thermales (par exemple, les saunas et les piscines, le jogging, même la gastronomie de la forme, c'est-à-dire la cuisine qui est bonne pour la santé). On s'y intéresse au maintien de la forme et à la remise en forme.

Pendant que vous visionnez

A. Visionnez d'abord l'introduction (jusqu'au film publicitaire).

Vrai ou faux?

1. Le thermalisme intéresse beaucoup de Français.
2. La thalassothérapie est un phénomène récent.
3. Le thermalisme s'adresse essentiellement aux malades.
4. Le Pays basque est la côte la plus dynamique pour le thermalisme.

B. Visionnez ensuite le film publicitaire sans mettre le son (deux fois).

1. Quels sont les endroits montrés?

   une plage, une station de ski, des terrains de camping, un parking, un espace pour la remise en forme, une salle d'aérobic, une salle de musculation, des bains froids, un sauna, un bain de vapeur, une douche, une piscine, des thermes

2. Quelles sont les activités montrées?

   prendre un bain de soleil, faire du tennis, se baigner, faire du ski nautique, s'entraîner, faire du jogging, prendre une douche, sauter, faire du vélo, manger, se faire donner des soins de beauté

3. Décrivez le client typique de ces centres.

C. Visionnez la séquence sur Atlanthal avec le son.

1. L'objectif le plus important à Atlanthal, c'est de (s'entraîner / perdre du poids / réduire le stress).
2. A Atlanthal, on a tous les soins de la thalassothérapie classique et aussi les sports comme le _____ et le _____ .
3. On peut aussi faire une cure d'amincissement grâce à ses restaurants minceurs si on veut _____ .
4. Marie-Dominique mentionne aussi les cures post-natales pour les _____ .
5. On peut passer une semaine en pension complète à Atlanthal pour environ (50.000 / 5.000 / 500) francs.

D. Visionnez la séquence sur Hélianthal avec le son.

1. La station d'Hélianthal est-elle plus sophistiquée qu'Atlanthal?

2. Quels sont les agréments mentionnés par Marie-Dominique?

les thermes, le centre d'esthétique, les activités sportives, les concerts, la lecture, le cinéma, la nourriture

3. Une semaine à Hélianthal coûte environ (3.000 / 5.000 / 8.000) francs.

E. Visionnez enfin la dernière partie.
   1. Qu'est-ce qui est plus cher dans ces stations thermales, la cure elle-même ou le logement?
   2. Qu'est-ce que c'est que «l'Orion»? (une troisième station thermale de la région / des appartements moins chers près des stations / l'agence de voyage à contacter pour d'autres renseignements)
   3. Le Salon des Thermalies est ouvert du _____ au _____ février.

Et maintenant

En vous basant sur les images et la description de ces centres, préparez une présentation orale destinée à convaincre vos amis d'y passer une semaine avec vous. N'oubliez pas de mentionner la variété des activités, la beauté de l'endroit et les possibilités de logement. Employez les renseignements suivants tirés du *Guide Michelin*:

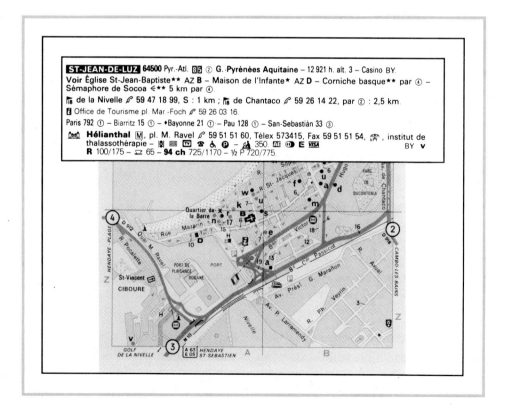

Avant de visionner la quatrième partie (-A4-)

Marie-Jo Jouan présente une série d'objets qui symbolisent le côté commercialisé de la célébration du bicentenaire de la Révolution française en France en 1989.

A vous d'abord

1. Qu'est-ce que vous savez de la Révolution française?
2. Quelles sont les couleurs du drapeau américain? Et celles du drapeau français?

Un peu de vocabulaire

Vérifiez le sens des expressions suivantes, puis complétez les phrases ci-dessous.

Pour parler de la Révolution:

une cocarde, Marianne

Pour parler des vêtements:

les accessoires, le petit détail chic, une tenue de combat, indémodable

Pour parler de la nourriture:

le couscous, la semoule, les colorants alimentaires, comestible

1. La femme qui symbolise la Révolution française s'appelle _____ .
2. Les révolutionnaires portaient _____ tricolore sur leur bonnet.
3. Pour être chic, cette année, il faut faire très attention aux _____ qui accompagnent votre tenue, comme les sacs et les souliers.
4. Les Françaises ont beaucoup de goût. Elles arrivent toujours à ajouter le _____ , qui les distingue.
5. Les jupes en tweed anglais sont _____ .
6. Les soldats qui vont faire la guerre portent leur _____ .
7. Je déteste tout ce qui est artificiel; je n'achète donc jamais de produits qui contiennent _____ .
8. J'adore le plat national marocain, _____ . Il est fait de viande, de légumes et de _____ cuite à la vapeur.
9. Bien que j'aime beaucoup le couscous, je ne crois pas que le couscous tricolore soit _____ .

Pendant que vous visionnez

A. Visionnez d'abord la séquence sans mettre le son.

Quels sont les objets montrés?

une auto, un vélo, un béret, un canotier, un bracelet, un collier, des boucles d'oreille, une chemise, un tee-shirt, des lunettes, des montres, une brochure, un livre, du parfum, un plat, un drapeau, un cocktail

B. Repassez la séquence avec le son.

    1. Quel est le point commun entre tous ces objets?

    2. Catégorisez chacun des objets montrés selon le verbe qui convient.
       Exemple: *Mettre un tee-shirt.*

         mettre, se déplacer, lire, manger, goûter, boire

    3. Va-t-on continuer à présenter des objets bleu, blanc, rouge? Pourquoi ou
       pourquoi pas?

Et maintenant

A. *Compréhension*

A-t-on commercialisé la fête de l'indépendance américaine? Comment? Qu'est-ce
qu'on a vendu? Comparez ces objets à ceux que vous venez de voir.

B. *Texte complémentaire:* Le Nouveau locataire

Le dramaturge Eugène Ionesco a écrit beaucoup de pièces de théâtre où il se moque
de la vie quotidienne des hommes et surtout de leur goût des objets. Il se plaît à
exagérer un aspect de la vie jusqu'à en révéler l'absurdité. L'extrait suivant est tiré de
la dernière scène de sa pièce, *Le Nouveau locataire.* Il s'agit d'une personne qui
emménage dans un appartement un peu trop petit. Il est déjà tout entouré de
meubles, mais le déménagement n'est pas encore fini.

1. A la première lecture, essayez de comprendre:

    • le problème rencontré par les déménageurs.

    • la solution qu'ils trouvent.

    • l'attitude du nouveau locataire pendant la scène.

    1er DEMENAGEUR: Qu'est-ce qu'on va faire?

    2e DEMENAGEUR: Qu'est-ce qu'on va faire?

    LE MONSIEUR: (*sans bouger*) Il en reste beaucoup? Ce n'est pas fini?

    Le Premier Déménageur, sans répondre au Monsieur, fait encore un

5   *geste significatif vers le Deuxième, geste d'embarras, répété par ce*
    Deuxième Déménageur.

    LE MONSIEUR: (*sans bouger, toujours très calme*) Avez-vous apporté
    tous les meubles?

    Jeu muet quelques instants. Les deux Déménageurs, de leurs

10   *places, se retournent vers leurs portes respectives, puis toujours à*
    leurs places, vers le Monsieur, qui ne peut plus les apercevoir.

    1er DEMENAGEUR: Monsieur, c'est bien ennuyeux...

    LE MONSIEUR: Quoi?

    2e DEMENAGEUR: Les meubles qui restent sont trop grands, les

15   portes pas assez hautes.

    1er DEMENAGEUR: Ça ne peut pas passer.

LE MONSIEUR: Qu'est-ce que c'est?

1ᵉʳ DEMENAGEUR: **Armoires.**

> meubles où on range les vêtements, les provisions, etc.

LE MONSIEUR: La verte, la violette?

20 2ᵉ DEMENAGEUR: Oui.

1ᵉʳ DEMENAGEUR: Et ce n'est pas tout. Il y en a encore.

2ᵉ DEMENAGEUR: C'est plein dans **l'escalier.** On ne circule plus.

> suite de marches par laquelle on monte ou on descend

LE MONSIEUR: Dans **la cour** aussi, c'est plein. Dans la rue aussi.

> espace ouvert à l'intérieur d'un bâtiment

1ᵉʳ DEMENAGEUR: Les voitures ne circulent plus, en ville. Des

25   meubles, plein.

2ᵉ DEMENAGEUR: (*au Monsieur*) Au moins, **ne vous plaignez pas,** Monsieur, vous avez une place assise.

> *don't complain*

1ᵉʳ DEMENAGEUR: Le métro, peut-être, doit marcher.

2ᵉ DEMENAGEUR: Oh, non.

30 LE MONSIEUR: (*toujours de sa place*) Non. **Les souterrains,** tous bloqués.

> les passages sous terre

2ᵉ DEMENAGEUR: (*au Monsieur*) Vous en avez des meubles! Vous **encombrez** tout le pays.

> bloquez, incommodez

LE MONSIEUR: La Seine ne coule plus. Bloquée, aussi. Plus d'eau.

35 1ᵉʳ DEMENAGEUR: Alors, qu'est-ce qu'on fait, si ça n'entre plus?

LE MONSIEUR: On ne peut pas les laisser dehors.

Les déménageurs parlent toujours de leurs places.

1ᵉʳ DEMENAGEUR: On peut les faire venir par **le grenier.** Mais... faudrait **défoncer le plafond.**

> *attic*
>
> *break through the ceiling*

40 2ᵉ DEMENAGEUR: Pas la peine. Maison moderne. Plafond roulant. (*au Monsieur*) Vous le savez?

LE MONSIEUR: Non.

2ᵉ DEMENAGEUR: Si. C'est simple. On frappe. (*Il approche ses mains l'une de l'autre. Le plafond s'ouvre.*)

45 LE MONSIEUR: (*de son fauteuil*) Non... Je crains la pluie pour mes meubles. Ils sont neufs et délicats.

2ᵉ DEMENAGEUR: Pas de danger, Monsieur. Je connais le système. Le plafond s'ouvre, se ferme, s'ouvre, se ferme, à volonté.

LE MONSIEUR: (*de son fauteuil*) A condition de le refermer tout de

50   suite. Pas de négligence.

1ᵉʳ DEMENAGEUR: On n'oubliera pas. Je suis là. (*Au Deuxième Déménageur*) Tu es prêt?

2ᵉ DEMENAGEUR: Oui.

1ᵉʳ DEMENAGEUR: (*au Monsieur*) D'accord?

55 LE MONSIEUR: Entendu.

1ᵉʳ DEMENAGEUR: (*au Deuxième Déménageur*) Vas-y.

*Le Deuxième Déménageur frappe dans ses mains. Du plafond descendent, sur le devant de la scène, de grandes **planches** cachant complètement, aux yeux du public, le Monsieur dans son*

> longs morceaux de bois plats

60 haut **enclos;** il peut en descendre, également, une ou deux sur
scène, parmi les autres meubles; ou de gros **tonneaux,** par
exemple; le nouveau locataire est ainsi complètement **emmuré;**
enjambant les meubles, le Premier Déménageur, après avoir
frappé trois coups, restés sans réponse, sur une des **faces**
65 **latérales** de l'enclos, se dirige avec son échelle vers les planches
qui recouvrent l'enclos; il a un bouquet de fleurs à la main, qu'il
essaiera de cacher aux yeux du public; en silence, il appuie
l'échelle à droite et monte; arrivé au sommet de la planche
latérale, il regarde, d'en haut, à l'intérieur de l'enclos, **interpelle**
70 le Monsieur.

    1ᵉʳ DEMENAGEUR: Ça y est, Monsieur, tout est là. Vous êtes bien, ça
    va la petite installation?
    VOIX DU MONSIEUR: (*égale à elle-même simplement un peu*
    assourdie) Plafond. Fermez plafond, s'il vous plaît.
75   1ᵉʳ DEMENAGEUR: (*du haut de son échelle, à son camarade*) Ferme le
    plafond, on te prie. Tu as oublié.
    2ᵉ DEMENAGEUR: (*de sa place*) Ah oui. (*Il frappe dans ses mains pour*
    que le plafond se referme.) Voilà.
    VOIX DU MONSIEUR: Merci.
80   1ᵉʳ DEMENAGEUR: (*sur son échelle*) Alors, vous serez bien **à l'abri**
    comme cela. Vous n'aurez pas froid... Ça va?
    VOIX DU MONSIEUR: (*après un silence*) Ça va.
    1ᵉʳ DEMENAGEUR: Passez-moi votre chapeau, Monsieur, ça peut vous
    gêner.

85 Après une courte pause, on voit le chapeau du Monsieur, apparais-
sant de l'intérieur de l'enclos.

    1ᵉʳ DEMENAGEUR: (*prenant le chapeau et jetant les fleurs à l'intérieur*
    de l'enclos) Voilà. Vous serez plus à l'aise. Prenez ces fleurs. (*Au*
    Deuxième Déménageur) Ça y est?
90   2ᵉ DEMENAGEUR: Tout y est.
    1ᵉʳ DEMENAGEUR: Bon. (*Au Monsieur*) On a tout apporté, Monsieur,
    vous êtes chez vous. (*Il descend de l'échelle.*) On s'en va.
    *Il va poser l'échelle contre le mur, ou bien il la met, **au hasard,***
    mais doucement, sans fracas, parmi les autres objets qui
95   *entourent l'enclos du Monsieur.*
    1ᵉʳ DEMENAGEUR: (*au Deuxième Déménageur*) Viens.
    Les deux Déménageurs se dirigent, au hasard, on ne sait trop où,
    vers le fond de la scène, chacun de son côté, vaguement, en
    *direction **d'issues** invisibles, problématiques, car la fenêtre est*
100 *bouchée, aussi bien que les portes aux battants grands ouverts,*
toujours laissant apercevoir les planches violemment colorées

---

Gloses (marge):
- espace entouré, ici de meubles
- grands récipients cylindriques, barils
- entouré de murs
- sautant
- côtés
- appelle
- moins forte
- protégé
- sans faire trop attention
- de sorties

qui les **obstruent.** *A un moment, le Premier Déménageur, d'un*   bouchent, encombrent
bout du **plateau,** *le chapeau du Monsieur à la main, s'arrête, se*   la scène du théâtre
retourne, parle en direction du Monsieur caché.

105   1ᵉʳ DEMENAGEUR: Vous n'avez besoin de rien?
    Silence.
    2ᵉ DEMENAGEUR: Vous n'avez besoin de rien?
    VOIX DU MONSIEUR: *(après un silence; immobilité sur scène)* Merci.
        Eteignez. *(Obscurité complète sur le plateau.)*

110   *RIDEAU*

                Eugène Ionesco, *Le Nouveau locataire* (Paris: Gallimard, 1953).

2. Qu'est-ce que les déménageurs ne peuvent pas faire?
3. Faites un petit dessin de la scène au début de cet extrait. Où est le Monsieur? Qu'est-ce qu'il y a à droite et à gauche?
4. Selon les déménageurs, qu'est-ce qui se passe à Paris en ce moment?
5. Quelle solution trouve-t-on? Est-ce réaliste?
6. Décrivez la situation physique du Monsieur à la fin. En est-il content?
7. Comment Ionesco se sert-il de l'exagération ici? Dans quel but?
8. A votre avis, qu'est-ce que Ionesco veut nous dire au sujet de l'homme et de ses possessions?

Avant de visionner la cinquième partie (-A5-)
«Repas de Noël»

Christilla Pellé-Douël va nous présenter des renseignements sur le prix des aliments traditionnels pour les réveillons de Noël et du nouvel an en France, c'est-à-dire pour les repas du soir de la veille de chaque fête. Ces renseignements ont été fournis pour plusieurs villes par la Direction de la Concurrence, de la Consommation et de la Répression des fraudes. Pour chaque aliment, Christilla nous donne les prix de deux ou trois villes.

A vous d'abord

1. Préparez-vous des repas spéciaux pour certaines fêtes? A quelles occasions? Quels sont les plats traditionnels? Est-ce que les produits sont chers?
2. A votre avis, qu'est-ce que les Français aiment manger pour les fêtes? Pour le petit déjeuner? Pour le déjeuner?
3. Révisez les chiffres de zéro à 1.000. Lisez les prix suivants:

    781,60 FF (sept cent quatre-vingt-un francs soixante centimes)
    347,15 FF   38,50 FF   841,85 FF   123,45 FF

4. Cherchez dans un journal le taux de change du dollar.

Un peu de vocabulaire

Vérifiez le sens des expressions suivantes, puis complétez les phrases ci-dessous.

l'inspecteur des fraudes, le prix moyen (la moyenne), le bloc de..., le kilo, un écart de prix, à qualité égale

1. J'ai visité plusieurs supermarchés pour comparer le prix des artichauts. Il y avait un _____ considérable entre le prix des artichauts de Bretagne et de ceux importés de Californie.
2. Pour faire cette recette, vous aurez besoin d'un _____ foie gras et d'une belle laitue.
3. Il faut avertir _____ quand on remarque qu'un commerçant est malhonnête et triche sur le poids de ses produits.
4. Pour faire une salade niçoise, il faut d'abord une boîte de thon et _____ de pommes de terre.
5. _____ , j'achète le produit qui est le moins cher. Si la qualité varie, j'achète en général le meilleur produit.

Pendant que vous visionnez

A. Visionnez toute cette partie une première fois.
   1. Dressez la liste des villes mentionnées.
   2. Quels sont les trois produits dont on parle?
   3. Existe-t-il de grandes différences de prix pour le même produit?
   4. Comment l'autre femme réagit-elle à ces prix?
   5. Pour quelles quantités sont les prix?

B. Repassez la vidéo jusqu'à la fin de la séquence sur le foie gras.
   1. Dans quelle ville le foie gras est-il le plus cher?
   2. Comment s'explique la différence de prix? (par la présence ou l'absence de concurrence / par les différences de qualité / par la distance de Paris)
   3. Voici les sept prix qu'on annonce dans cette partie. Pour chacun, indiquez la ville: Toulouse, Bordeaux ou Marseille.
      | 480,09 FF | 529,36 FF | 797,64 FF | 522,10 FF |
      | 823,60 FF | 356,80 FF | 612,69 FF |

C. Repassez le reste de la vidéo jusqu'à la fin.
   1. Le saumon fumé dont on parle est un produit d'origine (française / norvégienne / américaine).
   2. Voici les quatre prix qu'on annonce pour le saumon. Pour chaque prix, indiquez la ville: Marseille, Paris ou Clermont-Ferrand.
      333,65 FF   421,60 FF   136,88 FF   306,59 FF
   3. Combien coûte une douzaine d'huîtres fines de claire à Marseille? (23,10 FF / 40,00 FF / 33, 14 FF)

Et maintenant

A. *Compréhension*

Dans cette partie, Christilla présente plusieurs facteurs qui influencent le prix payé par le consommateur. Résumez ce qu'elle dit en employant les expressions suivantes:

la concurrence, la vente par correspondance, aller dans plusieurs magasins («écumer» les magasins), comparer la qualité, se réunir à plusieurs pour commander plus d'une douzaine

B. *Textes complémentaires: «Alimentation» et «Léger à toute heure»*

La France est-elle toujours le pays de la «bonne chère»? Observe-t-on un changement dans l'attitude des Français envers la nourriture riche et lourde? Peut-on manger «léger» si on le préfère?

1. Examinez d'abord le sondage suivant. Selon ces résultats, quelle évolution constate-t-on dans les attitudes?

ALIMENTATION

Va-t-on en France vers ce que l'on pourrait appeler un puritanisme de l'alimentation? De fait, le préjugé favorable à l'égard des bons vivants apparaît sensiblement en recul, tandis que le sentiment que les Français mangent et boivent trop progresse fortement.

Lorsque vous voyez qu'une personne aime bien manger et bien boire, est-ce que cela vous donne d'elle une opinion plutôt favorable ou plutôt défavorable?

	Décembre 1971	Juillet 1989		Décembre 1971	Juillet 1989		Décembre 1971	Juillet 1989
Plutôt favorable	56 %	38 %	Trop	50 %	63 %	Trop	53 %	66 %
Plutôt défavorable	18 %	21 %	Normalement	44 %	30 %	Normalement	41 %	29 %
Cela n'a pas d'importance	22 %	36 %	Pas assez	3 %	2 %	Pas assez	0 %	1 %

Diriez-vous que les Français, d'une manière générale, mangent trop, normalement ou pas assez? *Diriez-vous que les Français boivent trop, normalement ou pas assez?*

Tableau 5 Sofres, 1990

2. Faites un petit sondage sur les mêmes sujets dans votre classe. Discutez les résultats.

3. A la première lecture de l'article suivant, essayez de préciser l'idée principale.

«*LEGER*» *A TOUTE HEURE*

Du matin jusqu'au soir... Le panier de la ménagère «light», en moins de trois ans, est devenu tellement abondant et complet que chacun peut, sans effort particulier, passer la journée sans consommer un seul produit traditionnel.

5   Le matin: une tasse de thé — sans **théine** bien sûr — **arrosé d'un nuage de lait écrémé**, accompagnée d'une biscotte **lestée** de confiture allégée. Les adeptes light (...) ajouteront **une sucrette** à leur boisson pour avoir le goût sans les calories.

Le midi: pause-sandwich ou déjeuner **gastronomique**, toutes les
10   options sont ouvertes. Même s'il est encore difficile d'obtenir, sur le zinc, un jambon maigre-beurre allégé, le sandwich light prétend ne plus faire grossir. Version gastronomique: **les crudités** arrosées à la «saladette», version 0% de **la vinaigrette** récemment apparue sur le marché, ou l'assiette de **cochonnailles** composée de saucisson
15   extra-maigre, pâtés et **rillettes** allégés en entrée. Le plat de résistance varie de **l'andouillette** légère aux spaghettis bolognaise, en passant par **le veau** Marengo, le tout pour moins de 300 calories.

Fromage ou dessert? Fromage et dessert, répondront les plus enthousiastes. A condition de savourer de **l'emmenthal** à 30% de
20   **matières grasses** ou du **Boursin** à 25% au lieu de 70%. Et de ne pas en consommer trois fois plus. Le sucré léger entend mettre les plaisirs interdits à la portée de tous: crèmes glacées, cake aux fruits, **compote** sans sucre, **flan**...

Le soir: les amateurs de cocktails **musclés** seront certainement
25   **déçus** par l'apéritif à la mode light. Vins et champagnes à 0%, bières light, sodas à une calorie par verre s'accompagnent sobrement de chips légères et de cubes de **crème de gruyère** allégé.

Toute la journée: **grignotage déculpabilisé** à base de chocolat light, chewing-gums et bonbons dits «sans sucre» et fumée légère avec des
30   cigarettes dites «light», «slim» ou «mild».

la caféine dans le thé

with a dash of skim milk / garnie
sugarless sweetener

haute cuisine

légumes crus

sauce faite d'huile et de vinaigre, pour les salades de la charcuterie, à base de viande de porc / espèce de pâté

saucisse

veal

fromage suisse

graisse alimentaire / fromage crémeux

fruits cuits / custard

forts

disappointed

fromage suisse

snacking without guilt

4. Si un Français veut manger «light», que prend-il au déjeuner? Peut-il toujours prendre du fromage? Que boit-il?

5. Que prend-il le reste de la journée? Peut-il toujours fumer?

6. Faites-vous un effort pour manger «léger»? Qu'est-ce que vous prenez au petit déjeuner? au déjeuner? au dîner?

Et pour finir

Qu'est-ce qui vous a le plus surpris(e) dans les séquences vidéo de ce chapitre? Comment vos impressions de la France et des Français ont-elles changé?

AUDIO
LA VIE QUOTIDIENNE D'UNE FRANÇAISE

Avant d'écouter

Nous allons faire la connaissance de Michelle, professeur de français aux Etats-Unis. Michelle habite aux Etats-Unis depuis trois ans, mais elle rentre souvent en France voir sa famille. D'habitude, elle passe l'été dans l'Ile-de-France, c'est-à-dire la région autour de Paris.

Avant d'écouter la première partie

Ici, nous faisons la connaissance de Michelle.

A vous d'abord

Demandez à votre voisin(e): son nom, où il (elle) est né(e), où il (elle) travaille, s'il (si elle) a travaillé ailleurs, s'il (si elle) est marié(e), s'il (si elle) a une famille.

Pendant que vous écoutez (deux fois)

1. Michelle est née _____ .
2. Elle est aux Etats-Unis depuis _____ .
3. Elle enseigne _____ aux Etats-Unis.
4. En France, elle a enseigné le français dans _____ et aussi à _____ .
5. Elle est mariée à _____ .
6. Elle a _____ fille.

Et maintenant

Sur la base des renseignements que vous avez entendus, écrivez un petit paragraphe dans lequel vous présentez Michelle.

Avant d'écouter la deuxième partie

Ici, Michelle nous parle de ses activités préférées quand elle est en France. D'habitude, elle va chez ses parents qui habitent près de la forêt de Fontainebleau.

Les jeunes aiment faire du rocher.

A vous d'abord

1. Discutez avec votre voisin(e) de ce que vous aimez faire quand vous avez du temps libre.
2. Avez-vous jamais entendu parler de Fontainebleau? Trouvez la ville sur la carte de France. Est-elle près de Paris?

Pendant que vous écoutez

A. Première écoute

Lesquelles des activités suivantes sont mentionnées?

se promener en forêt, faire des courses, jouer aux boules, faire du rocher, se promener dans les rues, aller au théâtre, s'arrêter dans les cafés, voir les gens, flâner (*stroll around*), aller au restaurant, aller à une exposition, aller au cinéma, beaucoup marcher, faire la cuisine, être à l'extérieur

B. Deuxième écoute

1. Michelle est assez sportive, donc elle aime _____ .
2. Elle n'est pas très loin de Paris, donc elle aime beaucoup _____ .
3. De temps en temps, elle va au cinéma, mais elle préfère _____ .
4. Elle aime beaucoup se promener à Paris parce que c'est une ville _____ .

Et maintenant

Complétez les phrases suivantes pour expliquer vos préférences.

1. Je suis (je ne suis pas) sportif (sportive), donc _____ .
2. J'aime beaucoup _____ , donc _____ .
3. De temps en temps, je _____ , mais je préfère _____ parce que _____ .

Avant d'écouter la troisième partie

Ici, Michelle nous explique pourquoi elle connaît bien la région parisienne et nous décrit les changements qu'elle a remarqués dans la région.

Un peu de géographie

1. Trouvez sur la carte de l'Ile-de-France:

   Savigny-sur-Orge, Melun, Paris, Lagny, Meaux, la Brie, Seine-et-Marne

2. Quels sont les départements qui entourent Paris?

3. Notez les points cardinaux en français:

> le nord
>
> l'ouest   l'est
>
> le sud

4. Notez aussi les expressions comme «à l'est de» ou «au sud de».

> Exemple: *Fontainebleau est au sud de Paris.*

Un peu de vocabulaire

Vérifiez le sens des expressions suivantes, puis complétez les phrases ci-dessous.

grandir, les grands espaces, un parc d'attractions, prodigieux, fertile

1. Je suis né(e) à New-York mais je n'y ai pas _____ .

2. Vous avez travaillé énormément cette année et votre succès a été _____ .

3. Mon jardin m'a fourni une grande quantité de légumes parce que la terre est _____ .

4. Les Américains vont souvent aux _____ avec leurs enfants.

5. J'aime beaucoup visiter les parcs nationaux parce que j'aime _____ .

Pendant que vous écoutez

A. Première écoute

Vrai ou faux?

1. Michelle est née à Savigny-sur-Orge.

2. Elle n'a jamais vécu à Paris même.

3. Ses parents habitent à Melun.

4. La région autour de Paris est maintenant très développée.

B. Deuxième écoute

1. Michelle a étudié à _____ .

2. Melun est à 45 km (au sud / à l'est / au nord) de Paris.

3. L'Ile-de-France est (la région autour de Paris / l'île au centre de Paris / un autre nom pour Paris).

4. Martine a remarqué qu'on va construire un _____ américain dans l'Ile-de-France.

Et maintenant

1. Résumez les changements que Michelle a remarqués en vous servant des expressions suivantes:

se développer, de grands espaces, la construction, l'agriculture

2. Complétez le paragraphe suivant.

J'ai _____ dans la région parisienne et j'ai _____ mes études en grande
partie à Paris. J'ai _____ une dizaine d'années à Paris, donc je connais très
très bien la ville et les différents quartiers parce que j'ai vécu dans différents
quartiers et je _____ aussi bien ce qu'on _____ l'Ile-de-France,
c'est-à-dire toute la région autour de Paris.

Avant d'écouter la quatrième partie

Ici nous discutons la séquence sur les objets bleu, blanc, rouge, et la commercialisation de la commémoration du bicentenaire de la Révolution française.

Un peu de vocabulaire

Vérifiez le sens des expressions suivantes, puis complétez les phrases ci-dessous.

Pour parler de la télévision:

une chaîne, passer (un programme ou une émission), un feuilleton

1. Si vous avez la télévision par câble, vous avez accès à beaucoup plus de _____ .
2. Qu'est-ce qu'on _____ à la télé ce soir? Y a-t-il des _____ comiques?
3. «Dallas» est un _____ américain que les Français aiment beaucoup.

Pour exprimer votre opinion:

C'est amusant.
C'est évident.
Je suis contre.
Pourquoi pas?
Ça cadre bien avec... (Ça va bien avec...)
C'est tiré par les cheveux. (Ce n'est pas très logique, c'est un peu compliqué.)

Pendant que vous écoutez

A. Première écoute
  1. Est-ce que Michelle est contre ce genre de commercialisation?
  2. Est-ce qu'elle aurait acheté un ou deux des objets montrés?
  3. Est-ce que Martine est contre ce genre de commercialisation?
  4. Qui exprime l'opinion la moins favorable, Michelle, Martine ou Tony?

B. Deuxième écoute
  1. Michelle aurait acheté (un vélo / des boucles d'oreille / le couscous).
  2. Martine a acheté (un tableau / un tee-shirt / une bouteille de champagne).
  3. Les parents de Michelle lui ont apporté (un cocktail / des lunettes / du cham-
     pagne).

Et maintenant

1. Exprimez votre opinion sur les objets bleu, blanc, rouge et la commercialisation du bicentenaire en employant les expressions indiquées dans la section de vocabulaire ci-dessus.

Exemple: *Les lunettes bleu, blanc, rouge? Oh, pourquoi pas?*

2. Complétez le paragraphe suivant.

Mes parents sont venus et m'ont apporté une _____ de champagne faite exprès pour le _____ et la bouteille avait une étiquette _____ , _____ , _____ , la boîte était une très _____ boîte avec également des _____ bleu, blanc, rouge, et j'ai trouvé ça très _____ .

Avant d'écouter la cinquième partie

Michelle nous dit comment elle passait ses vacances quand elle était jeune et ce qu'elle aime faire quand elle retourne en France. Nous parlons aussi de la séquence sur le thermalisme.

Pendant que vous écoutez

A. Première écoute
1. Quelles sont les régions mentionnées?

la Bretagne, le Midi, l'Auvergne, la Côte d'Azur, le Pays basque, les Alpes, la Champagne, la Corse, la Bourgogne, l'Alsace, la Côte Atlantique

2. Quelles sont les activités mentionnées?

rendre visite à des amis, aller au bord de la mer, faire une cure, aller dans les parcs d'attractions, faire du ski, découvrir une région qu'on ne connaît pas, faire du camping à la plage, visiter des pays étrangers

B. Deuxième écoute
1. De préférence, Michelle aime rendre visite à des amis ou (visiter une région qu'elle ne connaît pas / aller au bord de la mer / faire du thermalisme).
2. Selon Michelle, les vacances typiques des Français, c'est (voyager à l'étranger / aller au bord de la mer / rester chez soi).
3. Selon Martine et Michelle, lesquels des adjectifs suivants s'appliquent au thermalisme de la séquence vidéo?

traditionnel, luxueux, pas trop cher, simple, nouveau, surtout médical, très bien équipé

Et maintenant

Complétez le passage ci-dessous dans lequel Martine présente la cure traditionnelle. Tous les verbes sont à l'imparfait.

Moi, je me rappelle quand on _____ jeune, il y a longtemps, on _____ souvent à Evian ou à Vittel et on _____ pour ainsi dire une cure mais c'était très simple. On _____ dans un hôtel, il y _____ une piscine, on _____ cette eau, mais on n' _____ pas tous ces, qu'est-ce qu'ils ont, des saunas, des whirlpools, enfin ils ont un équipement absolument extraordinaire.

Avant d'écouter la sixième partie

Ici nous discutons la séquence sur la nourriture de Noël et Michelle nous parle des traditions dans sa famille.

Un peu de vocabulaire

Les grands repas français sont traditionnels, bien arrosés (avec beaucoup de vin), et ils suivent un «rythme». Parmi les aliments les plus populaires, on trouve les huîtres, les escargots, le saumon, le foie gras et la dinde.

Pendant que vous écoutez

A. Première écoute
1. Selon Michelle, est-ce que la nourriture présentée dans la séquence vidéo est typique des repas traditionnels en France?
2. Selon Michelle, est-ce que les Français mangent plus que les Américains au moment des fêtes?
3. Vers quelle heure prend-on le repas du réveillon?
4. Quels sont les aliments mentionnés?

les huîtres, les crevettes, les escargots, le saumon fumé, le fromage, le foie gras, le bifteck, la dinde aux marrons, les raviolis, la bûche de Noël, les croissants

B. Deuxième écoute
1. Indiquez l'heure et la description qui correspondent à chaque repas dont Michelle parle. Employez les expressions suivantes.

le réveillon, le matin, un petit quelque chose, l'apéritif, à midi, un gros repas, le repas de Noël, vers minuit, le petit déjeuner, vers 7 ou 8 heures du soir

2. Parmi tous les aliments traditionnels, la famille de Michelle mange très rarement (du saumon / des huîtres / du foie gras).

3. Un des plats traditionnels du jour de Noël est (les escargots / les huîtres / la dinde).

4. La tradition polonaise de la famille de Michelle est un peu différente. Rétablissez l'ordre chronologique de ce qui se passe chez elle.

   un repas de tradition française, l'échange des cadeaux entre adultes, la messe de minuit, un dessert français, un repas de tradition polonaise, l'échange des cadeaux avec les enfants

Et maintenant

Décrivez les traditions de votre fête favorite. Indiquez la chronologie des activités et le détail des repas. Pourquoi préférez-vous cette fête?

LECTURE
GEORGES PEREC: *LES CHOSES*

Avant de lire

Dans *Les Choses*, une histoire des années 60, Georges Pérec décrit la vie quotidienne d'un jeune couple parisien, Jérôme et Sylvie.

Ils rêvent d'une vie riche, élégante et harmonieuse. Pour pouvoir obtenir le confort rêvé, ils trouvent un travail dans une entreprise qui fait des sondages et effectue des interviews auprès du public. Le développement des sondages en France dans les années 60 reflète le développement économique et les changements dans les habitudes des Français.

A vous d'abord

1. Avez-vous un travail en dehors de l'école? Que faites-vous? Est-ce un travail bien payé? Quels sont les petits emplois offerts aux étudiants? Qu'est-ce qu'on peut faire si on ne continue pas ses études après le lycée?
2. A votre avis, quelles sont les caractéristiques d'un bon travail?

Pendant que vous lisez

A la première lecture du passage:
- notez la différence entre ce que Jérôme et Sylvie font et ce qu'ils auraient aimé faire.
- remarquez les étapes dans l'avancement de leur carrière.
- imaginez le tableau de la société française que leur travail met en évidence.

Jérôme avait vingt-quatre ans, Sylvie en avait vingt-deux. Ils étaient tous deux psychosociologues. Ce travail, qui n'était pas exactement un métier, ni même une profession, consistait à interviewer des gens, selon diverses techniques, sur des sujets variés.

5 C'était un travail difficile, qui **exigeait,** pour le moins, une forte concentration nerveuse, mais **il ne manquait pas d'intérêt,** était relativement bien payé et leur laissait un temps libre appréciable.

Comme presque tous leurs collègues, Jérôme et Sylvie étaient devenus psychosociologues par nécessité, non par choix. **Nul ne sait**
10 **d'ailleurs où les aurait menés le** libre développement d'inclinations tout à fait **indolentes.** L'histoire, là encore, avait choisi pour eux. **Ils**

demandait

Il était intéressant ou il ne l'était pas?

personne ne sait quelles auraient été les conséquences du

paresseuses

auraient aimé, certes, comme tout le monde, se consacrer à quelque chose, sentir en eux un besoin **puissant,** qu'ils auraient appelé vocation, une ambition qui les aurait **soulevés,** une passion qui les

15 aurait **comblés.** Hélas, ils ne s'en connaissaient qu'une: celle du **mieux-vivre,** et elle les **épuisait.** Etudiants, la perspective d'une pauvre **licence,** d'un poste à Nogent-sur-Seine, à Château-Thierry ou à Etampes, et d'un salaire petit, les **épouvanta** au point qu'à peine se furent-ils rencontrés — Jérôme avait alors vingt et un ans, Sylvie

20 dix-neuf —, ils abandonnèrent, sans presque avoir besoin de **se concerter,** des études qu'ils n'avaient jamais vraiment commencées. Le désir de savoir ne les dévorait pas; beaucoup plus humblement, et sans **se dissimuler** qu'ils avaient sans doute tort, et que, tôt ou tard, viendrait le jour où ils le regretteraient, ils ressentaient le besoin

25 d'une chambre un peu plus grande, **d'eau courante,** d'une douche, de repas plus variés, ou simplement plus copieux que ceux des restaurants universitaires, d'une voiture peut-être, de disques, de vacances, de vêtements.

Depuis plusieurs années déjà, les études de motivation avaient fait
30 leur apparition en France. Cette année-là, elles étaient encore en pleine expansion. De nouvelles agences se créaient chaque mois, **à partir de rien,** ou presque. On y trouvait facilement du travail. Il s'agissait, la plupart du temps, d'aller dans les jardins publics, à la sortie des écoles, ou dans **les H.L.M.** de banlieue, demander à des mères

35 de famille si elles avaient remarqué quelque publicité récente, et ce qu'elles en pensaient. Ces sondages-express, appelés testings ou enquêtes-minute, étaient payés cent francs. C'était peu, mais c'était mieux que le baby-sitting, que les gardes de nuit, que **la plonge,** que tous les emplois **dérisoires** — distribution de prospectus, écritures,

40 **minutage** d'émissions publicitaires, **vente à la sauvette,** (...) — traditionnellement réservés aux étudiants. Et puis, la jeunesse même des agences, leur stade presque artisanal, la nouveauté des méthodes, **la pénurie** encore totale d'éléments qualifiés pouvaient laisser **entrevoir** l'espoir de promotions rapides, d'ascensions

45 **vertigineuses.**

Ce n'était pas un mauvais calcul. Ils passèrent quelques mois à administrer des questionnaires. Puis **il se trouva** un directeur d'agence qui, pressé par le temps, leur fit confiance: ils partirent en province, **un magnétophone** sous le bras; quelques-uns de leurs

50 compagnons de route, à peine leurs aînés, les initièrent aux techniques, à vrai dire moins difficiles que ce que l'on suppose généralement, **des interviews ouvertes et fermées:** ils apprirent à faire parler les autres, et à mesurer leurs propres paroles: ils **surent déceler,** sous les hésitations **embrouillées,** sous les silences confus, sous les

55 allusions timides, les chemins qu'il fallait explorer; ils percèrent les secrets

---

they would have liked

Fort ou faible?

Inspirés ou déprimés?

Déçus ou satisfaits?

l'amélioration de leur condition de vie / fatiguait beaucoup / diplôme universitaire, semblable au *M.A.* / **Effraya ou contenta?**

décider ensemble

se cacher

running water

from nothing

habitations à loyer modéré

faire la vaisselle dans un restaurant
Ridicules ou importants?

compter les minutes / vente sans autorisation

Le manque ou le grand nombre?
glimpse

breathtaking

il y eut

tape recorder

Exemples: «Qu'est-ce que vous aimez faire?» (ouverte); «Aimez-vous faire du ski?» (fermée) apprirent à reconnaître / **Confuses ou claires?**

de ce «hm» universel, véritable intonation magique, par lequel l'interviewer
ponctue le discours de l'interviewé, le met en confiance, le comprend,
l'encourage, l'interroge, le menace même parfois.

Leurs résultats furent honorables. **Ils continuèrent sur leur**

60 **lancée.** Ils ramassèrent un peu partout des **bribes** de sociologie, de *ils avancèrent toujours*
psychologie, de statistiques; ils assimilèrent le vocabulaire et les *smatterings*
signes, **les trucs** qui **faisaient bien:** une certaine manière, pour *tricks of the trade /* faisaient
Sylvie, de mettre ou d'enlever ses lunettes, une certaine manière de *une bonne impression*
prendre des notes, de **feuilleter** un rapport, une certaine manière de *leaf through*

65 parler, **d'intercaler** dans leurs conversations avec les patrons, sur un *d'introduire*
ton à peine interrogateur, des locutions du genre de: « ... n'est-ce
pas », « ... je pense peut-être... », « ... dans une certaine mesure... »,
« ... c'est une question que je pose... » ...

Ils montrèrent pour ces acquisitions strictement nécessaires, qui

70 étaient l'a b c du métier, d'excellentes dispositions et, un an à peine après
leurs premiers contacts avec les études de motivation, on leur **confia** **Donna ou refusa?**
la lourde responsabilité d'une « **analyse de contenu** »: c'était *étude des résultats*
immédiatement au-dessous de la direction générale d'une étude,
obligatoirement réservée à **un cadre sédentaire,** le poste le plus *a home-office executive*

75 élevé, donc le plus cher et **partant** le plus noble, de toute la *par conséquent*
hiérarchie. Au cours des années qui suivirent, ils ne descendirent plus
guère de ces hauteurs.

Et pendant quatre ans, peut-être plus, ils explorèrent,
interviewèrent, analysèrent. Pourquoi **les aspirateurs-traîneaux** se *canister vacuum cleaners*

80 vendent-ils si mal? Que pense-t-on, dans **les milieux de modeste**
extraction, de la chicorée? Aime-t-on **la purée toute faite,** et *les familles d'origine simple /*
pourquoi? Parce qu'elle est légère? Parce qu'elle est onctueuse? Parce *instant mashed potatoes*
qu'elle est si facile à faire: un geste et hop? Trouve-t-on vraiment que
les **voitures d'enfants** sont chères? N'est-on pas toujours prêt à faire *baby carriages*

85 un sacrifice pour le confort des petits? Comment votera la Française?
Aime-t-on le fromage en tube? Est-on pour ou contre les transports en
commun? A quoi fait-on d'abord attention en mangeant un yaourt: à la
couleur? à la consistance? au goût? au parfum naturel? Lisez-vous
beaucoup, un peu, pas du tout? Allez-vous au restaurant? Aimeriez-vous,

90 madame, donner en location votre chambre à un Noir? Que pense-t-on,
franchement, de **la retraite** des vieux? Que pense la jeunesse? Que *retirement*
pensent les cadres? Que pense la femme de trente ans? Que
pensez-vous des vacances? Où passez-vous vos vacances? Aimez-vous
les plats surgelés? Combien pensez-vous que ça coûte **un briquet** *cigarette lighter*

95 comme ça? Quelles qualités demandez-vous à votre **matelas**? Pouvez- *mattress*
vous me décrire un homme qui aime **les pâtes**? Que pensez-vous de *noodles, pasta*
votre machine à laver? Est-ce que vous en êtes satisfaite? **Est-ce**
qu'elle ne mousse pas trop? Est-ce qu'elle lave bien? Est-ce qu'elle *Does it produce too many suds?*
déchire le linge? Est-ce qu'elle sèche le linge? Est-ce que vous *tear*

100 préférez une machine à laver qui sécherait votre linge aussi? Et la
sécurité à la mine, est-elle bien faite, ou pas assez selon vous? (Faire
parler le sujet: demandez-lui de raconter des exemples personnels;
des choses qu'il a vues; est-ce qu'il a déjà été blessé lui-même?
comment ça s'est passé? Et son fils, est-ce qu'il sera mineur comme son
105 père, ou bien quoi?)

Il y eut la lessive, le linge qui sèche, **le repassage**. Le gaz,   *ironing*
l'électricité, le téléphone. Les enfants. Les vêtements et les
sous-vêtements. La moutarde. Les **soupes en sachets**, les soupes en   *dehydrated soups*
boîtes. Les cheveux: comment les laver, comment les **teindre**,   *colorer*
110 comment les **faire tenir**, comment les faire briller. Les étudiants, les   *manage*
ongles, les sirops pour la toux, les machines à écrire, **les engrais**, les   *fertilizers*
tracteurs, les loisirs, les cadeaux, la papeterie, **le blanc,** la politique,   *household linen*
les autoroutes, les boissons alcoolisées, les eaux minérales, les fromages
et **les conserves**, les lampes et les rideaux, les assurances, le   *canned food*
115 jardinage.

Rien de ce qui était humain ne leur fut étranger.   Allusion ironique à la phrase
                                                                 latine de Térence, *Humani*
Georges Pérec, *Les Choses* (Paris: Editions J'ai lu, 1965), pp. 21–25.   *nihil a me alienum puto.*

Et maintenant

1. Relisez les lignes 1 à 28.
   a. Quels étaient les avantages et les désavantages du travail de Jérôme et de Sylvie?
   b. Pourquoi sont-ils devenus psychosociologues?
   c. Qu'est-ce qu'ils pensaient de leurs études?
   d. Quelle sorte de vie voulaient-ils éviter?
   e. Comment voulaient-ils vivre?
2. Relisez les lignes 29 à 45.
   a. Qu'est-ce qui se passait en France à cette époque?
   b. En quoi consistait leur travail?
   c. Est-ce que ce travail était bien payé?
   d. Pouvaient-ils s'attendre à des promotions?
   e. Quelles autres possibilités de travail avaient-ils?
3. Relisez les lignes 46 à 77.
   a. Quelles techniques ont-ils apprises?
   b. Qu'est-ce qu'il fallait apprendre pour être un bon interviewer?
   c. Comment ont-ils continué leur développement?
   d. Quelle promotion ont-ils reçue?
4. Relisez la dernière partie.
   a. Dressez la liste des sujets qu'ils ont sondés.
   b. De quelles catégories de la vie quotidienne font-ils partie?
   c. Précisez les problèmes de l'époque que plusieurs questions mettent en évidence.

5. Quels changements les sujets de sondage révèlent-ils dans la vie quotidienne des Français? Par exemple, les produits alimentaires comme les soupes en sachets indiquent peut-être une nouvelle attitude envers la cuisine.

6. Prenez le dernier paragraphe et développez une série de questions sur les produits mentionnés. Employez des mots interrogatifs tels que *où, quand, comment, pourquoi, quel.* Exemple: «Quelle sorte de fromage servez-vous à la fin du repas?»

7. La publicité influence-t-elle vos achats? Citez une publicité télévisée et une publicité de magazine qui ont influencé vos décisions.

8. Quels sont les objets mentionnés dans le questionnaire et aussi dans la description de la vie quotidienne de Georges et Marianne au début du chapitre?

9. A votre avis, quel effet Pérec cherche-t-il à créer par l'énumération détaillée des sujets de sondage? Quelle ironie trouvez-vous dans la dernière phrase?

FAMILLE

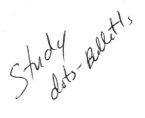

INTRODUCTION

Vous allez étudier dans ce chapitre l'effet sur la famille française, depuis la Deuxième Guerre mondiale, des changements sociaux tels que l'exode rural°, le vieillissement° de la population, l'urbanisation° et la croissance° du travail féminin. Vous examinerez également ce que la famille moderne pense des rapports entre parents et enfants, mari et femme.

VIDEO

Vous allez voir un documentaire sur les membres d'une famille bretonne dont l'évolution individuelle reflète celle du pays. Quelques textes complémentaires d'un auteur breton vous aideront à mieux apprécier cette évolution.

AUDIO

Vous écouterez ensuite l'interview d'une Française qui a fait plusieurs séjours aux Etats-Unis. Elle vous fera part de ses commentaires sur la vidéo et sur la vie familiale en France aujourd'hui.

LECTURE

Vous lirez enfin des passages journalistiques, sociologiques et littéraires vous présentant divers modèles de familles françaises.

INTRODUCTION

A vous d'abord

Tout le monde se fait une certaine image de la famille française, image qui vient des films, de la publicité, des anecdotes d'amis, etc. Avant de lire les textes qui suivent, évaluez vos opinions sur les Français en famille. Comparez vos réponses aux renseignements fournis dans cette introduction.

1. Vrai or faux?
   a. La France d'aujourd'hui ressemble *moins* aux Etats-Unis que la France d'avant-guerre.
   b. En France, la plupart des familles ne comptent qu'*un ou deux enfants.*
   c. Aux Etats-Unis, les familles deviennent de plus en plus *petites* depuis 1965.
   d. *Plus* de Français habitent aujourd'hui dans les villes et les agglomérations urbaines.
   e. *Moins* de Français occupent aujourd'hui un poste professionnel.
2. Les énoncés suivants sont-ils plus caractéristiques de la famille française ou de la famille américaine?
   a. Un mari qui participe aux activités domestiques.
   b. Un groupe de personnes qui participent ensemble à beacoup d'activités.
   c. Un groupe de personnes qui se retrouvent souvent pour dîner ou même déjeuner.
   d. Un groupe dont au moins un(e) jeune possède une voiture.
   e. Un groupe dans lequel on encourage plus l'individualisme.

Un peu de vocabulaire

Vérifiez le sens des expressions suivantes, puis complétez les phrases ci-dessous.

   la migration urbaine, la cohabitation juvénile, les congés payés, la bourgeoisie, le baccalauréat, la journée continue, la mobilité sociale

1. Depuis 1968, on observe beaucoup de changements dans la société française. Il y a moins de barrières entre les classes et plus de _____ .
2. A la fin de leurs études au lycée, les élèves français préparent leur _____ .
3. Je voudrais bien avoir cinq semaines de _____ comme on en a en France.
4. Au XVIIIᵉ siècle, _____ a commencé à jouer un rôle politique important.
5. Je n'aime pas beaucoup que ma fille habite avec son petit ami, mais _____ est à la mode aujourd'hui.

6. Beaucoup d'agriculteurs bretons sont partis à Paris au commencement du XXe siècle. On appelle ce phénomène _____ .

7. La circulation urbaine est si intense que la plupart des entreprises devront bientôt adopter _____ au lieu de donner à leurs employés deux heures pour le déjeuner.

I. La modernisation de la France

A. Lisez les paragraphes et le tableau suivant pour apprendre:
- les dates de la Deuxième Guerre mondiale. *1939-44*
- quand la modernisation de la France a commencé. *hard to distinguish*
- l'effet de cette modernisation sur les différences entre la France et l'Amérique.
- si un Américain qui visite la France pour la première fois depuis 30 ans remarquerait beaucoup de changements.
- la différence entre le nombre d'enfants par femme en 1965 et aujourd'hui. *oui non*
- si le remplacement des générations s'effectue normalement. *population will decrease*
- en quelle année le nombre de naissances a baissé énormément. *1976*

En septembre 1939, la France s'est engagée dans la Deuxième Guerre mondiale. La France était un pays encore très attaché aux vieilles traditions. L'année 1944 marque non seulement la fin de la guerre, mais

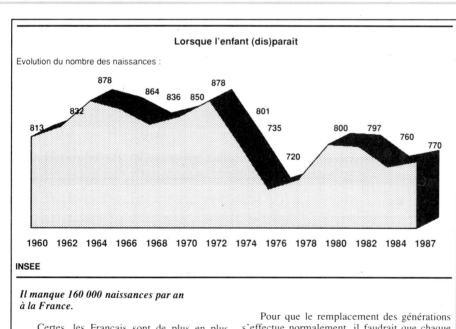

Lorsque l'enfant (dis)paraît

Evolution du nombre des naissances :

813 — 832 — 878 — 864 — 836 — 850 — 878 — 801 — 735 — 720 — 800 — 797 — 760 — 770

1960 1962 1964 1966 1968 1970 1972 1974 1976 1978 1980 1982 1984 1987

INSEE

Il manque 160 000 naissances par an à la France.

Certes, les Français sont de plus en plus nombreux : 2 millions de plus en 10 ans. Le nombre des naissances excède d'environ 150 000 celui des décès, mais la situation démographique est de plus en plus déséquilibrée, dans le sens du vieillissement.

Pour que le remplacement des générations s'effectue normalement, il faudrait que chaque femme en âge d'avoir des enfants (de 15 à 49 ans) ait en moyenne 2,1 enfants. Nous en sommes aujourd'hui à 1,8 (contre 2,84 en 1965). Les femmes en âge de procréer ont en moyenne un enfant de moins qu'il y a 20 ans !

Tableau 1

aussi l'entrée de la France dans le monde moderne. La modernisation
5 de la France a été très rapide et a entraîné° un affaiblissement des
différences entre la France et l'Amérique. Alors qu'avant la guerre un
Américain voyageant en France était toujours conscient des contrastes
entre la France et son propre pays, s'il y va aujourd'hui, il ne se sentira
pas trop dépaysé° car le mode de vie et les valeurs des Français
10 ressemblent de plus en plus à ceux des Américains.

En France comme aux Etats-Unis, par exemple, il y a eu dans les
années qui ont suivi la guerre une très forte natalité° qui s'est ralentie°
plus tard.

B. Lisez les paragraphes suivants sur l'évolution de la famille française.

1. Trouvez des renseignements sur les trois aspects suivants:
   • nombre d'enfants
   • lieu de résidence
   • profession
2. Qu'est-ce qui montre que les Français urbains n'ont pas oublié leurs origines?

Les familles nombreuses qui habitaient à la campagne et s'occupaient
d'agriculture ou d'élevage° ont été largement remplacées par des
familles beaucoup plus petites qui habitent à la ville et ont des activités
urbaines. On constate° de grands changements dans les occupations de
5 beaucoup d'enfants et de petits-enfants des fermiers d'avant-guerre. La
migration urbaine et les changements d'activités ont introduit en France
un certain degré de mobilité sociale. Quand on restait au village, on
était toujours paysan, fils de paysan. Aujourd'hui les petits-enfants de
fermiers sont aussi avocats, ingénieurs, professeurs et par leurs études
10 et leur activité professionnelle, appartiennent à la bourgeoisie.

Malgré sa vie urbaine, le Français moyen n'oublie pas ses origines.
Les Français qui habitent la grande ville, surtout les Parisiens, sont
restés très attachés à leur parenté qui demeure toujours à la campagne,
et ont gardé la nostalgie du «pays». Cela explique le nombre
15 considérable de «résidences secondaires» achetées par ceux qui en ont
les moyens, et les réunions où l'on retrouve, à l'occasion des grandes
fêtes familiales ou des vacances, grands-parents, oncles, tantes, cousins,
cousines, etc.

C. Lisez le paragraphe et le tableau suivants pour apprendre:
   • quels changements ont le plus transformé la vie des Français.
   • quels changements ont eu moins d'effet.
   • comment le développement de l'instruction contribue à la disparition des
   inégalités sociales.

Un sondage de 1983 révèle que beaucoup de Français souhaitent° la disparition des inégalités sociales. En 1988, un autre sondage réalisé à l'occasion du 200ᵉ anniversaire de la Révolution française montre que les Français valorisent fortement ce qui contribue à l'égalisation des
5 conditions d'existence. En tête° vient la démocratisation de l'instruction, qui permet à tous ceux qui sont qualifiés, quelle que soit leur origine sociale, d'accéder à des professions meilleures que celles de leurs parents.

LES GRANDS CHANGEMENTS DEPUIS DEUX SIECLES

Voici maintenant une liste de grands changements qui se sont produits au cours des deux derniers siècles.
Quels sont, selon vous, les trois ou quatre qui ont le plus changé la vie ?

		Rang
Le développement de l'instruction	44	1
Les congés payés	43	2
La Sécurité sociale	43	2
L'émancipation de la femme	41	4
La prolongation de la vie humaine	31	5
La libération des moeurs	28	6
L'élévation du niveau de vie	28	6
La réduction de la durée du travail	26	8
La diffusion de la démocratie (le suffrage universel, la liberté de la presse)	18	9
Le développement des syndicats	14	10
Le divorce	13	11
La laïcité de la société (la baisse d'influence de l'Eglise)	11	12
L'apparition des régimes communistes	3	13
Sans opinion	1	
	% (1)	

(1) Le total des pourcentages est supérieur à 100, les personnes interrogées ayant pu donner quatre réponses.
Enquête SOFRES du 20 au 24 août 1988 pour L'EXPANSION.

Tableau 2

II. La famille moderne

A. Les parents et les enfants s'entendent° assez bien, d'après les résultats des sondages SOFRES–*Madame Figaro* réalisés en 1989 sur un échantillon° de 600 jeunes de 13 à 17 ans.

1. Lisez les paragraphes et les tableaux ci-dessous pour apprendre:
   • sur quelle évidence se fonde cette conclusion
   • dans quels domaines l'enfant français(e) se sent libre de faire ce qu'il (elle) veut.
   • dans quels domaines il (elle) se sent moins libre.

2. Pourrait-on conclure:
   • que plus de Français restent mariés très longtemps ces jours-ci?
   • qu'il serait plus probable qu'un(e) Français(e) de 18 ans soit marié(e)?
   • qu'il est fréquent qu'un jeune couple français cohabite?

3. Après avoir lu les sondages, répondez aux questions suivantes.
- Ces résultats concordent-ils avec votre expérience personnelle? Faites votre propre sondage dans la classe et discutez vos résultats.
- Y a-t-il d'autres domaines où vous n'êtes pas suffisamment libre?
- A votre avis, les adolescents devraient-ils être libres dans tous ces domaines?

PARENTS, ON VOUS AIME !

PERSONNELLEMENT, DIRIEZ-VOUS QUE VOUS VOUS ENTENDEZ AVEC VOS PARENTS TRES BIEN, ASSEZ BIEN, PAS TRES BIEN OU PAS BIEN DU TOUT ?

Très bien	51	94
Assez bien	43	
Pas très bien	4	
Pas bien du tout	1	
Sans opinion	1	
	100%	

Tableau 3

LIBRES, SORTIES NOCTURNES EXCEPTEES

POUR CHACUN DES DOMAINES SUIVANTS, ESTIMEZ-VOUS QUE VOS PARENTS VOUS LAISSENT SUFFISAMMENT LIBRE OU PAS SUFFISAMMENT LIBRE ?

		SUFFI-SAMMENT LIBRE	PAS SUFFI-SAMMENT LIBRE	SANS OPI-NION
Le choix des études que vous voulez faire	100 %	**95**	3	2
Les amis que vous voyez	100 %	**92**	8	0
Les relations avec votre petit(e) ami(e)	100 %	67	13	20
Les sorties le soir ou le week-end	100 %	51	**42**	7
Les amis que vous amenez à la maison	100 %	82	14	4
Vos lectures°	100 %	**90**	5	5
Le choix des films que vous voyez	100 %	79	20	1
La façon dont vous vous habillez	100 %	**90**	9	1
La façon dont vous parlez	100 %	60	**38**	2
L'utilisation de l'argent que vous avez mis de côté	100 %	71	25	4
La façon de vous tenir° avec les adultes	100 %	72	24	4
Les contraintes familiales (visites dans la famille, cérémonies familiales, etc.)	100 %	74	24	2
L'heure à laquelle vous vous couchez	100 %	67	**32**	1
La façon dont vous décorez votre chambre	100 %	86	13	1
L'organisation de vos vacances	100 %	65	**32**	3

Tableau 4

Que ce soit parenté ou famille nucléaire, les Français restent très attachés au groupe familial. Par exemple, en 1988, un sondage a révélé que les grands-parents ont occupé ou occupent une place importante

dans la vie de 67% des personnes interrogées. Et quant aux parents, on
5 n'a qu'à consulter les deux tableaux ci-dessus pour constater que les
jeunes Français d'aujourd'hui s'entendent bien avec eux.

   Ces sondages montrent que la famille est encore très importante
pour les jeunes Français. Cependant, la société française, restée très
longtemps attachée aux valeurs traditionnelles, évolue aujourd'hui dans
10 la même direction que la société d'autres pays développés: on se marie
moins, et moins jeunes; un plus grand nombre de jeunes couples
pratiquent la cohabitation juvénile; le divorce est plus fréquent. En 1988,
par exemple, un mariage sur trois se terminait par un divorce. Et le
nombre d'enfants nés hors mariage a augmenté considérablement, de
15 7% en 1977 à 25% en 1988.

B. L'évolution de la famille a surtout eu des effets sur la situation de la femme. D'après
les paragraphes et le sondage suivants:
- Qu'est-ce qui rend difficile la situation de la femme française?
- Quand le mari aide à la maison, quelle sorte de tâche choisit-il?
- Quelle tâche préfère-t-il?
- Dans quels domaines les femmes veulent-elles que les hommes prennent plus de
responsabilités?

Du foyer au bureau.

Dans la famille française, comme dans la famille américaine, même si la
mère travaille à l'extérieur, c'est elle qui reste responsable de la majorité
des tâches domestiques: enfants, ménage, cuisine, etc. Les statistiques
montrent que les maris français, même s'ils aident leurs femmes, sont
5 loin de partager également les responsabilités domestiques°. Ils
accomplissent moins de tâches°, et celles qu'ils choisissent sont les plus
faciles et les moins désagréables. Par ordre de préférence, en tête vient
le marché, suivi par les enfants et la vaisselle. Après cela, on ne peut
vraiment plus compter sur leur participation régulière.

Scolarité des enfants : les hommes se défilent°(55 %)

*Dans quels domaines de la vie de famille
souhaitez-vous que les hommes prennent plus de responsabilités ?*

	Ensemble des femmes	Génération			
		15-24 ans	25-34 ans	35-54 ans	55 ans et plus
La scolarité des enfants	55	57	54	57	52
Le budget de la famille	37	37	34	29	45
Le ménage.	34	50	39	34	23
Le bricolage	32	36	27	26	40
La préparation des repas	26	35	34	31	12
La décoration de l'appartement	24	29	19	19	27
La toilette des enfants°	12	22	16	9	6
Le choix du lieu de vacances	8	9	6	11	7
Sans opinion	5	1	4	7	7

Le total des pourcentages est supérieur à 100, les personnes interrogées ayant pu donner plusieurs réponses.

Tableau 5

C. Les paragraphes qui suivent décrivent la famille française d'aujourd'hui.
   Qu'est-ce qui compte surtout dans le mariage moderne?
   Qu'est-ce qui caractérise «l'ère des pensions de famille»?

Dans la famille traditionnelle du passé, le père était le chef indiscuté. La
femme et les enfants avaient peu ou pas d'autonomie. La famille
moderne est très différente. Le père et la mère sont des partenaires
égaux. Le mariage est l'union d'un homme et d'une femme qui s'aiment
5 et recherchent avant tout le bonheur et l'épanouissement° personnels.
Fondée comme elle l'est aujourd'hui sur le bonheur individuel, la
famille est devenue beaucoup moins stable. Le démographe° Louis
Roussel pense que la famille française va entrer «dans l'ère des
pensions de famille»: les membres du groupe familial (qui pourront être

10 le père, la mère et les enfants ou le beau-père, la mère et les enfants, etc.) partageront un espace physique, et leurs réunions occasionnelles seront plutôt l'effet du hasard que d'une organisation stricte des activités du groupe.

Entre ces deux extrêmes, la famille patriarcale du passé et «la
15 pension de famille» du futur, se situe le cas le plus courant en France où le père et la mère s'occupent sérieusement de leurs enfants qui sont en général beaucoup plus tenus (moins libres) que les enfants américains.

D. L'instruction des enfants occupe un rôle essentiel dans la famille française. Selon le paragraphe suivant, où entendrait-on plus probablement les dialogues suivants, en France ou aux Etats-Unis?

1. — Je n'ai pas de devoirs pour demain.
   a. — Bon, d'accord. Tu peux sortir ce soir.
   b. — C'est pas possible! Tu as déjà tout fait?
2. — J'aimerais chercher du travail cette année. Tu sais, c'est ma dernière année au lycée et j'aimerais gagner un peu d'argent pour les sorties.
   a. — D'accord. Comme ça, tu apprendras à travailler et tu apprécieras plus l'université.
   b. — On en parlera après les examens de juin, un point c'est tout!
3. — Oh, tu sais, le prof d'anglais, il est vraiment pénible. Il nous donne toujours trop de travail et il choisit des livres débiles!
   a. — Il est sans doute nouveau. Je lui en parlerai à la prochaine conférence de classe.
   b. — Et c'est toi, l'expert, je suppose?

Les Français attribuent beaucoup d'importance à l'instruction. En fait, la responsabilité principale d'un enfant français est de faire de bonnes études. Dès son entrée à l'école, tout contribue à lui faire comprendre

SCOLARITE : UNE PETITE OMBRE AU TABLEAU
VOUS ARRIVE-T-IL DE VOUS DISPUTER AVEC VOS PARENTS A PROPOS DE VOS RÉSULTATS SCOLAIRES ?

	VOS RÉSULTATS SCOLAIRES	VOTRE ARGENT DE POCHE	LE CHOIX DE VOS AMIS
Souvent	16 } 39	3 } 10	3 } 8
De temps à autre	23	7	5
Quelquefois	33 } 60	13 } 88	11 } 91
Jamais	27	75	80
Sans réponse	1	2	1
	100 %	100 %	100 %

Tableau 6

l'importance de bien travailler et de réussir à l'examen du baccalauréat
5   qui signale la fin de ses études secondaires et lui permet de poursuivre
des études au niveau supérieur. La famille pousse l'enfant à s'appliquer,
à faire ses devoirs, à préparer ses examens et, en cas de conflit, prend
en général le parti du professeur plutôt que celui de l'enfant.
L'importance des études ressort° du tableau ci-dessus selon lequel on
10 constate que dans les relations généralement harmonieuses entre
enfants et parents, les résultats scolaires sont la plus grande cause de
désaccord familial.

E. Le paragraphe suivant présente l'idée que les membres d'une famille française sont
ensemble plus souvent que les membres d'une famille américaine. Quelles en sont
les raisons mentionnées?
- Le jeune Français n'obtient son permis de conduire qu'à 18 ans.
- Le jeune Français aime la cuisine de sa mère.
- Le jeune Français travaille moins à l'extérieur et dépend donc plus de sa famille
financièrement.
- Les jeunes Américains partent souvent en vacances avec leurs amis.

Liberté, fraternité, mobilité.

Les membres d'une famille française passent plus de temps ensemble que les membres d'une famille américaine. Cela tient beaucoup au fait° qu'ils se réunissent pour le déjeuner et pour le dîner, quoique le déjeuner familial ait tendance à disparaître, surtout dans les grandes
5 villes. Les distances et la circulation y rendent la journée continue nécessaire. Mais la coutume du déjeuner familial reste vivace dans les villes de province.

Deux autres facteurs contribuent à renforcer l'influence familiale: les jeunes Français ne peuvent pas obtenir leur permis de conduire à 16
10 ans comme les jeunes Américains, mais à 18 ans. De plus, le travail des jeunes, quoiqu'il soit en voie° d'augmentation, n'est pas encore aussi répandu en France qu'aux Etats-Unis. Cela les force à rester plus longtemps solidaires de leur famille.

VOCABULAIRE

Introduction

l'exode rural: le mouvement de la population agricole vers les villes
le vieillissement: le fait de devenir plus vieux
l'urbanisation: le développement des villes
la croissance: l'augmentation

I. A.

a entraîné: a causé
dépaysé: *out of place*
la natalité: le nombre de naissances
s'est ralentie: *slowed down*

I. B.

l'élevage: l'action d'élever des animaux
constate: remarque

I. C.

souhaitent: aimeraient voir
en tête: en premier lieu

II. A.

s'entendent: *get along*
un échantillon: *sample*

vos lectures: ce que vous lisez
vous tenir: vous comporter

II. B.

les responsabilités domestiques: le travail à la maison
les tâches: le travail
se défilent: se cachent
la toilette: se laver, s'habiller, etc.

II. C.

l'épanouissement: le développement total de la personne
un démographe: quelqu'un qui fait des études quantitatives des populations

II. D.

ressort de: se manifeste dans

II. E.

tient beaucoup au fait que: vient du fait que
en voie de: *in the process of*

VIDEO
D'HIER A AUJOURD'HUI: LA POPULATION FRANÇAISE

Avant de visionner

Vous allez voir un documentaire sur les Leguennic, une famille bretonne dont l'évolution individuelle reflète celle de la France.

Un peu de géographie

1. Regardez la carte de la Bretagne et trouvez la ville de Lorient et le village de Berné (à 30 km de Lorient). A quelle distance sommes-nous de Paris?

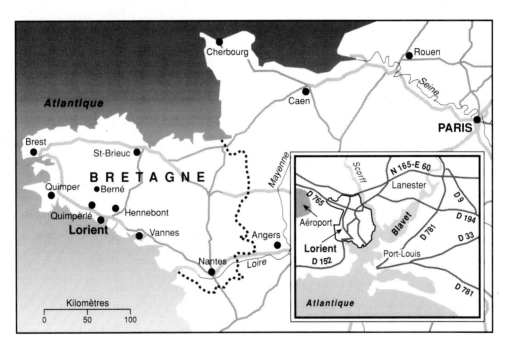

2. Qu'est-ce que vous savez de la Bretagne? Lisez le paragraphe suivant et donnez les renseignements demandés: population, superficie, activités principales.

Bretagne, région de l'ouest, regroupant les quatre départements des Côtes-du-Nord, du Finistère, de l'Ille-et-Vilaine et du Morbihan; 27.184 km^2; 2.707.886 hab. [Bretons]. Chef-lieu Rennes.

La Bretagne couvre une superficie de l'ordre de 5% du territoire du pays et compte un pourcentage pratiquement identique de la population française. Parmi les activités économiques importantes, il faut noter l'agriculture, qui emploie un cinquième de la population active et fournit plus de la moitié de la production nationale de choux-fleurs, artichauts et pommes de terre, ainsi que le tiers de la viande de volaille et de porc et le cinquième du lait. On note aussi l'élevage du bétail, la pêche et, depuis quelques années, le tourisme. L'industrie n'occupe guère encore que le tiers de la population active, limitée par le manque de matières premières locales et de ressources énergétiques. Elle inclut les constructions mécaniques et électriques (près des grandes villes) et des industries alimentaires.

D'après le *Dictionnaire géographique de la France*
(Paris: Larousse, 1979), pp. 127-128.

Avant de visionner la première partie (-1-)

Dans cette première partie de la vidéo, le narrateur nous présente les membres de la famille Leguennic, réunis pour fêter le cinquantième anniversaire de mariage (les noces d'or) des grands-parents Jean-Marie et Francine. Le narrateur mentionne où les Leguennic habitent, leur âge, leur profession et leurs activités.

A vous d'abord

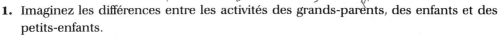

1. Imaginez les différences entre les activités des grands-parents, des enfants et des petits-enfants.
2. Voici les prénoms des membres de la famille Leguennic: Jean-Marie, Francine, Marianne, Jean-Louis, Marie, Adèle, Robert, Guy, René, André, Lise, Florence. Ces prénoms sont-il communs dans votre famille?
3. On mentionne que Jean-Marie Leguennic a 76 ans. Quel âge avez-vous? Et vos camarades? Etes-vous l'aîné(e) de votre famille? Avez-vous des frères et des sœurs? Quel âge ont-ils?

Un peu de vocabulaire

1. Les Leguennic sont agriculteur, ouvrière, artisan dans le bâtiment, ingénieur, employée dans un cabinet d'assurances, étudiante en droit. Vérifiez dans un dictionnaire les professions que vous ne comprenez pas, puis choisissez la description qui convient à chaque activité.

   construire des maisons
   taper à la machine et répondre au téléphone
   avoir l'intention de devenir avocat ou juge
   travailler dans une usine
   cultiver la terre
   diriger la construction des routes

2. Un membre de votre famille a-t-il changé de voie (changé de travail ou de profession) récemment? Pensez-vous continuer vos études (poursuivre votre scolarité) après votre diplôme?

Pendant que vous visionnez

A. Visionnez la séquence une première fois.

    1. Quelles images remarquez-vous?

    2. Combien de générations de la famille Leguennic sont représentées?

B. Repassez la séquence.

    1. Indiquez le temps du verbe que vous entendez.

        a. Les grands-parents (fêtent / fêteront / ont fêté) leurs noces d'or.

        b. Ils (seront / sont / étaient) agriculteurs.

        c. Les enfants (changent / changeront / ont changé) de voie.

        d. André (est / sera / a été) ingénieur.

    2. Complétez le tableau suivant.

Nom	Profession	Age
Jean-Marie	agriculteur	_____
Robert	_____	47 ans
_____	ingénieur	35 ans
Adèle	_____	50 ans
Guy	artisan	_____
_____	assurance	24 ans
Florence	_____	_____

Et maintenant

1. Quelles différences avez-vous remarquées entre les occupations des trois générations de la famille Leguennic? Est-ce que cela correspond à ce que vous aviez imaginé avant de regarder la vidéo? Qu'est-ce que ces différences indiquent? Est-ce qu'une famille américaine présenterait les mêmes caractéristiques? Considérez votre famille comme exemple.

2. Est-ce que vos grands-parents sont toujours en vie? Quel âge ont-ils? Et vos oncles et tantes? Vos cousins et cousines? Faites l'arbre généalogique de votre famille.

Deuxième partie - laboratoire (-2-)

Troisième partie - laboratoire (-3-)

Avant de visionner la quatrième partie (-4-)

Au cours d'une conversation avec M. et Mme Leguennic, on parle de la vie de fermier et de la famille. Les Leguennic nous disent qu'ils ont arrêté de travailler à la ferme (exploiter la terre) en 1971. Après, ils nous parlent de la naissance de leurs enfants et nous racontent la triste histoire de la mort d'une de leurs filles. En conclusion, le narrateur leur demande ce qu'ils pensent du fait qu'aucun de leurs enfants n'est resté à la ferme.

A vous d'abord

1. On mentionne les maladies suivantes: avoir mal au ventre et avoir une méningite. Avez-vous souvent mal au ventre? Quand? Avez-vous jamais eu une méningite?
2. M. et Mme Leguennic ont 76 et 70 ans. A votre avis:
   a. Est-ce que M. Leguennic était le seul à travailler la terre?
   b. Est-ce que Mme Leguennic a eu ses enfants (accouché) à la maison ou à l'hôpital?

Pendant que vous visionnez

A. Visionnez la séquence une première fois sans mettre le son.
   1. Dressez une liste des images qui rappellent le passé.
   2. Décrivez le physique de M. et Mme Leguennic.
   3. Savez-vous ce qu'on fabrique à la fin de cette partie? Décrivez ce que vous voyez.

B. Repassez la séquence avec le son.
   1. M. et Mme Leguennic viennent de jouer (aux boules / au tennis / au football).
   2. Leur vie était (facile / dure / aisée / agitée).
   3. Mme Leguennic a aidé son mari (à la maison / en ville / aux champs).
   4. Les enfants Leguennic sont nés (à l'hôpital / à la maison / dans les champs).
   5. Une de leurs filles est morte (à la naissance / à l'âge de trois mois / à l'âge de trois ans).
   6. L'enfant (le plus jeune / le plus âgé) a eu l'occasion de faire ses études.

Et maintenant

1. Vérifiez vos prévisions. Quels sont les détails de cette partie de la vidéo qui continuent à décrire les changements qui sont survenus dans la famille française?
2. Employez le mot ou l'expression entre parenthèses pour répondre aux questions.
   a. (une bourse) Le dernier enfant a-t-il pu faire des études?
   b. (contents/installés) Les Leguennic sont-ils tristes que leurs enfants ne soient pas restés à la terre?
   c. (une sage-femme) Est-ce un médecin qui a aidé Mme Leguennic quand elle a accouché?

Cinquième partie - laboratoire (-5-)

Avant de visionner la sixième partie (-6-)

Abel Leguennic, un cousin de Robert et des autres, nous montre comment il fabrique et livre un cercueil (*casket*). Il nous explique pourquoi lui et ses frères et sœurs ont quitté la Bretagne pour aller chercher du travail ailleurs.

A vous d'abord

1. Quel âge a Abel? Pourquoi a-t-il quitté la Bretagne? Est-ce qu'Abel et ses frères et sœurs se sont établis en ville ou à la campagne?

2. Comment gagnez-vous votre vie? Est-ce que vous avez eu du mal à trouver du travail dans votre région? Est-ce que vous travaillez dans une banque, dans un bar, dans la restauration rapide, à l'université? Est-ce que vous livrez des pizzas? dans votre auto ou dans une camionnette?

Un peu de vocabulaire

Vérifiez le sens des expressions suivantes, puis complétez les phrases ci-dessous.

limitrophe, manque de travail, faire son apprentissage, un menuisier-ébéniste, garder des liens, changer d'horizon

1. J'ai commandé des chaises et une table en bois chez _____ .

2. La France et l'Espagne sont des pays _____ parce que ces deux pays ont une frontière commune.

3. Le _____ force les travailleurs d'une région à chercher du travail ailleurs.

4. Quand on commence à apprendre un métier comme celui de menuisier-ébéniste, on _____ avec un ouvrier expert.

5. J'ai quitté la Bretagne quand j'avais 18 ans, mais je suis resté(e) très proche de ma famille. J'ai _____ avec elle.

6. J'avais l'habitude de passer toutes mes vacances en Bretagne, mais mes enfants préfèrent aller au Maroc. Ils veulent _____ .

Pendant que vous visionnez

A. Visionnez la séquence une première fois sans mettre le son.
Dressez une liste des images en contraste avec les images de Berné et des grands-parents.

B. Repassez la séquence avec le son.
  1. Indiquez le temps du verbe que vous entendez.
    a. (J'arrivais / je suis arrivé / j'étais arrivé) sur le marché du travail en 1956.
    b. (J'avais fait / j'ai fait / je faisais) l'apprentissage de menuisier-ébéniste.
    c. (Il n'y a pas eu / il n'y avait pas eu / il n'y avait pas) beaucoup de travail parce qu'(il y a eu / il y avait eu / il y avait) des problèmes à Saint-Nazaire.
    d. (Il fallait / il a fallu / il avait fallu) courir après le travail.
  2. Choisissez la réponse qui convient.
    a. Abel est menuisier-ébéniste, alors il travaille (le fer / le tissu / le bois).
    b. Il travaille à (Paris / Bernè / Prisiac).
    c. Il est de (Paris / Bernè / Prisiac).
    d. Il a quitté la Bretagne (parce qu'il préférait vivre dans une grande ville / parce qu'il n'y avait pas de travail / parce que sa famille a dû vendre la ferme).

    e. Ses parents ont eu (trois / quatre / huit) enfants.

    f. (Trois / quatre / cinq) enfants sont restés en Bretagne.

    g. Il rentre (souvent / rarement / le week-end) en Bretagne.

Et maintenant – haud in

1. Aviez-vous prévu que les enfants Leguennic qui ont quitté la campagne iraient s'installer en ville? Avez-vous été surpris(e) du choix des villes? Imaginez les raisons pour lesquelles la sœur Leguennic a choisi New York.
2. Si vous deviez quitter votre pays natal pour trouver du travail, où iriez-vous et pourquoi?

Septième partie - laboratoire (-7-)

Avant de visionner la huitième partie (-8-)

Deux générations de femmes expriment ici leur attitude différente envers le travail. Elles parlent de trois sortes de travail: à la ferme, à la maison et comme carrière. Certaines veulent travailler hors de la maison (exercer un métier), d'autres préfèrent rester à la maison (vivre entre quatre murs). Certaines trouvent le travail à la ferme dégoûtant (dégueulasse) et préfèrent s'occuper de leurs enfants (élever les enfants). On parle aussi des solutions possibles comme les centres où on garde les enfants (les crèches).

A vous d'abord

1. Quelle génération va préférer le travail à la ferme? le travail à la maison? la carrière?
2. Quelles raisons vont-elles donner pour leur choix?
3. Est-ce que les femmes dans votre famille travaillent à l'extérieur ou restent à la maison? Est-ce qu'elles envoient leurs enfants à la crèche? Est-ce qu'il y a assez de crèches dans votre ville? Est-ce que les hommes de votre famille aident à élever les enfants?

Pendant que vous visionnez

A. Visionnez la séquence une première fois sans mettre le son.
    1. Décrivez ce que vous voyez: les personnes, les activités, etc.
    2. Est-ce que les deux générations de femmes expriment les mêmes opinions?

B. Repassez la séquence avec le son.
    1. Quand nous étions jeunes filles à la ferme, nous étions (désavantagées / heureuses / satisfaites).
    2. Le travail à la ferme était (facile / propre / sale).
    3. Elles ont trouvé des maris qui les ont (punies / nourries / aidées).

Et maintenant

1. Résumez les arguments d'Annie et de Florence en complétant les phrases suivantes. (Notez qu'Annie est plus âgée que Florence.)

   a. D'une part, Annie est très heureuse d'être mariée parce que maintenant _____ la ferme.

   b. D'autre part, Florence préfère _____ parce qu'elle croit _____ .

   c. Annie dit qu'elle doit rester à la maison pour _____ , mais Florence répond qu'il y a _____ . Pourtant, _____ , répond Annie.

2. Quelle est votre opinion personnelle du travail de la femme? Doit-elle rester à la maison pour s'occuper des enfants ou exercer un métier? Décrivez le rôle du mari dans un mariage où la femme a un métier. Justifiez votre opinion.

Neuvième partie - laboratoire (-9-)

Avant de visionner la dixième partie (-10-)

Vous aller assister à un dialogue entre l'interviewer et Lise, la fille d'Adèle et la petite-fille des Leguennic. Elle est encore plus loin du travail de la ferme que sa mère.

A vous d'abord

1. Pouvez-vous imaginer des différences entre Lise et sa mère au sujet du travail (lieu de travail, conditions de travail, sorte de travail)?

2. Pouvez-vous imaginer des différences entre Lise et sa mère au sujet de la famille (mariage, nombre d'enfants)?

3. Trouvez la ville de Quimperlé sur la carte de Bretagne.

4. Lise vit avec quelqu'un sans être mariée (la cohabitation). Que pensez-vous du mariage, de la cohabitation, du célibat (*single life*)? Avez-vous l'intention d'avoir des enfants? Combien?

Un peu de vocabulaire

Vérifiez le sens des expressions suivantes, puis complétez les phrases ci-dessous.

Pour le travail:

   le chômage, un chantier naval, une agence immobilière

Pour les études:

   une capacité en droit, le secondaire D scientifique

D'autres mots:

   un choix délibéré, s'assumer

1. Quand j'étais au lycée, comme je m'intéressais à la physique et à la chimie, j'ai choisi _____ .

2. Comme je n'avais pas le baccalauréat et que je m'intéressais au droit, j'ai préparé une _____ .

3. Autrefois, une des industries principales de la Bretagne était la construction des bateaux (des navires). La ville de Saint-Nazaire a beaucoup souffert de la crise économique qui a fermé plus d'un _____ et a créé du _____ .
4. Quand on cherche à acheter une maison, on s'adresse à une _____ .
5. Quand Lise nous dit qu'elle _____ , cela veut dire qu'elle accepte consciemment et pleinement les conséquences de sa situation.
6. Après avoir longtemps réfléchi, mon mari et moi avons fait _____ de n'avoir qu'un seul enfant.

Pendant que vous visionnez

A. Visionnez la séquence une première fois.

Vrai ou faux?

1. Lise travaille actuellement dans une agence immobilière.
2. Elle n'a pas fait d'études.
3. Elle veut avoir plusieurs enfants.

B. Repassez la séquence.
1. Comme sa mère, Lise (travaille / voyage / étudie) actuellement.
2. Elle (est mariée / est fiancée / cohabite).
3. Où Lise a-t-elle travaillé?
4. Sa famille admet-elle qu'elle cohabite avec quelqu'un?

Et maintenant

1. Comparez vos prévisions sur les ressemblances et les différences entre Lise et sa mère à ce que vous avez appris en regardant la vidéo.
2. Ressemblez-vous à vos parents? Avez-vous les mêmes idées sur le travail, le mariage, la famille? Aurez-vous le même genre de vie que vos parents ou le vôtre sera-t-elle complètement différente?

Onzième partie - laboratoire (-11-)
Douzième partie - laboratoire (-12-)

Avant de visionner la treizième partie (-13-)

Robert, René et Guy parlent de leur travail dans le bâtiment. Ils ont commencé comme ouvriers et sont maintenant à leur compte. Ils nous racontent comment ils ont choisi leur métier et nous montrent un peu leur travail. Robert nous parle des études de sa fille.

A vous d'abord

1. Essayez de deviner quand ils ont commencé à travailler dans le bâtiment. Pourquoi ont-ils choisi ce travail?
2. Savez-vous ce que c'est qu'un artisan? Pouvez-vous donner des exemples?

Un peu de vocabulaire

Vérifiez le sens des expressions suivantes, puis complétez les phrases ci-dessous.

un plâtrier, un carreleur, un peintre, un chantier, une belle année (une bonne année)

1. Quand une maison est en construction, les ouvriers travaillent dans un _____ .
2. Quand un artisan a beaucoup de travail, il peut dire qu'il a eu _____ .
3. J'ai décidé de moderniser ma maison. Comme les murs avaient besoin d'être réparés, j'ai fait venir un _____ . Ensuite _____ a refait la salle de bains. Enfin, _____ a repeint le tout.

Pendant que vous visionnez

A. Visionnez la séquence une première fois sans mettre le son. Décrivez les activités que vous voyez.

B. Repassez la séquence avec le son.
   1. Robert est (plâtrier / peintre / carreleur).
   2. Guy est (plâtrier / peintre / carreleur).
   3. René est (plâtrier / peintre / carreleur).
   4. Robert, René et Guy demeurent (en Bretagne / à Paris / à New York).
   5. (Robert / René / Guy) a été le premier à se lancer dans l'artisanat.
   6. La prochaine génération va encore changer de direction. La fille de Robert va (être peintre / faire son droit / retourner à la ferme).

Et maintenant

1. Quels facteurs ont contribué au choix de métiers des frères Leguennic? Pourquoi avait-on besoin d'ouvriers pendant les années 50 en Bretagne? Savez-vous pourquoi on en avait moins besoin en 1982? Croyez-vous que le gouvernement doive subventionner la formation professionnelle dans les secteurs de pointe (par exemple, si on a besoin d'ingénieurs, donner la priorité à la formation des ingénieurs plutôt qu'à celle des avocats)?
2. Avez-vous remarqué, dans votre famille, la même évolution dans le choix des carrières? Quels facteurs ont influencé le choix de carrière de votre père? de votre mère? Qu'est-ce qui influencera le vôtre?
3. Etes-vous bricoleur ou bricoleuse (*do-it-yourselfer*)? Quand il y a une fuite d'eau dans votre salle de bains, pouvez-vous la réparer vous-même ou êtes-vous obligé de faire venir un plombier? Est-ce que vous peignez vous-même les murs de votre chambre? Que faut-il faire si on n'est pas bricoleur?

Quatorzième partie - laboratoire (-14-)

Avant de visionner la quinzième partie (-15-)

André, le plus jeune des fils Leguennic, nous parle de sa formation, c'est-à-dire de sa préparation à la carrière d'ingénieur. Sa femme ne travaille plus, mais elle compte retravailler un de ces jours. Ils nous parlent de leur famille et de leurs passe-temps.

A vous d'abord

1. André n'est pas devenu artisan comme ses frères. Quel âge a-t-il? Croyez-vous que son âge ait influencé son choix de carrière?

2. Imaginez les différences entre sa vie et celle de ses frères et de ses parents.

3. Avez-vous entendu parler de Yannick Noah? Quel sport pratique-t-il? Connaissez-vous d'autres figures sportives françaises? Quel est votre sport favori? Préférez-vous les sports d'équipe ou individuels? Pourquoi?

Un peu de géographie

Trouvez les endroits suivants sur la carte de la France à la page 1: Rennes, les Vosges, Epinal. Rennes est en Bretagne. Dans quelle région se trouve Epinal? La Bretagne est au nord-ouest de la France. Où se trouve la région d'Epinal?

Un peu de vocabulaire

Vérifiez le sens des expressions suivantes, puis complétez les phrases ci-dessous.

Pour les études:

un concours, les grandes écoles, Travaux publics de l'Etat (TPE)

Pour le travail:

un poste, l'administration, une aide soignante, un commerce

Pour le tennis:

la finale, la Coupe Davis, un simple, un double, pratiquer, se mettre à + *un sport*

1. Pour entrer dans une grande école, il faut réussir à _____ .

2. Dans les hôpitaux, on a besoin de médecins, d'infirmiers et _____ .

3. Beaucoup de spectateurs regardent à la télé _____ de la Coupe Davis, le championnat international de tennis.

4. L'hiver prochain, je vais _____ au ski de fond. J'aime _____ les sports d'hiver.

5. J'aime beaucoup mon travail; j'ai un bon _____ dans l'entreprise.

6. Si vous participez à la direction de votre entreprise, vous faites partie de _____ .

Pendant que vous visionnez

A. Visionnez la séquence sans mettre le son.

Dressez une liste des images qui montrent les différences entre la vie d'André et celle de ses frères et sœurs.

B. Repassez la séquence avec le son.

1. Vrai ou faux?

a. André a fait des études comme ses trois frères.

b. André est le seul de la famille à avoir fait des études.

c. André a fait des études comme ses parents.

2. André a choisi l'Ecole nationale d'ingénieurs (parce que c'était l'école de son père / parce que cette école offrait un salaire aux élèves / parce qu'il s'intéressait aux Travaux publics).

3. Avant de se marier, la femme d'André travaillait comme (aide soignante / commerçante / institutrice).

4. La famille s'intéresse beaucoup (au tennis / au basket / au football).

Et maintenant

A. *Compréhension*

1. Dressez une liste des indices textuels et visuels qui montrent la différence entre le genre de vie d'André et celui de ses parents et de ses frères.

2. Si vous aviez le choix, voudriez-vous vivre comme André ou comme l'un de ses frères? Pourquoi?

B. *Question d'ensemble*

Ce programme présente l'évolution de la famille française à travers le cas typique de trois générations de la famille Leguennic. Tracez d'abord un portrait de chaque génération. Ensuite, indiquez comment les changements témoignent de mouvements plus vastes (par exemple: l'exode rural, l'urbanisation, la baisse de la natalité, la baisse de la mortalité, le gain de la qualification, le gain des diplômes, l'indépendance de la femme).

Pour parler des sports préférés:
les boules, la corde, le football, le tennis

Pour parler du travail:
agriculteur, ouvrier, artisan, ingénieur, secrétaire, avocat

Pour parler du lieu de résidence:
la ferme, le village, la ville de province, la grande ville, la banlieue

Pour parler de l'attitude envers la famille:
nombre d'enfants, mariage ou cohabitation, rapports femme-mari

Pour parler de l'attitude des femmes envers le travail:
aider aux champs, aider moralement, travailler à la maison, avoir une carrière, s'occuper des enfants

C. *Texte complémentaire: Le Cheval d'orgueil: mémoires d'un Breton du pays bigouden*

1. Le passage suivant montre l'importance de l'instruction dans les familles bretonnes. A la première lecture, essayez d'apprendre:
   • pourquoi les parents vivent seuls.
   • ce que les parents pensent de leurs enfants.
   • si les parents sont riches.

On commence à rencontrer, au bord des routes et des chemins de campagne, ces maisons isolées dont **le toit s'écroule** entre **les pignons.** Celles qui sont encore habitées n'**abritent** plus que des vieux **dont** les enfants sont partis. Le fils du « **tieg** » est

5 fonctionnaire du gouvernement ou coiffeur à New York. C'est là sa promotion d'exil et l'honneur du père et de la mère est d'avoir **promu** les enfants. J'en connais beaucoup (je dis bien: beaucoup) qui **se sont saignés aux quatre veines** pour tenir leurs enfants aux écoles car ils étaient intelligents et ambitieux. Je parle des

10 parents. Assez intelligents pour comprendre que **la marche** du monde **déclasserait** leurs enfants beaucoup plus qu'eux-mêmes. Ambitieux non pas pour leur propre destin, mais pour leur **descendance,** en quoi ils demeuraient paysans. Ils ont réalisé que l'instruction était une promotion qui **équivalait presque à** la

15 possession de la terre. Je les ai vus modifier radicalement leur façon de **se tenir** et de parler **dès qu'**ils avaient un fils **bachelier,** une fille institutrice. C'était une véritable **mue.** Ils **se dépouillaient** visiblement **de** leur ancienne condition **bien que** leur propre **sort,** matériellement, ne changeât en rien.

Pierre-Jakès Hélias, *le Cheval d'orgueil* (Paris: Plon, 1975), p. 561.

[Glosses en marge:]
partie supérieure d'une maison / tombe en ruine
parties triangulaires au-dessous du toit à chaque extrémité d'une maison/ logent / *whose* / mot breton pour le chef de la famille
élevé plus haut

ont fait un grand effort

l'évolution

ferait descendre à une classe inférieure

enfants, etc.

était presque aussi importante que

se conduire / aussitôt que / diplômé
changement de poil ou de peau / abandonnaient / quoique / situation

2. Quels thèmes du chapitre retrouve-t-on dans cet extrait?

3. Quel est le thème traité en détail?

4. Est-ce qu'il était facile pour les parents d'envoyer leurs enfants à l'école?

5. Selon l'auteur, qui est intelligent et ambitieux?

6. Quel effet l'instruction des enfants a-t-elle eu sur les parents? Est-ce que c'était un effet matériel ou psychologique?

7. Comment peut-on voir que pour les parents l'instruction a une importance considérable?

8. Que pensez-vous de l'importance de l'instruction pour vous-même? pour vos enfants?

9. Qu'est-ce que l'instruction représente dans votre famille (par exemple, la mobilité sociale, la richesse)? Voyez-vous des différences entre les générations?

AUDIO
FAMILLES D'AUTREFOIS, FAMILLES D'AUJOURD'HUI

Avant d'écouter

Nous allons faire la connaissance de Colette, une Française qui a fait plusieurs séjours aux Etats-Unis et qui y habite actuellement avec son mari. Elle et son mari partagent leur temps entre les Etats-Unis et la France. Ils connaissent très bien la vie américaine sous tous ses aspects.

Avant d'écouter la première partie

Dans cette partie, Colette nous donne ses réactions au portrait de la famille Leguennic.

A vous d'abord

1. Colette est d'accord avec la présentation de l'évolution au niveau du travail de la famille. Résumez l'évolution que la vidéo a tracée en indiquant le travail des grands-parents, des parents et des enfants Leguennic.
2. Des cinq enfants Leguennic, seul le cadet a pu faire des études avancées. Pourquoi? Comment un enfant d'ouvrier ou de paysan peut-il changer de classe sociale? En France? Aux Etats-Unis?
3. Qui était Georges Pompidou?

Un peu de vocabulaire

Vérifiez le sens des expressions suivantes, puis complétez les phrases ci-dessous.

Pour parler de l'évolution de la France:
«la France profonde», d'origine agricole, la prospérité, les milieux ruraux, atteindre un poste élevé

Pour parler de la famille:
élever, fille/fils unique, du côté de..., la génération, familles nombreuses, restreindre le nombre d'enfants

1. Quand on a des diplômes et que l'on fait bien son travail, on peut espérer _____ .
2. En général, _____ sont plus traditionalistes que les milieux urbains.
3. Pendant les années 60, l'économie française allait très bien. Les Français ont connu une ère de la prospérité

4. Ma famille est _d'origine agricole_, mais mon grand-père a quitté la campagne pour venir habiter à Paris.

5. On contraste souvent la France des grandes villes et _la France profonde_

6. La famille Leguennic _élevé_ de nombreux enfants. Colette, par contre, n'a ni frère ni sœur. Elle est _un fille unique_.

7. Aujourd'hui les gens ont moins d'enfants. Les _familles nombreuses_ ne sont plus à la mode.

8. Les gens de ma _génération_ ont gardé un vif souvenir de la Deuxième Guerre mondiale.

9. Certains pays essaient de contrôler les naissances pour _restreindre le nombre d'enfants_

10. Je n'ai qu'une sœur. _du coté de_ mon mari, par contre, il y a beaucoup d'enfants.

Pendant que vous écoutez

A. Première écoute

1. Quelles sont les régions mentionnées?

   La Normandie, la Bretagne, le sud de la France, le nord de la France

2. Quelles sont les classes sociales mentionnées?

   les agriculteurs, la noblesse, les paysans, les ouvriers

B. Deuxième écoute

Vrai ou faux, selon Colette?

1. Il y avait souvent des familles nombreuses en Bretagne. ~~faux~~ _Vrai_

2. Malgré les difficultés, beaucoup de familles rurales ont réussi à donner une bonne éducation à leurs enfants. _faux_

3. La meilleure façon de sortir de la pauvreté était d'avoir beaucoup d'enfants. _faux_

Et maintenant

1. Selon Colette, pourquoi l'évolution de la famille Leguennic est-elle typique?
2. Qu'est-ce qu'elle nous apprend des familles nombreuses en Bretagne?
3. Pourquoi y avait-il surtout des enfants uniques dans la famille de Colette?
4. Quel est le rôle de l'héritage dans l'évolution de la famille?

Avant d'écouter la deuxième partie

Ici, Colette compare les attitudes envers le mariage de sa génération et de la génération de ses enfants. A noter: ses enfants sont nés au début des années 1960.

A vous d'abord

1. Quelle génération aura des idées plus traditionnelles, à votre avis?

2. Quelle sorte de mariage voulez-vous? Cohabiteriez-vous avec quelqu'un avant de vous marier?

Un peu de vocabulaire

Vérifiez le sens des expressions suivantes, puis complétez les phrases ci-dessous.

Pour le grand mariage:
une fête, une affirmation, supporter mieux

Contre le grand mariage:
une cérémonie bourgeoise dépassée, dans l'intimité, être étouffé, deux témoins, une rupture, mettre les distances

1. Pour certains, un grand mariage est _____ . Ils préfèrent n'inviter que quelques amis et se marier _____ . Pour d'autres, le mariage doit être une grande _____ , avec beaucoup d'invités et beaucoup de bonnes choses à boire et à manger.

2. Quand je me suis mariée, j'avais _____ , mon oncle et le père de mon meilleur ami.

3. Beaucoup de jeunes _____ par leurs familles. Ils ne peuvent pas faire ce qu'ils veulent. Quand cela arrive, il vaut mieux _____ entre la famille et vous. Quelquefois, cette _____ est pénible, mais en général, les parents s'habituent assez vite à l'indépendance de leurs enfants.

4. Le mariage devrait être _____ d'amour et de soutien mutuel.
5. Les parents _____ de se séparer de leurs enfants chéris si ceux-ci ont bien choisi leur époux ou épouse.

Pendant que vous écoutez

A. Première écoute

Vrai ou faux, selon Colette?

1. La génération des enfants de Colette accepte mieux l'idée de la famille que sa génération.
2. Il y a un retour aux valeurs traditionnelles.
3. Les jeunes n'aiment pas les grands mariages.

B. Deuxième écoute

1. Pour la génération de Colette, le mariage était une affirmation (de son indépendance / de son rôle dans la société / des traditions familiales).
2. Pour la génération de ses enfants, le mariage est (un retour aux valeurs traditionnelles / une rupture avec la famille / une cérémonie bourgeoise dépassée).

Et maintenant

1. Selon Colette, la génération de ses enfants supporte mieux la famille. Pourquoi?
2. Résumez les différences entre le mariage pour elle et pour la génération de ses enfants. Employez les expressions suivantes:

Pour elle, le mariage était..., On avait..., Il y avait..., On invitait..., On voulait..., On cherchait..., On considérait...

Pourtant, pour la génération de ses enfants, le mariage est..., On a..., Normalement, il y a..., On pense plutôt que...

3. Décrivez une cérémonie de mariage à laquelle vous avez assisté récemment. Y avait-il beaucoup d'invités? Où a eu lieu la cérémonie? etc.

Avant d'écouter la troisième partie

Colette nous parle des repas en famille, en France et ici.

A vous d'abord

1. Qu'est-ce que vous savez des habitudes françaises à ce sujet? Est-ce que les Français mangent ensemble plus souvent que les Américains? Quand est-ce qu'ils prennent leur repas principal?
2. Est-ce que les écoliers français prennent leur déjeuner à l'école ou à la maison? Combien de temps ont-ils pour manger?

Un peu de vocabulaire

Vérifiez le sens des expressions suivantes, puis complétez les phrases ci-dessous.

Pour parler des repas:
la cantine, un plat, un repas, cuisiner, les fines herbes, les ingrédients

Pour parler des activités:
faire de l'alpinisme, faire une randonnée, inviter des amis, se rassembler

1. A midi, je mange à _____ de mon lycée. La nourriture n'est pas très bonne. Par conséquent, quand je rentre chez moi le soir, j'aime manger un bon _____ . Comme j'adore _____ , je prépare avec soin des _____ délicats, comme par exemple une omelette aux _____ . J'utilise toujours des _____ très frais.
2. Pendant les vacances, j'aime aller dans les Alpes _____ . Pendant le week-end, nous _____ et nous allons tous ensemble à la campagne _____ . Nous _____ à 7 heures du matin, nous marchons une ou deux heures, puis nous prenons notre petit déjeuner tous ensemble.

Pendant que vous écoutez

A. Première écoute
   1. Les enfants qui vont à l'école déjeunent souvent (à la maison / à l'école / au restaurant).
   2. Beaucoup de familles françaises prennent un repas de midi traditionnel (le vendredi / le samedi / le dimanche).
   3. La famille de Colette ne prend pas le repas du dimanche à midi parce qu'elle (n'aime pas manger ensemble / préfère manger dans un restaurant / fait souvent du sport ce jour-là).

B. Deuxième écoute
   1. Quand mange-t-on en famille en France pendant la semaine? Pendant le week-end?
   2. Où déjeunent les enfants à midi? Pourquoi?
   3. Que fait Alain, le mari de Colette, tous les jours? Pourquoi (deux raisons)?

Et maintenant

1. Imaginez que vous êtes invité(e) chez Colette un soir. A votre avis, comment la soirée se déroulera-t-elle?
2. Préférez-vous comme Alain «une coupure» dans votre journée? Quelles sont vos habitudes à ce sujet?

Avant d'écouter la quatrième partie

Colette nous parle des expériences plutôt décevantes de plusieurs jeunes Français qui ont passé du temps dans des familles américaines.

A vous d'abord

1. Quelles coutumes ou circonstances différentes vont poser les plus grands problèmes pour un Français?
2. A votre avis, est-ce qu'un jeune Français dirait qu'il est plus libre dans sa famille américaine ou dans sa famille française?

Un peu de vocabulaire

Vérifiez le sens des expressions suivantes, puis complétez les phrases ci-dessous.

Pour préciser une action ou une description:
extrêmement, pratiquement, finalement, complètement, vraiment

Pour parler de la vie familiale:
prendre des vacances, se servir dans le frigo, s'ennuyer, faire des tas de choses, regarder la télé

1. Dans le désert du Sahara, il fait _____ chaud.
2. D'abord, j'ai préparé le dîner; ensuite j'ai fait la vaisselle; _____ je me suis assise devant le poste de télévision.
3. Je n'ai _____ pas de chance: j'ai eu un pneu crevé sur l'autoroute.
4. Après mon opération, il a fallu que je reste deux semaines à l'hôpital avant que le docteur ne juge que j'étais _____ guérie.
5. Dans les classes de conversation qui ont plus de 30 étudiants, on n'a _____ pas l'occasion de parler français.
6. Quand nous rentrons du travail, mon mari et moi _____ . Nous promenons le chien, nous lisons le courrier, nous préparons le dîner, etc. Quand tout est fini, nous pouvons _____ .
7. Je n'aime pas _____ à la campagne. Il n'y a rien à faire. Je n'aime pas _____ dans la nature. Je préfère aller au bord de la mer pour nager et faire du ski nautique.
8. Je fais mes courses le samedi. J'achète des tas de choses à manger. Le reste de la semaine, la famille _____ .

Pendant que vous écoutez

A. Première écoute

Lesquelles des difficultés suivantes Colette mentionne-t-elle?

1. En général, les Américains travaillent pendant les vacances d'été.
2. Les familles américaines n'ont pas assez d'argent pour avoir beaucoup d'activités.
3. Les familles américaines habitent loin du centre-ville.
4. Les familles américaines ne mangent pas souvent ensemble.

B. Deuxième écoute

Qu'est-ce que «le petit Français» a surtout apprécié pendant son séjour?

   1. Il pouvait faire ce qu'il voulait.
   2. Il prenait ses repas en famille.
   3. Il participait à de nombreux voyages.
   4. Il pouvait regarder la télévision.
   5. Il se levait tôt pour déjeuner avec la famille.

Et maintenant

1. Selon ses expériences, Colette pense qu'un Français se trouve isolé et s'ennuie dans la famille américaine type. Pourquoi? Pensez à ces aspects de la vie américaine: le travail, les repas, la télé, les distances.
2. Un des jeunes Français qu'elle a placé s'est quand même bien amusé. Qu'est-ce qu'il a fait? Pourquoi a-t-il préféré la vie familiale américaine?
3. Quelle est votre routine pendant l'année scolaire? Pendant les vacances? Quelles difficultés auriez-vous si vous vouliez accueillir un jeune Français chez vous?

Avant d'écouter la dernière partie

Ici, nous parlons des problèmes auxquels la famille française doit faire face quand les deux parents travaillent. Colette décrit la journée des enfants qui vont à l'école et des petits qui vont à la maternelle.

A vous d'abord

1. Décrivez votre journée typique quand vous alliez à l'école primaire. Quand preniez-vous vos repas ou vos goûters? Où? Quand faisiez-vous vos devoirs? Mêmes questions pour vos années de lycée.
2. Est-ce que votre père et votre mère travaillaient à cette époque? Comment organisiez-vous les déplacements, les repas, etc.?
3. A votre avis:
   • à quelle heure se termine l'école en France?
   • quand fait-on ses devoirs?
   • à quelle heure dîne-t-on?

Un peu de vocabulaire

Vérifiez le sens des expressions suivantes, puis complétez les phrases ci-dessous.

Pour parler de l'école:

un horaire, une étude gratuite, des centres aérés, les vacances scolaires, des activités sportives, une récréation, un instituteur/une institutrice

Pour parler de sa routine:
faire coïncider, chercher, laisser, s'arranger, commencer, terminer, attendre, partir, durer, rentrer

1. Ce semestre, mon _____ est excellent. J'ai terminé tous mes cours à midi et demi.
2. Certaines écoles françaises gardent les enfants pendant une ou deux heures supplémentaires, sans faire payer les parents: c'est ce qu'on appelle _____ .
3. Comme je travaille dans une université, quelquefois mes vacances ne correspondent pas aux _____ de mes enfants.
4. Quand ma fille était en dixième, elle aimait beaucoup son _____ .
5. Les jeunes enfants ne peuvent pas rester assis plusieurs heures de suite. Ils ont besoin de _____ .
6. La lecture, l'écriture et le calcul sont des sujets importants, mais il faut que les enfants aient _____ .
7. On a de plus en plus besoin de centres qui accueillent les petits enfants en dehors des jours de classe et pendant les vacances. C'est ce qu'on appelle _____ .
8. Il m'est très difficile de _____ mes vacances avec celles de mes enfants qui vont au lycée.
9. Beaucoup de mères qui travaillent hors de la maison ont besoin de _____ avec une voisine pour qu'elle surveille les enfants après l'école.
10. Le matin, mon mari conduit les enfants à l'école en auto. Il les _____ devant la porte. L'après-midi, c'est moi qui dois aller les _____ quand mon travail est _____ .
11. Je n'aimais pas _____ en voyage quand mes enfants étaient jeunes. J'étais toujours inquiète.
12. Quelquefois, quand je vais chercher les enfants à l'école, ils sont en retard. Alors, je les _____ .
13. Toute la famille _____ dans la soirée.
14. En général, le repas familial du dimanche _____ au moins une heure.

Pendant que vous écoutez

A. Première écoute
1. Quelles sont les heures mentionnées?

   midi, 1h, 4h 30, 5h, 6h, 6h 30, 7h, 8h

2. Quels sont les jours de la semaine mentionnés?

   lundi, mardi, mercredi, jeudi, vendredi

B. Deuxième écoute
1. Pendant les vacances scolaires les parents qui travaillent peuvent inscrire leurs enfants _____ .
2. Pendant les heures entre la fin de l'école et le dîner, l'enfant peut _____ .

3. On peut inscrire ses enfants à l'école maternelle à partir de l'âge de _____ .

4. L'école se termine vers _____ .

5. Si vous ne terminez votre travail qu'à 6 heures, vous pouvez demander à _____ de prendre votre enfant chez elle.

Et maintenant

1. Comparez ce que vous saviez déjà sur les Français à ce que Colette nous apprend.

2. Selon Colette, il n'est pas trop difficile de faire coïncider l'horaire de l'école avec les horaires de deux parents qui travaillent. Pourquoi?

3. Comparez cette routine à la vôtre.

4. Comment réussit-on à s'occuper si bien des enfants dans ces écoles maternelles? Employez les mots suivants: *jeux, cantine, sieste, dortoir.*

LECTURE
MOLIERE: *LE MALADE IMAGINAIRE*

Avant de lire

Molière est un auteur du XVIIe siècle qui a écrit beaucoup de pièces de théâtre. Dans la scène qui suit, extraite d'une de ses pièces intitulée *Le Malade imaginaire*, Argan annonce à sa fille Angélique qu'il lui a choisi un mari. Cependant, il y a un malentendu (*misunderstanding*). Angélique, qui est amoureuse de Cléante, pense que c'est à lui que son père a décidé de la marier. Malheureusement, Argan a choisi quelqu'un d'autre. Au début de la scène, Angélique est donc enchantée de la nouvelle que son père lui annonce, mais à la fin, c'est une autre histoire!

A vous d'abord

Quelles sont les caractéristiques du partenaire (mari ou femme) idéal? Est-ce que vous partagez l'opinion de vos parents à ce sujet?

Pendant que vous lisez

A la première lecture, essayez de déterminer:
- s'il s'agit d'une famille patriarcale, moderne ou genre pension de famille.
- comment Angélique montre son obéissance au début.
- pourquoi Argan a choisi un médecin pour sa fille.
- la première réplique qui montre qu'Argan et Angélique ne parlent pas de la même personne.

ARGAN: O ça, ma fille, je vais vous dire une nouvelle, où peut-être ne vous attendez-vous pas: on vous demande en mariage. Qu'est-ce cela? Vous riez. Cela est plaisant, oui, ce mot de mariage; il n'y a rien de plus drôle pour les jeunes filles; ah!
5 nature, nature! **A ce que** je puis voir, ma fille, **je n'ai que faire** de vous demander si vous voulez bien vous marier.

d'après / J'ai besoin ou je n'ai pas besoin?

ANGELIQUE: Je dois faire, mon père, tout ce qu'il vous plaira à m'ordonner.

ARGAN: **Je suis bien aise** d'avoir une fille si obéissante. La chose
10 est donc conclue, et je vous ai promise.

Je suis content ou je trouve difficile?

ANGELIQUE: C'est à moi, mon père, de suivre **aveuglément** toutes vos volontés. (...)

sans demander d'explication

ARGAN: Je n'ai point encore vu la personne; mais on m'a dit que j'en serais content, et toi aussi.

15 ANGELIQUE: Assurément, mon père.

ARGAN: Comment l'as-tu vu?

ANGELIQUE: Puisque votre consentement m'autorise à vous pouvoir ouvrir mon cœur, **je ne feindrai point** de vous dire que **le hasard** nous a fait connaître il y a six jours, et que la
20 demande qu'on vous a faite est un effet de **l'inclination** que, dès cette première vue, nous avons prise l'un pour l'autre.

Je n'hésiterai pas ou je ferai semblant?
chance, fate

Le goût ou le dégoût?

ARGAN: Ils ne m'ont pas dit cela; mais j'en suis bien aise, et c'est tant mieux que les choses soient de la sorte. Ils disent que c'est un grand jeune garçon **bien fait.**

Beau ou laid?

25 ANGELIQUE: Oui, mon père.

ARGAN: **De belle taille.**

Grand ou petit?

ANGELIQUE: Sans doute.

ARGAN: Agréable de sa personne.

ANGELIQUE: Assurément.

30 ARGAN: De bonne physionomie.

ANGELIQUE: Très bonne.

ARGAN: **Sage,** et bien né.

qui se conduit bien

ANGELIQUE: Tout à fait.

ARGAN: Fort **honnête.**

au XVIIᵉ siècle, sens spécial:
a real gentleman

35 ANGELIQUE: Le plus honnête du monde.

ARGAN: Qui parle bien latin et grec.

ANGELIQUE: C'est ce que je ne sais pas.

ARGAN: Et qui sera reçu médecin dans trois jours.

ANGELIQUE: Lui, mon père?

40 ARGAN: Oui. Est-ce qu'il ne te l'a pas dit?

ANGELIQUE: Non vraiment. Qui vous l'a dit à vous?

ARGAN: Monsieur Purgon.

ANGELIQUE: Est-ce que Monsieur Purgon le connaît?

ARGAN: La belle demande! il faut bien qu'il le connaisse, puisque

45 c'est son neveu.

ANGELIQUE: Cléante, neveu de Monsieur Purgon?

ARGAN: Quel Cléante? Nous parlons de celui pour qui l'on t'a
demandée en mariage.

ANGELIQUE: Hé! oui.

50 ARGAN: Hé bien, c'est le neveu de Monsieur Purgon, qui est le fils
de son beau-frère le médecin, Monsieur Diafoirus; et ce fils
s'appelle Thomas Diafoirus, et non pas Cléante; et nous avons
conclu ce mariage-là ce matin, Monsieur Purgon, Monsieur
Fleurant et moi, et, demain, ce **gendre prétendu** doit m'être   futur beau-fils

55 amené par son père. Qu'est-ce? vous voilà toute **ébaubie?**   **Très étonnée ou charmée?**

ANGELIQUE: C'est, mon père, que **je connais que** vous avez parlé   je me rends compte que
d'une personne, et que **j'ai entendu** une autre.   **J'ai compris ou j'ai écouté?**

TOINETTE (*la servante*): Quoi? Monsieur, vous auriez fait **ce**
dessein burlesque? Et avec tout **le bien** que vous avez, vous   ce projet / **Ridicule ou**
voudriez marier votre fille à un médecin?   **heureux?** / l'argent
60

ARGAN: Oui. **De quoi te mêles-tu, coquine, impudente que tu**   *What business is it of yours,*
es?   *you sassy rascal?*

TOINETTE: Mon Dieu! **tout doux:** vous allez d'abord aux invectives.   doucement
Est-ce que nous ne pouvons pas raisonner ensemble sans
65 nous **emporter?** Là, parlons **de sang-froid.** Quelle est votre   fâcher / **Calmement ou**
raison, s'il vous plaît, pour un tel mariage?   **rapidement?**

ARGAN: Ma raison est que, me voyant **infirme** et malade comme je   **Faible ou fort?**
suis, je veux me faire un gendre et des alliés médecins, afin de
m'appuyer de bons secours contre ma maladie, d'avoir dans   **Refuser ou me servir?**
70 ma famille les sources des remèdes qui me sont nécessaires, et
d'être **à même des** consultations et des **ordonnances.**   en contact direct avec des /
          médicaments

TOINETTE: Hé bien! voilà dire une raison, et il y a plaisir à se
répondre doucement les uns aux autres. Mais, Monsieur,
mettez la main à la conscience: est-ce que vous êtes malade?

75 ARGAN: Comment, coquine, si je suis malade? si je suis malade,
impudente?

TOINETTE: Hé bien! oui, Monsieur, vous êtes malade, **n'ayons point**
de querelle là-dessus; oui, vous êtes fort malade, j'en demeure   ne nous disputons pas
d'accord, et plus malade que vous ne pensez: voilà qui est fait.
80 Mais votre fille doit épouser un mari pour elle; et n'étant point
malade, il n'est pas nécessaire de lui donner un médecin.

ARGAN: C'est pour moi que je lui donne ce médecin; et une fille de
bon naturel doit être ravie d'épouser ce qui est utile à son
père.

Molière, *Le Malade imaginaire*, I.5.

Et maintenant

1. Relisez la première partie, jusqu'aux premières répliques de Toinette. (l. 58)

   a. Comment Angélique est-elle tombée amoureuse de Cléante?

   b. Comment Argan a-t-il choisi Thomas Diafoirus?

   c. Dressez la liste des répliques qui montrent qu'Angélique et son père ne parlent pas de la même personne.

   d. Que pensez-vous des noms Angélique, M. Purgon, Diafoirus?

2. Relisez la seconde partie de la scène.

   a. Pourquoi Angélique ne parle-t-elle plus dans cette partie?

   b. Trouvez-vous étrange que sa servante puisse parler à M. Argan plus librement que sa fille?

   c. Faites le portrait du jeune homme d'après ce que vous dit Argan. Pourquoi l'a-t-il choisi? Etes-vous surpris(e) de quelques aspects de la description du jeune homme?

   d. Que pensez-vous de l'argument principal de Toinette contre ce mariage?

3. Relisez toute la scène.

   a. Tracez le portrait d'Argan. Quelle sorte de père est-ce?

   b. Relevez les expressions qui font rire.

   c. Cherchez dans le dictionnaire la définition du mot *quiproquo*. Quelle réplique correspond à cette définition?

   d. Si Angélique n'avait pas été complètement bouleversée par la nouvelle que son père lui annonce, elle aurait sans doute refusé ce mariage. Imaginez ses arguments.

MARGUERITE DURAS: *MODERATO CANTABILE*

Avant de lire

Cet extrait est tiré du premier chapitre du roman de Marguerite Duras, *Moderato cantabile* (1958). Anne Desbaresdes assiste à la leçon de piano de son fils qui n'a pas l'air de s'intéresser vraiment à la musique.

A vous d'abord

Avez-vous jamais pris des leçons de piano? Jouez-vous d'un autre instrument? Lequel? Quelle sorte de musique préférez-vous?

Pendant que vous lisez

A la première lecture, essayez de préciser:
- l'heure de la journée.
- la saison de l'année.
- le nombre de personnages et leurs rapports.
- la progression des événements.
- l'attitude de la dame envers l'enfant.
- l'attitude de la mère envers l'enfant.
- l'attitude de l'enfant envers la leçon.

— Veux-tu lire ce qu'il y a écrit au-dessus de ta **partition?** demanda *musical score*
la dame.

    — *Moderato cantabile*, dit l'enfant.

    La dame **ponctua** cette réponse d'un coup de crayon sur **le** *accompagna*
5 **clavier.** L'enfant resta immobile, la tête tournée vers la partition. *keyboard*

    — Et qu'est-ce que ça veut dire, *moderato cantabile?*

    — Je sais pas.

    Une femme, assise à trois mètres de là, **soupira.** *sighed*

    — Tu es sûr de ne pas savoir ce que ça veut dire, *moderato*
10 *cantabile?* reprit la dame.

    L'enfant ne répondit pas. La dame poussa un cri d'impuissance
étouffé, tout en frappant de nouveau le clavier de son crayon. Pas **un** **Faible ou fort?**
cil de l'enfant ne bougea. La dame **se retourna.** *eyelash* / tourna la tête

    — Madame Desbaresdes, **quelle tête** vous avez là, dit-elle. **Enfant facile ou difficile?**
15 Anne Desbaresdes soupira une nouvelle fois.

    — **A qui le dites-vous,** dit-elle. Je le sais, je ne le sais que
trop bien!

    L'enfant, immobile, les yeux baissés, fut seul à se souvenir que le
soir **venait d'éclater.** Il en **frémit.** *had just appeared* / trembla

    — Je te l'ai dit la dernière fois, je te l'ai dit l'avant-dernière fois, je
20 te l'ai dit cent fois, tu es sûr de ne pas le savoir?

    L'enfant **ne jugea pas bon de** répondre. La dame reconsidéra une **A voulu ou n'a pas voulu?**
nouvelle fois l'objet qui était devant elle. Sa fureur augmenta.

    — Ça recommence, dit tout bas Anne Desbaresdes.

    — **Ce qu'il y a,** continua la dame, ce qu'il y a, c'est que tu ne veux *la raison*
25 pas le dire.

    Anne Desbaresdes aussi reconsidéra cet enfant de ses pieds
jusqu'à sa tête mais d'une autre façon que la dame.

    — Tu vas le dire tout de suite, **hurla** la dame. **Murmura ou cria?**

    L'enfant ne **témoigna** aucune surprise. Il ne répondit toujours **Cacha ou montra?**
30 pas. Alors la dame frappa une troisième fois sur le clavier, mais si fort
que le crayon **se cassa.** Tout à côté des mains de l'enfant. Celles-ci *broke*
étaient à peine **écloses,** rondes, **laiteuses** encore. Fermées sur *ouvertes* / blanches
elles-mêmes, elles ne bougèrent pas.

— C'est un enfant difficile, **osa dire** Anne Desbaresdes, non sans
35 une certaine timidité.

    L'enfant tourna la tête vers cette voix, vers elle, vite, **le temps de**
s'assurer de son existence, puis il reprit sa pose d'objet, face à la
partition. Ses mains restèrent fermées.

    — Je ne veux pas savoir s'il est difficile ou non, Madame
40 Desbaresdes, dit la dame. Difficile ou pas, il faut qu'il obéisse, **ou
bien.**

    Dans le temps qui suivit **ce propos,** le bruit de la mer entra par la
fenêtre ouverte.

    Et avec lui, celui, **atténué,** de la ville au cœur de l'après-midi de ce
45 printemps.

    — Une dernière fois. Tu es sûr de ne pas le savoir?

    Une vedette passa **dans le cadre** de la fenêtre ouverte. L'enfant,
tourné vers sa partition **remua à peine**—seule sa mère **le sut**—alors
que la vedette lui passait **dans le sang. Le ronronnement feutré** du
50 moteur s'entendit dans toute la ville. Rares étaient les bateaux **de
plaisance.** Le rose de la journée finissante colora le ciel tout entier.
D'autres enfants, ailleurs, sur les quais, arrêtés, regardaient.

    — Sûr, vraiment, une dernière fois, tu es sûr?

    Encore la vedette passait.

55   La dame **s'étonna** de tant d'obstination. (...)

    — Quel métier, quel métier, quel métier, **gémit-elle.** Anne
Desbaresdes **ne releva pas le propos,** mais sa tête se pencha un peu
de la manière, peut-être, d'**en convenir.**

    La vedette eut enfin fini de traverser le cadre de la fenêtre ouverte.
60 Le bruit de la mer s'éleva, sans **bornes,** dans le silence de l'enfant.

    — *Moderato?*

    L'enfant ouvrit sa main, la déplaça et **se gratta légèrement le
mollet.** Son geste fut **désinvolte** et peut-être la dame **convint-elle de**
son innocence.

65   — Je sais pas, dit-il, après s'être gratté.

    Les couleurs du couchant devinrent tout à coup si glorieuses que
la blondeur de cet enfant s'en trouva modifiée.

    — C'est facile, dit la dame un peu plus calmement. Elle **se
moucha** longuement.

70   — Quel enfant j'ai là, dit Anne Desbaresdes joyeusement, tout de
même, mais quel enfant j'ai fait là, et **comment se fait-il** qu'il me soit
venu avec cet **entêtement-là**...

    La dame ne crut pas bon de **relever** tant d'orgueil.

    — Ça veut dire, dit-elle à l'enfant — écrasée — pour la centième
75 fois, ça veut dire modéré et chantant.

    — Modéré et chantant, dit l'enfant totalement **en allé où?**

    La dame se retourna.

    — Ah, **je vous jure.**

Marginal glosses:

- dit timidement
- juste pour
- or else
- cette remarque
- **Diminué ou augmenté?**
- motorboat / within the frame
- bougea un tout petit peu / le remarqua
- in his blood / le bruit sourd
- pleasure
- fut surprise
- she groaned
- ne répondit pas
- d'être d'accord
- limites
- scratched his calf
- **Nonchalant ou sérieux? /** reconnut-elle
- blew her nose
- how can it be
- **Obstination ou docilité?**
- répondre à
- distrait
- vraiment!

— Terrible, affirma Anne Desbaresdes, en riant, **têtu comme une**   *stubborn as a mule*
80 **chèvre,** terrible.

— Recommence, dit la dame.

L'enfant ne recommença pas.

— Recommence, j'ai dit.

L'enfant ne bougea pas davantage. Le bruit de la mer dans le
85 silence de son obstination se fit entendre de nouveau. Dans un
dernier **sursaut,** le rose du ciel augmenta.   *mouvement brusque*

— Je ne veux pas apprendre le piano, dit l'enfant. (...)

Anne Desbaresdes prit son enfant par les épaules, le **serra** à lui   *squeezed*
faire mal, cria presque.

90 — Il faut apprendre le piano, il le faut. (...)

— J'aime pas le piano, dit-il dans un murmure. (...)

— Il le faut, continua Anne Desbaresdes, il le faut.

La dame hocha la tête, la désapprouvant de tant de douceur. **Le**
crépuscule commença à **balayer** la mer. Et le ciel, lentement, se   *dusk / sweep over*
95 décolora. L'ouest seul resta rouge encore. Il s'effaçait.

— Pourquoi? demanda l'enfant.

— La musique, mon amour...

L'enfant prit son temps, celui de tenter de comprendre, ne
comprit pas, mais l'admit.

100 — Bon...

— J'attends, dit la dame.

Il se mit à jouer...

— Quand même, quand même, dit Anne Desbaresdes
joyeusement, voyez.

105 — S'il voulait, dit la dame.

L'enfant termina sa sonatine...

— Recommence, répondit la dame. N'oublie pas: *moderato*
cantabile. Pense à une chanson qu'on te chanterait pour t'endormir.

— Jamais je ne lui chante de chansons, dit Anne Desbaresdes. Ce
110 soir il va m'en demander une, et il le fera si bien que je ne pourrai
refuser de chanter.

La dame ne voulut pas entendre. L'enfant recommença à jouer la
sonatine de **Diabelli**... Il reprit la sonatine au même rythme que   *compositeur italien*
précédemment et, la fin de la leçon approchant, il la **nuança** comme   *joua*
115 on le désirait, *moderato cantabile.*

— Quand il obéit de cette façon, ça **me dégoûte** un peu, dit Anne   *me révolte, me gêne*
Desbaresdes. Je ne sais pas ce que je veux, voyez-vous. Quel martyre.

L'enfant continua néanmoins à bien faire.

— Quelle éducation lui donnez-vous là, Madame Desbaresdes,
120 remarqua la dame presque joyeusement.

Et l'heure **prit fin.** La dame proclama la leçon terminée pour ce   *se termina*
jour-là.

— Vous aurez beaucoup de mal, Madame Desbaresdes, avec cet enfant, dit-elle, c'est moi qui vous le dis.

125 — C'est déjà fait, il me dévore.

Anne Desbaresdes baissa la tête, ses yeux se fermèrent dans le douloureux sourire d'un **enfantement** sans fin.   accouchement, création

Marguerite Duras, *Moderato cantabile* (Paris: Editions de Minuit, 1958), pp. 7-13.

Et maintenant

1. Relisez la première partie (jusqu'à la ligne 41).
   a. Qu'est-ce que l'enfant refuse de dire? Est-ce la première fois? Son comportement à cette leçon semble-t-il exceptionnel à la dame ou à sa mère?
   b. Comment l'attitude de la dame change-t-elle pendant cette partie? Relevez les actions et les descriptions qui montrent ce changement.
   c. L'enfant réagit-il beaucoup dans cette partie? Trouvez les deux endroits où l'auteur note une réaction de sa part.
   d. La dame et la mère réagissent-elles de la même façon à l'obstination de l'enfant?
2. Relisez la deuxième partie (jusqu'à la ligne 72).
   a. La dame continue-t-elle sur le même ton dans cette partie?
   b. Qu'est-ce que l'enfant entend dans cette partie? Que représente ce bruit?
   c. A quel moment de la journée sommes-nous? Quelle progression l'auteur présente-t-elle? Comment la décrit-elle?
   d. Comment la mère réagit-elle à l'obstination de son fils?
3. Relisez la dernière partie.
   a. Pourquoi l'auteur nous dit-elle que la dame est «écrasée»?
   b. Pourquoi l'enfant décide-t-il de jouer à la fin?
4. Résumez l'attitude de la mère envers l'enfant. Aurait-elle préféré qu'il soit plus obéissant? Expliquez surtout le sens des deux dernières lignes.
5. Relevez tous les endroits où l'auteur mentionne la mer ou le soleil. Quel est le rapport entre l'enfant et ces aspects de la nature?
6. Que veut dire l'expression *moderato cantabile*? Pourquoi est-ce si important que l'enfant accepte de jouer de cette façon? Quel contraste ironique remarquez-vous entre le sens de cette expression et la description du coucher du soleil ou le comportement de la dame?
7. Quelle sorte d'enfant préféreriez-vous, l'enfant docile ou l'enfant obstiné?

MICHÈLE FITOUSSI: *LE RAS-LE-BOL DES SUPERWOMEN*

Avant de lire

Michèle Fitoussi est journaliste et mère de deux enfants. Dans son livre, elle montre que la situation des femmes n'a pas beaucoup évolué et a peut-être même empiré puisqu'aujourd'hui beaucoup de femmes ont une double responsabilité: carrière et famille. Les femmes en ont ras-le-bol de cette situation, c'est-à-dire qu'elles en ont assez.

Dans cet extrait, Fitoussi parle des prétendues contributions du «NouvelHomme» à la vie familiale.

A vous d'abord

A votre avis, est-ce que le couple moderne partage mieux les tâches domestiques? Que font les hommes, en général?

Pendant que vous lisez

A la première lecture de cet extrait, essayez d'apprendre:
* si l'auteur pense qu'il y a un partage équitable des tâches dans le couple.
* si l'auteur pense que la situation des femmes s'est améliorée grâce au Nouvel-Homme.

Egalité dans le couple? O.K. Mais on est vite devenues la moins égale des deux. Le NouvelHomme a résolu à sa façon le nouveau **partage** des tâches: **le gratifiant** pour lui, le reste pour son admirable compagne, **en gros:** «Occupe-toi de tout et je ferai le reste.»

5 (...) En cas de **force majeure,** le N.H. **se débrouille** — même **s'il râle** — parfaitement sans nous. Mais **dans le quotidien,** c'est vraiment **tuant** de *tout* lui répéter *tous* les jours comme si nous étions définitivement le chef et lui **l'exécutant.** Ce qui nous flatte l'égo mais nous **mange la tête.** Et comme il travaille tous les jours un

10 peu plus, ses raisons pour **se défiler** lui semblent **imparables.** En attendant, si **Raphaëlle** doit se faire opérer, c'est nous qui **annulons** deux journées de travail. Pas lui.

Et nous avons fini par nous en contenter. **En soupirant,** mais bien obligées **d'œuvrer** pour éviter le désastre. On admire le Nouvel-

15 Homme pour ce qu'il sait faire et **on ne se plaint plus** de ce qu'il ne fait pas. Nous voilà revenues comme nos mères, nos grands-mères, à l'Ordre Ancien des choses...

Michèle Fitoussi, *Le Ras-le-bol des Superwomen*
(Paris: Calmann-Lévy, 1987), pp. 173–174.

Glose marginale:

distribution
Ce qu'on aime ou ce qu'on n'aime pas?
plus ou moins

s'il y est forcé / **S'arrange ou ne sait pas quoi faire?**
s'il proteste / dans la vie de tous les jours
fatigant

Celui qui commande ou celui qui obéit?
Exaspère ou rend heureuses?
Partir ou rester? / Solides ou faibles?
sa fille / supprimons

avec résignation

De travailler ou de nous reposer?
on ne se lamente pas

Et maintenant

1. Pourquoi l'auteur croit-elle qu'il n'y a pas d'égalité dans le couple?
2. Selon l'auteur, les femmes sont obligées d'accepter cette situation pour éviter le désastre. A quelle sorte de désastre pense-t-elle?
3. Pourquoi l'auteur dit-elle que la situation de la femme moderne ressemble à celle de sa grand-mère?
4. Etes-vous d'accord avec l'auteur? Pourquoi ou pourquoi pas?

TRANSPORT

INTRODUCTION

Dans ce chapitre, vous allez d'abord faire un peu de géographie. Vous verrez ensuite comment la France s'est formée au cours des siècles. Les concepts de centralisation et de décentralisation qui ont joué et jouent toujours un grand rôle dans l'organisation du territoire français vous seront aussi présentés.

VIDEO

Une vidéo publicitaire de la SNCF (la Société nationale des chemins de fer français) vous aidera à comprendre le développement des moyens de transport tels que le TGV (le train à grande vitesse) et vous montrera à quel point la France n'est plus seulement Paris.

AUDIO

L'interview d'un savant belge qui a beaucoup voyagé en Europe vous donnera l'occasion de mieux comprendre la concurrence entre l'avion, le train et la voiture, ainsi que de comparer le système français au système américain.

LECTURE

Des lectures variées vous permettront d'aborder le thème du voyage et du déplacement sous une perspective commerciale, sociologique, humoristique et poétique.

INTRODUCTION

A vous d'abord

1. Comment voyagez-vous d'habitude:
   - pour aller en vacances?
   - pour aller au travail?
   - pour aller à l'université?
   - pour sortir en ville avec des amis?
2. Quand vous avez le choix entre deux moyens de transport différents, lequel choisissez-vous? Qu'est-ce qui influence votre décision: le prix, la distance, l'horaire (heure, fréquence), etc.?
3. Avez-vous jamais voyagé en train aux Etats-Unis ou en Europe? Racontez votre expérience. Qu'est-ce que vous avez fait pendant le trajet?

Un peu de vocabulaire

Révisez les points cardinaux:

Exemples: L'Espagne se trouve au sud de la France.
Nice se trouve au sud-est de la France.

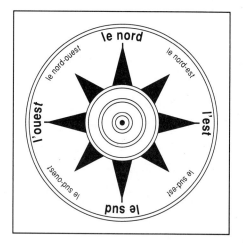

I. Géographie

Lisez les paragraphes qui suivent et regardez la carte présentée à la page 1 pour apprendre:
- si la France est plus petite que le Texas.
- avec quels pays la France partage une frontière politique.
- si la France a la forme d'un triangle.
- combien de côtes il y a en France.
- quelles frontières françaises sont déterminées par des chaînes de montagnes.
- où se trouvent les pays suivants: la Belgique, l'Allemagne, l'Italie, l'Espagne.

La France est située à l'extrémité ouest de l'Eurasie et elle fait face, au-delà
de l'océan Atlantique, à l'Amérique du Nord. Au sud, elle n'est séparée du
continent africain que par la mer Méditerranée.

La France a une superficie de 549.000 kilomètres carrés (km^2),
5 c'est-à-dire qu'elle est plus petite que le Texas, dont la superficie est de
692.403 km^2.

En gros, la France a la forme d'un hexagone (une figure géométrique à
six côtés°), et c'est souvent par ce nom qu'on y fait allusion dans la presse,
à la radio et à la télé.

10 Suivons° les côtes de l'hexagone en commençant par le nord: le premier
côté de l'hexagone est la côte de la mer du Nord et de la Manche. Il va de
la Belgique jusqu'au bout de la Bretagne à l'ouest. Le deuxième côté va de
la Bretagne à la frontière entre la France et l'Espagne. C'est la côte
atlantique. Le troisième côté est formé par les Pyrénées, la chaîne de
15 montagnes qui sépare la France de l'Espagne au sud. Le quatrième côté est
la côte de la mer Méditerranée, de la frontière espagnole à la frontière
italienne. Le cinquième côté est marqué par la chaîne montagneuse des
Alpes; ces montagnes séparent la France de l'Italie et de la Suisse, à l'est.
Enfin, le dernier côté suit à peu près° la frontière entre la France et
20 l'Allemagne, le Luxembourg et la Belgique.

II. Un peu d'histoire

Lisez les paragraphes suivants pour apprendre:
- à quel siècle a été ajoutée chaque province.
- qui a divisé le pays en départements.
- en combien de départements la France métropolitaine est divisée.
- comment la dernière réorganisation administrative a regroupé ces départements.
- à quel siècle ont commencé la guerre de Cent ans, le règne de la famille
  capétienne, la Révolution française.

Il ne faut pas croire que la France a toujours présenté cette configuration.
Au contraire, elle a été construite, province par province, par les différents
régimes qui l'ont gouvernée, surtout les rois de la famille capétienne° qui y
régnèrent, avec quelques interruptions, de 987 à 1848. Vers l'an 900, la
5 France était un tout petit pays, qui correspondait à peu près à un
département d'aujourd'hui. Ce pays était situé dans la région parisienne
actuelle.

Au cours des siècles suivants, les rois capétiens agrandirent° leur
territoire. Parmi les provinces importantes qu'ils ajoutèrent au domaine
10 royal se trouvent la Normandie, située sur la Manche, au nord-ouest, la
Gascogne, au sud, et la Brie et la Champagne, à l'est.

Pendant le long conflit qui opposa la France et l'Angleterre et que l'on
appelle la guerre de Cent ans (1328–1461), beaucoup de ces territoires
tombèrent sous le contrôle des Anglais, mais à la fin de la guerre, seule la
15 ville de Calais sur la côte de la Manche restait entre leurs mains. De plus,
la France ajouta la Guyenne (l'Aquitaine) à ses possessions antérieures.

Au XVe siècle, la France ajouta à son territoire la Bourgogne, la Picardie,
la région de la Loire et la Provence. Par le mariage de deux de ses rois, l'un
après l'autre, à la duchesse Anne de Bretagne, la France entra aussi en
20 possession de cette province.

Au XVIIe siècle, la France gagna des droits sur l'Alsace, le Roussillon, la
Franche-Comté, une partie de l'Artois et quelques villes situées dans le
nord, dont Lille°.

Au XVIIIe siècle, elle s'agrandit de la Lorraine et de la Corse, et à la fin
25 du XIXe siècle, de Nice et de la Savoie.

La Normandie, la Bretagne, etc. sont appelées des provinces. En 1790,
pendant la Révolution, elles furent divisées en plusieurs départements,
divisions administratives beaucoup plus petites que la province.
Aujourd'hui, il y a 96 départements métropolitains° et 5 départements
30 d'outre-mer° (DOM). Depuis 1964, les départements métropolitains sont
regroupés en 22 régions qui se rapprochent° des provinces de l'Ancien
Régime° (voir carte, p. xiv).

III. La centralisation et la décentralisation

A. Lisez les paragraphes suivants pour:
- établir la chronologie entre Louis XIV, Richelieu, Napoléon et la Révolution française.
- résumer la centralisation sous Louis XIV en utilisant les mots suivants: *le roi, les ministres, les intendants.*
- résumer la centralisation après la Révolution en utilisant les mots suivants: *le gouvernement central, le préfet, les ministères.*
- apprendre trois conséquences négatives de la centralisation.

La centralisation administrative a été pendant longtemps la
caractéristique essentielle du système français. D'origine romaine, la
centralisation est étroitement liée° au développement d'une monarchie
forte et autoritaire. C'est ainsi que la centralisation du pouvoir royal a
5 triomphé au XVIIe siècle grâce aux efforts de deux grandes figures de
l'histoire de France, le cardinal de Richelieu et Louis XIV.

Le cardinal de Richelieu, ministre du roi Louis XIII, fit tout son possible° pour affermir° le pouvoir royal et organiser la monarchie absolue. Sous Louis XIV, l'absolutisme royal arriva à son plus haut point.
10 Louis XIV s'occupait personnellement de tout ce qui se passait dans son royaume. La formule célèbre «L'Etat, c'est moi» résume° cette attitude. Louis XIV était aidé de ministres qui exécutaient ses volontés, et il transmettait ses ordres aux provinces par l'intermédiaire des intendants qui étaient nommés par lui et veillaient à° la bonne exécution de ses
15 ordres.

On retrouve ce même désir de centralisation administrative pendant la Révolution française (c'est ce qu'on appelle la tendance jacobine° de la Révolution). Après la Révolution, Napoléon Ier, empereur des Français, s'inspira aussi de la tradition centralisatrice pour organiser les
20 structures qui devaient durer jusqu'à la réforme administrative de la Cinquième République en 1982.

Chaque département était administré par un préfet qui résidait dans la ville principale du département, appelée en conséquence la préfecture.

Nommé par le pouvoir central, le préfet était chargé d'appliquer
25 dans le département les directives du gouvernement et de transmettre aux ministères compétents° à Paris les requêtes locales. C'était Paris qui prenait les décisions. Ce modèle administratif a eu des conséquences sérieuses pour la France; celles, par exemple, de décourager les initiatives locales, de ralentir° le développement économique des
30 provinces françaises et d'augmenter l'antagonisme traditionnel entre Paris et le reste du pays.

B. Lisez les paragraphes suivants pour apprendre:
• sous quel président la décentralisation est devenue réalité.
• à quel niveau de gouvernement les décisions suivantes sont prises: un traité avec un pays étranger, la décision d'orienter l'économie dans une certaine direction, la décision de dépenser de l'argent pour entretenir une route locale.
• où se trouvent les villes mentionnées dans le texte (regardez la carte à la page 1).

Exemple: Strasbourg se trouve à l'est de la France, dans la région de l'Alsace.

• la définition de «l'aménagement du territoire».
• la chronologie des titres administratifs suivants: commissaire de la République, intendant, préfet.

Motivés par le désir de «débloquer°» la société française, les dirigeants de la Cinquième République se sont penchés° sur ce problème. Sous la présidence de François Mitterrand, élu en 1981 pour son premier septennat°, la décentralisation est devenue réalité.

5   Depuis l'Acte de décentralisation du 2 mars 1982, le préfet s'appelle
«commissaire de la République». Il n'est responsable que des services
qui dépendent de Paris. Les affaires locales sont administrées à
plusieurs niveaux°:
     La plus petite division territoriale s'appelle la commune; elle est
10 administrée par un maire° assisté d'un conseil municipal. Il y a en
France 36.532 communes.

Le Président de la République et les représentants des médias.

Au niveau du département, le président et les membres du conseil
général sont responsables du budget départemental et de la conduite
de certaines affaires locales.

15   Comme nous l'avons vu plus haut (p. 130), les départements sont
regroupés en régions, responsables du développement économique.

Pour encourager la décentralisation économique, la Cinquième
République s'est aussi beaucoup intéressée à ce qu'on appelle
«l'aménagement du territoire», c'est-à-dire «la meilleure répartition dans
20   un cadre géographique des activités économiques en fonction des
ressources naturelles et humaines». Dans ce but, on a encouragé le
développement de «métropoles d'équilibre», des villes régionales dont le
développement peut contrebalancer l'attraction de Paris. Les villes
provinciales suivantes se sont donc fortement développées: Lille,
25   Nantes-Saint-Nazaire, Bordeaux, Toulouse, Marseille, Metz-Nancy et
Lyon-Grenoble-Saint-Etienne.

La création de villes nouvelles, dans la région parisienne en
particulier, est aussi un effort de décentralisation de Paris. On trouve
aujourd'hui, autour de Paris, plusieurs villes nouvelles: Cergy-Pontoise,
30   Marne-la-Vallée, Melun-Sénart, Evry et Saint-Quentin-en-Yvelines.

IV. Communications

Lisez le passage ci-dessous et regardez les tableaux qui l'accompagnent pour trouver
les renseignements suivants:
- quatre moyens de transport en France
- la différence entre un réseau routier et un réseau ferroviaire
- l'époque de la mise en service des premiers trains français
- ce que la France a fait pour compenser un réseau routier souvent insuffisant
- comment on va améliorer les transports entre la France et l'Angleterre
- si les Américains préfèrent le train ou l'avion
- si la France a plus ou moins d'autoroutes que l'Allemagne

La France dispose depuis longtemps d'un excellent réseau routier.
Certaines des belles routes de province, bordées de peupliers°, ont été
tracées au XVIIe siècle.

Le développement du réseau ferroviaire° date surtout du XIXe siècle et
5   est une conséquence de la révolution industrielle. Les premières voies
ferrées° ont été inaugurées pendant la monarchie de juillet (1830–1848).
Sous le Second Empire (1852–1870), l'expansion du réseau a correspondu à
une expansion parallèle dans le domaine industriel.

Au XXe siècle, la France n'a pas modernisé son réseau routier aussi vite
10   que les Etats-Unis ou certains pays européens (voir les tableaux, p. 134).
Aujourd'hui, elle a en partie rattrapé son retard. Le réseau autoroutier° est

excellent mais encore insuffisant au moment des départs en vacances. Par
contre, beaucoup d'efforts ont été consacrés à la modernisation des trains
et, en particulier, au développement du train à grande vitesse (TGV), pour
15 faire concurrence à° l'automobile et l'avion.

En France (et en Europe), on utilise aussi pour les transports de
marchandises les fleuves et les canaux°. Il y a beaucoup de circulation
fluviale sur la Seine, par exemple. En 1985, il y avait en France 8.500 km de
voies navigables intérieures, dont 4.575 km de canaux.
20 Le développement d'un système de communications efficace est
essentiel au développement économique. Avec l'unification économique de
l'Europe, on doit s'attendre à° encore plus de réalisations technologiques
dans le domaine des transports, comme le tunnel sous la Manche,
entreprise franco-britannique, qui permettra d'aller en train de la
25 France à l'Angleterre. On prédit qu'en 2003, 40 millions de passagers
emprunteront° l'Eurotunnel. De même, le TGV va forcément°
s'européaniser.

RESEAUX ROUTIERS DE PLUSIEURS PAYS (EN MILLIERS DE KM)

Pays	Superficie (km²)	Longueur totale de routes	Autoroutes
Etats-Unis	9.359.000	6.242	82,3
France	549.000	805	6,4
Allemagne (RFA)°	249.000	492	8,6
Grande Bretagne	230.000	352	3,0

Tableau 1

TRAFIC FERROVIAIRE ET AERIEN DE PLUSIEURS PAYS

Pays	Population	Milliards de Voyageurs-Kilomètres*	
		Train	Avion
Etats-Unis	249.600.000	19,2	647,0
France	55.600.000	59,7	44,4
Allemagne (RFA)	61.000.000	39,2	31,8

* Voyageurs-kilomètres: le transport d'un voyageur sur un kilomètre.

Tableau 2

VOCABULAIRE

I.

Remarquez la différence entre la côte (*coast*) et le
côté (*side*).
Suivons: *Let us follow*
à peu près: presque

II.

capétienne: dérivé du nom du premier roi de la
famille, Hugues Capet
agrandirent: rendirent plus grand
dont Lille: Lille compris
métropolitains: de la France continentale (appelée
«la métropole»)
d'outre-mer: *overseas*
se rapprochent des: ressembler aux
l'Ancien Régime: la France d'avant la Révolution
française

III. A.

liée: associée
tout son possible: tout ce qu'il pouvait
affermir: rendre ferme, stable, fort
résume: *sums up*
veillaient à: s'occupaient attentivement de
jacobine: dérivé du mot *jacobin*, membre d'un club
révolutionnaire qui se réunissait dans l'ancien
couvent des Jacobins

compétents: qualifiés
ralentir: rendre plus lent

III. B.

débloquer: mettre en mouvement; un sociologue
français, Michel Crozier, a appelé la société
française une «société bloquée»
se sont penchés: ont examiné avec attention
le septennat: durée de sept ans d'une fonction,
telle que la présidence de la République
française
à plusieurs niveaux: *on several levels*
un maire: *mayor*

IV.

peupliers: *poplars*
ferroviaire: des trains
la voie ferrée: la voie sur laquelle le train circule
le réseau autoroutier: *highway system*
faire concurrence à: *to compete with*
les canaux: *canals*
on doit s'attendre à: *one must expect*
emprunteront: ici, utiliseront
forcément: nécessairement
RFA: République fédérale d'Allemagne; la partie
ouest de l'Allemagne avant la réunification

VIDEO
LE SECRET DU TGV

Avant de visionner

Cette émission retrace l'évolution du train à grande vitesse (TGV) depuis sa conception et la mise en service des premières rames Paris-Lyon-Marseille jusqu'aux derniers projets européens tels Paris-Londres et Amsterdam-Cologne-Bruxelles-Paris. Les trois personnages cherchent à comprendre comment le TGV a pu inaugurer une véritable renaissance du transport ferroviaire au moment même où la concurrence de l'avion et de l'automobile était sur le point de rendre le voyage par train une curiosité — un peu comme aux Etats-Unis. La vidéo est organisée par problèmes à résoudre — comment choisir un tracé, où construire les rames, comment desservir les villes sans être obligé de construire de nouvelles rames, comment rentabiliser les lignes, etc. Une femme joue le rôle de la SNCF (la Société nationale des chemins de fer français), un des hommes lui présente les difficultés à résoudre et l'autre, plus âgé, l'aide à trouver les solutions. En suivant le cours de leurs décisions, vous arriverez à comprendre comment le TGV a été conçu, modifié, étendu, et enfin comment ce train joue un rôle essentiel dans l'évolution de la France moderne.

A vous d'abord

1. Avez-vous jamais voyagé en train en Europe? Les Français ont toujours préféré ce moyen de transport. Lisez les résultats du sondage ci-dessous pour apprendre quels groupes de Français aiment voyager en train. Pourquoi aiment-ils ce moyen de transport? Qu'est-ce qu'ils font pendant le voyage?

   Nostalgie des joies enfantines? Nos compatriotes [les Français] sont sensibles au bonheur simple de prendre le train: 56% d'entre eux déclarent aimer voyager en train. La passion ferroviaire, qui est plus vive parmi les femmes (58%) que parmi les hommes (54%), varie de 47% parmi les 25–34 ans à 63% parmi les cadres. Les Français (...) apprécient le train pour le respect des horaires (78%), le confort (67%) et la sécurité (66%). (...) Les principaux plaisirs du voyage en train sont de regarder le paysage (63%) ou bien de lire (51%). Mais 19% des Français préfèrent ne rien faire et 9% dormir. Quant aux plus énergiques, ils trouvent la force de se déplacer jusqu'au bar ou au wagon-restaurant.

   Sofres, 1990; *La Vie du rail*, **20–22 mars 1989**.

2. Qu'est-ce que vous savez du TGV?

Un peu de géographie

1. Regardez la carte de France (p. 1) et relevez les villes principales dans l'est, l'ouest, le sud, le nord et le centre. Ces villes sont souvent situées sur des rivières ou des fleuves. Indiquez-les pour chaque ville. Avez-vous visité certaines de ces villes? Lesquelles? Quand?

    Modèle: La ville de Bordeaux se trouve dans le sud-ouest, sur la Garonne. Je l'ai visitée l'été passé.

2. Identifiez aussi les pays qui ont une frontière commune avec la France. Pour chaque pays, indiquez une ou deux grandes villes.

    Modèle: L'Italie se trouve au sud-est de la France. Sa capitale est Rome.

Avant de visionner la première partie (-1-)

Trois personnes sont dans une salle d'attente. Pour faire passer le temps, elles jouent à «à quoi pensez-vous quand je dis *train*?» C'est un jeu d'association surréaliste destiné à libérer la pensée du banal. Ainsi, les images et les mots sont parfois curieux mais souvent intéressants.

Ensuite, l'homme déclare que le TGV a un secret. C'est pour cette raison qu'il a réussi face à la concurrence de l'avion et de la voiture. Pour découvrir ce secret, les trois personnages vont recréer l'histoire du TGV et toutes les décisions que la SNCF a prises.

A vous d'abord

Jouez au même jeu par groupes de trois ou quatre. Pour chaque mot, dites la première chose qui vous vient à l'esprit. Ecrivez les réponses de votre groupe et comparez-les à celles des autres groupes. Les mots sont *voiture, bateau, avion, train*.

Modèle: voiture: circulation, pollution, vacances, famille, il faut en avoir deux, les réparations coûtent cher, il ne faut pas boire, c'est ennuyeux d'être en panne...

Ensuite, catégorisez vos réponses (par exemple: choses, raisons, gens, livres, films).

Un peu de vocabulaire

Vérifiez le sens des mots suivants, puis complétez les phrases ci-dessous.

Pour parler des trains:

une bielle, un passage à niveau, un indicateur, une rame de série

Pour parler des passagers:

des congés payés, les gros sous (*fam.*), la collectivité

1. Quand on est en auto, il faut s'arrêter au _____ si un train arrive.
2. Avant de partir en voyage, il faut consulter _____ pour vérifier l'heure de départ du train.

3. Au début, les ingénieurs ont testé des trains expérimentaux; après avoir eu de bons résultats, ils ont fabriqué _____ .

4. _____ est une partie du moteur attachée au piston.

5. En France, on a droit à cinq semaines de vacances qu'on appelle _____ .

6. Ce qui est avantageux pour l'individu n'est pas toujours bon pour _____ .

7. Si vous n'avez pas beaucoup d'argent, il vaut mieux éviter les affaires _____ .

Autres expressions:

un raton-laveur (*raccoon*)
de quoi il se mêle? (*fam.*): de quoi se mêle-t-il? (*Why is he putting his two cents in?*)
ton truc (*fam.*): ici, ton secret
le maître du jeu: la personne qui dirige les activités
bouleverser: ici, dépasser, aller au-delà de

Pendant que vous visionnez

A. Visionnez la séquence qui a lieu dans la salle d'attente sans le son et en faisant attention aux images. Dressez, en groupe, la liste des images que l'homme et la femme évoquent.

B. Repassez la séquence avec le son et complétez le dialogue.

FEMME: Une _____ qui regarde passer un _____ .
HOMME: Une _____ d'attente.
FEMME: Le _____ qui passe.
HOMME: L' _____ de la _____ de Lyon.
5 FEMME: Une bielle.
HOMME: Un _____ .
FEMME: Des _____ qui partent à la _____ .
HOMME: Un _____ .
FEMME: Des _____ .
10 HOMME: Un _____ de chemin de fer.
FEMME: *Pacifique 231* d'Honegger.
HOMME: La locomotive de...
FEMME: Le *Transsibérien** de Blaise Cendrars.
VIEIL HOMME: Un _____ .
15 FEMME: Et en guise de _____ .

* Poème sur un train qui traverse la Sibérie.

C. Visionnez le reste de la séquence et complétez les phrases suivantes.

1. La femme croit que le TGV a réussi parce qu'il va _____ et parce qu'il est

_____ .

2. Le TGV détenait le record de vitesse sur rail à (80, 180, 380) km/h en 1981.

D. Repassez le reste de la séquence et choisissez les mots qui complètent cette réplique du vieil homme dans laquelle il pose la question essentielle.

Il s'agit de (découvrir / savoir) pourquoi, alors que les experts du monde entier (s'accordaient / s'entendaient) à considérer que les chemins de fer allaient (mourir / disparaître) de leur belle mort, le TGV a pu (dépasser / bouleverser) les prophéties les plus optimistes en (s'affirmant / se montrant) comme un véritable renouveau du trafic ferroviaire.

Et maintenant

1. Décrivez la scène où l'homme propose que la femme joue le rôle de la SNCF. Comment les personnages sont-ils habillés (vêtements, couleurs, accessoires, etc.)? Quelles idées veut-on évoquer ici? Pourquoi?
2. Jeu théâtral: un ou deux étudiants jouent un rôle comme celui de la femme: Air France, Amtrak, Greyhound, etc. Les autres posent des questions pour essayer de deviner le rôle.

Avant de visionner la deuxième partie (-2-)

Ici, les personnages nous présentent les premières décisions qui ont marqué l'évolution du TGV: où mettre les premières lignes, les vitesses possibles, s'il faut une voie spéciale ou non.

A vous d'abord

Imaginez que vous avez à résoudre les mêmes problèmes que la SNCF. Qu'est-ce que vous allez considérer pour choisir votre première ligne? Quelle partie du pays allez-vous choisir?

Un peu de vocabulaire

Vérifiez le sens des mots suivants, puis complétez les phrases ci-dessous.

Pour parler de la voie:
  les viaducs (*m.*), un réseau, les terrassements (*m.*), un tracé, la pente

Pour parler du train:
  les trains de marchandises ou de fret, faire rouler, une puissance, la course de vitesse

Pour parler des problèmes économiques:

  saturé(e), tu subis (< *subir*), tu conçois (< *concevoir*)

Autres expressions:

la rentabilité: une entreprise est rentable quand elle ne perd pas d'argent

truc: *whatchamacallit*

machin: *thingamajig*

1. L'ensemble des voies du système ferroviaire s'appelle _____ .

2. Si vous regardez une carte de toutes les lignes de train, vous verrez _____ de tout le système.

3. Si votre train est d'une très forte adhérence, il peut monter _____ assez sévère. Donc il faut déplacer moins de terre pendant la construction et _____ sont moins coûteux.

4. On construit _____ quand le train doit traverser une route ou une rivière.

5. _____ font souvent beaucoup de bruit, donc on les _____ pendant la nuit entre les villes.

6. Les voitures de sport ont _____ supérieure à celle des voitures ordinaires.

7. La limite de vitesse est de 60 km/h; vous conduisez à 150 km/h. Le gendarme vous demande si vous faites _____ .

8. Il y a trop de voitures sur l'autoroute et personne ne bouge; la route est _____ .

9. Ton usine de «trucs» n'est plus rentable. Tu _____ la _____ de trop de compagnies qui font les mêmes trucs. Il faut inventer quelque chose de nouveau, alors tu _____ un «machin».

Pendant que vous visionnez

A. Visionnez la séquence sans le son et essayez de répondre aux questions suivantes à l'aide des images.

   1. Quelle partie de la France a-t-on choisie pour la première ligne?

   2. Est-ce que la France avait de l'expérience dans le développement des trains à grande vitesse avant le TGV?

   3. A-t-on construit une voie spéciale pour le TGV?

B. Repassez la séquence avec le son, vérifiez vos réponses à l'activité précédente, puis choisissez la bonne réponse.

   1. Avant le TGV, deux locomotives électriques avaient établi le record du monde à (200 / 331 / 131) km/h.

   2. Qu'est-ce que la femme fait sur la carte de France? (Elle mesure la distance entre deux grandes villes. / Elle montre une voie déjà en service. / Elle trace une nouvelle voie.)

   3. Selon le vieil homme, sa grande puissance rend le TGV plus économique parce qu'elle (permettra de transporter plus de voyageurs que les anciens trains / permettra d'augmenter la pente du tracé et ainsi de réduire le coût de construction / permettra le transport du fret et des voyageurs en même temps).

   4. Est-ce que les trains de fret et les trains de voyageurs vont partager la même voie? (Oui, parce que les trains de fret ne sont pas plus lourds. / Non, parce que les voyageurs ont enfin le droit de ne pas circuler avec le fret. / Oui, parce que les anciennes voies ne sont plus bonnes.)

Et maintenant

1. Résumez les étapes en terminant les phrases à l'aide des mots entre parenthèses.

   a. (le réseau/beaucoup de voyageurs) La femme choisit le réseau sud-est parce que

   _____ .

   b. (la concurrence/l'avion) D'abord, elle pense que la vitesse même du train va résoudre le problème de _____ .

   c. (une voie normale/spéciale) Mais le TGV ne fonctionnera pas de manière optimale si on le met _____ . Alors, la femme décide de construire _____ .

   d. (les pentes) Grâce à sa forte puissance, le TGV peut _____ .

   e. (rentable) Ainsi, la construction de la ligne _____ .

   f. (trains de marchandises/lourds) Mais un tel tracé ne pourra pas s'adapter

   _____ .

   g. (construire/voie/voyageurs) Alors, la femme décide _____ .

2. Il y a un jeu de mots sur les mots *voie* et *voix* des voyageurs. Que veulent dire les expressions *voie des voyageurs* et *voix des voyageurs*? A quel problème de construction ces expressions font-elles allusion? (Rappelez-vous la discussion sur les trains de fret.)

Avant de visionner la troisième partie (-3-)

Au début de l'histoire du TGV, les ingénieurs ont imaginé un train plus étroit qui roulerait sur des rails d'un écartement plus petit. Dans cette partie, la femme considère les problèmes qu'une telle adaptation peut causer. Ensuite, elle propose un prolongement du premier parcours Paris-Lyon.

A vous d'abord

Choisissez-vous un écartement de voie normal ou envisagez-vous un écartement de voie spécial pour les rails du TGV? Quels facteurs faut-il considérer? Quelles peuvent être les conséquences de votre décision?

Un peu de vocabulaire

Vérifiez le sens des mots suivants, puis complétez les phrases ci-dessous.

Pour parler du train:

les investissements, une desserte directe, emprunter une voie, foncer, un trajet, une correspondance

1. Si un provincial n'est pas obligé de changer de train pour aller à Paris, il dit que sa ville bénéficie d' _____ .

2. Quand je risque d'être vraiment en retard pour mon cours, je prends ma voiture et je _____ .

3. Le métro de Paris est très pratique; même quand il faut changer de rame, on n'attend pas trop longtemps _____ .

4. Construire de nouvelles lignes est très cher; il faut _____ .

5. En cas d'accident ou de panne, un train pourrait être obligé d' _____ une autre voie.

6. La distance entre Paris et Reims n'est pas trop grande; c'est un _____ d'environ deux heures.

Autres expressions:

être futé(e): être débrouillard (*resourceful*)
s'affoler: perdre la tête
incomber: être nécessaire

Pendant que vous visionnez

A. Visionnez la séquence une première fois. Essayez de répondre aux questions suivantes à l'aide des images et des paroles.

1. Quelles sont les villes mentionnées?

   Paris, Bordeaux, Grenoble, Lille, Lyon, Nice, Marseille, Toulouse, Montpellier

2. Que fait le vieil homme?

3. A quels problèmes faudra-t-il faire face si on construit un train qui roule sur des rails d'un écartement plus petit?

B. Repassez la séquence.

1. Dressez une liste de trois ou quatre images importantes dans cette partie.

2. Qu'a-t-on choisi? (Une nouvelle voie d'un écartement différent. / Une nouvelle voie d'un écartement normal. / Une nouvelle voie qui s'arrête à la périphérie des villes.)

3. Quelles villes seront desservies directement après Lyon (regardez aussi la carte à la page 1)?

4. Pourquoi le TGV ne s'arrêtera-t-il pas à la périphérie des villes? (Parce qu'on construira de nouvelles lignes en ville. / Parce qu'il empruntera les voies existantes qui seront adaptées. / Parce que sa voie sera normale; il empruntera donc les voies anciennes telles qu'elles sont.)

Et maintenant

Imaginez pourquoi on a choisi d'étendre la première ligne à d'autres villes du sud-est de la France.

Avant de visionner la quatrième partie (-4-)

Ici, les trois personnages considèrent le problème de la tarification, c'est-à-dire l'établissement des prix des billets TGV. C'est un problème difficile parce qu'il faut que ce nouveau train de luxe soit rentable.

A vous d'abord

Le TGV est un train de luxe dont le développement a coûté très cher. Comment décidez-vous le prix des billets du TGV par rapport au prix des billets de trains ordinaires? Quels facteurs faut-il considérer?

Un peu de vocabulaire

Vérifiez le sens des mots suivants, puis complétez les phrases ci-dessous.

Pour parler des investissements:

rentabiliser, le bénéfice procuré, parier, le capital initial, rembourser (une somme d'argent à quelqu'un)

Pour parler du TGV:

démocratiser, une fusée, plébiscité, un vaisseau, un paquebot, détendre, un bolide, décoiffer

1. Vous avez réussi à _____ votre entreprise si vous avez pu _____ à vos investisseurs l'argent qu'ils vous ont fourni. Ces investisseurs vont être contents; ils ont couru des risques quand ils ont _____ leur _____ , mais enfin _____ a justifié leur décision.

2. Vous _____ les moyens de transport quand vous les mettez à la portée de tous; si beaucoup de personnes en profitent, vous pouvez dire que votre décision est _____ .

3. Si vous voyagez par bateau, vous prenez _____ ou _____ .

4. _____ est une sorte de météorite.

5. La France a récemment lancé Ariane, _____ européenne.

6. On dit que le sport peut nous _____ .

7. Vous êtes obligé de vous peigner les cheveux de nouveau parce que le vent vous _____ .

Autres expressions:

T'es sûre de ton coup? (*fam.*): Es-tu certaine de ce que tu fais?
soit: *given, assume (in math)*

Pendant que vous visionnez

A. Visionnez d'abord la séquence sans le son et essayez de répondre aux questions suivantes à l'aide des images.
   1. Dressez une liste de trois ou quatre images présentées dans cette partie.
   2. Décide-t-on de mettre le prix des billets à la portée de tout le monde ou seulement des hommes d'affaires ou des personnes plus riches?
   3. En combien d'années le TGV est-il devenu rentable?

B. Repassez la séquence avec le son et répondez aux questions suivantes.
   1. Il y a plusieurs statistiques dans cette partie. Vérifiez-les.
      • Nombre de voyageurs: 17.000 / 17.000.000 / 7.000.000
      • Augmentation du trafic: 60% / 70% / 10%
      • Vitesse du train: 200 km/h / 260 km/h / 270 km/h
   2. Où a lieu cette partie? Pourquoi?

Et maintenant

A. *Compréhension*

1. Employez les mots et expressions suivants pour compléter le paragraphe ci-dessous.

première, démocratiser, tout le monde, deuxième, vacances, réductions, voyages d'affaires

> J'offre le TGV à _____ comme le chemin de fer traditionnel en _____ et en _____ classe. Pour les _____ aussi bien que pour les _____ et avec les mêmes _____ commerciales que pour les autres trains. Je _____ la vitesse.

2. Six enfants expriment ici leurs impressions du TGV. Ecrivez deux ou trois phrases qui justifient ces impressions.

> Modèle: «Le TGV, c'est une fusée.»
> D'un côté, c'est juste parce que le TGV va très vite. De l'autre côté, ce n'est pas très juste parce que le TGV est très silencieux et ne dégage pas de fumée.

un paquebot, un bolide, un vaisseau, ça détend, ça décoiffe

3. Résumez les décisions prises jusqu'ici. A votre avis, quel problème va-t-on maintenant considérer?

B. *Texte complémentaire: «TGV-avion-auto: le match de la vitesse et des prix»* (I)

1. L'article suivant fait le bilan de la concurrence entre les trois moyens de transport préférés en France. Vous en lirez trois extraits. A la première lecture du premier, essayez de déterminer si le TGV a vraiment battu l'avion dans le sud-est. Consultez aussi la carte qui accompagne cet extrait.

Voilà huit ans que le TGV est venu **défier** l'avion sur le Sud-Est. Et avec quelle réussite! Il y a quelques mois, **tout l'état-major** de la SNCF fêtait en grande pompe le cent millionième passager de **la rame orange.** L'occasion de rappeler, **la mine gourmande,** que
5 quatorze millions de ces passagers ont été «volés» à Air Inter et quelque huit autres millions à la route. Sur Paris-Lyon, l'avion a même connu **une formidable gifle** avec un trafic **en piqué de** 50%; aujourd'hui, un seul voyageur emprunte la voie aérienne pour neuf qui utilisent le rail. Sur Grenoble et Saint-Etienne, **la**
10 **claque** est à peine moins sévère: 20% du trafic pour l'avion, 80% pour le TGV.
　　K.-O., l'avion? Certainement pas. Depuis 1960, il ne cesse de **puiser** ses clients dans **le vivier** de la SNCF. Et si le TGV **lui rend aujourd'hui la monnaie de sa pièce,** au-delà de 600 kilomètres
15 (voir carte), il **affiche** d'**insolents** résultats.

Glosses: concurrencer / toute la direction / le TGV / avec un appétit toujours très grand / un coup énorme / réduit de / le coup / assommé / trouver / le réservoir / lui fait la même chose aujourd'hui / montre / excellents

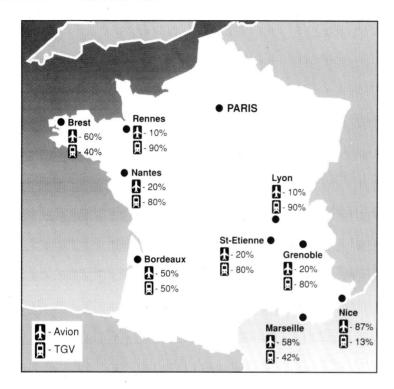

Air Inter transporte en effet plus de passagers que le TGV (1ère et 2e classes réunies) sur Paris-Nice, Paris-Toulon, Paris-Marseille. **Au demeurant,** son trafic augmente infiniment plus vite que celui — en somme
de la SNCF: 7.720.000 passagers en 1980, 15.300.000 (prévisions) en
20 1989: le doublement en moins de dix ans! S'il n'y avait [pas] le TGV, le match tournerait dans presque tous les cas en faveur de l'avion. Voyez, par exemple, Paris-Toulouse, ligne où circulent d'excellents rapides ou express qui ne peuvent prétendre à la vitesse du TGV: la SNCF voit sa clientèle **s'effilocher,** alors qu'en moins de huit ans, Air Inter a vu — diminuer
25 la sienne augmenter de 120%. Voilà pourquoi la SNCF — **soucieuse de rattraper** ses positions perdues — pousse **autant que peut se** — voulant regagner
faire son futur réseau TGV. Le 24 septembre, un deuxième front — autant que possible
s'ouvrira à l'ouest avec le TGV-Atlantique, puis un troisième en
1993 avec le TGV-Nord, et peut-être même, d'ici à la fin du siècle,
30 un quatrième avec le TGV-Est. Bref, la bataille que **se livrent** — se donnent
l'avion et le TGV est appelée encore à vivre de grandes heures. Et cela pour le plus grand bénéfice des Français.

2. Le nombre de passagers qui ont pris le TGV a récemment atteint (100.000.000 / 100.000 / 14.000.000).

3. Combien de voyageurs l'avion a-t-il perdus? (14.000.000 / 800.000 / 8.000.000)

4. Sur quelles routes l'avion a-t-il le plus perdu?

5. Sur quelles routes l'avion a-t-il le plus gagné?

6. Est-ce qu'on préfère l'avion ou le TGV pour aller de Paris à Toulouse?

7. Quelles seront les trois nouvelles lignes du TGV avant l'an 2000?

8. A votre avis, quelles villes seront desservies par ces lignes (voir la carte à la page 151)?

Avant de visionner la cinquième partie (-5-)

Ici, les personnages réfléchissent sur le développement des nouvelles lignes du TGV. Où va-t-on les mettre? Ensuite, ils considèrent le problème de la centralisation; toutes les lignes convergent sur Paris.

A vous d'abord

Regardez de nouveau la carte de la France à la page 1 et essayez de tracer votre prochaine ligne. Quelles villes allez-vous desservir à l'ouest du pays?

Un peu de vocabulaire

Vérifiez le sens des mots suivants, puis complétez les phrases ci-dessous.

Pour parler du réseau ferroviaire:
   attirer, bénéficier, s'effriter, améliorer, le courant de trafic

1. Quand votre ligne commence à perdre des passagers, votre _____ diminue et vos revenus _____ . Alors, vous êtes obligé d' _____ le service dans l'espoir d' _____ un plus grand nombre de passagers qui viendront en _____ .

   Pour parler des interconnexions entre les lignes:
      une toile d'araignée, un schéma, des rayons, accroître, aménagement du territoire

2. Paris est le centre du système ferroviaire. Les _____ sortent dans tous les sens et le tout donne l'impression d' _____ . Vous arriverez à un meilleur _____ si l'évolution du système favorise aussi le développement des autres régions. Votre _____ ne devra pas _____ la centralisation.

   Autres expressions: prendre goût à: s'amuser à, aimer

Pendant que vous visionnez

A. Visionnez d'abord la séquence sans le son.

   1. Dressez une liste de trois ou quatre images présentées dans cette partie.

   2. Dans quelles parties de la France a-t-on mis les prochaines lignes?

   3. Est-ce que la concurrence est venue surtout de l'avion ou de l'automobile?

   4. A-t-on résolu le problème de la centralisation?

B. Repassez la séquence avec le son.

   1. Quelles sont les directions mentionnées dans cette partie? sud-est, sud-ouest, est, nord, ouest, nord-est, nord-ouest

   2. En ce qui concerne le TGV-Atlantique (TGV-A):

      a. Desservira-t-il Bordeaux?

      b. Desservira-t-il la Bretagne?

      c. Circulera-t-il à la même vitesse que le TGV Sud-Est?

      d. Transportera-t-il le même nombre de voyageurs?

   3. Les interconnexions sont (les voies du TGV qui permettent d'éviter Paris / des avions entre les grandes villes / des trains qui circulent entre les petites villes d'une région).

Et maintenant

A. *Compréhension*

Résumez l'essentiel de cette partie en choisissant les expressions qui conviennent.

D'abord, la femme veut étendre le TGV (partout en France / partout en Europe). L'homme lui dit que ce n'est pas une bonne idée parce qu'elle n'a pas assez (d'argent / de temps). Alors il faut choisir. Le vieil homme suggère (le sud-est / le sud-ouest), où le trafic ferroviaire (diminue / augmente) à cause de la concurrence de (l'avion / la voiture). Mais pour rentabiliser cette ligne, il faut ajouter aussi (la Bretagne / la Normandie). La femme propose en même temps (d'améliorer / d'augmenter) les trains. Ensuite elle propose le TGV (atlantique / est) et le TGV (nord / sud). Enfin, avec les (interconnexions / correspondances) qui s'arrêtent à (l'aéroport / la gare) de Roissy, elle réduit la centralisation et diminue (l'antagonisme / la distance) entre L'Ile-de-France et la province.

B. *Texte complémentaire: «TGV-auto-avion» (II)*

1. A la première lecture, dressez une liste des sujets mentionnés dans l'article et dans la vidéo.

CONFORT. «*Plus que le prix,* **nous avons conscience** *que l'avenir se jouera sur la qualité du service,*» constate aujourd'hui Michel Fève, directeur adjoint de la SNCF, en charge de la direction voyageurs. On doit **convenir** que le TGV Sud-Est **ne brille pas** par son confort. **A**
5 **trop vouloir** concurrencer l'avion, il en a adopté certains défauts. Le principal **ratage** est **cet aménagement** intérieur rappelant la cabine d'un avion. Plus de compartiments **conviviaux,** mais des sièges **serrés** et peu confortables dans des voitures coach (sans compartiments)... Avec le TGV-A, changement de décor. Grâce à la
10 complicité de Talon, le designer, le look du TGV **a grimpé de plusieurs crans.** Essentiellement en première classe, sur laquelle la SNCF

nous savons

admettre / n'est pas
   remarquable
parce qu'il a trop voulu

échec / cette organisation

agréables

l'un contre l'autre

s'est amélioré

Travailler ou se distraire en tout confort.

compte pour séduire le passager aérien. C'est le retour des
compartiments équipés de larges fauteuils montés sur des pieds
antivibrations. La décoration est **cossue.** En prime, le voyageur aura à   *riche*
15 sa disposition un salon vidéo, trois téléphones (15 francs la minute) et un
grand bar. En seconde classe, l'amélioration est bien moins perceptible.
Mais, cette fois, toutes les rames sont **dotées** d'une suspension   *équipées*
pneumatique efficace. Ce net effort de qualité **rejaillit également**   *compressed air*
sur le TGV Sud-Est. **Au fur et à mesure que** les rames   *s'étend au / en même temps que*
20 oranges subissent leurs grandes révisions, elles sont dotées de suspensions
pneumatiques, le bar est agrandi, **davantage** de sièges sont placés   *plus*
vis-à-vis.   *face à face*

   La SNCF compte sur le TGV-A pour lui faire gagner annuellement 5
millions de passagers.(...)

2. Le voyageur de l'avenir s'intéressera-t-il plus au tarif ou au confort?
3. Comment l'intérieur des TGV actuels ressemble-t-il à celui des avions?
4. Que pense l'auteur de cette similarité?
5. Comment va-t-on changer cet intérieur sur les nouvelles lignes comme le TGV-
   Atlantique et le TGV-Est?

6. Quels services envisage-t-on pour le voyageur de première classe?

7. Que fera-t-on sur les lignes actuelles?

Avant de visionner la dernière partie (-6-)

Ici, les personnages projettent une nouvelle expansion du TGV. A la fin, ils reprennent leur jeu d'association des mots.

A vous d'abord

1. Vous avez construit des lignes qui desservent le sud-ouest, le sud-est et l'est. Où allez-vous maintenant? Vers quelles villes de France? D'Europe?

2. Jeu d'associations: à quoi pensez-vous quand je vous dis «le temps» ou «l'heure»? Jouez au même jeu qu'au début.

Un peu de vocabulaire

Vérifiez le sens des mots suivants, puis complétez les phrases ci-dessous.

Pour parler de l'expansion des lignes:

agrandir, il suffit, manquer, susciter

Si vous voulez ajouter des lignes et _____ votre réseau, il faut _____ des investissements. Il ne _____ pas d'avoir des idées; si l'argent vous _____ , vous ne réussirez pas.

Autres expressions:

turlupiner (*fam.*): tracasser, préoccuper
se tuer à (*fam.*): se donner énormément de peine à
se dissoudre: disparaître
percer: traverser en faisant un trou

Pendant que vous visionnez

A. Visionnez d'abord la séquence sans le son et essayez de répondre à la question suivante à l'aide des images: Quelles villes européennes le TGV va-t-il desservir?

B. Repassez la séquence avec le son.
   1. Vérifiez les villes européennes que le TGV va desservir.
   2. Quelles langues entendez-vous ici?
   3. Quels sont les pays mentionnés?

   l'Espagne, l'Allemagne, la Suisse, les Pays-Bas, la Belgique, l'Italie

   4. Le voyage Paris-Londres prendra (une / trois / cinq) heures.
   5. Le voyage Paris-Lille prendra (une / trois / cinq) heures.
   6. Le TGV-Nord transportera (24.000.000 de / 24.000 / 4.000.000 de) voyageurs.

Et maintenant

A. *Compréhension*

Quelles sont les images qui vous ont le plus impressionné(e) dans cette dernière partie?

B. *Texte complémentaire: «TGV-avion-auto» (III)*

1. Ces deux derniers extraits comparent les trois moyens de transport selon leur vitesse et leurs tarifs. A la première lecture, essayez d'apprendre:
   - si le TGV permet parfois un déplacement plus rapide que l'avion.
   - quel moyen de transport les Français préfèrent.

La course contre la montre: aujourd'hui
(de centre ville à centre ville)

	Avion	TGV	Voiture
Paris-Lyon	3 h 10	2 h	4 h 50
Paris-Marseille	3 h 10	4 h 40	8 h
Paris-Montpellier	2 h 50	4 h 40	8 h 55
Paris-Nice	3 h 05	7 h 14	9 h 30
Paris-Grenoble	3 h 10	3 h 10	6 h
Paris-Genève	3 h 15	3 h 30	6 h 10
Paris-Saint-Etienne	2 h 50	2 h 48	5 h 35
Lille-Lyon	2 h 20	4 h 23	6 h 30
Paris-Rennes	2 h 45	2 h 05	3 h 45
Paris-Nantes	2 h 50	2 h 05	4 h 10
Paris-Brest	2 h 45	4 h 16	6 h 45
Paris-Bordeaux	2 h 55	2 h 55	6 h
Paris-Toulouse	3 h 15	5 h 10	8 h 25

Avion: Comprend le temps de vol les trajets centre ville-aéroport et les temps de formalité. Retards non compris.

Train: Temps de transport gare à gare (les gares sont en général en centre ville).

Voiture: Temps de parcours fourni par le service Minitel de la Prévention routière (code ITI), autoroute, non compris les arrêts.

Tableau 3

VITESSE. Même s'il ne cesse **d'affûter** sa vitesse (300 km/h sur l'Atlantique), le TGV **se traînera toujours loin derrière** l'avion. Mais, à vrai dire, quelle importance peut-on accorder à ces **vitesses de pointe?**

de perfectionner

restera moins rapide que

top speeds

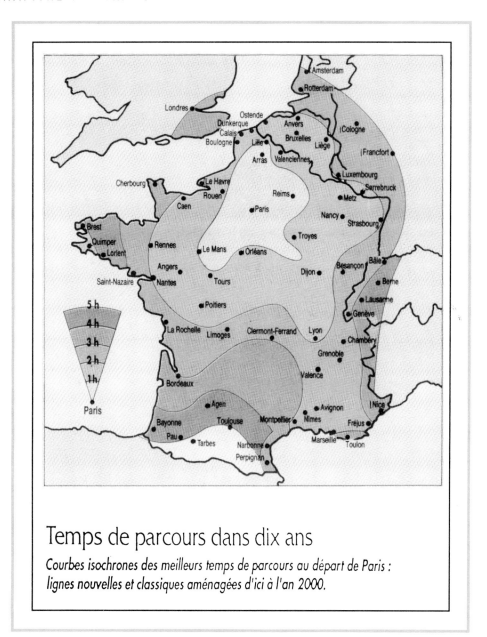

Temps de parcours dans dix ans

Courbes isochrones des meilleurs temps de parcours au départ de Paris :
lignes nouvelles et classiques aménagées d'ici à l'an 2000.

5   Ce qui **importe au** voyageur, c'est le temps qu'il mettra pour
rejoindre sa destination finale. C'est là **qu'intervient** l'avantage
considérable du TGV sur son rival, celui de **débarquer** dans le cœur
même des villes. Pour effectuer une comparaison aussi honnête que
possible, il faut donc ajouter à l'horaire aérien le temps

10   nécessaire pour rejoindre et quitter les deux aéroports de départ et de
destination. C'est ce que nous avons fait dans Tableau 3 (voir à la page 150).

compte pour le
arriver à / qu'on remarque
arriver

Pour **relier** Paris à n'importe quelle autre ville en avion, il faut   joindre
compter approximativement trois heures de trajet. D'où le succès
fulgurant du TGV sur toutes les villes situées **grossièrement** à   remarquable / plus ou moins
15 l'intérieur de **ce laps de temps:** Lyon, Saint-Etienne, Grenoble et   cette durée
même Genève. La même réussite attend le TGV-A sur Rennes,
Nantes et Bordeaux (...) (voir la carte à la page 151).

TARIF. Le plein tarif aérien reste **systématiquement** plus cher que   dans tous les cas
le billet SNCF en seconde comme en première classe. Mais,
20 découverte importante, **le fossé** tend à **se combler** entre les deux   la différence / diminuer
adversaires... Mais qui aujourd'hui encore le paie, le plein tarif? Ils
ne sont que 26% des voyageurs en train et 35% sur des lignes
aériennes. Chacun des deux concurrents **rivalise** en formules   lutte
ouvrant droit à réduction. (...) [Mais la voiture] reste tout de même   qui donnent droit à

Tarifs aller-retour
(en francs et par personne)

	Avion			TGV		Voiture
	Plein tarif	Super loisir	2e Classe	1ère Classe	Billet Joker	
Paris-Lyon	1 210	410	584	878	-	836
Paris-Marseille	1 470	660	800	1 218	418	1 426
Paris-Montpellier	1 430	620	786	1 196	418	1 422
Paris-Nice	1 600	695	938	1 418	618	1 772
Paris-Grenoble	1 260	450	644	984	-	1 060
Paris-Genève	2 350	-	630	976	-	1 312
Paris-Saint-Etienne	1 260	450	584	878	-	928
Lille-Lyon	1 486	-	652	978	-	1 232
Paris- Rennes	970	-	500	770	-	656
Paris-Nantes	1 220	450	520	790	-	760
Paris-Brest	1 450	640	690	1 060	-	984
Paris-Bordeaux	1 250	540	660	1 012	218	1 112
Paris-Toulouse	1 430	670	800	1 200	378	1 664

TGV Sud-Est: *Y compris la réservation obligatoire (13 F) et les suppléments: 32 F en 2e classe (sauf Lyon, 48 F, et Nice, 24 F), et 64 F en 1ère (sauf Lyon, 80F. et Nice, 48F).*
TGV-A: *Estimations. y compris réservation et suppléments.*
Voiture: *Essence. entretien (huile, pneus...) et péage. Calculé pour une 405 GR, d'après le coût d'utilisation kilométrique publié par 50 millions de consommateurs.*

Tableau 4

25 le moyen favori de déplacement des Français. Au-delà de 400 kilomètres, ils sont deux tiers des voyageurs à la préférer, contre 19% pour le train et 18% pour l'avion.

2. Relisez la partie sur la vitesse, y compris *Tableau 3* et la carte.

   a. Le TGV peut-il égaler la vitesse de l'avion?

   b. Quels facteurs faut-il considérer quand on calcule le temps réel d'un voyage en train? En avion?

   c. Pourquoi le TGV a-t-il réussi à rivaliser avec l'avion au niveau des voyages d'environ trois heures?

   d. Le voyage en voiture peut-il être plus rapide que le voyage en train? Sur quels trajets y a-t-il une différence de moins de trois heures?

   e. En l'an 2000, le TGV devra concurrencer l'avion sur quels trajets?

 3. Relisez la partie sur le tarif, y compris *Tableau 4.*

   Vous comptez faire plusieurs voyages pendant votre séjour en France. Vous avez trois possibilités pour vous déplacer: l'avion, le TGV ou la voiture. Utilisez les renseignements donnés pour calculer le prix de chaque moyen de transport selon les circonstances données. Quels autres facteurs considérerez-vous pour les voyages suivants?

   a. Vous avez 22 ans. Vous voulez passer une semaine à Grenoble. Air Inter vous offre une réduction de 65%; la SNCF vous offre une réduction de 50%, à condition d'acheter le Carré jeune (160 francs et valable pour quatre aller-retour). Vous pouvez prendre l'avion ou le TGV, ou vous pouvez partager les frais avec deux amis français qui y vont en voiture.

   b. Vous avez 30 ans. Vous n'avez droit à aucune réduction. Vous allez seul(e) à Rennes pour la journée. Votre ami français vous prêtera sa voiture, mais il faudra le rembourser.

   c. Vous avez 20 ans. Vous avez la possibilité de passer trois semaines à Nice. Vous avez droit à la formule «Super loisir» mais vous n'avez pas droit à la formule «Joker». Prenez-vous l'avion ou le train? Ou bien devrez-vous chercher des personnes qui y vont en voiture et avec qui vous pourrez partager les frais?

C. *Questions d'ensemble*

1. Le secret de la réussite du TGV a plusieurs aspects. Expliquez cette réussite en tenant compte des idées suivantes: sa vitesse, le prix du billet, le rapport avec les lignes traditionnelles, la performance, l'emplacement des lignes.

2. Aux Etats-Unis, pourrait-on et devrait-on développer un réseau TGV comme en France? De quels facteurs devrait-on tenir compte?

3. Activité: vous préparez un projet de loi à introduire au Congrès américain qui préconise le développement d'un réseau TGV (justifications, etc.).

4. Travail en groupe: imaginez que vous devez interviewer M. Michel Fève, directeur adjoint de la SNCF, sur la concurrence entre le TGV et l'avion. Préparez des questions sur les tarifs, le confort, la vitesse, etc., et employez les renseignements de l'article et de la vidéo pour formuler les réponses possibles.

AUDIO
PERSPECTIVE SUR LES TRANSPORTS

Avant d'écouter

Nous allons faire la connaissance de José, savant belge et professeur de chimie aux Etats-Unis. Au cours de ses années de travail en France, José a souvent voyagé en auto, par train et en avion.

Avant d'écouter la première partie

Ici, nous faisons la connaissance de José.

A vous d'abord

1. Qu'est-ce que vous savez de la Belgique? Lisez le paragraphe suivant et donnez les renseignements demandés: population, superficie, activités principales, langues.

   La Belgique: royaume d'Europe occidentale, sur la mer du Nord, limité par les Pays-Bas au nord, l'Allemagne et le Luxembourg à l'est, la France au sud; 30.507 km^2; 9.900.000 hab. (Belges). Cap. Bruxelles. Langues: français, néerlandais, allemand. Activités économiques principales: l'agriculture (blé, betterave sucrière, pomme de terre, lin), l'industrie (la sidérurgie, le travail des métaux non-ferreux tels que le cuivre, le textile, l'industrie chimique).
   D'après *Le Petit Larousse illustré* (Paris: Librairie Larousse, 1985).

2. Que faites-vous? Préparez des questions sur les renseignements suivants, puis posez-les à un(e) autre étudiant(e).
   a. ce qu'il (elle) fait
   b. depuis quand
   c. où il (elle) est né(e)
   d. où il (elle) travaille
   e. s'il (si elle) se plaît là
   f. où il (elle) a vécu

Pendant que vous écoutez

A. Première écoute
   1. José habite maintenant (à Milwaukee / en France / en Belgique).
   2. Il est né (en France / en Belgique / à Orléans).

B. Deuxième écoute
1. José est professeur de _____ .
2. Il travaille aux Etats-Unis depuis _____ .
3. Il a vécu en France plus de _____ ans.
4. En France, il travaillait près d' _____ .

Et maintenant

Employez les expressions entre parenthèses pour préciser les renseignements donnés.

1. (depuis) José travaille aux Etats-Unis.
2. (plus de) Il a vécu en France pendant quelques années.
3. (près de) Il a une maison en France.
4. (à une dizaine de) Le laboratoire où il travaillait n'était pas loin de la gare.

Avant d'écouter la deuxième partie

Ici, José nous parle de ses voyages. Il nous explique d'abord les différences entre ses voyages d'affaires et ses voyages d'agrément ou de vacances. Ensuite, il propose deux facteurs qui ont contribué au développement du réseau ferroviaire en Europe.

A vous d'abord

Qu'est-ce que vous savez de l'Europe? Lisez les renseignements suivants sur la superficie et la densité de population des pays indiqués. Comparez ces pays aux Etats-Unis, et plus précisément à l'état du Texas.

Exemple: Les Etats-Unis sont presque 18 fois plus grands que la France, mais la densité de sa population est beaucoup plus faible.

Pays	Superficie (km^2)	Population	Densité (habitants/km)^2
Italie	301.000	57.400.000	191
Belgique	30.000	9.900.000	330
France	549.000	55.600.000	102
Allemagne	249.000	61.000.000	245
Espagne	505.000	39.000.000	77
Grande Bretagne	230.000	56.800.000	232
Etats-Unis	9.359.000	249.600.000	26
Texas	692.000	16.800.000	24

Tableau 5

Pendant que vous écoutez

A. Première écoute

    1. Quels sont les pays européens mentionnés dans cette partie?

        la France, l'Espagne, l'Italie, la Belgique, l'Angleterre, l'Allemagne, la Suisse, le Luxembourg, les Pays-Bas

    2. Quels sont les moyens de transport mentionnés?

        le train, l'avion, la voiture, le bateau

B. Deuxième écoute
Vrai ou faux?

    1. José prend le train pour ses voyages d'affaires et ses voyages d'agrément.
    2. Il n'aime pas beaucoup le train.
    3. Selon lui, il n'y a pas de train à grande vitesse dans le Texas parce que le Texas est trop grand.

C. Troisième écoute
Selon José, pourquoi l'Europe a-t-elle un réseau ferroviaire plus développé que celui des Etats-Unis?

- Parce que l'Europe est très grande et que sa population est très dense.
- Parce que l'Europe est relativement petite et que sa population n'est pas dense.
- Parce que l'Europe est très grande et que sa population n'est pas très dense.
- Parce que l'Europe est relativement petite et que sa population est très dense.

Et maintenant

1. Précisez les renseignements suivants en vous servant des expressions données:

    nécessairement, relativement, guère, la plupart du temps, beaucoup, fort, beaucoup plus/moins

    a. Pour ses voyages d'agrément, José prenait la voiture _____ parce que ses destinations n'étaient pas _____ desservies par le TGV.
    b. Pourtant, il aime _____ le train et pense que c'est un moyen de transport _____ commode.
    c. Selon lui, l'Europe est _____ petite et la population est _____ dense que celle des Etats-Unis. Alors, on n'a _____ eu de problèmes pour construire un réseau ferroviaire. Aux Etats-Unis, les trains sont _____ développés.

2. Connaissez-vous quelqu'un qui voyage beaucoup? Prend-il (elle) le train? la voiture? l'avion? Pour quelles raisons?

3. Selon José, le Texas est quatre fois plus grand que la France. Est-ce vrai?

Avant d'écouter la troisième partie

Ici, nous discutons les voyages d'affaires. Au-delà de quelle distance préfère-t-on l'avion au train? Quels facteurs rendent l'avion préférable, malgré le prix en général plus élevé? Comment l'avion fait-il concurrence au train?

A vous d'abord

Regardez la carte de France à la page 1 et trouvez la distance entre Paris et chacune des villes suivantes. Ensuite, trouvez la distance entre plusieurs paires de villes.

Lyon, Marseille, Montpellier, Nice, Grenoble, Saint-Etienne, Rennes, Nantes, Brest, Bordeaux, Toulouse

Pendant que vous écoutez

A. Première écoute

1. Quelles sont les villes mentionnées?

   Montpellier, Genève, Marseille, Grenoble, Avignon, Toulouse, Pau, Bordeaux, Londres, Paris

2. José dit qu'on préfère le train pour les distances inférieures à (200 / 300 / 500) km.

B. Deuxième écoute

1. José cite l'exemple du trajet Paris-Montpellier comme un cas où l'on préfère l'avion parce qu'il faut _____ heures de train et à peu près _____ heure en avion.

2. José nous explique qu'il y a trois tarifs pour les avions, indiqués par les couleurs bleu, _____ et _____ .

3. Le tarif le plus cher est le tarif _____ .

4. Le tarif le moins cher est le tarif _____ .

C. Troisième écoute

1. José parle d'une «barrière psychologique» qui donne un certain avantage à l'avion. Quelle est cette barrière et comment donne-t-elle cet avantage?

2. Comment la compagnie aérienne Air Inter a-t-elle modifié ses prix pour mieux concurrencer le train?

Et maintenant

1. Employez les expressions entre parenthèses pour réagir (pour ou contre) à chaque idée.

   a. (en deçà de) En France, on prend l'avion pour les distances au-delà de 500 km.

   b. (en une journée) Si on prend le train de Paris à Montpellier, par exemple, il faut passer la nuit dans un hôtel.

2. Pourquoi croyez-vous que la compagnie Air Inter a choisi les couleurs bleu, blanc et rouge pour ses trois types de tarifs?

Avant d'écouter la quatrième partie

Ici nous parlons de l'avenir des transports en Europe. José cite le cas d'un pays qui va certainement profiter de l'extension du réseau TGV, mais il nous parle des limitations inévitables du train. Est-ce que le train va remplacer l'avion?

A vous d'abord

Que savez-vous de l'Espagne? Regardez une carte d'Espagne et trouvez les villes de Madrid, Séville et Oviedo. Trouvez aussi la distance des trajets Paris-Madrid, Paris-Séville et Madrid-Oviedo.

Pendant que vous écoutez

A. Première écoute
   1. Quelles sont les villes mentionnées?

   Paris, Chicago, New York, Madrid, Lisbonne, Séville, Oviedo

   2. Vrai ou faux? Justifiez votre réponse.
      a. José n'aime pas l'Espagne.
      b. Les trains espagnols sont rapides.
      c. Le train va remplacer l'avion en Europe.
      d. Un homme d'affaires prendrait sans doute l'avion pour aller de Paris à Séville.

B. Deuxième écoute
   1. Selon José, l'avenir des transports en Europe verra l'extension du réseau TGV (partout en Europe / sur les distances de moins de 800 km / seulement en Espagne).
   2. Les trains espagnols sont comparables aux trains (américains / français / allemands).
   3. Selon José, la distance entre Madrid et Oviedo est de (300 / 700 / 800) "miles." Un jour, il a passé (cinq heures / neuf heures / toute une journée) à faire ce trajet.

Et maintenant

1. José dit que l'Espagne est un «point noir» dans le réseau ferroviaire d'Europe. Qu'est-ce que cela veut dire?
2. Selon José, pourquoi le train ne va-t-il pas remplacer l'avion?

Avant d'écouter la cinquième partie

Ici nous discutons l'importance complémentaire des autoroutes dans la décentralisation de la France. Comment le système de transport routier a-t-il favorisé le développement économique de toute la France?

Un peu de vocabulaire

Complétez les phrases suivantes. Cherchez si nécessaire le sens des expressions indiquées dans un bon dictionnaire.

1. Un pays qui reste **en arrière** est un pays _____ .
2. Si l'industrie d'un pays est **décentralisée,** on trouve _____ .
3. Si vous trouvez un appartement où le loyer est **ahurissant,** _____ .
4. Un pays dont la population est bien **répartie** est un pays _____ .
5. Un de vos amis travaille pour **une industrie de pointe;** il travaille _____ , par exemple.

Pendant que vous écoutez

A. Première écoute
   1. Quels sont les pays mentionnés?

      la Hollande, l'Espagne, l'Italie, le Luxembourg, la Belgique, la Suisse, l'Allemagne

   2. Vrai ou faux?
      a. Le général de Gaulle a encouragé le développement des autoroutes.
      b. Selon José, les autoroutes n'ont pas joué un rôle aussi important que les trains dans la décentralisation de la France.

B. Deuxième écoute
   1. Le premier pays européen à développer ses autoroutes a été (la Belgique / la France / l'Allemagne).
   2. L'industrie française de l'acier est concentrée (à Paris / en Lorraine / à Grenoble).

C. Troisième écoute
   Pourquoi a-t-on intérêt à développer l'activité économique en dehors de Paris?

Et maintenant

«La France il y a 50 ans, c'était Paris.» Expliquez cette constatation.

Avant d'écouter la sixième partie

Ici nous parlons de l'histoire des autoroutes et des trains en France et en Belgique. José et Martine décrivent le système routier avant et après sa modernisation.

A vous d'abord

1. Savez-vous quand on a commencé à construire un réseau ferroviaire en Europe? En France? En Belgique? De quelle époque date le système routier de la France? De quelle époque date le système routier des Etats-Unis?

2. Qui étaient Louis-Philippe et Louis XIV?

Un peu de vocabulaire

Complétez les phrases ci-dessous. Cherchez si nécessaire le sens des expressions indiquées dans un bon dictionnaire.

1. Si vous prenez une route **ombragée** et **sinueuse,** vous prenez une route _____ .

Prenez une route
départementale,
si vous n'êtes
pas pressé(e)!

2. Aux Etats-Unis, les restaurants «fast-food» **fleurissent;** on en trouve _____ .

Pendant que vous écoutez

A. Première écoute

Indiquez les sujets dont on parle ici.

les premières voies ferrées en Europe, le TGV, l'évolution du système routier français, les nouvelles voitures françaises, les premières autoroutes de France

B. Deuxième écoute

1. Il n'y avait pas beaucoup d'autoroutes en France il y a (5 / 15 / 25) ans.
2. La première voie ferrée de Belgique date de (1830 / 1930 / 1700).
3. Le système routier de la France date de l'époque de (Louis-Philippe / Louis XIV / Charles de Gaulle).
4. La première autoroute française reliait Paris et (Bordeaux / Marseille / la Belgique).

C. Troisième écoute

José compare le voyage en voiture sur les routes nationales ou départementales (les routes moins importantes) au voyage sur l'autoroute. Quels sont les avantages du premier type de voyage, selon lui? Mentionne-t-il aussi des désavantages?

Et maintenant

1. Imaginez deux voyages différents en voiture. D'abord, vous ne prenez pas l'autoroute. Décrivez ce que vous voyez, où vous vous arrêtez, etc. Ensuite, décrivez un autre voyage où vous prenez l'autoroute.
2. Avez-vous jamais voyagé en train? Où? Avec qui? Pourquoi? Décrivez votre voyage. Qu'est-ce qui vous a surpris(e)?

LECTURE
CHARLES BAUDELAIRE: «L'INVITATION AU VOYAGE»

Avant de lire

Ce poème de Charles Baudelaire (1821–1867) fait partie du recueil de poésies *Les Fleurs du mal*, publié en 1857. Le poème se compose de trois strophes, contenant chacune douze vers. Entre les strophes, il y a un refrain, répété trois fois.

1   2 3   4   5

Les vers des strophes comptent cinq syllabes: Mon enfant, ma sœur

1 2 3 4   5 6 7

ou sept syllabes: D'aller là-bas, vivre ensemble

A vous d'abord

1. Combien de syllabes comptez-vous dans les vers du refrain?

    Là, tout n'est qu'ordre et beauté,
    Luxe, calme et volupté.

2. Imaginez que vous invitez quelqu'un que vous aimez beaucoup à voyager avec vous. Décrivez le pays que vous choisiriez (chaud/froid, près de la mer/montagneux, agricole/industriel, etc.). Qu'est-ce que vous y verriez?

Pendant que vous lisez

Notez le titre du poème. Le poète invite son amie à faire un voyage. A la première lecture, essayez de deviner de quel pays il s'agit.

1. Relevez dans la première strophe les expressions qui décrivent quel temps il fait dans ce pays.
2. Dressez une liste de détails qui décrivent le pays d'après la deuxième et la troisième strophes (lignes 15–42).
3. Indiquez ensuite les descriptions qui sont vraies et celles qui sont fausses.
    a. Dans ce pays, il fait toujours beau.
    b. Les meubles de ce pays sont propres.
    c. Dans ce pays, la décoration des pièces n'est pas exotique.
    d. C'est un vieux pays.
    e. Ce pays est au bord de la mer.
    f. La richesse de ce pays vient surtout des activités agricoles.
    g. Ce pays est un pays européen, sans contacts avec le monde extérieur.
4. Pouvez-vous maintenant deviner de quel pays il s'agit? Quels détails vous ont le plus aidé(e) à choisir?

Mon enfant, ma sœur,

Songe à la douceur   *pense à*

D'aller là-bas vivre ensemble!

Aimer à loisir,

5 Aimer et mourir

Au pays qui te ressemble!

Les soleils **mouillés**   *damp, wet*

De ces ciels **brouillés**   nuageux, troublés

Pour mon esprit ont les charmes

10 Si mystérieux

De tes **traîtres yeux,**   *treacherous eyes*: **Pourquoi?**

Brillant à travers leurs larmes.

    Là, tout n'est qu'ordre et beauté,

    Luxe, calme et volupté.

15 Des **meubles luisants,**   *glistening furniture*: **Pourquoi?**

Polis par les ans,

Décoreraient notre chambre;   **Quel temps du verbe? Qu'est-ce qui est suggéré?**

Les plus rares fleurs

Mêlant leurs odeurs

20 Aux vagues senteurs de **l'ambre,**   parfum très précieux et très rare
    Pourquoi sont-il riches?

Les riches **plafonds,**

Les miroirs profonds,

La splendeur **orientale,**   **De quel pays, par exemple?**

Tout y **parlerait**   **Quel temps du verbe? Qu'est-ce qui est suggéré?**

25 A l'âme en secret

Sa douce langue natale.

    Là, tout n'est qu'ordre et beauté,

    Luxe, calme et volupté.

Vois sur ces canaux.

30 Dormir ces vaisseaux.

Dont l'humeur est vagabonde;

C'est pour **assouvir**   satisfaire

Ton moindre désir

Qu'ils viennent du bout du monde.

35 Les soleils couchants

Revêtent les champs,   couvrent, habillent

Les canaux, la ville entière,

D'**hyacinthe** et d'or;   jaune

Le monde s'endort

40 Dans une chaude lumière.

    Là, tout n'est qu'ordre et beauté,

    Luxe, calme et volupté.

Et maintenant

1. Relisez le refrain et remarquez la place des virgules. Qu'est-ce que les virgules vous obligent à faire, quand vous lisez les vers à haute voix? Quelle est l'impression créée par la longueur des vers et la présence des virgules?

2. Relisez la première strophe. Dans cette strophe, le poète exprime sa préférence pour le climat du pays. En général, les gens préfèrent les pays dans lesquels il fait beau temps. Quelle est la raison de la préférence du poète?

3. Relisez la deuxième strophe. Y a-t-il un contraste dans la description entre les trois premiers vers et le reste de la strophe? Qu'est-ce que ce contraste suggère?

4. Relisez la troisième strophe. Selon le poète, pourquoi ces vaisseaux viennent-ils du bout du monde? Que transportent-ils? Voyez-vous un rapport entre les vaisseaux de cette strophe et les objets mentionnés dans la deuxième?

5. Après avoir réfléchi à ces questions, essayez de faire le portrait de l'amie du poète. Aimeriez-vous voyager avec elle?

6. D'après ce poème, qu'est-ce que le voyage représente pour Baudelaire? Est-ce que le voyage représente la même chose pour vous?

RAYMOND DEVOS: «SENS INTERDIT»

Avant de lire

Cette petite scène est tirée d'un livre intitulé *Ça n'a pas de sens* de Raymond Devos.

A vous d'abord

Est-il facile de circuler en voiture dans votre ville? Qu'est-ce qui se passe aux heures de pointe, entre cinq et six heures du soir, par exemple? Y a-t-il des endroits à éviter? Y a-t-il souvent des embouteillages ou des moments où la circulation est bloquée?

Pendant que vous lisez

A la première lecture de cette scène, essayez de préciser:
- où se trouve le narrateur.
- à qui il parle.
- quel est son problème.

Mon vieux!... le problème de la circulation... ça ne s'arrange pas!...
J'étais dans ma voiture. J'arrive sur une place. Je prends **le sens giratoire.** Emporté par le mouvement, **je fais un tour** pour rien...

la direction circulaire obligatoire
je fais un cercle complet

**Triomphe de Napoléon,
défaite de l'automobiliste!**

Je me dis: **«Ressaisissons-nous.»**   Calmons-nous.

5   Je vais pour prendre **la première** à droite: **Sens interdit.**   la première rue / *Do not
                                                                           enter.*
Je me dis: **C'était à prévoir**... Je vais prendre la deuxième: Sens   J'aurais dû le savoir!
interdit.

Je me dis: **Il fallait s'y attendre!**... Prenons la troisième: Sens   Ça n'est pas surprenant!
interdit.

10   Je me dis: Là, ils exagèrent!... Je vais prendre la quatrième: Sens
interdit!

Je dis: «Tiens!»

Je fais un tour pour vérifier. Quatre rues, quatre sens interdits!...
J'appelle l'agent.

15   —Monsieur l'agent! Il n'y a que quatre rues et elles sont toutes les
quatre en sens interdit.

—Je sais, c'est une erreur.

—Alors? Pour sortir?

—Vous ne pouvez pas.

20   —Alors??? Qu'est-ce que je vais faire???

—Tournez avec les autres.

—!!! Ils tournent depuis combien de temps?

—Il y en a, ça fait plus d'un mois.

—Ils ne disent rien?

25   —Que voulez-vous qu'ils disent! Ils ont l'essence. Ils sont nourris.
Ils sont contents!

—Mais... Il n'y en a pas qui cherchent à **s'évader**?   *s'en sortir*

—Si! Mais ils sont tout de suite **repris.**   *attrapés*

—Par qui?

30   —Par la police... qui fait sa ronde... mais dans l'autre sens. (...)
Alors j'ai tourné... j'ai tourné... **dans le sens des aiguilles d'une**
montre... et tout en tournant, j'ai lié conversation avec les   *clockwise*
chauffeurs... A un moment, comme je roulais à côté du laitier, je lui ai
dit:

35   —Dis-moi, laitier, ton lait va **tourner**?   *turn sour*

—**T'en fais pas!**... **Je fais mon beurre**...   *Ne t'inquiète pas! / jeu de*
                                                                          mots: je fais du beurre—je
Ah ben! Je dis. Celui-là, **il a le moral**!... Je lui dis: *m'enrichis (argot) / il est*
                                                                          optimiste
—Dis-moi, qu'est-ce que c'est que cette voiture noire, là, qui
ralentit tout?

40   —C'est **le corbillard**, il tourne depuis quinze jours!   *voiture qui transporte les*
                                                                          morts
—Et la blanche, là, qui vient de nous **doubler**?   *pass*

—Ça? C'est l'ambulance!... Priorité!

—Il y a quelqu'un dedans?

—Il y avait quelqu'un.

45   —Où est-il maintenant?

—Dans le corbillard!

Je me suis arrêté... J'ai appelé l'agent.

—Monsieur l'agent, je m'excuse... j'ai un malaise...

—Si vous êtes malade, montez dans l'ambulance!

Raymond Devos, Ça n'a pas de sens
(Paris: Editions Denoël, 1965), p. 75.

Et maintenant

1. Faites un petit dessin de la scène. N'oubliez pas les véhicules et l'agent de police.
2. Quelle est l'attitude de l'agent de police? Croit-il que les automobilistes sont en danger? Pourquoi?
3. Le mot *sens* a plusieurs définitions en français: *sens interdit* et *ça n'a pas de sens*, par exemple. Vérifiez le sens de ces expressions, puis essayez d'expliquer le jeu de mots que Devos emploie ici.
4. Remarquez-vous des rapports entre la vie des automobilistes de cette scène et la vie quotidienne? Comment ce passage nous donne-t-il une image de la vie moderne?
5. Mettez-vous à la place du narrateur. Comment êtes-vous enfin rentré chez vous? Racontez l'histoire à quelqu'un. La première fois, vous faites un compte-rendu précis de votre aventure; la deuxième fois, vous exagérez.

EMILE ZOLA: *LA BETE HUMAINE*

Avant de lire

Le passage suivant est tiré du roman *La Bête humaine*, publié par Emile Zola en 1890. Dans ce roman, dont les événements prennent place en 1869, il décrit la vie et les activités des employés des premiers chemins de fer. Phasie, la femme dont Zola nous donne les pensées, a été garde-barrière, c'est-à-dire une personne qui surveille un passage à niveau. Son mari est toujours employé de chemin de fer. Phasie, qui est malade depuis quelque temps, soupçonne son mari de vouloir l'empoisonner. Elle contraste sa solitude avec la foule des voyageurs (elle l'appelle «un flot»), qui passent tous les jours sur la voie ferrée, près de sa maison.

A vous d'abord

A quoi pensez-vous quand vous regardez passer un train ou des voitures? D'où viennent les passagers? Qui sont-ils? Que font-ils?

Un peu de vocabulaire

En lisant le texte, faites attention à l'emploi des pronoms *le*, *la* et *lui* et des adjectifs possessifs *son*, *sa* et *ses*.

Pendant que vous lisez

A la première lecture du passage:
- précisez la situation physique de Phasie.
- dressez une liste des expressions qui décrivent sa solitude.

(...) Pourtant, cette idée du flot de foule que les trains montants et descendants **charriaient quotidiennement** devant elle, au milieu du grand silence de sa solitude, la laissait pensive, les regards sur la voie, où tombait la nuit. Quand elle était **valide,** qu'elle allait et venait, se
5 plantant devant la barrière, **le drapeau** au poing, elle ne **songeait** jamais à ces choses. Mais des rêveries confuses, à peines formulées, **lui embarbouillaient la tête**, depuis qu'elle demeurait les journées sur cette chaise, n'ayant à réfléchir à rien qu'à **sa lutte sourde** avec son homme. Cela lui semblait drôle, de vivre perdue au fond de ce
10 désert, **sans une âme à qui se confier**, lorsque, de jour et de nuit, continuellement, **il défilait** tant d'hommes et de femmes, dans le

transportaient, comme une rivière transporte des objets: **Tous les jours ou rarement?**
Malade ou en bonne santé?

flag / pensait

la troublaient

son combat secret

sans personne à qui parler de ses soupçons
il passait

coup de tempête des trains, **secouant** la maison, **fuyant à toute vapeur.** Bien sûr que la terre entière passait là, pas des Français seulement, des étrangers aussi, des gens venus des contrées les plus
15 lointaines, puisque personne maintenant ne pouvait rester chez soi, et que tous les peuples, comme on disait, n'en feraient bientôt plus qu'un seul. Ça c'était le progrès, tous frères, roulant tous ensemble, là-bas, vers **un pays de cocagne.** Elle essayait de les compter, **en moyenne,** à tant par wagon: il y en avait trop, elle **n'y parvenait pas.**
20 Souvent, elle croyait reconnaître des visages, celui d'un monsieur à barbe blonde, un Anglais sans doute, qui faisait chaque semaine le voyage de Paris, celui d'une petite dame brune, passant régulièrement le mercredi et le samedi. Mais **l'éclair** les emportait, elle n'était pas bien sûre de les avoir vus, **toutes les faces se noyaient,** se
25 confondaient, comme semblables, disparaissaient les unes dans les autres. Le torrent coulait, en ne laissant rien de lui. Et ce qui la rendait triste, c'était, sous ce roulement continu, sous tant de **bien-être** et tant d'argent **promenés,** de sentir que cette foule toujours si **haletante ignorait** qu'elle fût là, en danger de mort, à ce
30 point que si son homme **l'achevait** un soir, les trains continueraient à **se croiser** près de son **cadavre,** sans **se douter** seulement du crime, au fond de la maison solitaire.

    Phasie était restée les yeux sur la fenêtre, et elle **résuma** ce qu'elle **éprouvait** trop vaguement pour l'expliquer tout au long.
35 «Ah! c'est une belle invention, il n'y a pas à dire. On va vite, on est plus savant... Mais les bêtes sauvages restent quand même des bêtes sauvages, et **on aura beau inventer des mécaniques meilleures encore,** il y aura quand même des bêtes sauvages dessous.»

Glossary (right column):
- shaking
- **Allant vite ou lentement?**
- un paradis
- *on the average* / ne pouvait pas
- la rapidité du train
- tous les visages se confondaient
- **Confort ou malaise?** / en mouvement
- *gasping* / ne savait pas
- la tuait
- se rencontrer / *corpse* / *suspecting*
- *summarized*
- sentait
- *even if better machines are invented*

Et maintenant

1. Décrivez la scène que Zola nous peint ici. Où est Phasie? Comment regarde-t-elle les trains qui passent? Qu'est-ce qu'elle regarde exactement?
2. Phasie a-t-elle toujours été consciente de sa solitude? Qu'est-ce qui lui est arrivé?
3. Comparez la description de la solitude de Phasie à la description des voyageurs et du train. Comment cette observation continuelle des trains l'a-t-elle aidée à se rendre compte de sa situation?
4. «Tous les peuples, comme on disait, n'en feraient bientôt plus qu'un seul. Ça, c'était le progrès, tous frères, roulant tous ensemble, là-bas, vers un pays de cocagne.» Essayez d'imaginer qui *on* représente. Vérifiez dans l'introduction à ce passage la date des événements décrits par Zola dans *La Bête humaine.* Cherchez dans un livre d'histoire ou une encyclopédie la date d'une guerre sanglante qui a opposé la France à la Prusse à la fin du XIXe siècle. Maintenant, que pensez-vous de ces phrases?
5. Cette «fraternité» s'étend-elle à Phasie? Pourquoi est-elle triste?

6. Quelle est la conclusion de Phasie? Que met-elle en contraste dans ces quelques lignes? Quelle est votre réaction à cette conclusion?

7. Sujet de rédaction. Les moyens de transport que nous connaissons aujourd'hui ont-ils contribué à supprimer les différences entre les peuples et à les unir? L'individu se sent-il plus attaché à ses semblables ou voyageons-nous tous ensemble, mais sans perdre notre solitude?

CLAUDE MICHELET: *DES GRIVES AUX LOUPS*

Avant de lire

Dans ce passage, tiré du livre *Des Grives aux loups* de Claude Michelet, les habitants du village de Saint-Libéral célèbrent l'arrivée du premier train à utiliser la voie ferrée qui vient d'être terminée, après des travaux longs et pénibles. Leur village est enfin relié au reste du monde.

A vous d'abord

Avant de lire le passage, essayez d'imaginer la scène. Quels personnages sont là? Qu'est-ce qu'on voit? Quelles couleurs? Qu'est-ce qu'on entend? Que font les gens? Qu'est-ce qu'on fait à la fin?

Un peu de vocabulaire

Notez les définitions suivantes.

   la commune: division du territoire français administrée par un maire et un conseil municipal
   la municipalité: le maire et le conseil municipal
   le châtelain: le propriétaire du château
   le conseiller général: membre du conseil délibératif du département
   le préfet: représentant du gouvernement central qui administrait le département avant la réforme administrative des années 80
   le député: représentant du département à l'Assemblée nationale

Pendant que vous lisez

A la première lecture du passage, essayez de préciser:
   • les sentiments des habitants.
   • les activités de la célébration.

L'inauguration du **tronçon de voie** qui reliait **désormais** La Rivière-de-Mansac à Saint-Libéral-sur-Diamond eut lieu le samedi 31 juillet 1909. [*partie de la voie / from now on*]

    Une fois encore, les travaux avaient pris du retard et s'étaient
5 immobilisés à moins d'un kilomètre du bourg à la suite d'un important **glissement de terrain** dû à un printemps très humide. En mai, **les** [*landslide*] **trombes d'eau** d'une nuit d'orage avaient emporté vingt mètres du [*pluies violentes et abondantes*] tronçon, rails et **traverses compris,** et **creusé** dans la route **un** [*ties included / dug*] **entonnoir** énorme. **Il avait fallu le combler** et assurer la [*un trou / il avait été nécessaire de le remplir*]
10 solidité de la réparation grâce à une sérieuse maçonnerie. Enfin les travaux avaient pu **reprendre** et conduire jusqu'à la gare **toute** [*recommencer*] **neuve** de Saint-Libéral. [*tout à fait neuve*]

    L'entrée du premier train donna lieu à des festivités auxquelles furent **conviés** tous les habitants de la commune et, de l'avis [*invités*]
15 unanime, on reconnut que la municipalité avait bien fait les choses.

    Grâce au châtelain, toujours conseiller général, Antoine Gigoux avait pu faire venir le préfet et le député et **ce fut à ce dernier qu'échut l'honneur** de couper le ruban tricolore qui barrait la voie. [*le député eut l'honneur*] Les **fanfares réunies** de Brignac, de Perpezac et de Saint-Libéral [*brass bands / groupées*]
20 **sonnèrent** «La Marseillaise» et le train arriva juste comme [*jouèrent*] **retentissaient** les derniers **accords.** [*rang out / chords*]

    Enrubanné de toute part, sifflant (...), couvert de fleurs et de [*couvert de rubans*] drapeaux, **bondé** d'ouvriers et de **gamins,** le convoi entra, tout [*rempli / jeunes garçons*] **soufflant**, dans Saint-Libéral et s'immobilisa devant la petite gare au [*puffing*]
25 milieu des **vivats,** des applaudissements et des cris d'**allégresse.** [*cheers / joie*]

    Après les photographies sur lesquelles tout le monde voulut figurer, on s'embrassa, on se congratula, **on se tapa dans le dos**; puis [*people patted each other on the back*] beaucoup s'installèrent dans les wagons pour une brève mais excitante **marche arrière** et un retour triomphant. [*backing up*]
30   Un gigantesque banquet était **prévu** pour lequel, réconciliés, [*organisé d'avance*] **s'assirent** côte à côte et fraternisèrent les ouvriers et les gens de la [*sat down*] commune. Le soir, tout le monde dansa sur la place; on but aussi beaucoup... A minuit, grâce à la générosité du châtelain, un superbe **feu d'artifice, jaillissant** de la locomotive, porta très haut dans le [*fireworks / sortant*]
35 ciel l'annonce de la nouvelle. Désormais, Saint-Libéral était relié au monde.

       Claude Michelet, *Des Grives aux loups* (Paris: Editions Laffont, 1979), pp. 163–164.

Et maintenant

1. Pour quelles raisons les travaux ont-ils été retardés? Ces retards ont-ils été fréquents?

2. Cherchez dans le texte un problème rencontré pendant la construction de la voie ferrée et sa solution.

3. Résumez les activités de la célébration. Comparez ce résumé à ce que vous avez imaginé avant votre lecture.

4. A la ligne 30, on trouve le mot *réconciliés*. Qu'est-ce que ce mot suggère? Quels groupes ont eu des difficultés? Pouvez-vous expliquer pourquoi l'auteur a appelé son village Saint-Libéral?

ÉCONOMIE ET TRAVAIL

5

INTRODUCTION

Le sujet de ce chapitre est l'économie française.
Vous commencerez par examiner un sondage sur
les métiers que les Français trouvent les plus
désirables et vous ferez une lecture sur l'évolution
de l'économie depuis le XVIIe siècle.

VIDEO

Deux vidéos vous présenteront une nouvelle France
et une France qui se renouvelle.

AUDIO

Vous écouterez ensuite l'interview d'un ingénieur
qui travaille aux Etats-Unis pour une entreprise
française récemment acquise par une entreprise
américaine.

LECTURE

Une série de petites annonces, ainsi que
quelques lectures littéraires et journalistiques, vous
permettront de mieux comprendre comment
l'économie française a évolué.

INTRODUCTION

A vous d'abord

1. Qu'est-ce que vous comptez faire après vos études universitaires? Avez-vous déjà choisi une carrière ou un emploi? Avez-vous toujours eu cette idée ou avez-vous changé d'idée une ou plusieurs fois?

2. Vous trouverez à la page 175 les résultats d'un sondage sur les choix de métiers des jeunes Français selon le baccalauréat qu'ils préparent (*Tableau 1*). Chaque élève a répondu aux deux questions suivantes:

• Dans l'idéal, quel métier aimeriez-vous avoir?

• A votre avis, réellement, quel métier allez-vous avoir?

A noter: Les chiffres en dessous de 3% ne sont pas indiqués dans le sondage.

a. Quels métiers les Français trouvent-ils les plus désirables?

b. Relevez deux ou trois métiers où il existe une assez grande différence entre les pourcentages de l'idéal et du réel. Par exemple, 10% des élèves en terminales E, F, H et BT aimeraient devenir pilote de ligne, mais moins de 3% le deviendront.

c. Relevez tous les chiffres relatifs aux métiers de professeur et d'instituteur. Quelle différence remarquez-vous entre les chiffres (idéal et réel)? Comment interprétez-vous cette différence?

d. Si vous ne pouviez pas obtenir votre métier idéal, que feriez-vous?

Note culturelle

Le baccalauréat (le «bac») est un diplôme qui marque la fin des études secondaires en France. On l'obtient après avoir réussi à un examen difficile auquel on se présente à la fin de la dernière année de lycée, la «terminale». Pour entrer à l'université, on doit être titulaire du baccalauréat, à quelques exceptions près.

Il y a plusieurs options possibles, selon les préférences et les compétences des candidats: A (Bac littéraire), B (Bac économique), C (Mathématiques et physique), D (Maths et sciences naturelles), E (Maths et technique), F (Technique), G (Gestion), H (Informatique), etc.

I. Histoire

A. XVIIe et XVIIIe siècles

Lisez les paragraphes ci-dessous pour apprendre:

• l'ordre dans lequel se sont succédés les personnages suivants: Napoléon, Sully et Henri IV, Louis XIV et Colbert.

Métier idéal	TERMINALE A	Métier réel
12 %	Professeur	19 %
9 %	Interprète	8 %
7 %	Educateur spécialisé - assistante sociale	5 %
6 %	Avocat	7 %
6 %	Journaliste	4 %
5 %	Instituteur	11 %
4 %	Photographe	3 %
3 %	Médecin	
3 %	Historien - paléontologue	
	Musicien - chanteur	5 %
	Relations publiques	3 %

Métier idéal	TERMINALE B	Métier réel
9 %	Journaliste	9 %
7 %	Publicité - communication	4 %
5 %	Professeur	8 %
4 %	Vétérinaire	
4 %	Ingénieur	3 %
4 %	Avocat	4 %
4 %	Magistrat	3 %
4 %	Officier dans l'armée	4 %
3 %	Expert-comptable	4 %
3 %	Acteur	
3 %	Styliste-designer	
3 %	Hôtesse de l'air	3 %
	Commerce	9 %
	Comptable	4 %
	Instituteur	4 %
	Agent commercial	3 %
	Assistant export	3 %

Métier idéal	TERMINALE C	Métier réel
24 %	Ingénieur	24 %
6 %	Médecin	8 %
5 %	Chercheur	4 %
5 %	Chef d'entreprise	
5 %	Professeur	10 %
5 %	Pilote de ligne	
4 %	Ingénieur aéronautique	4 %
3 %	Ingénieur agronome	
3 %	Biologie - chimie	
	Ingénieur commercial	3 %

Métier idéal	TERMINALES E-F-H-BT	Métier réel
12 %	Ingénieur	11 %
10 %	Pilote de ligne	
7 %	Kinésithérapeute	
4 %	Infirmière	11 %
4 %	Ingénieur commercial	4 %
4 %	Professeur	5 %
4 %	Pilote de chasse	
3 %	Paramédical	4 %
3 %	Chercheur	
3 %	Electronicien	7 %
3 %	Archéologue - vulcanologue - géologue	
	Technicien supérieur	10 %
	Technicien	5 %
	Mécanicien - ouvrier - assistante techn. d'ingénieur	5 %
	Informaticien	3 %
	Administration - fonctionnaire	3 %
	Architecte	3 %
	Journaliste	3 %

26 FÉVRIER 1990 - **LE POINT** NUMÉRO 910

39
▶ ▶ ▶

Tableau 1

- les aspects de l'économie française que Sully et Henri IV ont favorisés.
- pourquoi Louis XIV et Colbert se sont intéressés au commerce extérieur et à la colonisation.
- ce qui a ralenti l'économie française vers la fin du XVIIIe siècle et au commencement du XIXe.

A la fin du XVIe siècle, le roi Henri IV mit fin aux guerres de religion qui dévastaient la France depuis de nombreuses années. Secondé° par son ministre Sully, il s'occupa énergiquement du développement économique du pays.

5 Sully et Henri IV avaient comme devise°: «Labourage° et pâturage° sont les deux mamelles° de la France.» Ils s'intéressaient donc surtout au développement agricole, mais ils firent également construire des routes et des canaux pour faciliter les échanges, et ils encouragèrent la création de certaines industries de luxe, comme par exemple la

10 manufacture de tapisseries des Gobelins.

Sous le règne de Louis XIV, le ministre Colbert avait comme politique économique l'accumulation de grandes réserves d'or et d'argent°. Pour atteindre ce but, il fallait acheter le moins possible à l'extérieur et y vendre le plus possible. La politique de Colbert se caractérisa donc par

15 l'encouragement des manufactures d'Etat et du commerce extérieur. Il favorisa aussi l'exploration coloniale pour trouver de nouvelles sources de matières premières et de nouveaux débouchés° pour les produits manufacturés de l'industrie française.

Au XVIIIe siècle, les économistes français s'intéressaient surtout à

20 l'agriculture et à la liberté de l'industrie et des échanges. C'est de cette période que date la formule célèbre: «Laissez faire, laissez passer.»

L'Angleterre, qui appliqua ces théories, connut à partir de° cette époque un développement économique intense. Après un début prometteur, le développement français fut ralenti et presque arrêté

25 d'abord par la Révolution française et ensuite par les guerres de Napoléon, qui durèrent presque sans interruption jusqu'en 1815. Au lieu de travailler dans les champs et dans les manufactures, les Français devaient participer à l'effort de guerre. Au lieu d'être consacrées au développement du pays, les ressources de l'Etat étaient dépensées pour

30 la guerre.

B. Retard de la France (XIXe et XXe siècles)

Lisez les paragraphes ci-dessous pour apprendre:
- l'ordre dans lequel ont eu lieu les deux guerres mondiales, le règne de Louis-Philippe, le Second Empire.
- quelle période du XIXe siècle a vu le plus grand progrès économique en France.

- les projets qui datent de cette époque.
- les événements du XXe siècle qui ont empêché le progrès et comment.
- la situation économique de la France en 1939.

Ces raisons historiques expliquent le retard pris par la France dans le développement industriel du XIXe siècle. Ce n'est que vers 1830, sous le règne du roi Louis-Philippe, que la révolution industrielle commença à se manifester vigoureusement en France. A la fin du XIXe siècle, sous le
5 Second Empire, le pays avait réalisé des progrès considérables.

Au commencement du Second Empire (1852), il n'y avait en France que 3.540 kilomètres de chemins de fer; à la fin du Second Empire (1870), il y en avait 16.093. C'est aussi sous le Second Empire qu'on entreprit des projets monumentaux comme le métro de Paris, un tunnel sous les Alpes
10 et le canal de Suez, terminé en 1869. La ville de Paris connut aussi un développement intense sous le Second Empire, sous la direction du baron Haussmann.

L'économie française fut très lente à se développer dans la première partie du XXe siècle. Les deux guerres mondiales (1914–1918 et 1939–1945)
15 expliquent en partie ce ralentissement. En plus des pertes matérielles, la France avait subi° des pertes de population très importantes. Combinées avec un taux de natalité° très bas, ces pertes eurent comme conséquence la stagnation démographique. Pendant longtemps, la population de la France ne dépassa pas 40 millions d'habitants. La France souffrit aussi des
20 conséquences de la crise économique de 1929, dont elle n'arriva pas à se redresser aussi rapidement que les autres pays. Juste avant la guerre de 39, la France donnait l'impression d'être un pays ancien, fatigué et mal adapté aux nécessités économiques du monde moderne.

II. La France moderne

A. Planification° (de 1945 à nos jours)

Lisez les paragraphes suivants pour apprendre:
- qui était Jean Monnet.
- ce qu'il a fait d'important.
- l'événement qui a provoqué l'échec du Septième Plan.
- qui a été élu président de la République en 1981.
- les conditions économiques qui ont favorisé son élection.

C'est sous la Quatrième République (1945–1958) que furent jetées° les bases du progrès économique. Un des responsables de la transformation de la France en une grande puissance industrielle est

l'économiste Jean Monnet, qui appliqua les concepts de la planification
5   et de la collaboration avec les autres pays d'Europe. De 1946 à 1980,
sept plans économiques ont établi les priorités du développement
français. Quelques-uns des domaines mentionnés dans les plans
successifs sont le renforcement des secteurs de base de l'économie
comme le charbon°, l'acier°, le ciment et l'énergie électrique,
10   l'amélioration de la qualité et de la compétitivité, l'emploi, la recherche,
l'amélioration du niveau de vie, des réseaux routiers et téléphoniques, la
décentralisation et l'aménagement du territoire.

Le Septième Plan, prévu pour les années 1975 à 1980, dut être
abandonné en raison de la crise économique qui suivit le premier choc
15   pétrolier° de 1973. Il fut remplacé par le Plan Barre, du nom du ministre
de l'Economie et des Finances du président Valéry Giscard d'Estaing.
Malgré ses efforts, en 1980, le taux d'inflation s'élevait à 13% et le
chômage atteignait des proportions inquiétantes, surtout dans les
régions d'industries traditionnelles. C'est sur ce fond de
20   mécontentement économique contre le gouvernement en place que l'on
peut comprendre l'élection à la présidence, en 1981, du socialiste
François Mitterrand. Ce vote reflétait en grande partie le désir qu'avaient
les Français d'essayer des solutions nouvelles dans les domaines
économiques et sociaux.

B. Nationalisation et privatisation

Lisez le tableau (2) et les paragraphes ci-dessous pour apprendre:
• la différence entre une entreprise privée et une entreprise nationalisée.
• si les premières nationalisations datent de 1982.
• si le programme de nationalisation de Mitterrand a réussi.
• ce que Jacques Chirac a pu faire en 1986 et 1987.
• ce que les Français pensent de la nationalisation des entreprises.
• la durée normale de la semaine de travail et des congés payés en France.

Pendant la campagne électorale de 1981, et tout de suite après l'élection
de Mitterrand à la présidence, on parla avec effroi°, dans la presse
américaine, de son programme de nationalisations. Or il faut
comprendre que depuis 1946, la France a une économie mixte,
5   c'est-à-dire que certaines de ses entreprises sont privées et que d'autres
sont nationalisées (par exemple, les charbonnages, l'électricité et les
transports ferroviaires). En 1982, une quarantaine d'entreprises, surtout
financières et industrielles, furent ajoutées au secteur nationalisé.

Les mesures prises par les socialistes n'ayant pas réussi à enrayer° la
10   crise économique, le gouvernement abandonnait, dès 1983, sa politique
économique en faveur d'une politique plus libérale. La victoire de la
droite aux élections législatives de 1986 fit accéder° Jacques Chirac au

PRIVATISATIONS, NATIONALISATIONS OU STATU-QUO

Souhaitez-vous que, dans les prochaines années, on poursuive le programme de privatisations d'entreprises publiques, on renationalise une partie des entreprises privatisées depuis mars 1986 ou on laisse les choses en l'état ?

	Ensemble des Français	Préférence partisane				
		Parti commu-niste	Parti socia-liste	UDF	RPR	Front national*
On poursuit le programme de privatisations des entreprises publiques	24	4	8	44	48	54
On renationalise une partie des entreprises privati-sées depuis mars 1986	18	70	26	2	3	6
On laisse les choses en l'état	43	18	53	44	35	32
Sans opinion	15	8	13	10	14	8
	100 %	100 %	100 %	100 %	100 %	100 %

*En raison de la faiblesse des effectifs, les résultats sont à interpréter avec prudence.
Enquête SOFRES des 1er et 2 avril 1988 pour LA TRIBUNE DE L'EXPANSION.

Tableau 2

poste de premier ministre. Il réalisa en 1986 et 1987 des privatisations, c'est-à-dire le retour au domaine privé d'entreprises nationalisées. Les
15 résultats du sondage présentés ci-dessus montrent que, en 1988 du moins, les Français interrogés se déclaraient en majorité en faveur d'un arrêt à ces transformations.

D'autres réformes introduites par le gouvernement socialiste et qui, elles, sont acceptées par la majorité des Français, sont la semaine de 39
20 heures et une cinquième semaine de congés payés.

C. L'économie française aujourd'hui

Lisez les tableaux (3 et 4) et les paragraphes ci-dessous pour apprendre:
• où se place la France actuelle parmi les grands pays industrialisés du monde.
• dans quel domaine l'industrie française est surtout connue.
• les inquiétudes économiques les plus sérieuses des Français.
• pourquoi les Français travaillent.

Les secteurs d'activité des plus grosses entreprises françaises comprennent: l'automobile (Renault), le matériel électronique (Compagnie Générale d'Electricité), le pétrole (Elf-Aquitaine), l'automobile et les pièces détachées° (Peugeot), le matériel de
5 construction et les métaux (Saint-Gobain), la métallurgie (Usinor-Sacilor), les constructions électroniques (Thomson), la chimie (Rhône-Poulenc) et le caoutchouc° (Michelin).

**Nationalité des 50, 100, 200, 500
premiers groupes mondiaux (1987)**

	50 premiers	100 premiers	200 premiers	500 premiers
États-Unis	17	34	72	170
Japon	9	16	37	102
Allemagne (RFA)	7	12	19	42
France	**5**	**9**	**14**	**33**
Royaume-Uni	4	7	14	49

Tableau 3

En 1987, quand on examinait la nationalité des 50, 100, 200 et 500 premiers groupes industriels mondiaux, la France se classait au
10 quatrième rang, après les Etats-Unis, le Japon et l'Allemagne. Par exemple, la France comptait cinq firmes parmi les 50 premiers groupes industriels mondiaux classés selon leur chiffre d'affaires.

L'industrie française est reconnue dans le domaine des transports en commun (autobus, voitures de métro, trains ultrarapides, avions

LES MOTIVATIONS AU TRAVAIL

Voici une liste d'opinions que l'on entend à propos du travail. De laquelle vous sentez-vous le plus proche ?

	Rappel enquête Francom / SOFRES juin 1986	Rappel enquête SOFRES mai 1987	Avril 1989
En dehors du salaire, pour moi, travailler c'est avant tout l'occasion de rencontrer des gens, d'avoir des contacts	25	23	19
Même si j'avais les moyens, je continuerais à travailler parce que je ne supporte pas l'inactivité	27	23	23
En dehors du salaire, pour moi, travailler c'est avant tout l'occasion d'entreprendre quelque chose qui m'intéresse, qui me passionne	25	32	41
Si j'en avais les moyens, je crois que je n'aurais aucune envie de travailler	21	19	15
Aucune de ces opinions	1	1	1
Sans opinion	1	2	1
	100 %	100 %	100 %

Tableau 4

15 comme l'Airbus ou avions supersoniques comme le Concorde). Des
    ingénieurs français continuent la tradition établie pendant le Second
    Empire et ont participé à la construction de grands travaux outre-mer
    comme le métro de Mexico City, les aéroports de Beyrouth et de Damas
    et la mosquée de Casablanca.

20   Qu'est-ce qui préoccupe les Français d'aujourd'hui? En janvier 1988,
    pendant la campagne présidentielle qui s'est terminée par la réélection
    de François Mitterrand, les problèmes économiques que les Français
    mentionnaient le plus souvent étaient l'emploi, la protection sociale et
    le pouvoir d'achat. On peut comprendre facilement pourquoi l'emploi

25 vient en tête des préoccupations des Français quand on se rend compte
    que, bien qu'il ait baissé entre mars 87 et mars 88, le taux de chômage
    s'élevait toujours, en mars 88, à 10,2% de la population active. Ce chiffre
    élevé explique en partie pourquoi les travailleurs français sont prêts à
    faire des sacrifices et à renoncer à leurs revendications et pourquoi une

30 majorité des salariés préfèrent que le gouvernement poursuive sa
    politique de rigueur économique. Malgré ces inquiétudes, les Français
    sont en général très satisfaits de leur travail.

D. Politique sociale

Lisez les paragraphes ci-dessous pour apprendre:
• comment la protection sociale est financée en France.
• quels coûts médicaux sont remboursés par la Sécurité sociale.
• comment le gouvernement encourage les familles à avoir plus d'enfants.
• les avantages auxquels a droit une future mère qui a un emploi.
• comment les crèches et l'école maternelle aident les familles.
• qui a le taux de mortalité infantile le plus inquiétant, la France ou les Etats-Unis.
• le but du programme de «revenu minimum d'insertion.»

    La pauvreté fait toujours peur aux Français quoiqu'ils jouissent d'un
    système de protection sociale remarquable. Ce système est financé par
    des subventions° du gouvernement, par les cotisations° des employeurs
    et par les prélèvements° effectués sur le salaire des travailleurs.

5   Dans le domaine de la santé, la Sécurité sociale rembourse les soins
    médicaux selon un taux fixé par elle. Si on désire un remboursement
    intégral°, il faut souscrire à une assurance complémentaire. De même
    pour les produits pharmaceutiques. Il est intéressant de noter,
    cependant, que la Sécurité sociale rembourse intégralement le coût des

10 médicaments et des interventions chirurgicales° les plus chers.

        Dans le domaine de la famille, depuis la Deuxième Guerre mondiale,
    le gouvernement poursuit activement une politique nataliste. Des
    allocations° familiales sont distribuées aux familles qui ont plusieurs
    enfants.

15   Parmi les nombreuses prestations°, citons les allocations prénatales,
qui obligent la future mère à passer plusieurs examens médicaux
pendant sa grossesse°. A la naissance de son deuxième enfant, une
mère reçoit une allocation familiale qui augmente avec chaque
naissance successive. Il y a une prime° de 10.000 francs au troisième
20   enfant. Si la mère reste à la maison pour s'occuper du bébé, elle reçoit
une allocation supplémentaire. On a même proposé un salaire de «mère
au foyer». A l'origine distribuées à tous, les allocations sont aujourd'hui
réservées aux familles défavorisées° dont les ressources ne dépassent
pas un certain plafond°.
25   La future mère qui a un emploi a droit à un congé payé de
maternité qui commence six semaines avant la naissance et continue
dix semaines après. Les nouveaux parents peuvent prendre deux ans de
congé de paternité ou de maternité non payé, et leur emploi reste
protégé pendant leur absence.
30   Le gouvernement français aide aussi les familles à élever leurs
enfants. Les crèches sont nombreuses et leur qualité est exceptionnelle.
Elles coûtent à peu près l'équivalent de 195 dollars par an pour les
familles les plus pauvres et de 4.700 dollars maximum pour les familles
les plus riches (1990). L'école maternelle pour les enfants de 3 à 5 ans
35   est gratuite°; 98% des enfants de cet âge les fréquentent. Le personnel
qui s'occupe des enfants est hautement qualifié.
    Toute cette politique familiale a considérablement réduit le taux de
mortalité infantile, qui est beaucoup plus bas en France qu'aux
Etats-Unis.
40   Sous la présidence de Valéry Giscard d'Estaing, et surtout au
commencement du premier septennat de François Mitterrand, on a pu
remarquer une augmentation considérable des prestations sociales
(retraite, allocations vieillesse, allocations logement) et du salaire
minimum. Mais la politique de rigueur a mis fin à cette croissance et
45   dans certains cas, a même forcé une marche arrière. Une initiative
récente mérite d'être mentionnée: la création d'un revenu minimum
d'insertion (RMI) financé par l'impôt sur les grandes fortunes (1988). Il
est versé à ceux qui sont complètement démunis°, sous obligation
d'accepter un contrat de formation ou d'insertion professionnelle. En
50   janvier 1989, plus de 100.000 personnes avaient demandé à bénéficier du
RMI.

E. Problèmes actuels

Lisez ce dernier paragraphe pour apprendre:
• les trois grands problèmes économiques de la France.
• pourquoi on a des inquiétudes sur l'avenir de l'agriculture française.

Aujourd'hui, le gouvernement français doit faire face à trois grands problèmes: le chômage, la lutte contre les inégalités sociales et économiques et la crise agricole. Cette dernière risque de passer au premier plan avec l'unification économique de l'Europe de 1992.

5   L'agriculture française, jusqu'ici lourdement subventionnée, va devoir se mettre en posture compétitive par rapport aux autres puissances agricoles de l'Europe. Avec l'ouverture de l'Europe de l'est, le problème se complique encore plus.

VOCABULAIRE

I. A.

secondé: aidé
une devise: *motto*
le labourage: *plowing (i.e., farming)*
le pâturage: *grazing (i.e., animal husbandry)*
les mamelles: *breasts*
l'argent: *silver*
les débouchés: *markets*
à partir de: *from*

I. B.

subi: souffert
le taux de natalité: *birthrate*

II. A.

la planification: système par lequel on établit les priorités
jetées: ici, établies
le charbon: *coal*
l'acier: *steel*
le choc pétrolier: *oil crisis*

II. B.

l'effroi: la peur
enrayer: arrêter
accéder: arriver

II. C

les pièces détachées: *spare parts*
le caoutchouc: *rubber*

II. D.

les subventions: *subsidies*
les cotisations: *contributions*
les prélèvements: *withholdings*
intégral: complet
les interventions chirurgicales: *surgical operations*
les allocations: *subsidies*
les prestations: *benefits*
la grossesse: *pregnancy*
une prime: *bonus*
défavorisées: pauvres
un plafond: ici, une limite
gratuite: non-payante
démunis: sans ressources

VIDEO
LA REGION RHONE-ALPES

Avant de visionner

Cette vidéo nous présente la région Rhône-Alpes. Cette région se trouve dans la partie est de la France et comprend les villes de Lyon, Saint-Etienne et Grenoble. Lyon est la deuxième agglomération urbaine de France. Toute la région connaît un essor important depuis les initiatives de décentralisation des années 80. Le narrateur nous présente les caractéristiques principales de la région Rhône-Alpes: situation géographique, organisation politique, communications, activités économiques et culturelles. C'est une vidéo publicitaire qui a sans doute été conçue pour attirer les entreprises et les touristes dans la région.

Un peu de géographie

1. Qu'est-ce que vous savez de la région Rhône-Alpes? Situez la région sur les cartes de France présentées aux pages xiv et 1. Quelles sont les régions qui l'entourent? Quel fleuve coule au centre de la région Rhône-Alpes? Quelles autres rivières y trouve-t-on? Quelle chaîne de montagnes forme sa frontière à l'est? Avec quels pays? Quels sont les huit départements couverts par la région?

2. Lisez le passage ci-dessous, adapté du *Dictionnaire géographique de la France*, pour trouver les renseignements supplémentaires suivants: population, superficie, activités principales.

> Rhône-Alpes, région administrative regroupant les huit départements suivants: Ain, Ardèche, Drôme, Isère, Loire, Rhône, Savoie et Haute-Savoie; 43.694 km^2; 4.780.684 hab. Chef-lieu: Lyon.
>
> Rhône-Alpes se classe au deuxième rang des régions administratives à la fois par sa superficie (après Midi-Pyrénées) et par sa population (loin derrière l'Ile-de-France). La population s'est accrue sensiblement après la Deuxième Guerre mondiale, progression liée au renouveau de la natalité ainsi qu'aux mouvements migratoires. Cette augmentation a été spectaculaire dans l'Isère (grâce à Grenoble), dans le Rhône (Lyon) et en Haute-Savoie (Annecy). La forte densité régionale s'explique largement par le développement de l'industrie et du tourisme. La région possède quelques-unes des plus grandes stations de ski, dont Chamonix, l'Alpe-d'Huez et Val d'Isère. Au point de vue énergétique, on y trouve des raffineries de pétrole, des centres nucléaires de thermoélectricité et des centrales d'hydroélectricité. La métallurgie de transformation est l'industrie la plus importante, mais la chimie et les

industries alimentaires occupent aussi une place notable. L'agriculture
n'emploie qu'une part très restreinte de la population active.

D'après le *Dictionnaire géographique de la France* (Paris: Larousse, 1979), pp. 665–666.

Un peu de vocabulaire

Vérifiez le sens des expressions suivantes et complétez les phrases ci-dessous.

un carrefour, le potentiel humain, un secteur d'activité, l'énergie, la formation, la
recherche, le commerce international, le cadre de vie

1. Un pays qui exporte ses produits vers d'autres pays s'intéresse au _____ .
2. Une région où l'on trouve beaucoup d'employés bien préparés a un très
   fort _____ .
3. La _____ est essentielle pour trouver et perfectionner de nouveaux produits.
4. Quelqu'un qui a bien appris les théories et les pratiques de son métier a eu une
   bonne _____ .
5. Une ville où l'on trouve de bons restaurants, des théâtres et des activités sportives
   a un bon _____ .
6. Si votre ville est bien située géographiquement, on peut dire qu'elle se trouve au
   _____ de plusieurs pays.
7. Les industries de métallurgie et de sidérurgie ont surtout besoin d' _____ pour
   la fabrication de leurs produits.
8. Un _____ est un ensemble d'entreprises qui se ressemblent.

Avant de visionner la première partie (-A1-)
«Seconde région française», «Carrefour», «Potentiel humain»

On nous présente ici la situation géographique et politique de la région, ainsi que ses
moyens de transport et sa jeunesse.

Un peu de vocabulaire

Vérifiez le sens des expressions suivantes et puis complétez les phrases ci-dessous.

répartir, relier, une agglomération, être doté de, s'intégrer à, un atout

1. Une ville et ses faubourgs forment une _____ .
2. Les avantages particuliers d'une région sont ses _____ .
3. Mon camarade de chambre a dû quitter l'université après un semestre; il n'a
   jamais pu _____ la vie universitaire.
4. Pour éviter les disputes, le père _____ son argent équitablement entre ses
   enfants.
5. Il y a beaucoup de routes entre ces deux villes; les villes sont bien _____ .
6. Le sud de la France _____ un excellent climat.

Pendant que vous visionnez

A. Visionnez d'abord la séquence «Seconde région française», qui présente la situation géographique et politique de la région Rhône-Alpes.

1. Le narrateur compare la région à la Suisse et (à l'Italie / à la Belgique / au Danemark).
2. La région comprend (un / six / huit) départements et 3.000 communes.
3. La région compte environ (3 / 5 / 8) millions d'habitants.
4. Le chef-lieu de la région est (Lyon / Saint-Etienne / Grenoble).
5. Quels départements ne sont pas mentionnés?

    l'Ain, l'Ardèche, la Drôme, la Seine, l'Isère, la Loire, le Rhône, la Marne, la Savoie, le Doubs, la Haute-Savoie

B. Visionnez ensuite les séquences «Carrefour» et «Potentiel humain» sans mettre le son.

1. Dressez la liste des moyens de transport qui sont montrés.
2. Imaginez à quoi sert le tunnel qu'on montre.
3. A votre avis, pourquoi montre-t-on des jeunes dans la partie «Potentiel humain»?

C. Repassez les séquences avec le son.

1. Un réseau autoroutier est un système d' _____ et de _____ .
2. Les principales voies navigables de la région sont _____ .
3. La région possède d'excellentes liaisons ferroviaires grâce au _____ .
4. Lyon est à (deux / trois / quatre) heures de Paris par train.
5. Une personne de la région sur (3 /10 / 20) a moins de 20 ans.

Et maintenant

Pourquoi la région est-elle «un véritable carrefour européen»?

Avant de visionner la deuxième partie (-A2-)
«Secteurs d'activité» et «L'énergie»

Le narrateur nous présente ici les principaux secteurs d'activité de la région.

Un peu de vocabulaire

Vérifiez le sens des expressions suivantes et complétez les phrases ci-dessous.

l'électronique, l'informatique, la biotechnologie, la viticulture, l'industrie agro-alimentaire, les barrages

1. Quelqu'un qui conçoit des programmes pour les ordinateurs travaille dans _____ .

2. Si vous cherchez à créer de nouvelles drogues contre les maladies, vous travaillez peut-être dans _____ .

3. La production de l'électricité dépend souvent des _____ sur les fleuves.

4. Quand on cultive la vigne pour la production du vin, on fait de la _____ .

5. L'ensemble des activités destinées à produire de la nourriture s'appelle _____ .

6. Vous faites des recherches sur l'électricité; vous travaillez dans _____ .

Pendant que vous visionnez

A. Visionnez les deux séquences sans mettre le son.
  1. Dressez la liste des images qui soulignent la modernité des activités technologiques de la région.
  2. Dressez la liste des images qui en soulignent l'activité agricole.

B. Repassez les séquences avec le son.
  1. Comme exemples des industries de pointe de la région, le narrateur mentionne l'électronique, l'_____ et les biotechnologies.
  2. Quelles images et quels produits représentent la viticulture, la production fruitière et l'industrie agro-alimentaire?
  3. Les sources principales de l'énergie dans la région sont les centrales nucléaires et _____ .
  4. La région est-elle obligée d'importer d'énergie?

Et maintenant

Quelles sont les activités économiques les plus importantes de la région? Quels produits exporte-t-elle?

Avant de visionner la troisième partie (-A3-)
«Formation» et «Recherche»

Le narrateur nous présente maintenant les écoles et les laboratoires de la région.

Un peu de vocabulaire

Vérifiez le sens des expressions suivantes, puis complétez les phrases ci-dessous.

  un institut, un foyer, la recherche, les chercheurs

1. Vous essayez de découvrir quelque chose de nouveau ou de comprendre ce que personne ne comprend; vous êtes _____ et vous faites de la _____ .

2. La ville de Détroit était autrefois le _____ de la construction automobile aux Etats-Unis.

3. Les laboratoires sont parfois des _____ de recherche.

Pendant que vous visionnez

A. Visionnez les deux séquences sans mettre le son.
1. Dressez la liste des endroits qui sont montrés (par exemple: un laboratoire).
2. Dressez la liste des activités qui sont montrées (par exemple: assister à une conférence).

B. Repassez les séquences avec le son.
1. Il y a (8 /15 /30) universités dans la région.
2. Quelles sont les villes mentionnées?

   Annecy, Saint-Etienne, Paris, Grenoble, Lyon, Chambéry

3. La région occupe la deuxième place avec (100.000 / 25.000 / 125.000) étudiants.
4. La région est-elle la première région de France pour la recherche?
5. La recherche scientifique et technique fournit du travail à (20.000 / 200.000 / 2.000) personnes dans la région.

Et maintenant

Quels sont les atouts de la région dans le domaine de la formation?

Avant de visionner la quatrième partie (-A4-) «Commerce international» et «Cadre de vie»

Le narrateur nous présente enfin l'activité exportatrice de la région, ainsi que les éléments de son infrastructure touristique.

Un peu de vocabulaire

Vérifiez le sens des expressions suivantes et puis complétez les phrases ci-dessous.

un partenaire, le relief, la renommée, faire bon vivre

1. Les plaines, les montagnes et les vallées font partie du _____ d'une région.
2. La cuisine française est vraiment excellente et mérite sa _____ .
3. J'aime beaucoup le sud de la France. On y mange bien, les gens sont sympas; il y _____ .
4. Ce couple de patineurs est excellent, mais un _____ est meilleur que l'autre.

Pendant que vous visionnez

A. Visionnez les deux séquences sans mettre le son.
1. Quels moyens de transport de fret sont montrés?
2. Dressez la liste des images qui montrent la diversité des activités possibles dans la région.

B. Repassez les séquences avec le son.

1. Les principaux partenaires commerciaux de la région sont l'Allemagne, l' _____ et les _____ .
2. Est-ce que le terrain et le climat de la région varient beaucoup d'un bout à l'autre?
3. Quel exemple voit-on de la vie culturelle de la région?
4. Puisque la région a une grande renommée gastronomique, on est certain d'y trouver (de bons restaurants / de grandes montagnes / de jolis lacs).
5. Un exemple de «tourisme blanc» est (le football / le ski / la voile).
6. Un exemple de «tourisme vert» est (la voile / le ski / le théâtre).

Et maintenant

A. *Compréhension*

1. Imaginez que vous travaillez dans une entreprise américaine qui cherche à s'établir en France. Expliquez à votre patron pourquoi la région Rhône-Alpes serait un bon choix.
2. Vous faites avec vos amis des projets de vacances. Expliquez-leur pourquoi la région Rhône-Alpes vous intéresse.

B. *Texte complémentaire: Petites annonces*

Vous trouverez à la page 190 des petites annonces qui proposent des postes ou des logements dans la région Rhône-Alpes.

1. Quelle est l'annonce qui s'applique au tourisme? au «cadre de vie»? aux priorités commerciales de la région?
2. Trouvez les deux annonces qui proposent des résidences. Où se trouvent ces résidences? Quelles activités vous attirent dans chaque cas? Quels sont les agréments du logement à l'Alpe d'Huez? Qu'est-ce que vous devez faire si vous voulez d'autres renseignements? Mêmes questions pour le studio à Val d'Isère. Laquelle des annonces donne le prix? Quel en est le prix?
3. Trouvez l'annonce qui propose un poste dans les beaux-arts. Quelle sorte de poste est-ce? Dans quelle ville? Quel est le salaire? Quelles sont les qualifications nécessaires? A qui faut-il s'adresser pour plus de renseignements? Comment poser sa candidature?
4. Trouvez l'annonce qui propose un poste dans le commerce international. Qu'est-ce que cette compagnie fabrique? Est-ce que la compagnie exporte beaucoup de ces produits? Vers quels pays? Cherche-t-elle un ingénieur débutant ou expérimenté? Où vivra l'ingénieur retenu? Quel est le salaire proposé? Qu'est-ce qu'il faut faire si on s'intéresse à ce poste?
5. Vos amis et vous voulez faire du ski dans la région. Répondez à l'une des annonces qui propose une résidence. Demandez tous les renseignements nécessaires.

Vocabulaire des petites annonces

C.V.: curriculum vitae
une filiale: *subsidiary*
des sous-produits: *by-products*
un équipementier: *outfitters, parts subcontractors*
le chiffre d'affaires: les revenus de l'entreprise
un aciériste: *steel manufacturer*
RFA: la République fédérale d'Allemagne, partie à l'ouest du pays avant sa réunification
les aspects de gestion: *management issues*
y compris: *namely*

LES MONTAGNONS

Avant de visionner

Dans cette partie de la vidéo, un narrateur nous présente les Montagnons, nom donné aux Français qui habitent la Franche-Comté, une région dans l'est de la France près de la frontière suisse. Ce groupe est intéressant parce qu'il essaie de compléter ses ressources fondées sur l'élevage et la production laitière par des travaux supplémentaires. Le narrateur nous présente quatre Montagnons qui ont pu trouver ces travaux d'appoint ou «travaux d'à-côté».

A vous d'abord

Avez-vous plusieurs emplois? Un membre de votre famille a-t-il un emploi supplémentaire? Que fait cette personne?

Un peu de géographie

1. Qu'est-ce que vous savez de la région de la Franche-Comté et du département du Doubs? Localisez ces régions sur la carte à la page xiv.
2. Lisez les paragraphes suivants pour trouver les renseignements demandés: population de la Franche-Comté, départements de la région, superficie, nom des habitants; population du Doubs, superficie, nom des habitants, activités principales, problèmes principaux.

     Franche-Comté, région administrative formée des départements du Doubs, du Jura, de la Haute-Saône et du Territoire de Belfort; 16.189 km^2; 1.060.317 hab. (Francs-Comtois). Chef-lieu: Besançon.
     Doubs, départ. de la région Franche-Comté; 5.228 km^2; 471.082 hab. (Doubistes). Chef-lieu: Besançon.

Le département occupe les plateaux et chaînons du Jura français. L'altitude y est généralement supérieure à 500 m et dépasse 1.000 m dans le sud-est. Sur les hauts plateaux et dans la montagne, les précipitations sont abondantes. L'hiver est même souvent rigoureux, avec un long enneigement. Les conditions offertes par le milieu ne sont pas, dans l'ensemble, très favorables. Les ressources minérales ou énergétiques sont inexistantes. Cependant, la croissance démographique a été spectaculaire, surtout dans les deux grandes villes de la région, Besançon et Montbéliard, qui regroupent ensemble plus de la moitié de la population départementale. L'industrie tient une place exceptionnelle, occupant plus de la moitié de la population active. Elle est dominée par l'ensemble des constructions mécaniques et électriques (automobile, horlogerie, etc.). L'agriculture n'emploie guère plus de 5% des actifs, orientée presque exclusivement vers l'élevage bovin (exclusif en montagne), dont les produits principaux sont le lait et le fromage. Le secteur tertiaire est moyennement développé, mais le développement non négligeable du tourisme estival et hivernal semble ralentir le déclin démographique et économique de la partie rurale.

D'après le *Dictionnaire géographique de la France*
(Paris: Larousse, 1979), pp. 261–262; 314–315.

Avant de visionner la première partie (-B1-)

Le narrateur nous explique que les Montagnons ont toujours été obligés d'avoir des activités supplémentaires. Autrefois, c'étaient des activités artisanales; aujourd'hui, ce sont des activités différentes. La vidéo nous présente ensuite un agriculteur qui a pu trouver un travail presque quotidien.

Un peu de vocabulaire

Vérifiez le sens des expressions suivantes, puis complétez les phrases ci-dessous.

Pour parler de l'activité artisanale:

la tournerie sur bois, la lunetterie, la taille de diamants, la boissellerie, l'horlogerie

Pour parler du ramassage scolaire:

l'abribus, emmener, refaire le voyage, ramener, une activité rémunérée, un forfait

1. Si vous fabriquez des lunettes, votre métier s'appelle _____ .
2. Quelqu'un qui fabrique des montres travaille dans _____ .
3. Quelqu'un qui coupe et polit les diamants fait de _____ .
4. Si vous fabriquez des ustensiles ou des boîtes en bois, vous faites de _____ .
5. Quelqu'un qui façonne des objets en bois travaille dans la _____ .
6. Le matin, les écoliers vont à l'école en autobus. Le soir, ils _____ pour rentrer à la maison.
7. Si on vous donne un salaire pour un travail, ce travail est _____ .

8. Il est prudent de faire établir _____ avant d'entreprendre des réparations coûteuses.

9. Le matin, ma femme _____ notre fille à l'école; le soir, un voisin la _____ à la maison.

10. On attend l'autobus à _____ .

Pendant que vous visionnez

A. Visionnez d'abord la séquence sans mettre le son.

    1. Quelle est l'activité principale de cet agriculteur?

    2. Quel est son travail supplémentaire?

B. Repassez la séquence avec le son.

    1. Le matin, l'agriculteur emmène les enfants (chez eux / à l'école / à l'abribus).

    2. L'après-midi, il les ramène (à 3 heures / à 4 heures et demie / à 4 heures).

    3. Il reçoit son salaire (des parents des enfants / du département du Doubs / de la ville).

    4. Il gagne (5 francs / 10 francs / 104 francs) par jour.

Et maintenant

Résumez par écrit le trajet quotidien de l'agriculteur en employant les verbes suivants: *prendre, emmener, revenir, retourner, ramener*. (A noter: l'école se trouve dans le village de la Chaux.)

Avant de visionner la deuxième partie (-B2-)

Cette partie nous présente une autre activité supplémentaire. Celle-ci ressemble au travail ordinaire de la ferme.

A vous d'abord

Aimez-vous le jambon ou les autres produits à base de porc comme les saucisses? Quand est-ce que vous en mangez?

Un peu de vocabulaire

Vérifiez le sens des expressions suivantes:

    un hectare, un gîte, un vacancier, un cochon, un jambonneau, une palette

Pendant que vous visionnez

A. Visionnez d'abord la séquence sans mettre le son.

    1. Quelle est l'activité supplémentaire de ces personnes? (Ils vendent des cochons. / Ils vendent du bois. / Ils vendent des produits fumés.)

    2. Où travaillent-ils? (à la ferme / dans une usine en ville / chez un voisin)

B. Repassez la séquence avec le son.

    1. L'homme et la femme ont cherché une activité supplémentaire parce que (leur ferme était très petite et peu rentable / le travail de la ferme ne leur plaisait pas / ils voulaient acheter un nouveau logement).

    2. Pour faire les produits fumés, ils tuent (50 / 100 / 2.000) cochons par hiver.

    3. Ils ont aussi ouvert un gîte pour (leurs beaux-parents / les vacanciers / les cochons).

Et maintenant

Le mari nous dit qu'il est content de son sort. Pourquoi?

Avant de visionner la troisième partie (-B3-)

Voici encore un Montagnon qui a pu profiter de ses compétences de paysan pour compléter ce que lui rapporte son travail principal.

A vous d'abord

Aimez-vous faire du ski? Faites-vous du ski de fond ou du ski alpin? Où? Où fait-on du ski en France?

Un peu de vocabulaire

Vérifiez le sens des expressions suivantes et complétez les phrases ci-dessous.

  Pour parler du ski:

    la piste, le téléski, les skis, les perches, la neige

      Quand vous faites du ski alpin, il vous faut de bons _____ , des _____ pour pouvoir tourner en descendant _____ et un _____ en bon état pour vous ramener en haut de la colline après votre descente. Il faut aussi de la _____ , bien sûr!

Pendant que vous visionnez

A. Visionnez d'abord la séquence sans mettre le son.

    1. Où travaille cet homme? (dans un atelier en dehors du village / dans une ferme près du village / dans une grande station de ski près des pistes)

    2. Que fait-il? (Il donne des leçons de ski. / Il répare le téléski. / Il répare des vélos.)

B. Repassez la séquence avec le son.

    1. Le paysan a trouvé cet emploi parce que (le tourisme est en hausse dans la région / il y a beaucoup de Montagnons qui font du ski / il n'y a pas beaucoup de neige dans la région).

    2. Est-ce qu'il gagne un salaire fixe?

Et maintenant

A votre avis, pourquoi ce travail supplémentaire était-il naturel et facile pour ce paysan?

Avant de visionner la dernière partie (-B4-)

Cet éleveur montagnon fait partie d'un groupe de paysans qui ont trouvé une activité hivernale.

A vous d'abord

Quand vous partez en vacances, où allez-vous? Où passez-vous la nuit?

Un peu de vocabulaire

Vérifiez le sens des expressions suivantes et complétez les phrases ci-dessous.

Pour parler de la ferme:

un travail d'entretien, une étable, les bêtes, les quotas

1. Pendant l'hiver, l'éleveur met ses _____ dans son _____ pour les protéger du froid.
2. Pour que l'équipement de la ferme reste en bon état, il faut faire _____ régulièrement.
3. Parfois, le gouvernement impose des _____ pour limiter la surproduction d'un produit.

Pendant que vous visionnez

A. Visionnez la séquence une première fois.

Quelle est l'activité supplémentaire de ce paysan? (la réparation de ses outils / la mise en opération d'une auberge / l'élevage des bêtes)

B. Visionnez la séquence une deuxième fois.
   1. Que fait le paysan l'après-midi pendant l'hiver? (Il garde les vaches aux champs. / Il nettoie la maison. / Il répare son équipement.)
   2. Pour qui construit-il l'auberge? (pour son fils et sa belle-fille / pour d'autres paysans / pour les touristes)
   3. L'auberge permettra au paysan de (gagner une grosse fortune / rester près de son fils / élargir son activité d'éleveur).

Et maintenant

A. *Compréhension*

Le paysan nous dit que la mise en opération de l'auberge lui donnera la possibilité de vivre près de son fils. Comment?

B. *Texte complémentaire:* **La Lettre à d'Alembert sur les spectacles**

1. Voici un extrait de *La Lettre à d'Alembert sur les spectacles* de Jean-Jacques Rousseau. L'auteur nous donne une image très différente de la vie des Montagnons au milieu du XVIIIe siècle.

Je me souviens d'avoir vu dans ma jeunesse, aux environs de **Neuſchâtel**, un spectacle assez agréable et peut-être unique sur la terre, une montagne couverte d'habitations **dont chacune** fait le centre des terres qui en dépendent; en sorte que ces maisons, à
5   distances aussi égales que **les fortunes** des propriétaires, offrent à la fois aux nombreux habitants de cette montagne **le recueillement** de la retraite et les douceurs de la société. Ces heureux paysans (...) cultivent avec tout le soin possible **des biens** dont le produit est pour eux, et emploient **le loisir** que
10 cette culture leur laisse à faire mille **ouvrages** de leurs mains. (...) L'hiver surtout, temps où la hauteur des neiges **leur ôte** une communication facile, chacun renfermé bien chaudement, avec sa nombreuse famille, dans la jolie et propre maison de bois qu'il a bâtie lui-même, **s'occupe de** mille travaux amusants, qui **chassent**
15 **l'ennui** de **son asile** et ajoutent à son bien-être. Jamais menuisier, **serrurier, vitrier**, tourneur de profession, n'entra dans le pays, **tous le sont pour eux-mêmes**, aucun ne l'est pour autrui (...) il leur reste encore du loisir pour inventer et faire mille instruments divers, d'acier, de bois, de **carton**, qu'ils vendent aux étrangers,
20 **dont** plusieurs même parviennent jusqu'à Paris, entre autres ces petites **horloges** de bois qu'on y voit depuis quelques années. Ils en font aussi de fer; ils font même des montres. (...)

je me rappelle
ville suisse près du Doubs
each of which

la situation financière

l'isolement et le calme

des terres / le temps libre
objets
ne leur permet pas

fait

remove the boredom / sa retraite
locksmith / glazier

everyone does his own

cardboard, heavy paper

clocks

---

2. Relevez dans ce passage les détails qui correspondent à ce que vous avez vu dans la vidéo (par exemple: l'hiver dur).

3. Pourquoi Rousseau considère-t-il les Montagnons heureux?

4. Selon ce passage, pourquoi les Montagnons s'adonnent-ils à des activités supplémentaires? Relevez les mots dont Rousseau se sert pour exprimer son attitude envers le travail supplémentaire. Les Montagnons modernes de la vidéo travaillent-ils pour la même raison?

AUDIO
LE TRAVAIL D'UN FRANÇAIS

Avant d'écouter la première partie

Dans cette partie, nous faisons la connaissance de Gérard, un ingénieur français qui travaille pour une entreprise française récemment acquise par une entreprise américaine. Gérard y dirige le service mondial de l'informatique. Il vient de terminer la première année d'un séjour de deux ans au siège social de l'entreprise, à Racine, Wisconsin, à mi-chemin entre Milwaukee et Chicago.

A vous d'abord

Vous faites la connaissance d'un Français qui travaille aux Etats-Unis. Préparez des questions à lui poser sur sa famille, son travail aux Etats-Unis et son travail en France.

Un peu de géographie

Gérard et sa famille habitent près de la ville de Soissons, au nord-est de Paris. Repérez cette ville sur la carte de France. Lisez le passage à la page 198 pour trouver les renseignements suivants: nom des habitants, population de la ville, activités principales de la région.

La ville de Soissons.

Soissons, chef-lieu de l'Aisne, sur l'Aisne, à 101 km au nord-est de Paris; 32.112 hab. (Soissonnais). Deuxième ville et agglomération du département, dont l'expansion récente est liée à l'essor de l'industrie. L'industrie est dominée par la métallurgie diversifiée, qui a dépassé la verrerie, l'alimentation et le caoutchouc.

D'après *Le Dictionnaire géographique de la France* (Paris: Larousse, 1979), p. 804.

Pendant que vous écoutez

A. Première écoute

Dressez la liste des renseignements mentionnés dans cette partie.

B. Deuxième écoute

1. Les enfants ont 15, 12 et _____ ans.

2. La famille habite à _____ km au nord-est de Paris.

3. La femme de Gérard est _____ en France.

Et maintenant

1. Précisez le changement de travail de Gérard en complétant les phrases suivantes.

En France, Gérard était responsable de l'informatique ou du système d'informations pour _____ et _____ . On lui a demandé de _____ pour le monde entier.

2. Pourquoi ce déplacement a-t-il été difficile pour sa femme et ses enfants?

Avant d'écouter la deuxième partie

Gérard nous décrit les circonstances de sa vie en France, c'est-à-dire son lieu de résidence, la distance entre la maison et le siège social de la compagnie, et il nous parle de sa journée typique au travail.

A vous d'abord

1. Habitez-vous loin de l'université? Comment y allez-vous? Mêmes questions pour votre travail.

2. Préparez par écrit un petit paragraphe qui décrit votre journée typique.

3. Quand il est 9 heures du matin à New York, quelle heure est-il à Paris?

Un peu de vocabulaire

Vérifiez le sens des mots suivants, puis employez-les dans des phrases complètes.

Pour parler des affaires:

la compagnie, le siège social, fonder (la fondation), la ferme, le bureau, la cafétéria, le décalage horaire

Pendant que vous écoutez

A. Ecoutez d'abord jusqu'à «on a choisi de vivre à la campagne».

Vrai ou faux?

  1. Le siège social de la compagnie est à Paris.

  2. La compagnie a été fondée par un agriculteur.

  3. Gérard passe plusieurs heures chaque jour sur la route.

  4. La famille aimerait vivre en ville, mais elle ne peut pas.

B. Ecoutez maintenant une description de la journée typique de Gérard.

Vrai ou faux?

  1. Gérard rentre à la maison pour déjeuner.

  2. Normalement, il téléphone aux Etats-Unis dans l'après-midi.

  3. La famille dîne vers 7 heures du soir.

  4. Les enfants regardent souvent la télévision le soir.

C. Ecoutez de nouveau la description.

Dressez la liste des activités de Gérard le matin, l'après-midi et le soir.

Et maintenant

Quelles sont les plus grandes différences entre cette journée typique et la vôtre?

Avant d'écouter la troisième partie

Ici, Gérard nous donne ses réactions personnelles à la vidéo sur les Montagnons. Sa famille a eu la même expérience avec l'exploitation familiale.

Un peu de vocabulaire

Vérifiez le sens des expressions suivantes, puis complétez les phrases ci-dessous.

Pour parler de la ferme:

le revenu, faire vivre une famille, travailler à l'extérieur, un travail saisonnier, des surcharges de travail

Pour parler du travail supplémentaire:

des champignons (des pleurotes), cueillir, un groupement

1. Il devient de plus en plus difficile de _____ quand la famille ne dispose que d'un seul salaire. C'est pour cette raison que beaucoup de femmes, au lieu de rester à la maison, cherchent à _____ .

2. Le genre d'emploi que l'on obtient dans un grand magasin au moment des fêtes de Noël s'appelle _____ .

3. A certaines périodes de l'année, au moment des récoltes par exemple, les agriculteurs ont _____ .

4. Le _____ des petits agriculteurs français continue à baisser, à cause de la concurrence des produits agricoles qui viennent des autres pays européens.

5. Au printemps, tout le monde est heureux de _____ les premières tulipes.

6. Le frère de Gérard s'est associé à d'autres fermiers pour former _____ coopératif.

7. Si on s'y connaît, on peut ramasser _____ dans la forêt. Moi, je préfère les acheter au marché.

Pendant que vous écoutez

A. Première écoute

Vrai ou faux?

1. Gérard n'a pas trouvé la vidéo intéressante.
2. L'histoire des Montagnons ressemble beaucoup à l'histoire de sa famille.
3. La famille de Gérard habite en Champagne.
4. La famille de Gérard produit du champagne.

B. Deuxième écoute

Complétez l'histoire de la famille.

1. Le père de Gérard était agriculteur et il avait _____ garçons.
2. Gérard est devenu ingénieur mais son frère est resté _____ .
3. Le revenu de la ferme était _____ , alors le frère et sa femme ont décidé de cultiver des _____ , qu'ils distribuent aux restaurateurs.
4. Quoiqu'ils aient les mêmes terres que leurs voisins en Champagne, ils n'ont pas le droit de _____ .

Et maintenant

1. Relevez les ressemblances entre la situation de la famille de Gérard et celle des familles des Montagnons que vous avez vus.

2. Ecrivez un paragraphe sur les difficultés financières d'une famille en utilisant le vocabulaire suivant, dans l'ordre suggéré: *des enfants, le revenu, faire vivre ma famille, ma femme / mon mari, travailler à l'extérieur, un travail saisonnier.*

Avant d'écouter la quatrième partie

Ici, Gérard nous donne ses impressions de la vidéo sur la région Rhône-Alpes.

A vous d'abord

Révisez les avantages (les «atouts») de la région cités dans la vidéo. Quelle est la ville la plus importante de la région? Pour quelles activités de loisir la région est-elle célèbre?

Pendant que vous écoutez

A. Première écoute

Vrai ou faux?

1. Gérard n'a jamais visité la région.
2. Gérard compare la région au Midi de la France.
3. S'il déménageait, Gérard serait très content de vivre dans la région.

B. Deuxième et troisième écoutes

Dressez une liste des atouts que Gérard cite. Est-ce qu'il cite des avantages pour les entreprises ou pour les employés?

Et maintenant

En vous basant sur les idées de Gérard, comparez les avantages et les inconvénients de la région parisienne et de la région Rhône-Alpes.

Avant d'écouter la cinquième partie

Ici, nous discutons les changements qu'un étranger remarquerait s'il visitait la France pour la première fois depuis dix ans.

A vous d'abord

D'après ce que vous avez lu ou entendu, dans quels domaines la France a-t-elle surtout changé depuis dix ans?

Pendant que vous écoutez

A. Première écoute

Quels sont les quatre sujets dont on parle dans cette partie?

B. Deuxième écoute

1. Qu'est-ce que Gérard remarque à propos de Paris?
2. Est-ce que les Français changent souvent de travail?

Et maintenant

1. Pourquoi est-il plus facile de changer de travail à Paris qu'en province? Quels seraient les avantages de rester dans le même emploi?
2. Complétez les phrases suivantes.
   a. Si on prenait le TGV en France, on _____ .
   b. Si on visitait Paris, on _____ .
   c. Si on reprenait son travail après une longue absence, on _____ .
   d. Si on prenait la voiture pour aller de Paris à Nice, on _____ .

LECTURE
CLAIRE ETCHERELLI: *ELISE OU LA VRAIE VIE*

Avant de lire

Le roman de Claire Etcherelli, *Elise ou la vraie vie*, publié en 1967, décrit les expériences en province et à Paris d'une jeune fille pauvre, Elise, à la fin des années 50. Dans les passages présentés ici, Elise vient de rejoindre son frère Lucien à Paris. Elle l'accompagne à l'usine dans laquelle il travaille et y est embauchée pour contrôler la construction des automobiles. C'est sa première expérience du travail à la chaîne dans une grande entreprise.

Avant de lire la première partie

Elise entre dans l'atelier de l'usine pour la première fois.

A vous d'abord

Avez-vous jamais visité une usine où on fabrique des produits à la chaîne? Y avez-vous jamais travaillé? Qu'est-ce que vous avez remarqué? Quelles sont les différences entre ce genre de travail et le travail d'un artisan ou d'un professionnel?

Le travail à la chaîne exige une rapidité exceptionnelle.

Pendant que vous lisez

A la première lecture de ce passage, essayez de préciser les éléments de la réaction d'Elise.

Le gardien nous attendait. Il **lut** nos fiches. La mienne portait: atelier 76. Nous montâmes par un énorme ascenseur jusqu'au deuxième étage. Là, une femme qui **triait de petites pièces, interpella le** gardien.

5 —Il y en a beaucoup aujourd'hui?

—Cinq, dit-il.

Je la **fixai** et j'aurais aimé qu'elle me **sourît**. Mais elle regardait **à travers moi**.

—Ici, c'est vous, me dit le gardien.

10 Gilles venait vers nous. Il portait une **blouse** blanche et **me fît signe** de le suivre. Un **ronflement** me parvenait et je commençai à trembler. Gilles ouvrit **le battant** d'une lourde porte et me laissa le passage. Je m'arrêtai et le regardai. Il dit quelque chose, mais je ne pouvais plus l'entendre, j'étais dans l'atelier 76.

15 Les machines, **les marteaux**, les outils, les moteurs de la chaîne, **les scies** mêlaient leurs bruits infernaux et ce **vacarme** insupportable, fait de **grondements**, de **sifflements**, de sons aigus, **déchirants pour l'oreille**, me sembla tellement inhumain que je **crus** qu'il s'agissait d'un accident, que, ces bruits **ne s'accordant pas**

20 ensemble, certains allaient cesser. Gilles **vit** mon étonnement.

—C'est le bruit! cria-t-il dans mon oreille.

Il n'en paraissait pas **gêné**. L'atelier 76 était immense. Nous avançâmes **enjambant** des **chariots** et des **caisses**, et quand nous arrivâmes devant **les rangées** des machines où travaillaient un grand

25 nombre d'hommes, **un hurlement** s'éleva, se prolongea, **repris**, me sembla-t-il, par tous les ouvriers de l'atelier.

Gilles sourit et se pencha vers moi.

—N'ayez pas peur. C'est pour vous. Chaque fois qu'une femme rentre ici, c'est comme ça.

30 Je baissai la tête et marchai, accompagnée par cette espèce de «ah» **rugissant** qui s'élevait maintenant de partout.

A ma droite, un serpent de voitures avançait lentement, mais je n'osais regarder.

Notes in right margin:

(lire)

sorted parts / s'adressa au

regarder fixement / (sourire)
right through me

tablier de travail
m'indiqua / rumbling
leaf

hammers
saws / bruit très fort
bruits sourds, comme le bruit du tonnerre / bruits aigus, hissing / ear-splitting
(croire) / n'allant pas
(voir)

troublé
marchant par-dessus / carts / boxes
rows
cri aigu d'un animal
répété

(rugir) crier comme un lion

Et maintenant

1. Est-ce une description objective de l'atelier? De quels yeux voyons-nous l'atelier?
2. Qu'est-ce qu'Elise remarque surtout? Relevez tous les mots du passage qui décrivent le bruit.

3. Quels détails expriment l'idée de la dépersonnalisation de ce travail?

4. Quelle différence remarquez-vous entre la femme au début et les hommes à la fin?

5. Quelle est l'image évoquée par les mots *infernaux, inhumain* et *serpent*?

Avant de lire la deuxième partie

Elise pénètre plus loin dans l'atelier et arrive à la chaîne même, avec M. Bernier, le chef d'équipe.

A vous d'abord

A votre avis, comment les hommes vont-ils réagir à la présence d'Elise?

Pendant que vous lisez

A la première lecture de ce passage, relevez tous les détails qui montrent le malaise physique d'Elise.

Bernier **me conduisit** tout au fond de l'atelier, dans la partie qui donnait sur le boulevard, éclairée par de larges **carreaux** peints en blanc et **grattés** à certains endroits, par les ouvriers sans doute.

    —C'est la chaîne, dit Bernier avec fierté.

5   Il me fit **grimper** sur une sorte de banc fait de **lattes de bois**. Des voitures passaient lentement et des hommes **s'affairaient** à l'intérieur. Je compris que Bernier me parlait. Je n'entendais pas et je m'excusai.

    —Ce n'est rien, dit-il, vous vous habituerez. Seulement, **vous allez**

10 **vous salir**.

    Il appela un homme qui **vint** près de nous.

    —Voilà, c'est mademoiselle Letellier, la sœur du grand qui est là-bas. Tu la prends avec toi **au contrôle** pendant deux ou trois jours.

    —Ah bon? C'est les femmes, maintenant, qui vont **contrôler**?

15   **De mauvais gré**, il me fit signe de le suivre et nous traversâmes la chaîne entre deux voitures. Il y avait peu d'espace. Déséquilibrée par le mouvement, je **trébuchai** et **me retins** à lui. Il **grogna**. Il n'était plus très jeune et portait des lunettes.

    —On va remonter un peu la chaîne, dit-il.

20   Elle descendait **sinueusement**, en pente douce, portant sur son ventre des voitures bien **amarrées** dans lesquelles entraient et sortaient des hommes pressés. Le bruit, le mouvement, **la trépidation** des lattes de bois, **les allées et venues** des hommes, l'odeur d'essence, **m'étourdirent** et me suffoquèrent.

25   —Je m'appelle Daubat. Et vous c'est comment déjà? Ah oui, Letellier.

Glosses (right margin):

- m'amena
- vitres
- scratched
- monter / wooden slats
- avaient l'air très occupés
- vos vêtements vont devenir sales
- (venir)
- à l'inspection
- vérifier, inspecter
- contre sa volonté
- stumbled / grabbed onto / groaned
- en tournant
- attachées
- tremblement
- comings and goings
- me fatiguèrent

Et maintenant

1. Quel contraste remarque-t-elle entre la vitesse des voitures et le travail des hommes?
2. Quel sera le travail d'Elise?
3. Daubat est-il content de prendre Elise en charge? Pouvez-vous imaginer pourquoi?

Avant de lire la troisième partie

Elise voit son frère au travail pour la première fois.

A vous d'abord

Imaginez un grand atelier avec beaucoup d'ouvriers. Comment reconnaîtriez-vous quelqu'un?

Pendant que vous lisez

A la première lecture de cette partie, relevez les détails importants de la description de Lucien.

—Vous connaissez mon frère?

—Evidemment je le connais. C'est le grand là-bas. Regardez.

Il me tira vers la gauche et **tendit son doigt** en direction des   *pointed*
machines.

5 La chaîne dominait l'atelier. Nous étions dans son commencement; elle finissait très loin de là, après avoir fait le tour de l'immense
atelier. De l'autre côté **de l'allée** étaient les machines sur lesquelles   *du passage*
travaillaient beaucoup d'hommes. Daubat me désigna une silhouette,
la tête recouverte d'un béret, un masque protégeant les
10 yeux, vêtue d'**un treillis**, tenant d'une main enveloppée de **chiffons**   *canvas apron / rags*
une sorte de pistolet à peinture dont il envoyait **un jet** sur de petites   *a stream*
pièces. C'était Lucien. De ma place, à demi cachée par les voitures qui
passaient, je regardai attentivement les hommes qui travaillaient dans
cette partie-là. Certains **badigeonnaient**, d'autres tapaient sur des   *peignaient sans faire attention*
15 pièces qu'ils **accrochaient** ensuite à **un filin**. La pièce parvenait **au**   *mettaient / une corde*
suivant. C'était l'endroit le plus sale de l'atelier. Les hommes, vêtus   *à la personne suivante*
de **bleus tachés**, avaient le visage **barbouillé**. Lucien ne me voyait   *vêtements de travail sales / couvert de peinture*
pas.

Et maintenant

1. Quel est le travail de Lucien? Est-ce un travail sain et propre?
2. Au début, Elise ne reconnaît pas Lucien. Pourquoi?
3. Pourquoi pourrait-on dire que le travail de Lucien est dépersonnalisant?

Avant de lire la quatrième partie

Daubat montre à Elise le travail d'inspection qu'elle doit faire. Ensuite elle essaie de le faire seule.

A vous d'abord

Imaginez la sorte de travail qu'on demande à Elise. Pourra-t-elle le comprendre tout de suite?

Pendant que vous lisez

A la première lecture du passage, relevez les détails qui montrent la réaction d'Elise à ses nouvelles responsabilités.

Daubat m'appela et je le rejoignis. Il me **tendit** une plaque de métal sur laquelle était posée **un carton**.

—Je vous passe un crayon... Vous regardez ici. Il me montrait **le tableau de bord** en tissu plastique.

5 —S'il y a des défauts, vous les notez. Voyez? Là, c'est mal **tendu**. Alors, vous écrivez. Et là? Voyez.

Il regardait les **essuie-glaces**.

—Ils y sont. Ça va. Et le **pare-soleil**? Aïe, déchiré! Vous écrivez: pare-soleil déchiré. Ah, mais il faut aller vite, regardez où nous
10 sommes.

Il sauta de la voiture et me fit sauter avec lui. Nous étions loin de l'endroit où nous avions pris la voiture.

—On ne pourra pas faire la suivante, dit-il, découragé. Je le dirai à Gilles, tant pis. Essayons celle-là.

15 Nous recommençâmes. Il allait vite. Il disait «là et là»; «là **un pli**», «là manque **un rétro**» ou «rétro mal posé». Je ne comprenais pas.

Pendant quelques minutes, je **me réfugiai** dans la pensée de ne pas revenir le lendemain. Je ne me voyais pas monter, descendre de la chaîne, entrer dans la voiture, voir tout en quelques minutes,
20 écrire, sauter, courir à la suivante, monter, sauter, voir, écrire.

—Vous avez compris? demanda Daubat.

—Un peu.

—C'est pas un peu qu'il faut, dit-il en secouant la tête. Moi, je ne comprends pas pourquoi ils font faire ça par des femmes... La
25 prochaine, vous la faites seule. Je suis derrière vous.

En trébuchant, ce qui fit rire un des garçons, je sortis de la voiture et **attendis** la suivante. Ma feuille à la main, appuyée sur **la portière** pour garder l'équilibre, j'essayai de voir. Mon bras touchait le dos d'un homme qui **clouait**. Quand je me penchai vers le tableau de

---

Glossary (right margin):

(tendre) donna
une feuille épaisse

dashboard

installé

windshield wipers

sun visor

a crease
rétroviseur, *mirror*
trouvai un refuge

(attendre) / la porte de la voiture

attachait quelque chose avec des clous (*nails*)

30 bord, **je faillis dégringoler** sur l'ouvrier qui **s'apprêtait à visser** le
    rétroviseur. Il sourit et m'aida à **me redresser**. Je sortis promptement
    et ne vis pas Daubat. Il fallait marquer quelque chose. Je ne pouvais
    pas poser ma feuille blanche sur la **plage arrière** — on disait plage,
    je venais de l'apprendre. Je marquai, **au hasard**: «rétroviseur
35 manque» parce que j'avais vu Daubat marquer cela sur chaque feuille.
    Mais ensuite, que faire? Sans Daubat, j'étais perdue...

je suis presque tombée / se préparait à attacher avec des vis (screws) / me remettre debout

rear shelf

sans raison

Et maintenant

1. Qu'est-ce qu'Elise doit faire? Aura-t-elle assez de temps?
2. Est-ce qu'Elise comprend son travail? Qu'est-ce que Daubat pense d'elle?
3. Qu'est-ce qui arrive à Elise quand elle essaie de faire son travail seule?
4. Vérifie-t-elle l'intérieur de la voiture? Pourquoi marque-t-elle «rétroviseur
   manque»?

Avant de lire la cinquième partie

Lucien et Elise se reposent pendant l'heure du déjeuner.

A vous d'abord

Comment vous sentez-vous après une longue journée de travail? A quoi pensez-vous?

Pendant que vous lisez

A la première lecture, relevez les détails qui montrent l'état physique de Lucien et
d'Elise.

(...) Nous trouvâmes un banc et nous nous **assîmes** côte à côte. Nous
avions le soleil dans le dos. Mes jambes tremblaient et je n'avais
travaillé que deux heures. Il faudrait recommencer pendant quatre
heures et demie. Lucien **s'était affalé**, les jambes étendues en avant,
5 les bras **en croix sur le dossier**, la tête en arrière.
    —Alors, la vérité? dit-il à voix basse. Tu crois que **tu tiendras le
coup**?
    —Je tiendrai.
    Au soleil et au repos, c'était simple à affirmer.
10 —Tu n'as pas eu peur quand **les types** ont crié ce matin?
    —Non, pas peur. — Je mentais. — Mais pourquoi font-ils cela?
    —A travailler comme ça, on retourne à l'état animal. Des **bestiaux**
qui voient la femelle. On crie. C'est l'expression animale de leur

(s'asseoir)

had collapsed

crosswise on the back of the bench

tu vas pouvoir continuer

les hommes (argot)

animaux

plaisir. Ils ne sont pas méchants. Un peu **collants** avec les femmes   embêtants

15 parce qu'**ils en manquent**.   ils n'en ont pas

    —Je suis quand même effrayée par ce que j'ai vu.

    —Qu'est-ce que tu as vu? Tu n'as rien vu du tout. Si tu tiens le
coup, si tu restes, tu découvriras d'autres choses.

    —Mais toi, Lucien, penses-tu rester longtemps?

20   —Ah ça, dit-il, je n'en sais rien. Il fallait que **j'y passe**, que je voie.   je fasse l'expérience
Mais quelquefois, je crains de **lâcher**. Je ne peux rien manger, je suis   laisser tomber
intoxiqué par la peinture. Et les autres autour, **quelle déception**... Tu   quel désappointement
vois, la vie de l'ouvrier, elle commence à l'instant où finit le travail.
Comme il faut bien dormir un peu, ça ne fait pas beaucoup d'heures

25 à vivre.

    Il se leva et **s'étira**.   stretched

    —Et puis, laisse tomber, dit-il d'un air dégoûté. Ça ne vaut pas la
peine de persévérer. Qu'est-ce que tu veux que ça t'apporte?

    Je lui demandai encore une fois pourquoi il ne lâchait pas

30 lui-même.

    —Et vivre? Avec quoi? **Qu'est-ce que tu veux que je fasse**
d'autre?...   What else can I do?

Et maintenant

1. De quoi Elise a-t-elle peur?

2. Comment Lucien explique-t-il le comportement des ouvriers? Cette explication
correspond-elle à ce qu'Elise a ressenti?

3. Lucien est-il content de son travail? Pourquoi ne le laisse-t-il pas tomber?

Avant de lire la dernière partie

Dans cette partie, Elise propose à Daubat une idée «révolutionnaire».

A vous d'abord

Imaginez une idée révolutionnaire qui transformerait votre travail ou votre école.

Pendant que vous lisez

A la première lecture, relevez les détails qui montrent les différences entre Elise et
Daubat.

    —J'aimerais, lui dis-je, voir comment se fabrique une voiture.
Pourquoi n'amène-t-on pas les nouveaux visiter chaque atelier, pour
comprendre?

—Attention, **vous avez laissé passer** un pli, ici. Pourquoi?   vous n'avez pas remarqué

5   —Oui. Pourquoi? On ne comprend rien au travail que l'on fait. Si
on voyait par où passe la voiture, d'où elle vient, où elle va, on
pourrait s'intéresser, **prendre conscience du** sens de ses efforts.   réaliser le

Il **se recula**, sortit ses lunettes, les essuya et les remit.   stepped back

—Et la production? Vous vous rendez compte si on faisait visiter

10   l'usine à tous les nouveaux? Avouez, dit-il en riant, c'est encore des idées à
votre frère! Attention, la voiture.

Il sauta dans l'allée.

Attention, attention. Tous disaient ce mot du matin au soir.

Claire Etcherelli, *Elise ou la vraie vie*
(Paris: Editions Denoël, 1967) pp. 75–87.

Et maintenant

1. Quelle est l'idée révolutionnaire d'Elise? Pourquoi la propose-t-elle?
2. Pourquoi Daubat trouve-t-il cette idée ridicule?
3. Que pensez-vous de cette idée?
4. Vous souvenez-vous de votre première journée de travail? Décrivez les circonstances et vos sentiments. Comparez votre expérience à ce qui est arrivé à Elise. (Si vous n'avez pas encore travaillé, imaginez vos expériences futures).

«LE BOOM DU MIDI»

Avant de lire

Ces extraits tirés d'un article du *Point* présentent le renouveau du Midi, c'est-à-dire du Sud de la France.

A vous d'abord

1. On appelle le Sud de la France le Midi («le milieu») parce qu'il était situé au milieu de l'Empire romain, entre l'Italie et l'Espagne. Trouvez les régions administratives de la France qui se trouvent dans le Midi. Quelles sont les villes les plus importantes de ces régions?
2. Quelles images ou quelles idées du Midi vous faites-vous? D'où viennent-elles?

Pendant que vous lisez

- Lisez d'abord le premier et le dernier paragraphe. Quels aspects du Midi présente-t-on dans l'article? Quel est le but de l'article?
- Relevez les différences entre le Nord et le Sud qu'on mentionne.

Le dernier **recensement** le révèle: le Sud est en plein boom démographique. De 1982 à 1990, la seule région Midi-Pyrénées a ainsi gagné plus de 1 million d'habitants!... Longtemps dominé par le Nord, voilà que le Sud à nouveau émerge. Il attire des talents et il
5 exporte son art de vivre... *Le Point* vous propose **une balade** dans ce nouveau Sud...

C'est une histoire aussi vieille que notre pays, l'une des clés de son «invention», une affaire de 1.500 ans inscrite dans les **gènes** de la France. L'opposition du Nord et du Sud ne résume certes pas
10 **l'anthropologie** française, tant la diversité des cultures est grande à travers l'Hexagone, mais cette fracture-là n'a jamais été **réduite. Que l'on aille** de Paris vers Bordeaux, Toulouse, Montpellier, Marseille ou Nice, **il est** toujours un moment — une frontière invisible — où le Sud s'impose à vous, où sa géographie vous submerge, avec ses
15 paysages, ses couleurs, sa lumière, ses odeurs et ses parfums, ses accents chantants ou **rocailleux**, ses hommes et ses femmes, ses **mas** et ses **bastides**, ses villes ou ses villages.

Sous le soleil, le Midi soudain **se décrète, paré** de bleu. Un instant plus tôt, vous êtes encore au Nord, prisonnier de ses manières
20 et de son autre beauté (...)

Des millions de vacanciers ont encore vécu cette année ce **sortilège** de **l'héliotropisme**, participé à cette immense migration qui, le temps d'un été, installe toute la France ou presque dans ce Sud **protéiforme** qui s'appelle aussi bien Provence, Languedoc,
25 Roussillon, Gascogne, Béarn ou Aquitaine. (...)
[*Le Sud est plus qu'un pays de vacances. Il est temps de réfuter les idées popularisées par J. Michelet.*]

Il y a plus d'un siècle, **Jules Michelet** (...) fixait déjà cette image, ce stéréotype dans «Le Tableau de la France»: «Les bassins du Rhône
30 et de la Garonne, malgré leur importance, ne sont que secondaires. La vie forte est au Nord. Là **s'est opéré** le grand mouvement des nations (...). Tout ce Midi, si beau, c'est néanmoins, comparé au Nord, un pays de ruines.»

(...) [Pourtant] les lycées du Sud ont été des **pépinières** où se
35 fabriquaient les élites de la nation. La IIIe République (1870–1942), d'ailleurs, a vécu sous ce slogan: «Le Nord travaille, le Sud gouverne.» En vérité, la France a connu tout au long de son histoire une alternance culturelle. Après une longue domination **de l'occitanie**, le Nord, au contact des zones développées de l'Europe, **a pris le dessus**.
40 «Aujourd'hui, observe **Emmanuel Todd**, les moyens culturels de masse et de communication permettant aux régions de manifester leurs aptitudes, vous voyez le Sud réémerger.»

Marginal glosses:

l'action de compter les habitants

Une promenade ou une chanson?

genes; ici, éléments essentiels de l'identité

science ou description de l'homme
guérie

whether one goes

il y a

durs / maisons de campagne provençales (mas et bastides)

s'impose / orné, habillé

charme / mouvement vers le soleil

de formes multiples

historien français (1798–1874)

a eu lieu

endroits fertiles, *nurseries*

du Sud

A gagné ou a perdu?

anthropologue français contemporain

Sur le pont d'Avignon...

Les dernières **données** démographiques sont là qui le   *data*
démontrent. Les premiers chiffres du recensement de 1990 traduisent
45 tout ce dynamisme retrouvé. De 1982 à 1990, la région Midi-Pyrénées a
gagné 1.021.000 habitants, l'Aquitaine 137.000, le Languedoc-Roussillon
183.200 et la région Provence-Alpes-Côte d'Azur 294.800 (...) Ce
basculement n'est pas le résultat d'une natalité sudiste nouvelle, il   *changement soudain*
est surtout le fait d'une **«transhumance** nationale» vers le soleil, d'un   *migration*
50 **phototropisme** français. Ainsi, en Midi-Pyrénées, l'accroissement   *mouvement vers la lumière*
naturel n'est que de +0,01% par an (1.900 naissances de plus que de
décès en huit ans!), tandis que **le solde migratoire** annuel est de   *la différence entre les mouvements d'immigration et d'émigration dans une région / **Une inclination ou un dégoût? Vivre ou mourir?***
+0,53% (12.525 par an).
Cette migration traduit **un attrait** qui a cependant ses limites. Le
55 Nord envoie bien souvent ses «vieux» **s'éteindre** au Sud. (...)
Globalement, d'ailleurs, les créations d'emplois aujourd'hui encore
progressent plus vite au Nord qu'au Sud, où le chômage demeure une
douloureuse **induration**, (...) mais le Sud se réveille,   *blessure*
poussé par sa démographie, aidé par son climat et porté par la
60 révolution industrielle en cours. **L'essoufflement** des industries   *le déclin*
lourdes, la montée des services et des nouvelles technologies **font**   **Désavantagent ou favorisent?**
l'affaire d'un Midi sans grande tradition industrielle. **Toulouse** est   *un centre de technologie et d'informatique*

l'illustration de ce **virage** «high-tech», l'incarnation de ce nouveau slogan sudiste: «**South is soft.**»

changement de direction

Le Sud est renommé pour le développement du logiciel (software).

65   (...) Le Sud n'est plus seulement au sud. Il sait désormais qu'il peut exporter son style, sa culture et son art de vivre. Sous ses assauts, le Nord se laisse séduire. Au cinéma, le triomphe de *Jean de Florette* et *Manon des Sources* en apporte la preuve.

Démographiquement, industriellement, culturellement, le Sud est
70 en fait de retour. Il «importe» désormais des hommes et «exporte» sa culture comme s'il avait retrouvé une identité perdue.

Le Point, 6 août 1990, pp. 30–34.

Et maintenant

1. Comment les différences entre le Nord et le Sud se manifestent-elles encore aujourd'hui?
2. Pourquoi les Français sont-ils «héliotropistes»?
3. Quelle était la partie supérieure de la France selon Jules Michelet? Pourquoi?
4. Le Nord a-t-il toujours dominé le Sud?
5. D'où venaient les hommes les plus importants?
6. Selon l'auteur, qu'est-ce qui permet au Sud de se manifester aujourd'hui?
7. Que montrent les chiffres sur la population?
8. Cette augmentation est-elle due à une augmentation du nombre d'enfants dans les familles du Midi?
9. Quelle région a gagné le plus grand nombre d'habitants?
10. Quelles sont les limites à l'essor du Sud?
11. Dans quels secteurs économiques le Sud est-il fort?
12. Qu'est-ce que le Nord «importe» du Sud?
13. Sujet de rédaction. Imaginez que vous travaillez dans la publicité. Créez une petite réclame pour le Midi destinée à encourager les «nordistes» à venir s'y implanter. Avant de commencer, dressez la liste des aspects positifs que vous voulez accentuer. Quels aspects négatifs passerez-vous sous silence?

FRANÇOIS MITTERRAND: MA PART DE VERITE

Avant de lire la première partie

Dans ce passage, tiré de *Ma Part de vérité*, François Mitterrand présente sa conception de la France. Il partage l'image rurale et mythique de la France de de Gaulle, mais il connaît aussi une autre France, urbaine et internationale, porteuse d'un message de justice et de fraternité.

A vous d'abord

Quelles images vous faites-vous de la France? Des Etats-Unis?

Pendant que vous lisez

Dans le premier paragraphe, Mitterrand présente l'idée traditionnelle de la France qu'il
a reçue de sa famille. A la première lecture, relevez les mots qui décrivent cette idée.

Qui **ne se fait** une idée de la France? J'en ai plusieurs. Celle que
j'ai reçue **des miens**, je ne l'ai pas oubliée et je la garderai jusqu'à la
mort. Elle a été formée aux sources d'un enseignement simple
et fier qui **traitait** la France à la fois comme une personne et
5 comme un mythe, **être vivant** qui aurait eu la jeunesse de
Saint Louis, l'adolescence de **Clouet**, l'âge mûr de **Bossuet** et qui
serait **à jamais indemne** de vieillesse et de mort. Cette France-là,
porteuse d'un peuple **élu**, assemblage de races et de langues **soudées**
pour l'éternité par les puissances **du sol**, **relevait** de Dieu
10 seul. Ses personnages principaux étaient des paysages, des horizons, **des
cours d'eau**. (...) Son histoire était tracée par **une filiation**
d'hommes illustres dont les derniers en date étaient **Pasteur** et
Clemenceau. Au vrai, c'était une moitié de France, la moitié rurale,
fidèle, spiritualiste et qui croyait être la France tout entière. De la
15 seconde moitié, **nébuleuse** de villes, de révolutions, de grèves et de
fumées d'usine, elle ne savait rien tout **en la redoutant**. (...) Je reste
interdit à la pensée que ce monde **clos** existe encore quelque part,
plus **étendu** qu'on ne l'imagine, **réfractaire** aux courants et aux
mouvements modernes dont nous avons tendance à croire, à Paris,
20 qu'ils ont bouleversé jusqu'**aux tréfonds** la société de nos provinces.
(...) Le général de Gaulle appartient à cette tradition **pastorale** et c'est
dans l'histoire des dates apprises par cœur, des naissances de
dauphins, des **fiançailles** de princesses et des batailles de
Marignan qu'il a retenu sa place.

N'imagine pas

**De ma famille ou
d'inconnus?**

considérait

personne vivante

Louis IX, roi de France
(1226–1270) / peintre
français de la Renaissance /
orateur et écrivain du
XVIIe siècle / **Toujours
protégée ou jamais
protégée?** / choisi (par
Dieu) / **Réunies ou
divisées?** / de la terre /
dépendait
des rivières, des fleuves /
une famille
chimiste et biologiste

homme d'Etat pendant la
Première Guerre mondiale

un ensemble obscur

en ayant peur

Etonné ou peu surpris? /
Ouvert ou fermé?
Petit ou grand? /
Résistant ou obéissant?

aux bases profondes

Rurale ou urbaine?

princes royaux /
engagements
ville d'Italie où François Ier
a vaincu les Suisses en
1515

Et maintenant

1. Cette idée de la France a-t-elle été vécue ou apprise?
2. Comment considère-t-on la France selon cette idée?
3. Quelle sorte de peuple a formé l'histoire de cette France-là?
4. Comment ces habitants se considèrent-ils?
5. Quelle était l'autre moitié de la France?
6. Selon Mitterrand, la France rurale existe-t-elle toujours?
7. De quelle tradition de Gaulle fait-il partie?

Avant de lire la deuxième partie

Dans le deuxième paragraphe, Mitterrand décrit l'autre idée de la France, la France du petit peuple, la France urbaine et internationale, la France des travailleurs exploités, qu'il a commencé à connaître quand il était prisonnier de guerre dans la région de Thuringe en Allemagne.

A vous d'abord

Imaginez ce que Mitterrand a appris quand il était prisonnier.

Pendant que vous lisez

A la première lecture de cette partie, relevez les mots qui décrivent cette autre idée de la France.

L'autre idée de la France, je l'ai gagnée par contagion. Je crois qu'elle m'a été transmise sur la route de Thuringe, à quelques kilomètres d'Iéna, que traçait **au pic et à la pelle** notre **commando 1515**. (...) *with pick and shovel / work detail 1515*

J'ai mesuré le temps que durent les heures du matin jusqu'au soir
5 quand il ne reste du monde **ébloui** d'autrefois que l'amitié d'un geste, *merveilleux, innocent*
le secours d'un regard, la force de la fatigue et de la misère partagées.
(...) Le malheur n'était plus le malheur. Nous avions en nous une patrie qui chantait avec les chansons, qui priait avec les prières, qui ne pleurait pas sur elle-même. Cette patrie est dispersée aujourd'hui
10 sur la terre, sous la terre. Elle est à Jérusalem, à Barcelone, à Cracovie, à Tahiti... Cette idée de la France, je l'aime peut-être plus que celle de mon enfance et elle ne me quittera pas non plus... Je l'ai **traînée** un peu **Apportée ou suivie?**
partout. Dans **les bidonvilles** de **Kenchela** et de **La Réunion**, *ghettos / région d'Afrique / île dans l'océan Indien*
à Queens autant qu'à Harlem (...) [et en] France aussi,
15 dans **la crasse** d'une société qui **s'épuise** à se laver les mains. Je sais *la saleté, l'ordure / se fatigue* / *witness*
que je ne suis qu'**un témoin**, que je ne puis exprimer ce que
ressentent, ce que veulent, ce que peuvent les masses **livrées à** **Eprouvent ou oublient? / Abandonnées à ou sauvées de?**
l'injustice, mais je sais que ceux qui les oppriment ne sont pas de la même patrie que moi. Des mots **réputés** sots ou **usés à la corde** *qu'on croit / démodés, banals*
20 **m'émeuvent**. Le pain, la paix, la liberté. Là où on les cherche, là où on **Me touchent ou me laissent froid?**
les trouve, je me sens arrivé de nouveau chez moi.

François Mitterrand, *Ma Part de vérité* (Paris: Fayard, 1969) pp. 31–34.

Et maintenant

1. Cette idée de la France a-t-elle été vécue ou apprise?
2. Quels sont les habitants de cette France-ci?

3. Quelles sont ses caractéristiques?
4. Comparez cette idée à la première.
5. L'une de ces idées est-elle plus vraie que l'autre?
6. Résumez les différences entre les idées de Mitterrand et celles de de Gaulle.
7. François Mitterrand a été élu président de la République française en 1981 et réélu en 1988. C'est un socialiste. Un des aspects du socialisme est la dénonciation des inégalités sociales. Citez les passages qui reflètent cette philosophie.

COLONISATION

6

INTRODUCTION

Dans ce chapitre, vous allez étudier l'histoire de la
colonisation française et ses répercussions dans la
société actuelle. L'expérience coloniale de la France
explique l'immigration massive d'anciens colonisés
vers la métropole. Ce déplacement a entraîné une
mise en question de la capacité de la France à
assimiler un si grand nombre d'immigrés.

VIDEO

Vous verrez aussi un documentaire sur la colonisation française en Afrique, surtout en Afrique du
Nord ou Maghreb. Vous apprendrez comment cet
empire colonial s'est dissous après la Deuxième
Guerre mondiale, et les mouvements indépendantistes qui l'ont suivie.

AUDIO

Vous écouterez ensuite l'interview d'un jeune Marocain né en 1956, au moment de l'indépendance de
son pays. Il vous fournira des renseignements sur le
Maroc moderne.

LECTURE

Vous lirez enfin des auteurs francophones et
français qui ont vécu ou étudié le phénomène de la
colonisation et ses conséquences.

INTRODUCTION

A vous d'abord

1. Que veut dire le mot *colonisation*? Quelles nationalités ont colonisé l'Amérique du Nord? Pour quelles raisons? Comment l'Amérique du Nord s'est-elle «décolonisée»?

2. Lisez le sondage à la page 219 qui fait le bilan de l'attitude des Français envers les immigrés actuels. Selon les résultats:
- les Français sont-ils pour ou contre l'intégration des immigrés?
- quels groupes (professions, âges, partis politiques) sont pour?
- quels groupes sont contre?

Pouvez-vous imaginer pourquoi les Français de certaines professions sont contre les immigrés?

I. Anciennes colonies, nouveaux immigrés

A. Regardez les paragraphes suivants et le document à la page 220 pour apprendre:
- d'où viennent les immigrés en France aujourd'hui.
- une influence des immigrés sur la société.
- si le couscous est un plat français, un plat nord-africain ou un plat américain.
- si les Français ont accepté la cuisine arabe.
- si les Français ont accepté les immigrés eux-mêmes de la même façon.
- de quels pays d'Afrique viennent le plus grand nombre d'immigrés.
- si le chômage est un gros problème pour les travailleurs étrangers.

Pour bien comprendre la France actuelle, il faut examiner les racines historiques de certains problèmes.

Les Français d'aujourd'hui, par exemple, doivent apprendre à vivre avec de nombreux immigrants venus des anciennes colonies françaises

5 d'Asie et d'Afrique. Leur nombre toujours grandissant, dû à leur taux de natalité très élevé, est en train de changer la société française. Qui aurait cru, il y a quelques années, que le pays qui se pique° d'avoir une des plus grandes traditions culinaires du monde verrait de nombreux restaurants annoncer: «Aujourd'hui: plat du jour, couscous»!

L'AVENIR DES IMMIGRÉS

Souhaitez-vous que dans les prochaines années on favorise :
- L'intégration dans notre société des immigrés qui vivent actuellement en France
- Le départ d'un grand nombre d'immigrés qui vivent actuellement en France ?

		L'intégration des immigrés	Le départ d'un grand nombre d'immigrés	Sans opi- nion
Ensemble des Français	100%	43	44	13
Sexe				
Homme		44	44	12
Femme		43	44	13
Age				
18 - 24 ans		52	36	12
25 - 34 ans		52	40	8
35 - 49 ans		40	48	12
50 - 64 ans		38	51	11
65 ans et plus		40	44	16
Profession du chef de ménage				
Agriculteur		32	53	15
Artisan, commerçant, chef d'entreprise		37	55	8
Cadre, profession intellectuelle supérieure		61	27	12
Profession intermédiaire et employé		53	36	11
dont : - Profession intermédiaire		60	31	9
- Employé		42	44	14
Ouvrier		39	52	9
Inactif, retraité		39	46	15
Préférence partisane				
Parti communiste		55	39	6
Parti socialiste		58	30	12
UDF		27	62	11
RPR		32	59	9
Front national*		0	100	0
Intention de vote au premier tour				
André LAJOINIE		67	26	7
François MITTERRAND		55	33	12
Raymond BARRE		27	61	12
Jacques CHIRAC		34	55	11
Jean-Marie LE PEN		12	85	3

*En raison de la faiblesse des effectifs, les résultats sont à interpréter avec prudence.

Enquête SOFRES des 1er et 2 avril 1988 pour LA TRIBUNE DE L'EXPANSION.

Tableau 1

1 500 000 travailleurs étrangers

Répartition des étrangers de 15 ans et plus
par nationalité et taux d'activité (1987) :

	Nombre	Taux (1)
• Algériens	473 007	52,7 %
• Tunisiens	120 799	59,2 %
• Marocains	324 011	54,3 %
• Ressortissants des pays d'Afrique noire	96 543	54,0 %
• Italiens	242 338	46,9 %
• Espagnols	232 069	51,4 %
• Portugais	554 204	71,0 %
• Ressortissants des autres pays de la CEE	135 347	49,8 %
• Polonais	55 714	21,9 %
• Yougoslaves	59 944	66,5 %
• Turcs	106 094	53,2 %
• Autres étrangers	317 762	54,8 %
TOTAL	**2 717 832**	**56,1 %**

(1) Proportion d'actifs (actifs occupés + chômeurs)
dans l'effectif total de chaque nationalité.

INSEE, enquête sur l'emploi 1987

Tableau 2

10   Si les Français se sont vite adaptés aux nouveautés gastronomiques comme le couscous et les merguez°, ils ont plus de mal à accepter les problèmes qui découlent° de la présence en France d'une forte minorité dont la race et la religion diffèrent de celles de la majorité des Français.

B. Voici quelques paragraphes et une carte sur la colonisation française (voir aussi la carte à la page xii).
- Sur quels continents la France a-t-elle possédé des colonies? Comparez les noms des colonies aux noms actuels des pays libérés.
- Définissez le mot *colonisation*.
- Pendant quel siècle la colonisation de l'Afrique a-t-elle surtout eu lieu?
- Quelle était la raison la plus importante de la colonisation?
- Sous quels gouvernements la France a-t-elle connu sa plus grande activité colonisatrice?
- A son apogée°, l'empire colonial français comprenait combien d'habitants?
- Les pays du Maghreb sont l'Algérie, la Tunisie et le Maroc. Quand la France les a-t-elle colonisés?

Pourquoi y a-t-il aujourd'hui tant d'immigrants en France? Pour bien répondre à cette question, il faut remonter au XIXe siècle, au cours duquel la France a poursuivi vigoureusement une politique de colonisation.

5 Qu'est-ce que la colonisation? C'est la conquête par un pays européen de territoires en Afrique ou en Asie (dans ce qu'on appellerait

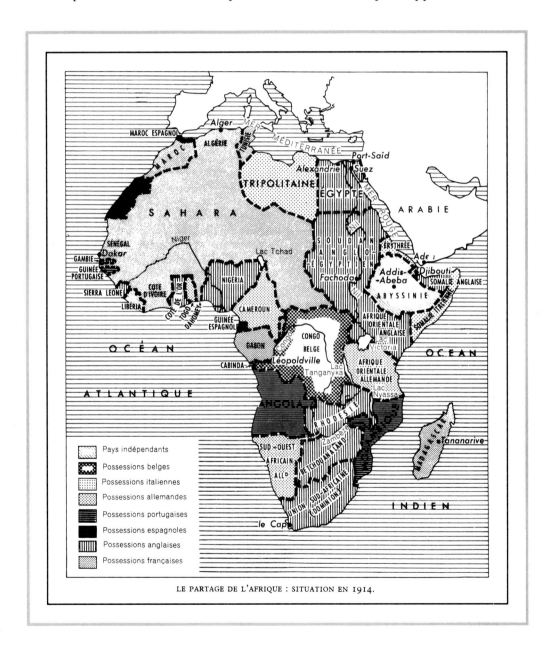

LE PARTAGE DE L'AFRIQUE : SITUATION EN 1914.

aujourd'hui le tiers monde). Le pays colonisateur remplace les autorités locales par ses représentants civils ou militaires et gouverne le territoire conquis au nom de la métropole. Les motifs de cette expansion sont
10 nombreux et complexes: le plus important est sans aucun doute le motif économique. Au XIXe siècle, le développement industriel rapide de l'Europe rendait essentielle la recherche de matières premières° et de débouchés. Malgré une entrée tardive dans la course aux colonies, la France réussit à acquérir un empire colonial considérable. En 1940, il
15 était vingt fois plus vaste que la France métropolitaine et comptait plus de 100 millions d'habitants.

Voici quelques dates importantes de l'histoire coloniale: 1830 marque le début de la conquête de l'Algérie. Entre 1852 et 1870, la France commence à s'établir en Indochine et au Sénégal. Sous la Troisième
20 République, la France colonise la Tunisie (1881), le Maroc (1912), le Soudan français, Madagascar et de nombreux territoires d'Afrique plus tard organisés en Afrique occidentale française (AOF, 1904) et Afrique équatoriale française (AEF, 1910).

LES GOUVERNEMENTS FRANÇAIS DE 1830 A 1990

La Monarchie de Juillet (1830–1848): Louis-Philippe

La Deuxième République (1848–1852)

Le Second Empire (1852–1870): Napoléon III

La Troisième République (1870–1940)

L'Etat français (1940–1944): Philippe Pétain

Le Gouvernement provisoire (1944–1946)

La Quatrième République (1947–1958)

La Cinquième République (depuis 1958): Charles de Gaulle, Georges Pompidou, Valéry Giscard d'Estaing, François Mitterrand

---

II. La décolonisation du XXe siècle

A. Si le XIXe siècle a vu le développement des empires coloniaux, le XXe siècle, par contre, a vu leur dissolution. Etudiez les paragraphes et le tableau pour apprendre:
- l'événement historique le plus important pour l'indépendance des colonies.
- comment cette guerre a encouragé le mouvement pour l'indépendance des colonies.
- comment cette guerre a mis en question la supériorité des colonisateurs.
- quelques avantages et quelques désavantages de la colonisation.
- la structure que le général de Gaulle a proposée en 1958.
- les conséquences de cette structure.
- où on parle français en Afrique aujourd'hui.

L'indépendance des colonies est une conséquence inévitable de la
Deuxième Guerre mondiale. Les troupes coloniales qui participaient à la
guerre furent exposées à des influences et des idées nouvelles. Une des
plus importantes était sans aucun doute le droit des peuples à disposer
5 d'eux-mêmes, à se gouverner. Les colonisés devaient inévitablement se
rendre compte que leur situation ressemblait à celle des pays
européens occupés par une force étrangère. La notion de supériorité de
la civilisation et des institutions du colonisateur, implicite à la
colonisation, s'effondrait° devant la défaite rapide des Français aux
10 mains des Allemands. Certains bienfaits de la colonisation, comme la
construction de routes et d'écoles, les progrès médicaux, pâlissaient
quand ils étaient comparés à l'exploitation systématique des ressources
et des habitants de la colonie. Une élite intellectuelle inspirée par la
Déclaration universelle des Droits de l'homme de San Francisco (1945)

Tableau 3

Liste des pays et régions où le français occupe un statut particulier
Distribution par continent et par statut

	Pays où le français est langue officielle	Régions où le français est langue officielle	Pays où le français est langue co-officielle	Régions où le français est langue co-officielle	Pays où le français est langue partiellement co-officielle	Régions où le français est langue partiellement co-officielle	Pays où le français est langue administrative	Régions où le français est langue administrative
Afrique 27 Pays ou régions	Bénin Burkina Congo Côte-d'Ivoire Gabon Guinée Mali Niger République Centrafricaine Sénégal Togo Zaïre	Mayotte Réunion	Burundi Cameroun Comores Djibouti Rwanda Seychelles Tchad		Maurice		Algérie Madagascar Maroc Mauritanie Tunisie	
	12	2	7		1		5	
Europe 6 Pays ou régions	France Monaco		Belgique Luxembourg Suisse	Val d'Aoste				
	2		3	1				
Amérique 11 Pays ou régions	Haïti	Guadeloupe Guyane Martinique Québec St-Pierre et Miquelon	Canada	N.-Brunswick Territoires du Nord-Ouest Yukon		Manitoba		
	1	5	1	3		1		
Océanie 4 Pays ou régions		N. Calédonie Polynésie française Wallis et Futuna	Vanuatu					
		3	1					
Total 48	15	10	12	4	1	1	5	0

15 se sentait prête à guider les peuples colonisés vers une indépendance
qui affirmerait la valeur propre de leurs institutions et de leur culture et
rejetterait l'assimilation au colonisateur.

Pour la plus grande partie de l'empire colonial français, surtout les
territoires d'Afrique occidentale et équatoriale, la décolonisation fut
20 assez rapide. En 1958, le général de Gaulle leur proposa un référendum
sur la création d'une communauté, c'est-à-dire l'autonomie politique à
l'intérieur d'une communauté assez vague de pays francophones.
Toutes les anciennes colonies françaises consultées acceptèrent cette
solution, à l'exception de la Guinée qui opta pour l'indépendance totale
25 et refusa de participer à la communauté. Les résultats du référendum
permirent à la France de maintenir une influence culturelle et
linguistique considérable dans une grande partie de l'Afrique et
expliquent pourquoi le français est aujourd'hui une des langues les plus
parlées d'Afrique.

B. La décolonisation de l'Indochine et de l'Algérie a causé des problèmes terribles.
Lisez les paragraphes suivants pour apprendre:
• ce qui a provoqué la guerre en Indochine et en Algérie.
• pourquoi l'Algérie avait attiré beaucoup de Français.
• pourquoi ces Français étaient souvent contre l'indépendance de l'Algérie.
• quelle image de la France ils se faisaient.
• qui a mis fin à cette guerre et quand.

Toute la vie politique de la Quatrième République et d'une partie de la
Cinquième a été dominée par la question de l'Indochine et la question
de l'Algérie. Dans les deux cas, le refus opposé par le gouvernement
français au désir d'indépendance des peuples indochinois et algériens
5 mena à la guerre. La guerre d'Indochine ressemble énormément à la
guerre du Viêt-nam dans laquelle les Etats-Unis devaient s'engager plus
tard. Elle dura de 1946 à 1954.

Située au centre de l'Afrique du Nord, de l'autre côté de la
Méditerranée, l'Algérie était connue et visitée par de nombreux Français.
10 A cause de sa proximité et de son climat agréable, elle avait attiré les
Français en grand nombre. Un million de Français vivaient en Algérie.
Beaucoup d'entre eux résidaient dans des centres urbains comme Alger
ou Oran, mais la plupart étaient cultivateurs et étaient attachés à la
terre par les liens° que créent la propriété et le travail. La population
15 française d'Algérie était variée: il y avait des riches et des pauvres, des
ouvriers et des propriétaires, des intellectuels et des illettrés°, des
fermiers et des militaires. Beaucoup étaient nés en Algérie, qu'ils
considéraient comme leur vraie patrie.° Loin d'admirer la France pour
sa beauté et sa culture, ils ne la voyaient souvent que sous ses aspects

20 désagréables, comme Meursault dans *L'Etranger* de Camus°, qui décrit
Paris en ces termes: «C'est sale. Il y a des pigeons et des cours° noires.
Les gens ont la peau blanche.»

La guerre d'Algérie fut donc déchirante° et marquée des deux côtés
par une violence excessive. Finalement, le général de Gaulle comprit
25 qu'il fallait mettre fin à la guerre, et l'Algérie devint indépendante en 1962.

III. L'immigration et la société française d'aujourd'hui

Lisez ces derniers paragraphes pour apprendre:
- ce que veut dire l'expression *pied noir*.
- ce que les pieds noirs ont fait après l'indépendance de l'Algérie.
- pourquoi la France a attiré de nombreux immigrants après la Deuxième Guerre mondiale.
- pourquoi certains immigrants ne se sont pas adaptés à la vie française.
- si ces immigrants sont aussi bien reçus maintenant.
- ce qui a changé en 1973.
- le sens du slogan du Front National: «La France aux Français!»
- qui est Harlem Désir.
- comment le problème de l'immigration est lié à la colonisation.
- pourquoi cette minorité d'immigrés pose un problème pour les Français.

Les Français d'Algérie, appelés «pieds noirs», regagnèrent une France que
certains connaissaient peu ou pas du tout. Après une période d'adaptation
assez pénible°, ils se sont plus ou moins intégrés à la société
métropolitaine qu'ils ont enrichie de leur expérience d'outre-mer.
5   Certains Algériens qui auraient préféré que l'Algérie reste française se
sont aussi établis en France. Ils ont été rejoints par de nombreux anciens
colonisés venus travailler en France pendant les années de développement
économique intense qui ont suivi la Deuxième Guerre mondiale. Ceux-ci
ont trouvé de nombreux emplois qu'il était difficile de remplir uniquement
10 avec des Français. A cause de sa proximité, l'Afrique du Nord (le Maghreb),
qui comprend le Maroc, l'Algérie et la Tunisie, a fourni la majorité de ces
travailleurs.
      Tout en restant fidèles à leurs traditions et à leur religion (l'islam),
certains ont créé en France des foyers° et leurs enfants y sont nés. D'autres
15 vivent seuls, dans des conditions physiques et psychologiques déplorables.
Ils n'essaient pas de s'adapter à la vie française; ils ne rêvent° que de
retourner dans cette Afrique du Nord où ils ont laissé leur famille à
laquelle ils envoient régulièrement une partie de leur salaire. Il y a aussi en
France aujourd'hui un groupe considérable d'immigrants clandestins dont
20 la présence cause des problèmes spéciaux.

Depuis 1973, le développement économique s'est ralenti: en 1987–1988, le taux de chômage était d'environ 10% de la population active, un chiffre élevé. La présence des travailleurs immigrés provoque de l'hostilité chez ceux qui voient en eux des rivaux sur le marché du travail°. Certains
25   adhèrent à des groupements politiques, comme le Front National (voir sondage page 219), qui propose de les renvoyer dans leur pays d'origine et proclame: «La France aux Français»! «Touche pas à mon pote°», slogan de SOS-Racisme fondé par Harlem Désir, exprime par contre la solidarité des jeunes avec les immigrants.
30   Ainsi°, depuis quelques années, l'immigration tient-elle° un grand rôle dans la vie politique française. Les Français vont être obligés de résoudre d'une façon ou d'une autre le problème de la présence sur leur territoire d'une forte minorité qui, pour l'instant, n'a pas l'intention de s'assimiler à la vie française, mais au contraire, affirme avec force son identité propre.
35   On a appelé l'immigration «le revers de la colonisation» et on ne peut vraiment pas comprendre l'une sans l'autre.

VOCABULAIRE

Sondage

Partis politiques français:
    PC: le parti communiste (de gauche)
    PS: le parti socialiste (parti du président Mitterrand)
    UDF: l'Union pour la démocratie française (centre-droite)
    RPR: le Rassemblement pour la République (de droite)
    FN: le Front National (parti d'extrême droite)

I.A.

se pique: se vante, est fier
les merguez: des saucisses arabes
découlent: viennent

I.B.

à son apogée: au moment de sa plus grande expansion
matières premières: *raw materials*

II. A.

s'effondrait: disparaissait, s'écroulait

II. B.

les liens: attaches, affinités
les illettrés: qui ne savent ni lire ni écrire
la patrie: pays de sa naissance
Camus: écrivain français né en Algérie (1913–1960)
les cours: *courtyards*
déchirante: douloureuse

III.

pénible: difficile
les foyers: demeures, ménages
rêvent: désirent
le marché du travail: *job market*
le pote: copain, ami (*fam.*)
ainsi... tient-elle: donc, elle tient

VIDEO
AFRIQUE DOMINEE, AFRIQUE LIBEREE

Avant de visionner la première partie (-A-)

Un téléjournaliste nous annonce la conférence de Cancun, qui a eu lieu au Mexique en 1982. Pour faire le point sur l'état du monde, il cite des paroles que le président Truman a prononcées 32 ans auparavant sur le contraste entre les pays riches du Nord et les pays pauvres du Sud. Aujourd'hui, la situation ne s'est pas améliorée. La plupart des pays pauvres sont d'anciennes colonies.

A vous d'abord

1. Regardez la carte de 1914 à la page 221. Dans quelle partie du continent africain se trouve la plus grande concentration de colonies françaises? Comment s'appellent ces colonies? Ecrivez le nom de cinq anciennes colonies. Comment s'appellent aujourd'hui ces anciennes colonies? (Consultez la carte à la page xii.)

    Sur quel continent se trouve le Mexique? Quelle est sa capitale? Dans quel pays se trouve Berlin?

2. Plusieurs pays et leurs habitants sont mentionnés. Vérifiez vos connaissances en complétant les phrases suivantes.
    a. Les habitants de l'Allemagne s'appellent _____ .
    b. Les Anglais habitent en _____ .
    c. Les habitants de l'Afrique s'appellent _____ .
    d. Les Marocains habitent au _____ .
    e. Les habitants de la Belgique s'appellent _____ .
    f. Les Italiens habitent en _____ .
    g. Les habitants du Portugal s'appellent _____ .

Un peu de vocabulaire

1. Dans cette partie, plusieurs différences sont relevées entre les pays pauvres et les pays riches. Vérifiez votre compréhension du vocabulaire en utilisant les mots suivants dans des phrases.

    Modèle: riche/pauvre: Plus de 50% de la population du monde est pauvre.
    Nord/Sud, développé/en voie de développement, pire/meilleur,
    pauvres/prospères, l'enjeu (*what is at stake*)

2. On mentionne que la grande majorité de la population du monde gagne moins de 3.000 francs par an. Combien cela représente-t-il en dollars? (voir le cours du dollar dans le journal). Combien gagnez-vous par mois? par an? Si vous gagnez 4 dollars de l'heure, combien d'heures devez-vous travailler pour obtenir 3.000 francs? Que pourrez-vous acheter avec cette somme d'argent?

Pendant que vous visionnez la première partie (téléjournaliste)

A. Visionnez la séquence sans mettre le son.
  1. Quels hommes politiques reconnaissez-vous?
  2. Est-ce que tous les participants sont habillés de la même façon?
  3. Est-ce que leur costume vous permet d'identifier leur pays d'origine?
  4. Y a-t-il d'autres images frappantes?

B. Repassez la séquence avec le son.
  1. (42 / 22 / 82) pays ont participé à la conférence de Cancun.
  2. Les pays du Nord sont (en voie de développement / développés).
  3. (10% / 30% / Plus de 50%) de la population du monde vit dans la misère.
  4. Ici, un sommet est (le haut d'une montagne / une conférence entre chefs d'Etat).

Et maintenant

Nommez plusieurs pays riches et plusieurs pays pauvres qui ont envoyé leurs délégués à la conférence de Cancun. Pourquoi ces pays se sont-ils réunis à Cancun? Pourquoi cette réunion a-t-elle été importante? Décrivez la situation actuelle des pays du Sud.

Avant de visionner la deuxième partie (-B-)

On nous présente ici trois points de vue sur la colonisation: le point de vue d'Aït Ahmed, un homme politique algérien, qui insiste sur le côté inhumain de la colonisation; celui du ministre Jules Ferry (1832–1893), qui montre l'importance de la colonisation pour le prestige des pays européens; et celui du maréchal Lyautey (1854–1934), qui a essayé de coloniser en respectant les coutumes des pays conquis.

Cette partie nous présente aussi une carte du développement de la colonisation européenne.

Avant de visionner la séquence consacrée à Aït Ahmed (-B1-)

Aït Ahmed, un des chefs de la révolution algérienne, nous explique les débuts de la colonisation de l'Afrique à la conférence de Berlin.

Un peu de vocabulaire

Vérifiez le sens des expressions suivantes, puis complétez les phrases ci-dessous.

se réunir, se partager, les ethnies, les territoires, un compas, découper, prendre en compte

1. Comme dessert, les enfants _____ le gâteau.
2. Mes amis _____ sans moi.
3. Les pays européens ont divisé l'Afrique en _____ .
4. J'ai utilisé _____ pour tracer un cercle.
5. Avant de manger un bifteck, on le _____ en morceau.
6. Les Etats-Unis sont fiers de leurs _____ variées et multiples.
7. Pour bien comprendre l'Afrique d'aujourd'hui, il faut _____ les divisions ethniques.

Pendant que vous visionnez

1. Selon Aït Ahmed, quelles sont les nationalités qui ont participé au partage du continent africain?

   les Américains, les Allemands, les Portugais, les Russes, les Français, les Italiens, les Espagnols, les Anglais, les Africains

2. La conférence de Berlin a eu lieu en (1885 / 1895 / 1985).

Et maintenant

1. Résumez l'essentiel des paroles d'Aït Ahmed en complétant les phrases suivantes. Les pays européens se sont servi d'un _____ pour _____ le continent africain en _____ . Ainsi, ils _____ tout le continent sans _____ les groupements sociaux ou _____ .
2. Quelle opinion Ahmed a-t-il de la façon dont l'Afrique a été colonisée? Pourquoi a-t-il cette opinion?

Avant de visionner la séquence consacrée à Jules Ferry (-B2-)

Nous allons maintenant entendre les paroles de Jules Ferry, à l'époque ministre des Affaires étrangères. Il cherche à persuader l'Assemblée nationale de l'importance de l'expansion coloniale.

A vous d'abord

Vous allez entendre une marche militaire, une chanson coloniale et «La Marseillaise». «La Marseillaise» est l'hymne national de la France. Elle a été composée au moment de la Révolution française. Voici quelques lignes de «La Marseillaise» qui traitent de l'invasion étrangère de la France:

Entendez-vous dans nos campagnes mugir ces féroces soldats?
Ils viennent jusque dans nos bras, égorger nos fils et nos compagnes.
Aux armes, citoyens! formez vos bataillons!
Marchons! marchons! Qu'un sang impur abreuve nos sillons!

---

mugir: faire du bruit comme un animal (par exemple, le taureau mugit)
égorger: tuer quelqu'un en lui coupant la gorge
compagnes: amies (par exemple, ma femme est ma meilleure compagne)
abreuver: donner à boire, irriguer

   Autre vocabulaire:
      envahir, une invasion (entrer dans un pays en ennemi)

Dans ces quelques vers de «La Marseillaise», que demande-t-on aux citoyens français? Doivent-ils accepter l'invasion étrangère ou y résister? Le message est-il un message de paix ou de guerre? En regardant la vidéo, essayez de déterminer qui envahit et qui résiste.

Un peu de vocabulaire

Vérifiez le sens des expressions suivantes, puis complétez les phrases ci-dessous.

   agir, se mêler à, se tenir à l'écart de, un piège, rayonner

1. Au XVIIIe siècle, le français était une langue universelle; on peut dire qu'il _____ en Europe.
2. Pour être un bon citoyen, il faut _____ aux affaires de la communauté.
3. Il vaut mieux _____ une affaire dangereuse.
4. Pour attraper le voleur, la police lui a tendu _____ ; un agent est resté caché dans le magasin après sa fermeture.
5. Il faut réfléchir avant d' _____ .

Pendant que vous visionnez

A. Pendant le premier passage de la séquence, remarquez surtout les images. Vous verrez un panneau de la bande dessinée «Tintin en Afrique», un tableau des membres de l'Assemblée nationale et une sculpture commémorant l'invasion coloniale. Comment les Blancs sont-ils représentés? Comment les Noirs sont-ils représentés?

B. Au deuxième passage de la séquence, déterminez si les phrases suivantes sont vraies ou fausses.

1. Ferry a prononcé ces paroles en 1885.
2. Selon Ferry, la colonisation est essentielle à la grandeur de la France.
3. Les pays deviennent grands en se tenant à l'écart des affaires du monde.
4. La France doit se mêler aux affaires du monde.
5. L'expansion coloniale est un piège.

Et maintenant

1. Quelles images soutiennent le point de vue de Ferry? Quelle musique?
2. L'ironie consiste à dire ou à montrer le contraire de ce qu'on pense ou de ce qu'on veut faire comprendre. Par exemple, vous arrivez à votre automobile au moment où un agent de police vous donne une contravention (*ticket*). Vous dites poliment et ironiquement: «Merci beaucoup, Monsieur l'agent!»

   Remarquez-vous des images ou de la musique qui présentent un contraste ironique avec le point de vue de Jules Ferry? Y a-t-il un point de vue sur le colonialisme derrière ce contraste?

Avant de visionner la séquence consacrée au maréchal Lyautey (-B3-)

Louis Hubert Lyautey, maréchal de France et colonisateur du Maroc, exprime l'idée d'un colonialisme humanitaire.

A vous d'abord

Où se trouve le Maroc? Quelles sont les villes principales de ce pays?

Un peu de vocabulaire

Vérifiez le sens des expressions suivantes, puis complétez les phrases ci-dessous.

la foi, un état d'âme, se faire aimer de quelqu'un, les mœurs, l'amitié

1. Avant de voyager dans un pays étranger, il est bon d'en connaître _____ .
2. Quand on a du respect pour _____ d'un peuple, cela veut dire qu'on respecte sa religion.
3. Mon frère et moi, nous sommes presque toujours du même avis. Nous partageons _____ .
4. Quand j'ai voyagé en France, on m'a accueilli chaleureusement et avec de _____ .
5. Si vous respectez la foi et les mœurs d'un peuple, vous _____ de ce peuple.

Pendant que vous visionnez

A. Pendant le premier passage de cette séquence, déterminez si les phrases suivantes sont vraies ou fausses.

1. Lyautey parle aux Mexicains.

2. Il veut que les Marocains aiment les Français.

3. Lyautey n'a pas de respect pour la religion des Marocains.

B. Pendant le deuxième passage de la séquence, relevez les expressions utilisées sur le thème de l'amitié entre la France et le pays colonisé (par exemple: le respect complet).

Et maintenant

Comparez les images et la musique de cette dernière partie à l'idéal de Lyautey.

Et pour finir (-B4-)

1. Ecoutez attentivement la voix de la narratrice. Quels sont les six pays colonisateurs qu'elle nomme ici? Indiquez une ou deux colonies par pays.

2. Résumez l'essentiel de cette partie de la vidéo. Quels sont les problèmes des pays participant à la conférence de Cancun en 1982? Quelle est, selon Aït Ahmed, l'origine de leurs problèmes? Quelles différences y a-t-il entre les idées de Ferry et celles de Lyautey?

3. Décrivez la sculpture que vous avez vue dans la deuxième partie (-B-). Quelle image de la colonisation présente-t-elle? Avec quelles autres images fait-elle contraste?

Avant de visionner la troisième partie (-C-)

Les quatre séquences dont se compose cette partie traitent de la colonisation pendant la période de l'entre-deux-guerres (1918–1939). D'abord, vous verrez la photo et vous entendrez les paroles d'un Français qui vit à Dakar et qui se plaint de sa vie. Ensuite, pendant que la voix de Jules Ferry explique l'importance économique des colonies, vous pourrez observer une série de documents qui illustrent les activités commerciales. Ce même ministre parlera ensuite de l'aspect civilisateur de la colonisation. Enfin, un documentaire des années 30 vous montrera comment la France a aidé une de ses colonies menacée par une maladie très grave.

Un peu de géographie

Regardez de nouveau la carte à la page 221 et trouvez la ville de Dakar. Dans quelle colonie se trouve-t-elle? Trouvez aussi le Cameroun. Cherchez quelques faits importants sur ces deux colonies.

Avant de visionner la séquence consacrée au colon français (-C1-)

Le colon se plaint de sa vie en Afrique et attend avec impatience son retour en France. Pouvez-vous imaginer les plaintes d'un Français qui habite au Sénégal après la Première Guerre mondiale?

Un peu de vocabulaire

Vérifiez le sens des expressions suivantes, puis complétez les phrases ci-dessous.

insipide, le manque d'hygiène, les moustiques, la dysenterie

1. Votre vie est _____ si vous ne vous intéressez à rien.
2. Quand on tombe malade de _____ , on a une forte fièvre et des maux de ventre.
3. _____ est dangereux parce qu'il peut favoriser de nombreuses épidémies.
4. On ne peut pas faire de pique-nique en été quand il y a trop de _____ .

Pendant que vous visionnez

A. Premier passage
   1. Préparez-vous à faire le portrait physique du colon.
   2. Relevez les scènes de la vie réelle des colonisés.

B. Deuxième passage
   1. Cette carte postale date de (1920 / 1930 / 1820).
   2. Il écrit (à sa mère / à sa fille / à sa petite amie).
   3. Il a envoyé comme cadeau (un livre / une plume d'autruche / un stylo).
   4. Il se plaint de tout sauf (de la maladie / du climat / du manque de liberté).
   5. Sa correspondante habite (à Dakar / à Paris / en Autriche).

Et maintenant

1. Tracez le portrait de ce colon.
2. Décrivez les figures sculptées que vous voyez à la fin de cette partie. Décrivez les scènes basées sur la réalité. Y a-t-il des différences entre ces deux présentations?

Avant de visionner la séquence consacrée à Jules Ferry (-C2-)

Jules Ferry explique l'importance commerciale des colonies.

Un peu de vocabulaire

Vérifiez le sens des expressions suivantes, puis complétez les phrases ci-dessous.

Pour parler de l'économie:
   placer des capitaux (le placement), regorger de capitaux, exporter
   (l'exportation), un débouché

1. Si vous placez bien vos capitaux, vous _____ .
2. Pour diminuer le déficit commercial, il faut _____ des produits à l'étranger.
3. Quand un pays regorge de capitaux, il _____ .
4. Si un pays industrialisé a beaucoup de débouchés, il _____ .

Pendant que vous visionnez

A. Premier passage

Vous allez voir des photos et des cartes qui montrent les ressources naturelles et les produits agricoles cultivés en Afrique. Travaillez en groupes pour en dresser la liste.

B. Deuxième passage
  1. Selon Ferry, la France peut profiter des colonies pour _____ les capitaux.
  2. Selon Ferry, les colonies représentent aussi la création de _____ .
  3. Les colonies sont nécessaires parce que l'économie européenne _____ .

Et maintenant

Ferry nous parle de la création de débouchés. Pourquoi est-il important de trouver des débouchés? En général, qu'est-ce que les pays européens exportent vers leurs colonies?

Avant d'écouter la suite des remarques de Ferry (-C3-)

Dans cette séquence, Ferry accentue l'aspect civilisateur et humanitaire de la colonisation.

A vous d'abord

Vous allez voir une série de photos qui montrent plusieurs aspects de la vie européenne que les colonisateurs ont introduits en Afrique. Imaginez quelles ont été les priorités des Européens.

Un peu de vocabulaire

Vérifiez le sens des mots que vous ne connaissez pas, puis regroupez ces mots en paires d'antonymes. Certains mots seront employés plus d'une fois.

Pour parler de la mission civilisatrice:
  race supérieure, nier, le droit, le devoir, la justice, l'équité, race inférieure, affirmer, l'injustice, la responsabilité

Pendant que vous visionnez

A. Premier passage

Quels sont les aspects de la vie européenne que l'on retrouve dans cette partie?

la religion, le patriotisme, l'économie, l'art, la musique, la médecine, la gymnastique

B. Deuxième passage

1. Selon Ferry, les Européens ont un droit vis-à-vis des _____ .
2. Selon Ferry, comment la France a-t-elle amélioré la vie en Afrique du Nord?

Et maintenant

Ferry croyait à «la mission civilisatrice» de la France. Que présuppose cette expression?

Avant de visionner la séquence sur le Cameroun (-C4-)

Dans un bref documentaire des années 30, vous allez maintenant voir comment la France a combattu la maladie dans une de ses colonies.

Un peu de vocabulaire

Vérifiez le sens des expressions suivantes, puis complétez les phrases ci-dessous.

la maladie du sommeil, voler au secours de quelqu'un, la métropole, une calamité, s'abattre, les subsides

1. Le tremblement de terre de San Francisco a été _____ terrible.
2. _____ se manifeste souvent dans les pays tropicaux.
3. Le chat _____ sur l'oiseau et l'a tué.
4. Quand l'enfant est tombé, _____ et je l'ai consolé.
5. Le gouvernement a voté _____ pour les pauvres et les sans-abri.
6. La France considérée par rapport à ses territoires d'outre-mer s'appelle _____ .

Pendant que vous visionnez

A. Premier passage

Notez les images et la musique qui soutiennent la présentation positive de la colonisation.

B. Deuxième passage

1. Il s'agit de (la maladie du sommeil / la malaria / la dysenterie).
2. La France est comparée ici à (un bon médecin / une bonne mère / un bon père).
3. Le Cameroun a été sauvé par un médecin (du Sénégal / de la métropole / d'une autre colonie).

Et maintenant

Que pensez-vous de cette image de la France en tant que «mère protectrice»? Que présuppose cette définition?

Avant de visionner la quatrième partie (-D-)

D'abord, Aït Ahmed nous explique comment la Deuxième Guerre mondiale a popularisé l'idée du droit des peuples à disposer d'eux-mêmes et a encouragé la prise de conscience nationale dans la plupart des anciennes colonies françaises. Ensuite, Elikia M'Bokolo, un historien africain, nous raconte l'expérience de son père qui, au cours de la guerre, est entré en contact avec d'autres Noirs qui combattaient pour leurs droits.

Un peu d'histoire

1. «Toutes les guerres apportent des bouleversements», nous dit Aït Ahmed dans cette partie. Il s'agit ici de la Deuxième Guerre mondiale. Qu'est-ce que vous savez de cette guerre, surtout en Europe et en Afrique? Quand a-t-elle commencé? Quand a-t-elle fini? Quels étaient les adversaires? Lesquels ont gagné?
2. Le nazisme, ou le national-socialisme, était la doctrine d'Hitler qui affirmait la suprématie de la race germanique. Le fascisme de Mussolini était un régime autoritaire et nationaliste qui rejetait la démocratie. Certains des colonisés ont lutté contre ces idéologies pendant la guerre. Comment pensez-vous que la lutte contre les régimes autoritaires a transformé l'esprit de ces peuples?

Un peu de géographie

Trouvez sur la carte l'Ethiopie (anciennement nommée l'Abyssinie) et le Sahara. Avez-vous entendu parler de la Birmanie? Sur quel continent se trouve-t-elle?

Charles de Gaulle et la résistance — laboratoire (-D1-)

Avant de visionner la séquence consacrée à Aït Ahmed (-D2-)

Ahmed nous explique comment la Deuxième Guerre mondiale a accéléré la prise de conscience nationale dans les colonies.

Un peu de vocabulaire

Vérifiez le sens des expressions suivantes, puis complétez les phrases ci-dessous.

la lutte, les bouleversements, effroyable, la prise de conscience

1. La guerre amène toujours beaucoup de _____ .
2. Sans liberté, la vie est _____ .

3. _____ entre les deux adversaires a été féroce.

4. _____ des peuples coloniaux a accéléré le mouvement indépendantiste.

Pendant que vous visionnez

A. Premier passage

Faites très attention aux uniformes portés par les soldats. Quelles sont les différentes nationalités représentées dans cette séquence?

B. Deuxième passage

Vrai ou faux?

1. La Deuxième Guerre mondiale a beaucoup changé le monde.

2. L'enjeu de cette guerre était le rétablissement de la monarchie.

3. Les peuples coloniaux français ont lutté pour le nazisme.

4. La guerre a retardé la prise de conscience nationale dans les colonies.

Et maintenant

Que veut dire «le droit des peuples à disposer d'eux-mêmes»? Comment cette idée explique-t-elle la politique de certaines colonies pendant la guerre?

Avant de visionner la séquence consacrée à Elikia M'Bokolo (-D3-)

Le père de l'historien a participé à des campagnes militaires qui l'ont fait sortir de la colonie. Il a découvert l'Ethiopie et son histoire. Il a rencontré des Noirs américains qui luttaient aussi pour leurs droits.

Un peu de vocabulaire

Vérifiez le sens des expressions suivantes, puis terminez les phrases ci-dessous.

grâce à, participer à, en tout cas, non seulement... mais aussi

1. J'aime voyager. Grâce à mes voyages, _____ .

2. Je viens de devenir membre d'un club de sport. J'espère participer à _____ .

3. Mes dernières vacances n'étaient pas formidables. En tout cas, _____ .

4. Mon dernier séjour à Paris a été excellent. Non seulement _____ mais aussi _____ .

Pendant que vous visionnez

A. Premier passage

Remarquez les images des Noirs américains. Quel genre de musique accompagne ces images? Reconnaissez-vous un des trois musiciens?

B. Deuxième passage
1. Son père est né en (1917 / 1907 / 1970).
2. Au moment de la guerre, son père était (très jeune / assez jeune / vieux).
3. Parmi les endroits qu'il cite, Elikia M'Bokolo ne mentionne pas (l'Ethiopie / la Birmanie / le Sahara / l'Algérie).
4. Le musicien joue (du piano / de la trompette / du violon).

Et maintenant

Selon M'Bokolo, la guerre a rendu possible le contact avec l'Ethiopie et avec les Noirs américains. Qu'est-ce que son père a appris par ces deux contacts?

Charles de Gaulle: 1944 — laboratoire (-D4-)

Aït Ahmed — laboratoire (-D5-)

Avant de visionner la cinquième partie (-E1-)

Dans cette partie, on entend parler d'abord de la proclamation de la Déclaration universelle des Droits de l'homme, de la charte des Nations Unies, puis du rôle de l'éducation dans la formation des élites coloniales. Pour finir, M'Bokolo analyse un des facteurs qui ont contribué à la libération des colonies, la religion, et termine le programme en évoquant l'avenir de la décolonisation.

Un peu d'histoire

1. Qu'est-ce que vous savez de l'Organisation des Nations Unies? Quand a-t-elle été créée? Pour quelles raisons? Combien de pays en sont membres aujourd'hui? Où siège-t-elle?
2. Avez-vous entendu parler de Léopold Sédar Senghor? Quand est-il né? Où? Quels postes politiques a-t-il occupés? Quel pays a-t-il gouverné? Mêmes questions pour Félix Houphouët-Boigny.

Un peu de vocabulaire

Vérifiez le sens des expressions suivantes, puis complétez les phrases ci-dessous.

la brousse, les territoires d'outre-mer, proclamer, les responsables, les chefs d'Etat

1. Ma fiancée et moi, nous _____ notre amour.
2. Pour établir des contacts avec la population rurale, les missionnaires ont souvent été obligés de parcourir _____ africaine.
3. J'avais des amis qui habitaient au Sénégal; c'était, avant l'indépendance, un _____ de la France.
4. _____ de l'entreprise se réunissent une fois par jour pour coordonner leurs efforts.
5. Le président des Etats-Unis est _____ de son pays.

Pendant que vous visionnez

A. Premier passage

Vrai ou faux?

1. La Déclaration universelle des Droits de l'homme a garanti la liberté d'expression.
2. L'élite intellectuelle a été éduquée seulement dans les colonies.
3. Les futurs chefs d'Etat de plusieurs pays sont issus de cette élite.

B. Deuxième passage

Décrivez les écoles que vous voyez dans cette séquence. Quelle progression remarquez-vous?

Et maintenant

Résumez cette partie en complétant les phrases suivantes.

1. Les peuples des Nations Unies ont proclamé _____ .
2. D'abord, la population des colonies a étudié dans _____ .
3. Ensuite, certains ont pu poursuivre leurs études _____ .
4. Avant la libération de leurs pays, ces gens _____ .
5. Après, ils _____ .

Le rôle des syndicats — laboratoire (-E2-)

Avant de voir et d'écouter Elikia M'Bokolo (-E3-)

D'abord, M'Bokolo nous explique l'importance des croyances et des religions traditionnelles africaines dans l'évolution du sentiment d'autonomie. Ensuite, il explique l'effet paradoxal du christianisme: les missionnaires ont fait partie du mouvement colonisateur mais leur message a encouragé le mouvement libérateur.

Un peu de vocabulaire

Vérifiez le sens des expressions suivantes, puis complétez les phrases ci-dessous.

s'intégrer à, capter, primordial, s'imprégner de

1. Il est d'importance _____ qu'on vote aux élections présidentielles.
2. Les nouveaux arrivants doivent _____ la société qui les reçoit.
3. Pour vraiment _____ culture française, il faut rester plusieurs années en France.
4. Avec ma radio à ondes courtes, j'ai pu _____ une émission africaine.

Pendant que vous visionnez

A. Premier passage

Vous allez voir quelques exemples d'art africain, des masques, des statues. Dressez la liste de ce que vous voyez. Quelles différences remarquez-vous dans le style de ces objets?

B. Deuxième passage

Vrai ou faux?

1. Les croyances traditionnelles des peuples africains étaient très faibles.
2. Ces croyances ont favorisé l'indépendance.
3. Les missionnaires chrétiens ont rejeté la colonisation.
4. Le message du christianisme favorisait la soumission à l'autorité coloniale.

Et maintenant

1. Résumez cette partie en vous servant du vocabulaire suivant. Il n'est pas nécessaire de vous limiter à ce vocabulaire.

les croyances traditionnelles, l'islam, le christianisme, le missionnaire

2. M'Bokolo nous dit que «les revendications de l'autonomie se sont appuyées sur la religion». Quel a été le rôle de la religion dans les mouvements indépendantistes?

Aït Ahmed et la conférence de Bandung — laboratoire (-F1-)
Libération: 1956–1960 — laboratoire (-F2-)
Algérie — laboratoire (-F3-)

Avant de visionner la sixième partie (-F4-)

M'Bokolo évoque l'avenir des peuples libérés.

Un peu de vocabulaire

Vérifiez le sens des expressions suivantes, puis complétez les phrases ci-dessous.

une étape, parcourir, l'émancipation, atteindre

1. La guerre de Sécession a eu comme effet _____ des esclaves.
2. Le Tour de France a plusieurs _____ difficiles.
3. Après un long trajet, ils _____ leur destination.
4. Le voyage a été difficile; il a fallu _____ des espaces désertiques.

Pendant que vous visionnez

A. Premier passage

La décolonisation s'est-elle arrêtée avec la libération de tous les pays d'Afrique?

B. Deuxième passage

Quelles sont les dernières images de la vidéo?

Et maintenant

A. *Compréhension*

1. Décrivez les dernières images de la vidéo, puis essayez de dire comment elles évoquent les thèmes de la vidéo (par exemple, le contraste entre l'idéal et le réel).

2. Divisez la classe en deux groupes. Un groupe présentera les arguments en faveur de la colonisation, l'autre les arguments contre.

B. *Texte complémentaire:* L'Aventure ambiguë

1. Le passage ci-dessous décrit la colonisation du point de vue des peuples colonisés tout en résumant plusieurs thèmes de la vidéo. A la première lecture, essayez d'apprendre:

- si la conquête a été longue ou difficile pour les Blancs.
- si les peuples africains comprenaient ce qui se passait.
- ce qui est arrivé aux peuples qui ont résisté.
- ce qui est arrivé aux peuples qui n'ont pas résisté.

Le pays des **Diallobé** n'était pas le seul qu'une grande clameur **eût réveillé** un matin. Tout le continent noir avait eu son matin de clameur.	peuple africain du Sénégal avait réveillé
Etrange **aube!** Le matin de l'Occident en Afrique noire fut	le début de la journée
5 **constellé** de sourires, de coups de canon et de **verroteries** brillantes. Ceux qui n'avaient point d'histoire rencontraient ceux qui portaient le monde sur leurs épaules. Ce fut un matin **de**	couvert, par ex. d'étoiles / petits objets de verre coloré, *trinkets*
gésine. Le monde connu s'enrichissait d'une naissance qui se fit	d'accouchement
dans **la boue** et dans le sang.	*mud*
10 **De saisissement,** les uns ne combattirent pas. Ils étaient sans	de choc
passé, donc sans souvenir. Ceux qui **débarquaient** étaient blancs	arrivaient
et frénétiques. On n'avait rien connu de semblable. **Le fait**	l'action
s'accomplit avant même qu'on prît conscience de ce qui arrivait.	
Certains, comme les Diallobé, **brandirent** leurs boucliers,	agitèrent en l'air
15 pointèrent leurs lances ou ajustèrent leurs **fusils.** On les laissa	*rifles*
approcher, puis on fit **tonner** le canon. Les vaincus ne comprirent pas.	faire un bruit de tonnerre
D'autres voulurent **palabrer.** On leur proposa, au choix,	discuter
l'amitié ou la guerre. Très **sensément,** ils ont choisi l'amitié: ils	intelligemment
20 n'avaient pas d'expérience.	
Le résultat fut le même cependant, partout.	
Ceux qui avaient combattu et ceux qui **s'étaient rendus,** ceux	avaient capitulé
qui **avaient composé** et ceux qui s'étaient obstinés se	avaient négocié
retrouvèrent le jour venu, **recensés, répartis,** classés, **étiquetés,**	comptés / distribués / catalogués
25 **conscrits,** administrés.	recrutés

Car, ceux qui étaient venus ne savaient pas seulement
combattre. Ils étaient étranges. S'ils savaient tuer avec efficacité, ils
savaient aussi guérir avec le même art. Où ils avaient mis du
désordre, ils **suscitaient** un ordre nouveau. Ils détruisaient et   créaient
30 construisaient. On commença dans le continent noir, à comprendre que
leur puissance véritable résidait, non point dans les canons du premier
matin, mais dans ce qui suivait ces canons...

Cheikh Hamidou Kane, L'Aventure ambiguë
(Paris: René Juilliard, 1961), pp. 64–65.

---

2. Dans les deux premiers paragraphes (lignes 1–9), l'auteur compare l'arrivée des
Blancs à «un matin de clameur». Relevez toutes les expressions de cette partie qui
contribuent à l'idée de création. Quelle sorte de naissance était-ce?

3. Comment l'auteur décrit-il les Blancs? En quoi sont-ils différents des peuples
africains?

4. Dans les quatre paragraphes qui suivent (lignes 10–21), l'auteur décrit les réponses
différentes des peuples africains. Quels ont été leurs deux types de réponse? Ces
réponses ont-elles eu des résultats différents? Expliquez l'ironie de la phrase: «ils
ont choisi l'amitié: ils n'avaient pas d'expérience.»

5. Dans les deux derniers paragraphes (lignes 22–32), l'auteur explique ce qui s'est
passé après les premières batailles. Qu'ont fait les Blancs au début? Pourquoi?

6. L'auteur nous dit que la vraie puissance des colonisateurs résidait «dans ce qui
suivait les canons» (ligne 32). A votre avis, qu'est-ce qui a suivi les canons?

7. Quels thèmes de la vidéo retrouve-t-on dans cet extrait?

AUDIO

LE MAROC ET LA COLONISATION

Avant d'écouter

Nous allons faire la connaissance de Mehdi, un jeune Marocain qui travaille dans les affaires au Maroc et qui passe un mois de vacances aux Etats-Unis. Vous allez aussi entendre Martine, professeur de français, qui connaît très bien le Maroc et les Etats-Unis puisqu'elle est née à Casablanca et vit à Milwaukee depuis 1955.

A vous d'abord

Regardez la carte de l'Afrique présentée à la page 221 et trouvez-y le Maroc. Vous souvenez-vous de ce que la vidéo vous a appris sur le Maroc? Lisez le texte ci-dessous pour y trouver d'autres renseignements. Quelle est la population du Maroc? Quelles langues y parle-t-on? Quelles sont les principales activités économiques? Quels sont les événements les plus importants de son histoire au XXᵉ siècle?

Trois pays forment ce qu'on appelle l'Afrique du Nord: le Maroc, l'Algérie et la Tunisie. Le Maroc est au nord-ouest, séparé de l'Espagne par le détroit de Gibraltar. Sa côte ouest borde l'océan Atlantique et sa côte nord la mer Méditerranée. Le pays a une superficie de 710.850 km² (c'est-à-dire que le Maroc est plus grand que la France et que le Texas). En 1982, le Maroc avait une population de plus de 20 millions d'habitants.

Entre 1912 et 1956, le Maroc a été un protectorat français. En 1956, il est devenu indépendant. Il est aujourd'hui gouverné par un roi, Hassan II.

Le Maroc est avant tout un pays agricole. Il produit des céréales, des fruits (oranges, dates, figues, etc.), des olives et des amandes. On y cultive aussi la betterave et la canne à sucre. Le climat modéré sur la côte atlantique permet la culture des primeurs, légumes et fruits qui mûrissent avant la période de maturité normale, et qui sont destinés à l'exportation.

Le Maroc possède 75% des réserves mondiales en phosphate. Les industries textiles, métallurgiques et alimentaires, ainsi que la pêche et le tourisme contribuent à l'économie marocaine.

Les langues principales du Maroc sont l'arabe et le berbère (parlé dans les montagnes). On y parle aussi l'espagnol et le français; le français est la première langue étrangère du pays.

**Rue commerçante
au Maroc.**

Avant d'écouter la première partie

Ici, Mehdi donne ses impressions de la vidéo et nous précise l'effet de la colonisation sur l'agriculture au Maroc. Ensuite, il explique mieux l'idée de Jules Ferry sur la colonisation.

A vous d'abord

1. Selon la vidéo, pourquoi la France a-t-elle voulu des colonies? Quelles étaient les pensées de Jules Ferry à ce sujet?
2. Quels sont les principaux produits de l'économie marocaine?

Un peu de vocabulaire

Vérifiez le sens des expressions suivantes, puis complétez les phrases ci-dessous.

Pour parler de l'économie:
une culture vivrière, les phosphates, les céréales, entraîner, orienter

Autre expression utile:
s'attarder (sur quelque chose)

1. On a besoin de _____ pour enrichir les terres du phosphore nécessaire à l'agriculture.
2. Les cultures qui fournissent des produits alimentaires s'appellent les cultures _____ .
3. Les _____ poussent bien dans les grandes plaines de l'ouest des Etats-Unis.
4. Si vous êtes mécontent de votre travail, il faut vous _____ dans une nouvelle direction.
5. Il est souvent difficile de décider de changer de carrière. Cela _____ toutes sortes de changements.
6. Ne _____ pas! On nous attend à l'université dans cinq minutes.

Pendant que vous écoutez

A. Première écoute
1. Selon Mehdi, on aurait dû parler plus des (raisons pour / arguments contre) la colonisation et des (avantages / effets) de la colonisation sur les peuples colonisés.
2. Quelle est la principale activité économique du pays?
3. A cause de la colonisation, l'agriculture marocaine est-elle orientée vers l'exportation ou vers l'importation?
4. Qu'est-ce que Ferry n'a pas mentionné: le blé, l'or ou les phosphates?

B. Deuxième écoute

Mehdi dit que la colonisation a eu des effets d'ordre politique, _____ et _____ . Parmi les aspects négatifs de la colonisation, il cite le cas de _____ au Maroc; puisque les Français ont orienté l'industrie _____ vers la métropole, il arrive que le pays doive _____ aujourd'hui.

Et maintenant

Etes-vous d'accord avec Mehdi sur ses impressions de la vidéo? Pourquoi ou pourquoi pas?

Avant d'écouter la deuxième partie

Ici, nous discutons les idées de Lyautey. Mehdi explique la différence entre le Maroc, qui était un protectorat, et l'Algérie, qui était une colonie proprement dite. Enfin, il fait le bilan des aspects positifs de la présence française dans son pays.

A vous d'abord

1. Quelles étaient les idées de Lyautey sur la colonisation? Quelle est la différence essentielle entre un protectorat et une colonie?

2. Quels aspects positifs de la colonisation avons-nous remarqués dans la vidéo?

Un peu de vocabulaire

Vérifiez le sens des expressions suivantes, puis complétez les phrases ci-dessous.

Pour parler des bienfaits de la colonisation:
l'infrastructure, la scolarisation, hériter

1. Après l'indépendance, certaines anciennes colonies ont hérité d'une _____ qui avait été mise en place par les Français.

2. Mon grand-père est mort et j'ai _____ de sa bibliothèque.

3. Le gouvernement marocain fait construire beaucoup d'écoles parce qu'il s'intéresse à _____ .

Pendant que vous écoutez

A. Première écoute

Vrai ou faux?

1. Il y avait des différences entre le cas du Maroc et le cas de l'Algérie.

2. Les Marocains étaient plus hostiles envers les Français que les Algériens.

3. La colonisation du Maroc n'a pas eu d'effet positif sur le pays.

4. La France a fait moins pour ses colonies que la Grande-Bretagne.

B. Deuxième écoute

Citant les paroles de Lyautey, «je veux me faire _____ de ce peuple», Martine demande à Mehdi s'il a remarqué des différences entre le Maroc et _____ . Mehdi explique que le Maroc était un _____ et donc qu'il y avait moins d' _____ entre les Français et les Marocains parce que les autorités marocaines _____ . Enfin, il cite trois effets positifs de la colonisation: un réseau routier, _____ et _____ .

Et maintenant

Que pense Mehdi de la colonisation de son pays? Quels aspects négatifs a-t-il cités? Quels aspects positifs? Employez les expressions suivantes pour présenter les deux côtés de la discussion.

d'un côté, pourtant, de l'autre côté, en somme, vis-à-vis, il n'empêche que, au même titre que, entre guillemets

Avant d'écouter la troisième partie

Ici, nous discutons les raisons pour lesquelles la langue française est toujours très utilisée au Maroc.

A vous d'abord

Pouvez-vous imaginer pourquoi la langue française garde son importance pour un pays tel que le Maroc? Dans quels domaines de la vie est-elle surtout importante? Connaissez-vous d'autres pays où cette influence est aussi en évidence?

Un peu de vocabulaire

Vérifiez le sens des expressions suivantes.

Pour parler de la francophonie (la présence de la langue et de la culture française au-delà des frontières de l'hexagone):

interne (*vs.* externe), des relations poussées, les moyens de communication, l'islam (islamique), la CEE = ancien sigle de la Communauté européenne

Pendant que vous écoutez

A. Première écoute
   1. Est-ce que Mehdi croit que la francophonie est un phénomène important au Maroc?
   2. Quelle est la raison externe de la persistance de la francophonie au Maroc?
   3. Est-ce qu'il croit que l'importance de la francophonie va continuer?
   4. Est-ce qu'il a fait la plus grande partie de ses études en français ou en arabe?

B. Deuxième écoute
   1. Mehdi nous donne deux raisons de l'importance de la langue française au Maroc. Lesquelles?
   2. Quels sujets Mehdi mentionne-t-il? Parmi les sujets mentionnés, lesquels seraient probablement enseignés en arabe?

   l'histoire arabe, le français, l'anglais, la philosophie, les sciences sociales, les sciences naturelles, les mathématiques, la physique, la chimie, l'espagnol, la comptabilité, la grammaire arabe, l'éducation islamique

Et maintenant

Pourquoi le Maroc est-il obligé d'employer le français dans ses relations commerciales?

Avant d'écouter la quatrième partie

Ici, nous discutons d'abord les rapports personnels de Mehdi avec les Français qu'il a rencontrés, soit au Maroc, soit en France.

A vous d'abord

Que veut dire le mot *racisme*? Avez-vous jamais eu une expérience personnelle avec quelqu'un qui se comportait en raciste?

Un peu de vocabulaire

Vérifiez le sens des expressions suivantes, puis complétez les phrases ci-dessous.

Pour parler de ses rapports avec quelqu'un:
être en bons termes avec quelqu'un, se comporter, rencontrer

Pour préciser sa compréhension de quelque chose:
saisir, être amené à voir

1. Il faut connaître les habitudes locales pour _____ correctement dans un pays étranger.
2. J'aime beaucoup mes jeunes collègues. Je _____ avec eux.
3. Chaque fois que je prends l'autobus, _____ mon ancienne voisine. Nous bavardons pendant tout le trajet.
4. Vos idées sont si compliquées que j'ai du mal à en _____ les nuances.
5. Après avoir beaucoup discuté, _____ le point de vue de mon adversaire.

Pendant que vous écoutez

A. Première écoute

Vrai ou faux?

1. Mehdi a souvent voyagé en France.
2. Mehdi connaît des Français qui ont vécu au Maroc.
3. Mehdi n'a pas de bons amis français.
4. Mehdi a eu plusieurs expériences personnelles avec le racisme en France.
5. Les «nor'af» sont bien accueillis par les personnes qui travaillent dans les services publics français.

B. Deuxième écoute

1. Les meilleurs amis français de Mehdi sont des (ingénieurs / enseignants / hommes d'affaires).
2. Qu'est-ce qui caractérise le mieux l'opinion que Mehdi a des Français? (Les Français sont en général racistes. / Il y a des Français qui sont très accueillants. / Les Français sont tous très accueillants envers les Arabes.)

Et maintenant

Résumez l'expérience de Mehdi avec les Français. Connaissez-vous vous-même des Français? Comment sont vos rapports avec eux?

Avant d'écouter la cinquième partie

Ici, Mehdi nous aide à préciser le rapport entre le racisme en France et la crise économique dans ce pays.

A vous d'abord

Relisez la dernière partie de l'introduction de ce chapitre pour comprendre le rapport entre les changements économiques en France et les sentiments des Français envers les immigrés.

Un peu de vocabulaire

Vérifiez le sens des expressions suivantes, puis complétez les phrases ci-dessous.

Pour parler du rôle des immigrés:
> l'accueil, la main-d'œuvre, manquer de, un analphabète, baisser la tête, un nor'af

Autres expressions:
> tabler sur, les musulmans

1. Au cours des années 60, quand l'économie française marchait bien, on avait besoin de _____ .
2. Dans tous les grands aéroports, il y a un centre d' _____ pour les étrangers.
3. Quand j'ai le temps, j'offre mes services à un centre de lecture pour _____ .
4. J'ai fait beaucoup de reproches à mon étudiant qui n'avait pas fait son travail. A la fin, il _____ et m'a promis que cela n'arriverait plus.
5. Les pauvres _____ tout. Ils n'ont ni vêtements chauds ni nourriture saine.
6. En ce moment, en France métropolitaine, la présence de nombreux _____ cause des problèmes.
7. Je ne suis pas satisfaite de ma situation, mais je reste car je _____ un changement.
8. Les Français sont surtout catholiques; mais on trouve aussi en France des protestants, des juifs et des _____ .

Pendant que vous écoutez

A. Première écoute

   Vrai ou faux?

   1. Les immigrés sont moins bien accueillis actuellement parce que l'économie française est maintenant en expansion.
   2. Les hommes politiques comme Le Pen veulent faire croire aux Français que les immigrés sont la cause du chômage.

B. Deuxième écoute
   1. Autrefois, la France voulait attirer des immigrés parce qu'elle avait besoin (d'ouvriers / d'enseignants / de cadres).
   2. Le succès de Le Pen et du Front National est basé sur (l'expansion économique / la crise économique).

Et maintenant

Complétez ces paragraphes, basés sur la dernière réponse de Mehdi.

Autrefois, on a essayé _____ les immigrés parce qu'on avait besoin de _____ . L'industrie était _____ . Les Nord-Africains qui sont allés en France à cette époque étaient souvent _____ et ne connaissaient pas bien _____ . Ils étaient donc souvent moins bien _____ que les Français.

Mais maintenant qu'il y a _____ et _____ , on veut _____ de ces travailleurs immigrés. C'est une occasion pour les personnes comme _____ de gagner _____ .

LECTURE
MOHAMMED DIB: *LA GRANDE MAISON*

Avant de lire

Publié en 1953, *La Grande Maison*, roman de l'écrivain algérien Mohammed Dib, se passe en 1939, année cruciale pour la France et ses colonies. L'œuvre présente la vie des habitants d'une grande maison ou *Dar-Sbitar*, dans une ville algérienne, du point de vue du jeune Omar, enfant de 10 ans qui, comme ses compatriotes, commence à se rendre compte de la réalité coloniale.

Dans cet extrait du début du livre, Omar est à l'école. Le maître fait une leçon de morale et prépare sa classe à écrire une rédaction sur le sujet de la patrie. Au cours de la discussion, Omar va apprendre quelque chose de surprenant, auquel il n'avait jamais pensé.

A vous d'abord

1. Comment définissez-vous la patrie? Un patriote?
2. Imaginez la scène suivante: une classe d'élèves de 10 ans rentre en classe après la récréation (actions, bruits, etc.).
3. Avez-vous jamais appris des mensonges à l'école? Lesquels?

Pendant que vous lisez

A la première lecture:
- notez la présentation des autres personnages: Veste-de-kaki (enfant plus jeune qu'Omar protège), Aïni (la mère d'Omar), Aouïcha et Mériem (ses sœurs), Hamid Saraj (un révolutionnaire), M. Hassan (le maître d'école).
- remarquez surtout la définition de la patrie, la définition du meilleur étudiant, le pain dans la bouche d'Omar, les sentiments du maître et ce que le maître ne dit pas à la fin.

A peine **s'emboîtèrent**-ils dans leurs pupitres que le maître, d'une voix **claironnante,** annonça:

— Morale!

Leçon de morale. Omar en profiterait pour **mastiquer** le pain qui
5 était dans sa poche et qu'il n'avait pas pu donner à Veste-de-kaki.

Le maître **fit quelques pas** entre les tables; le **bruissement** sourd des **semelles** sur le parquet, les coups de pied donnés aux bancs, les appels, les rires, les **chuchotements s'évanouirent.**

S'installèrent ou quittèrent?
Forte ou faible?

Manger lentement ou avaler?

marcha / *rustling*

soles

Les cris ou les murmures? / Augmentèrent ou disparurent?

L'**accalmie** envahit la salle de classe comme par **enchantement**:

10 **s'abstenant** de respirer, les élèves **se métamorphosaient** en merveilleux **santons**.

Mais **en dépit de** leur immobilité et de leur application, il flottait une joie légère, aérienne, dansante comme une lumière.

M. Hassan, satisfait, marcha jusqu'à son bureau, où il **feuilleta**

15 un gros cahier. Il proclama:

— La patrie.

L'indifférence **accueillit** cette nouvelle.

On ne comprit pas. Le mot, **campé** en l'air, se balançait.

— Qui d'entre vous sait ce que veut dire: patrie?

20 Quelques **remous** troublèrent le calme de la classe. **La baguette** claqua sur un des pupitres, ramenant l'ordre. Les élèves cherchèrent autour d'eux, leurs regards se promenèrent entre les tables, sur les murs, à travers les fenêtres, au plafond, sur la figure du maître; **il apparut avec évidence** qu'elle n'était pas là. Patrie n'était pas dans la

25 classe. Les élèves **se dévisagèrent**. Certains se plaçaient hors du débat et patientaient **benoîtement**.

Brahim Bali pointa le doigt en l'air. Tiens, celui-là! Il savait donc? Bien sûr. Il **redoublait**, il était au courant.

— La France est notre mère patrie, **ânonna** Brahim.

30 Son **ton nasillard** était celui que prenait tout élève pendant la lecture. Entendant cela, tous firent **claquer** leurs doigts, tous voulaient parler maintenant. Sans permission, ils répétèrent **à l'envi** la même phrase.

Les lèvres serrées, Omar **pétrissait** une petite boule de pain dans

35 sa bouche. La France, capitale Paris. Il savait ça. Les Français qu'on aperçoit en ville viennent de ce pays. Pour y aller ou en revenir, il faut traverser la mer, prendre le bateau... La mer: la mer Méditerranée. Jamais vu la mer, ni un bateau. Mais il sait: une très grande étendue d'eau salée et une sorte de planche flottante. La France, un dessin en plusieurs

40 couleurs. Comment ce pays si lointain est-il sa mère? Sa mère est à la maison, c'est Aïni; il n'en a pas deux. Aïni n'est pas la France. Rien de commun. Omar venait de surprendre un mensonge. Patrie ou pas patrie, la France n'était pas sa mère. Il apprenait des mensonges pour éviter la fameuse baguette d'olivier. C'était ça, les études.

45 Les rédactions: décrivez une **veillée** au coin du feu... Pour les mettre en train, M. Hassan leur faisait des lectures où il était question d'enfants qui **se penchent** studieusement sur leurs livres. La lampe projette sa clarté sur la table. Papa, enfoncé dans un fauteuil, lit son journal et maman fait de **la broderie**. Alors Omar était obligé

50 de mentir. Il complétait: le feu qui **flambe** dans la cheminée, le tic-tac de la **pendule**, la douce atmosphère du **foyer** pendant qu'il pleut, **vente** et fait nuit dehors. Ah! comme on se sent bien chez soi

---

Le désordre ou le calme? / magie

S'arrêtant ou continuant? / se changeaient / petites statues

Malgré ou à cause de?

Regarda ou ferma?

accompagna

suspendu

Mouvements ou cris? / morceau de bois

il fut évident

Se parlèrent ou se regardèrent? en prétendant sourire

Refaisait ou laissait tomber le cours? Proclama ou récita avec hésitation? *whiny voice*

snap

Une fois ou plusieurs fois?

Roulait ou avalait?

Matinée ou soirée?

Se concentrent ou s'endorment?

embroidery

Brûle ou s'éteint?

l'horloge / la maison

qu'il fait du vent

au coin du feu! Ainsi: la maison de campagne où vous passez vos
vacances. **Le lierre grimpe** sur la façade; **le ruisseau gazouille** dans
55 le pré voisin. L'air est pur, quel bonheur de respirer à pleins poumons.
Ainsi: le laboureur. Joyeux, il pousse sa **charrue** en chantant,
accompagné par les **trilles d'alouette.** Ainsi: la cuisine. Les **rangées
de casseroles** sont si bien **astiquées** et si **reluisantes** qu'on peut s'y
mirer. Ainsi: Noël. L'arbre de Noël qu'on plante chez soi, les **fils** d'or
60 et d'argent, les boules multicolores, les jouets qu'on découvre dans ses
chaussures. Ainsi, les gâteaux de l'**Aïd-Seghir**, le mouton qu'on égorge à
l'**Aïr Kebir**... Ainsi la vie!

Les élèves entre eux disaient: celui qui sait le mieux mentir, le
mieux arranger son mensonge, est le meilleur de la classe.
65 Omar pensait au goût du pain dans sa bouche: le maître, près de
lui, réimposait l'ordre. Une perpétuelle lutte soulevait la force animée
et liquide de l'enfance contre la force statique et **rectiligne** de la
discipline. M. Hassan ouvrit la leçon.

— La patrie est la terre des pères. Le pays où l'on est fixé depuis
70 plusieurs générations.

Il **s'étendit** là-dessus, développa, expliqua. Les enfants, dont les
velléités d'agitation avaient été fortement **endiguées, enregistraient.**

— La patrie n'est pas seulement le sol sur lequel on vit, mais aussi
l'ensemble de ses habitants et tout ce qui s'y trouve.
75 Impossible de penser tout le temps au pain. Omar laisserait sa
part de demain à Veste-de-kaki. Veste-de-kaki était-il **compris** dans la
patrie? Puisque le maître disait... Ce serait quand même **drôle** que
Veste-de-kaki... Et sa mère, et Aouïcha, et Mériem, et les habitants de
Dar-Sbitar? Comptaient-ils dans la patrie? Hamid Saraj aussi?
80 — Quand de l'extérieur viennent des étrangers qui prétendent être
les maîtres, la patrie est en danger. Ces étrangers sont des ennemis
contre lesquels toute la population doit défendre la patrie menacée. Il
est alors question de guerre. Les habitants doivent défendre leur
patrie au prix de leur existence.
85 Quel était son pays? Omar **eût aimé** que le maître le dît, pour
savoir. Où étaient les méchants qui se déclaraient les maîtres? Quels
étaient les ennemis de son pays, de sa patrie? Omar n'osait pas ouvrir
la bouche pour poser ces questions à cause du goût du pain.

— Ceux qui aiment particulièrement leur patrie et agissent pour
90 son bien, dans son intérêt, s'appellent des patriotes.

La voix du maître prenait des accents **solennels** qui faisaient
résonner la salle.

Il allait et venait.

M. Hassan était-il patriote? Hamid Saraj était-il patriote aussi?
95 Comment se pouvait-il qu'ils le fussent tous les deux? Le maître était pour
ainsi dire **un notable**; Hamid Saraj, un homme que la police

---

Marginal glosses:

the ivy climbs / **Grande ou petite rivière?** / gurgles

plow

chansons d'un oiseau (lark)

rows of pots and pans / **Sales ou très propres?** / **Sales ou brillantes?** / **Voir ou ne pas voir?** / threads

fêtes islamiques (l'Aïd-Seghir et l'Aïr Kebir)

Rigide ou flexible?

Parla longuement ou brièvement?
désirs faibles / contenues / **Ecoutaient bien ou n'écoutaient plus?**

Inclus ou exclus?

Curieux ou ridicule?

would have liked

Sérieux ou ridicules?
echo

Un homme important ou inconnu?

recherchait souvent. Des deux, qui le patriote alors? La question restait en suspens.

Omar, surpris, entendit le maître parler en arabe. Lui qui le leur
100 **défendait**? Par exemple! C'était la première fois! Bien qu'il **n'ignorât pas** que le maître était **musulman** — il s'appelait M. Hassan — ni où il habitait, Omar **n'en revenait pas.** Il n'aurait même pas su dire s'il lui était possible de s'exprimer en arabe.

D'une voix basse, où perçait une violence qui **intriguait**:
105 — Ça n'est pas vrai, fit-il, si on vous dit que la France est votre patrie.

Parbleu! Omar savait bien que c'était encore un mensonge.

M. Hassan **se ressaisit.** Mais pendant quelques minutes, il parut agité. Il semblait sur le point de dire quelque chose encore. Mais
110 quoi? Une force plus grande que lui l'en empêchait-elle?

Ainsi, il n'apprit pas aux enfants quelle était leur patrie.

Mohammed Dib, *La Grande Maison*
(Paris: Editions du Seuil), pp. 19–23.

Notes (margin): Encourageait ou interdisait? — Sache ou ne sache pas? / *Muslim* — était étonné — Excitait la curiosité ou ennuyait? — reprit son calme

Et maintenant

1. Relisez jusqu'à la ligne 13.
   a. Où se passe l'action?
   b. Qu'est ce qu'on va étudier?
   c. Qu'est-ce qu'Omar pense de ce sujet?
   d. Comment la salle de classe change-t-elle?
   e. A quoi compare-t-on les élèves?
2. Relisez les lignes 14 à 44.
   a. Quel est le sujet de la leçon?
   b. Comment réagissent les élèves?
   c. Qu'est-ce que le maître leur demande?
   d. Combien d'élèves y répondent?
   e. Comment les autres réagissent-ils à cette réponse?
   f. Que pense Omar de cette réponse?
   g. Qu'est-ce qu'il sait de la France?
   h. De quel mensonge s'aperçoit-il?
   i. Comment définit-il les études ici?
3. Relisez les lignes 45 à 64.
   a. Omar raconte comment il fabrique les mensonges nécessaires pour recevoir de bonnes notes à ses rédactions. Quels sont les sujets de rédactions qui l'obligent à mentir (par exemple, «la veillée au coin du feu»)?
   b. Est-ce que ces sujets s'appliquent à la vie d'un garçon algérien?
   c. Pourquoi les mensonges sont-ils nécessaires?

4. Relisez les lignes 65 à 98.

   a. Qu'est-ce que le maître leur apprend au sujet de la patrie?

   b. Pourquoi Omar ne peut-il plus penser au pain dans sa bouche?

   c. Selon le maître, quand la patrie est-elle en danger?

   d. Pourquoi Omar a-t-il de la peine à comprendre?

   e. Quelle est ici la définition d'un patriote?

   f. Pourquoi cette idée soulève-t-elle des problèmes pour Omar?

5. Relisez la dernière partie.

   a. Qu'est-ce que le maître fait de surprenant ici?

   b. Pourquoi est-ce surprenant?

   c. Qu'est-ce que M. Hassan leur apprend?

   d. Qu'est-ce qu'il ne leur dit pas? Pourquoi?

6. Résumez les actions principales en complétant les phrases suivantes.

   a. En entrant dans la salle de classe, les élèves _____ mais quand le maître parle, ils _____ .

   b. M. Hassan commence _____ et demande aux élèves _____ .

   c. Presque tous les élèves _____ .

   d. Pourtant, un élève qui s'appelle Bali _____ .

   e. Omar ne croit pas _____ , mais il sait _____ .

   f. M. Hassan donne une autre définition de la patrie: _____ et Omar commence à _____ .

   g. Vers la fin, le maître commence à parler _____ et Omar est _____ .

   h. Le maître leur apprend que _____ mais il ne leur dit pas _____ .

7. Quelle langue parle-t-on dans cette école? Pourquoi pas l'arabe?

8. Relevez toutes les phrases qui se rapportent au pain. Est-ce qu'il y a une évolution? Qu'est-ce qui devient plus important à mesure que le pain devient moins important?

9. Sauriez-vous dans quel pays l'action se passe si vous n'en étiez pas informé au début? Relevez les références culturelles européennes et arabes.

10. Quel est le rôle de l'éducation ici? Omar apprend que la France n'est pas sa patrie. En quoi cette connaissance change-t-elle le sens des mots *patriote, agresseurs, étrangers, pays, intérieur, extérieur*?

11. Qu'est-ce que le maître aurait dit à la fin si la scène avait eu lieu en 1945?

TAHAR BEN JELLOUN: *LA RECLUSION SOLITAIRE*

Avant de lire

L'écrivain marocain Tahar Ben Jelloun a reçu le prix Goncourt pour son roman *La Nuit sacrée* en 1987. Dans cet extrait, tiré de son livre intitulé *La Réclusion solitaire* (1976),

Ben Jelloun décrit d'une façon frappante le dépaysement des travailleurs immigrés d'Afrique du Nord à Paris.

A vous d'abord

Au commencement du deuxième paragraphe, Ben Jelloun dit qu'il compare les immigrés à des arbres. Le texte est donc basé sur une métaphore, c'est-à-dire sur la description d'une chose dans le langage d'habitude associé à une chose qui appartient à un autre domaine afin de montrer leur ressemblance inaperçue. La métaphore évoque souvent des images frappantes (par exemple, «le feu de l'amour»). Connaissez-vous d'autres exemples, en français ou en anglais?

Un peu de vocabulaire

1. Vérifiez le sens des mots suivants.

déboisé, le déboisement (déboiser: couper les arbres d'une forêt)
arracher: enlever de terre avec force (synonyme: déraciner)
Antonymes:

l'aube / le crépuscule, déboiser / reboiser, lourd / léger, sec (sèche) / humide, mourir / vivre, froid / chaud

2. Dessinez un arbre, en suivant les indications données.
- Sous terre, il y a des racines.
- Au-dessus de la terre, il y a un tronc, des branches, des feuilles.
- La sève est un liquide qui circule dans les différentes parties de l'arbre et les nourrit.

Tahar Ben Jelloun
La réclusion
solitaire

Points

roman

TEXTE INTEGRAL

Pendant que vous lisez

A la première lecture de l'extrait:
- trouvez la métaphore principale.
- relevez tous les mots utilisés métaphoriquement.
- identifiez le pays qui est déboisé.
- précisez le sens du mot *déboiser* dans ce contexte.
- expliquez le sens des mots *arraché* et *comptabilisé*.

> Nous sommes un pays déboisé de ses hommes. Des arbres arrachés à la terre, comptabilisés et envoyés au froid. Quand nous arrivons en France, nos branches ne sont plus lourdes, les feuilles sont légères; elles sont mortes. Nos racines sont sèches et nous n'avons pas soif.
>
> Si je nous compare à un arbre, c'est parce que tout tend à mourir en nous et la sève ne coule plus. Tout le monde trouve «normal» ce déboisement sélectif. Mais que peut un arbre arraché à l'aube de sa vie? Que peut un corps étranger dans une terre fatiguée?

> Tahar Ben Jelloun, *La Réclusion solitaire*
> (Paris: Editions du Seuil, 1981), pp. 56–57.

Et maintenant

1. Pourquoi Ben Jelloun mentionne-t-il le froid? Que savez-vous du climat du Maroc? Remarquez la gradation dans la phrase qui commence «Quand nous arrivons en France...» D'abord les branches ne sont plus lourdes. Que suggère le négatif *ne... plus*? Ensuite, l'auteur emploie l'adjectif *léger*, puis l'adjectif *mort*. Que suggère cette progression? Qu'est-ce qui arrive à une plante quand ses racines sont sèches et qu'elle n'a plus soif?
2. Donnez maintenant l'idée principale de ce passage.
3. Dans le deuxième paragraphe, trouvez la phrase dans laquelle Ben Jelloun exprime encore l'idée principale du passage. Quel âge ont la plupart des travailleurs immigrés? Sont-ils jeunes ou vieux? Le passage suggère-t-il beaucoup d'admiration pour la France?
4. Expliquez le dessin à la page 257.

DENIS FREMOND: «A LA REFLEXION»

Avant de lire

Denis Frémond fait des bandes dessinées pour *Le Point*, un hebdomadaire français comme *Time* ou *Newsweek*. Ici, il présente une réflexion typique sur la question de l'immigration.

A vous d'abord

Etes-vous parfois utopiste, rêveur, etc? A quel sujet? Sinon, connaissez-vous des utopistes, rêveurs, etc? Donnez un exemple de leurs idées.

Un peu de vocabulaire

1. Cherchez le sens des mots *utopiste, idéaliste, moraliste, masochiste et réaliste* dans un bon dictionnaire. Employez la formule donnée.

   Modèle: Un raciste est quelqu'un qui croit à la hiérarchie des races et donc à la nécessité de préserver la race dite supérieure et ainsi à son droit de dominer les autres.

2. Voici d'autres mots essentiels:

   stopper: arrêter
   chasser: mettre dehors
   se plaint de: regrette
   une vitrine: où un commerçant expose ses marchandises
   les souris: *mice*
   attirer: tenter
   justement: *in fact*

Pendant que vous lisez

A la première lecture, essayez de préciser:
   * comment cette bande dessinée illustre le rapport entre la colonisation et l'immigration.
   * la classe sociale et le travail des deux hommes.

Et maintenant

1. Où avez-vous lu le mot *rayonner* dans ce chapitre? Que veut dire ce mot dans le contexte de la colonisation?
2. Selon cette bande dessinée, quelles sont les positions raciste, utopiste, idéaliste et réaliste sur l'immigration?
3. Comment le moraliste comprend-il la question? Expliquez l'image du commerçant: qui est le commerçant? Qu'est-ce qu'il y a dans la vitrine symbolique? Qui est ce «trop de monde»?
4. La solution qu'on appelle masochiste ou réaliste: pourquoi est-ce une impossibilité?
5. L'auteur nous donne-t-il une solution?

AIR DU TEMPS

par Denis Frémond

À la réflexion

25 DÉCEMBRE 1989 - **LE POINT** NUMÉRO 901

JEAN-YVES LE GALLOU: «LA COLONISATION DE LA FRANCE»

Avant de lire

Les extraits de l'article suivant, tiré du *Figaro*, présentent les idées du Front National sur l'immigration en France. Ce parti politique d'extrême droite, dirigé par Jean-Marie Le Pen, a provoqué de vives réactions pour et contre ses idées.

A vous d'abord

Relevez les références au Front National dans ce chapitre. A votre avis, comment le FN considère-t-il les immigrés?

Un peu de vocabulaire

Vérifiez le sens des expressions suivantes:

l'immigration, un réfugié politique, intégrer les immigrés, un clandestin, la culture d'origine

Pendant que vous lisez

A la première lecture, essayez d'apprendre:
- si l'auteur pense que l'immigration est un phénomène important.
- si l'auteur est pour ou contre l'immigration.

A l'exception du Front National, il y a désormais un large consensus dans la classe politique française sur l'immigration. Autour de deux idées: il faut intégrer les immigrés en France; il faut interrompre l'entrée de nouveaux étrangers dans notre pays. (...)

5 Mais il y a **un «hic»**. L'intégration ne progresse pas; elle régresse. Le flux de l'immigration **ne s'est jamais tari**; il progresse.

Depuis 1974, les regroupements ethniques par quartiers se sont accentués et le retour aux cultures d'origine s'est accéléré. Il y avait moins de 50 mosquées en 1974, il y en a plus de 1.000

10 aujourd'hui. (...)

Reconnaissons d'ailleurs que l'intégration est d'autant moins facile à réaliser que des nouveaux immigrés arrivent sans cesse du tiers monde; si l'introduction régulière de travailleurs a, à peu près, été interrompue en 1974, celle des familles, celle des «réfugiés politiques»

15 (ou plutôt de ceux qui recherchent un statut juridiquement et financièrement intéressant), celle des clandestins, n'a jamais cessé. (...)

a catch

S'est arrêté ou a continué?

L'immigration que nous subissons aujourd'hui n'est pas un phénomène secondaire, c'est **une vague de fond,** une vague de colonisation.

Un mouvement superficiel ou profond?

20   Colonisation? Le mot va peut-être choquer. Bien à tort... Il est temps de mesurer l'importance du phénomène.

Dans ses données ethniques, culturelles et religieuses, le peuplement de l'Europe n'a pas **foncièrement** changé depuis l'an 1000. (. . .)

fondamentalement

25   Ce qui est nouveau aujourd'hui, c'est non seulement la rapidité des nouvelles migrations (en quinze ans **que de** choses ont changé!), mais aussi leur caractère extra-européen. Le phénomène n'est pas seulement français, il est européen. Et il est profond puisqu'il touche même les vallées alpines: les Maghrébins sont présents dans **la**

combien de

30   **Combe de Savoie** et **la Romanche**, les Turcs prospèrent dans la vallée de l'Inn, les Pakistanais s'implantent au cœur de la Suisse centrale.

deux vallées alpines

Au regard de l'histoire des populations, ce qui se passe sous nos yeux est l'événement majeur non seulement de la décennie mais aussi du siècle et même du millénaire.

35   C'est au peuple français, c'est aux peuples européens de choisir leur destin. En se posant et en répondant **sans faux-semblant** à la question suivante: acceptent-ils ou non de voir une colonisation de peuplement venue du tiers monde s'implanter sur leur sol?

directement

Jean-Yves le Gallou, président du groupe Front National au conseil régional de l'Ile-de-France (*Le Figaro*)

Et maintenant

1. Relisez les lignes 1 à 19.
   a. Selon l'auteur, quelles solutions les autres partis politiques ont-ils proposées?
   b. Pourquoi ces solutions ne sont-elles pas valables?
   c. Selon l'auteur, pourquoi l'intégration ne marche-t-elle pas?
   d. Pourquoi n'a-t-on pas réussi à interrompre l'immigration?
   e. A quoi l'auteur compare-t-il l'immigration?
2. Relisez le reste de l'article.
   a. Comment cette «colonisation» est-elle différente des autres colonisations de l'Europe avant l'an 1000?
   b. L'auteur exprime-t-il une préférence sur le destin à choisir?
   c. Comment exprime-t-il cette préférence?
3. Le but de cet article est de convaincre ses lecteurs que l'immigration pose de graves dangers pour l'Europe et surtout pour la France. Trouvez les mots ou expressions qui expriment le danger (par exemple: *une vague de colonisation*).

4. Pourquoi l'auteur ne présente-t-il pas explicitement sa propre solution à la question de l'immigration? A votre avis, laquelle des solutions suivantes préfère-t-il?

  a. Limiter strictement l'immigration.

  b. Encourager une attitude plus accueillante chez les Français.

  c. Renvoyer les immigrés dans leur pays d'origine.

  d. Encourager les immigrés à adopter la culture française.

5. Lisez les phrases ci-dessous et identifiez d'abord celles qui expriment les idées qu'on trouve dans l'article. Ensuite, déterminez si l'auteur de cet article serait d'accord ou non avec ces constatations.

  a. L'immigration est un problème important pour l'Europe.

  b. Certains immigrés sont des «réfugiés politiques».

  c. La France a beaucoup d'immigrés en partie à cause de sa politique de colonisation du XIXe siècle.

  d. Les sociétés multiculturelles sont dangereuses.

FRANÇOIS MITTERRAND: «L'IMMIGRATION CLANDESTINE NE DOIT PAS ÊTRE TOLÉRÉE»

Avant de lire

Dans le passage qui suit, le président de la République française, François Mitterrand, exprime son opinion sur le problème des immigrés et l'attitude des Français envers eux. A son avis, le problème des immigrés est un problème européen et économique: les immigrés sont attirés par la richesse de l'Europe et la possibilité d'y trouver du travail. Dans une deuxième partie, Mitterrand condamne l'immigration clandestine et les entreprises qui emploient des travailleurs clandestins (illégaux).

A vous d'abord

1. Le parti politique de François Mitterrand, le parti Socialiste, a souvent proclamé le slogan «La France, terre d'accueil». Que veut dire ce slogan dans le contexte de l'immigration?

2. Qu'est-ce que vous savez de François Mitterrand?

Pendant que vous lisez

A la première lecture, essayez de préciser:

  • la position de Mitterrand sur l'immigration.

  • la position de Mitterrand sur l'immigration clandestine.

«Je ne crois pas» que les Français sont plus racistes aujourd'hui qu'il
y a quelques années, assure M. Mitterrand, qui ajoute: «Il y a un
certain nombre d'endroits dans lesquels des ghettos se sont créés
dans des conditions de logement généralement détestables. A Dreux,
5   ville **d'importance moyenne**, 28% de la population est d'origine   ni trop grande ni trop petite
immigrée. Cela a résulté de **l'appel massif** d'immigrés venus   le recrutement
généralement d'Afrique du Nord par les industriels français. (...) C'était
bien avant 1981, bien avant 1974 et même avant 1958, mais cela s'est
accéléré depuis.»
10   « (...) Il faut que les Français comprennent que c'est un problème
européen, pas seulement français: l'immigration se produit de la
même manière dans beaucoup de pays d'Europe, il y a même des
pays d'Europe où cela se produit davantage qu'en France. Pourquoi?
Parce que ce sont des pays **dits riches** où existent des lois de liberté,   qui ont la réputation d'être
15   où l'on respecte le droit des gens, alors on se sent mieux là où on a plus   riches
d'avenir, plus de travail, que dans le pays d'où on vient.»
         M. Mitterrand distingue «plusieurs catégories d'immigrés»: les
clandestins, ceux «qui ont été acceptés», ceux qui ont été
«naturalisés» et «les enfants d'immigrés, qui sont français». Sur la
20   première catégorie, il affirme: «L'immigration clandestine ne doit pas être
tolérée: les clandestinsqui viennent en France doivent donc
s'attendre à être **rapatriés** ou dirigés sur un pays de leur choix. (...)   *expect* / renvoyés dans leur
                                                                                     pays d'origine
         «L'intégration, je suis pour, tout à fait pour (...). Permettez **que**
j'englobe ce verbe *intégrer* dans un raisonnement vis-à-vis de la   que je comprenne (*include*)
25   masse des clandestins. D'abord il faut **prévenir le mal**, pour le   empêcher le mal d'arriver
prévenir (...) ce sont des frontières **mieux tenues**, ce sont des   mieux gardées, mieux
administrations plus actives, plus rapides. A ce moment-là, on peut   surveillées
éviter l'accumulation des immigrés clandestins. Prévenir, ensuite, il
faut **sanctionner** (...) non pas l'immigré clandestin, il est   punir, imposer des sanctions
30   suffisamment sanctionné par l'expulsion, mais **les entreprises** qui   les sociétés commerciales
font appel à la main-d'œuvre immigrée clandestine, parce que cela   ou industrielles
permet aux entreprises en question de sous-payer et de
sous-protéger. **Ils** ne sont pas protégés socialement puisqu'on ne les   les travailleurs clandestins
connaît pas. (...) La loi punit cela. Elle le punit et nous avons renforcé
35   les sanctions pénales en 1985. Ceux qui exploitent les immigrés
clandestins, ces esclaves modernes, réduits en servage, en 1988, je les ai
exclus de l'amnistie. En 1989, le 10 juillet, on a encore renforcé les
sanctions pénales. Il faut aller plus loin.»

                              François Mitterrand, *Le Monde,* 12 décembre 1989, p. 3.

Et maintenant

1. Relisez les lignes 1 à 16.

    a. Selon Mitterrand, les Français sont-ils plus racistes aujourd'hui que dans le passé?

    b. Dans la ville de Dreux, quel pourcentage de la population est d'origine immigrée?

    c. Pourquoi y a-t-il un si grand nombre d'immigrés à Dreux?

    d. Est-ce que l'immigration à Dreux est d'origine récente?

    e. Est-ce que le problème de l'immigration est un problème européen, français ou algérien?

    f. Est-ce que la France est le pays européen qui a le plus grand nombre d'immigrés?

    g. Est-ce que les immigrés ne sont venus en Europe que pour des raisons économiques?

2. Relisez le reste de l'article.

    a. Combien de catégories d'immigrés Mitterrand distingue-t-il? Quelles sont ces catégories?

    b. Quels immigrés ne doivent pas être tolérés?

    c. Quels choix auront les immigrés non tolérés?

    d. Selon lui, les clandestins sont-ils seuls responsables du problème?

    e. A quoi Mitterrand compare-t-il les immigrés clandestins?

    f. Quelles solutions Mitterrand propose-t-il au problème de l'immigration clandestine?

3. Mitterrand est-il pour ou contre l'intégration des immigrés? Justifiez votre réponse.

4. Voici un proverbe français: «Il vaut mieux prévenir que guérir.» Appliquez ce proverbe au problème de l'immigration en France.

FRANCOPHONIE

INTRODUCTION

La francophonie est l'ensemble des pays et des peuples ayant en commun l'usage du français. La première lecture vous donnera des précisions sur la francophonie dans le monde d'aujourd'hui et retracera l'histoire de la présence française en Amérique du Nord.

VIDEO

Vous regarderez ensuite des extraits de la série *Espace francophone*, dans lesquels on présente l'évolution de la coopération entre les pays francophones et les difficultés auxquelles ces pays essaient de faire face.

AUDIO

Vous écouterez l'interview d'un jeune Américain bilingue qui décrit la situation au Québec, région francophone importante dans laquelle les différences linguistiques ont précipité une crise constitutionnelle sérieuse.

LECTURE

Vous lirez un article de journal qui vous permettra de mieux apprécier la situation actuelle du Québec. Enfin, des lectures littéraires vous introduiront à l'œuvre de grands auteurs francophones, d'origine québécoise et africaine.

INTRODUCTION

A vous d'abord

1. Le terme *francophonie* a été inventé en 1887 par le géographe français Elisée Reclus. A l'origine le mot s'appliquait à la défense de la langue française contre l'impérialisme des autres langues, surtout de l'anglais. Examinez les résultats du sondage suivant. Quel est le groupe de Français le plus choqué par le franglais aujourd'hui? Quels sont les groupes les moins choqués? Pouvez-vous deviner la raison?

Vous personnellement, êtes-vous choqué ou pas choqué par le franglais (c'est-à-dire l'usage dans la langue française de mots anglais et américains) ?	Choqué	Pas choqué
Ensemble	27 %	70 %
18 à 24 ans	7 %	91 %
25 à 34 ans	15 %	82 %
35 à 49 ans	22 %	74 %
50 à 64 ans	38 %	59 %
65 ans et plus	53 %	44 %

Tableau 1

2. Connaissez-vous des personnes qui parlent d'autres langues? Lesquelles? De quels pays viennent-elles? Connaissez-vous des mots français qu'on utilise dans la langue anglaise?

Un peu de géographie

Regardez la carte de la francophonie (page xii), ainsi que le tableau à la page 223. Dans quels pays d'Europe parle-t-on français? Sur quel continent parle-t-on beaucoup français? Pourquoi? Dans quelles régions parle-t-on français en Amérique du Nord? Repérez sur la carte le Zaïre et le Sénégal. Trouvez cinq pays francophones dans la région des Antilles et dans le Pacifique.

I. Le français dans le monde

A. Lisez les paragraphes suivants pour apprendre:
- ce que c'est qu'un francophone.
- le nombre de francophones dans le monde.
- la signification originale de *francophonie*.
- le sens de ce mot aujourd'hui.
- pendant quels siècles le français était la langue la plus importante de l'Europe.
- quelle langue tend à remplacer le français.
- pourquoi la France s'intéresse à la francophonie.
- si un pays francophone est un pays où on parle exclusivement français.
- le rôle politique du français au Sénégal et au Québec.

Un francophone est une personne qui parle français. Il est presque
impossible d'arriver au nombre exact de francophones dans le monde,
mais on peut l'estimer à plus de 100 millions et, selon certains,
peut-être trop optimistes, à presque 250 millions. Puisque la
5 France a aujourd'hui environ 56 millions d'habitants, il est bien évident
que l'on parle beaucoup français en dehors de la France métropolitaine.
On appelle *francophonie* la collectivité constituée par les peuples
parlant français. Quand de Gaulle était président de la Cinquième
République, la francophonie signifiait surtout l'instrument de
10 rayonnement de la langue et de la culture françaises. Depuis les années
70, elle est moins centrée sur la France et commence à signifier une
communauté de pays qui, malgré leur situation politique et économique
différente, cherchent à mettre à profit le fait qu'ils ont une langue
commune.
15 Du point de vue historique, le français a été la langue dominante de
l'Europe au XVIIe et surtout au XVIIIe siècles. Au XXe, c'est l'anglais qui
tend à devenir la langue universelle: il y a dans le monde plus de 400
millions d'anglophones. La prééminence d'une langue n'est pas
seulement un phénomène linguistique; c'est aussi une manifestation de
20 la vitalité politique, économique et technologique d'une certaine culture.
Il est donc facile de comprendre pourquoi le gouvernement français
attribue une grande importance à la survie et aux progrès de la
francophonie dans le monde.
Le ministre de la francophonie est aujourd'hui responsable de 43
25 pays francophones. Les deux grands centres de la francophonie, en
dehors de la France métropolitaine, sont l'Afrique et le Québec. On ne
parle exclusivement français qu'en France et à Monaco. Dans les autres
pays francophones, on parle français et une ou plusieurs autres
langues. En Belgique, par exemple, on parle français dans la partie sud,
30 la Wallonie, et néerlandais dans la partie nord. Au Sénégal, on parle

plusieurs langues tribales, comme le wolof et le peul, mais le français est la langue officielle. Le français, legs° de la colonisation, permet aux Sénégalais dont la langue maternelle n'est pas la même, de communiquer: paradoxalement, la langue de l'ancien colonisateur
35 contribue à renforcer l'unité nationale. Au Québec, où les langues sont le français et l'anglais, la francophonie paraît plutôt symboliser la résistance à la colonisation anglaise du passé et au danger toujours présent de l'américanisation.

B. Lisez le paragraphe suivant pour apprendre:
- comment s'appelle l'organisation francophone intergouvernementale.
- les buts de cette organisation.
- comment les pays francophones ont poursuivi des projets intergouvernementaux.

En 1970, les chefs des pays africains nouvellement indépendants se sont réunis à Niamey, au Niger, pour poser les jalons° d'une organisation francophone intergouvernementale, l'Agence de coopération culturelle et technique (ACCT). Depuis la conférence de Niamey, de nombreuses
5 initiatives ont été prises par l'ACCT, notamment dans le domaine de l'information, de l'éducation, de l'environnement, de la santé et des communications. Le programme de télévision *Espace francophone*, qui est transmis simultanément dans 50 pays, est un exemple de cette coopération.
10   Depuis 1986 se tiennent des conférences de chefs d'Etat et de gouvernements ayant en commun l'usage du français. Ces conférences ont eu lieu à Paris (1986), Québec (1987), Dakar (1989), et Kinshasa (1991), capitale du Zaïre, deuxième pays francophone par sa population.

II. L'histoire des Français en Amérique du Nord

A. Regardez la carte du Canada et les paragraphes suivants pour apprendre:
- le nom des provinces canadiennes.
- où se trouve le Québec.
- la ville principale de l'Ontario.
- où se trouve le lac Winnipeg.
- les trois provinces qu'on appelle les Provinces Maritimes.
- un nom de lieu d'origine française, d'origine anglaise, d'origine amérindienne°.
- où on trouve des francophones aux Etats-Unis.
- si le Québec est plus grand que la France.

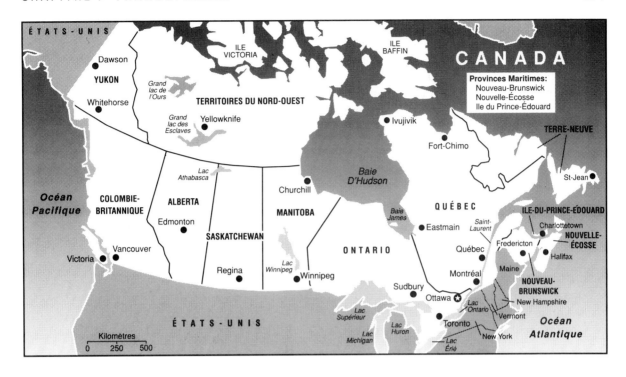

- si la population du Québec est plus grande que celle de la France.
- le nom de la deuxième ville francophone du monde.
- de quel siècle date la présence française en Amérique du Nord.
- qui a fondé la ville de Québec et quand.
- qui a exploré la région des Grands Lacs.
- les activités principales des premiers Français au Canada.

En Amérique du Nord, on trouve des enclaves francophones en Nouvelle-Angleterre et dans la Louisiane du sud-ouest (région des Cajuns), mais c'est le Québec qui est le centre de la francophonie. Situé à l'est du Canada, le Québec a une superficie de 1.540.680 km² (en
5 comparaison, la France a une superficie de 549.000 km² et le Texas de 692.403 km²). Sa population dépasse 6 millions. Sa capitale est la ville de Québec et sa ville principale est Montréal, la plus grande ville francophone du monde après Paris.
   La France commença vraiment à s'intéresser à l'Amérique sous le
10 règne de François Iᵉʳ (roi de France de 1515 à 1547). C'est sous son règne que Jacques Cartier pénètre d'abord dans le golfe du Saint-Laurent puis descend le fleuve. Après cette première exploration, ce sont surtout les pêcheurs de morue° qui restent en contact avec le Canada. Vers la fin du XVIᵉ siècle, les marchands français se rendent compte de
15 l'importance du commerce des fourrures, et c'est pour établir et

protéger ce commerce qu'une colonisation plus systématique du
Canada est entreprise. En 1608, Samuel Champlain fonde la ville de
Québec, noyau° de ce qu'on appellera la Nouvelle-France.

    Le développement du commerce des fourrures° amène dans la
20 région des Grands Lacs des explorateurs, des coureurs de bois° et des
trappeurs. Avant la fin du XVIIᵉ siècle, les explorateurs et les
missionnaires
français, dont le père Marquette, voyagent sur l'Ohio et descendent le
Mississippi.

25

B. La rivalité pour le commerce des fourrures cause des guerres entre Français et
Hollandais et entre Français et Anglais. Lisez les paragraphes suivants pour
apprendre:
- ce qui est arrivé aux colonies françaises en Amérique du Nord.
- ce que la France a perdu au traité d'Utrecht.
- comment la France a réagi à cette perte.
- ce que veut dire «le grand dérangement».

Au cours de ces guerres, les Français sont les alliés des Hurons, tandis
que les Iroquois aident leurs adversaires. En 1701, les Iroquois signent
un traité de paix avec la France. Malheureusement, les défaites
européennes de la France annulent ses succès coloniaux. Par le traité
5 d'Utrecht en 1713, la baie d'Hudson, Terre-Neuve et l'Acadie française
sont cédées aux Anglais.

    Les Acadiens, passés sous la domination anglaise, étaient restés
profondément attachés à la France. Sur le point de recommencer à faire
la guerre à la France en 1755, les Anglais, effrayés à l'idée d'un
10 soulèvement° possible des Acadiens en faveur de leurs adversaires,
décidèrent de les déporter en masse. C'est cette déportation qu'on
appelle «le grand dérangement». Les Acadiens furent dispersés dans les
colonies anglaises. Certains arrivèrent à un lieu de refuge, la Louisiane,
où ils s'établirent et qui s'appelle aujourd'hui le pays des Cajuns (*Cajun*
15 est une déformation du mot *Acadien*). L'attachement à la langue
française est resté vivace en Louisiane où le français est la première ou
la seconde langue de près d'un million de personnes.

    En 1763, quelques 800 Acadiens retournèrent au Nouveau-Brunswick
où leurs descendants résident encore aujourd'hui. Leur épopée° a été
20 décrite par la romancière acadienne Antonine Maillet dans son œuvre
Pélagie-la-Charrette.

    L'année 1763 est aussi la date du traité de Paris par lequel la France
cédait sans regrets à l'Angleterre ses territoires américains, y compris la
rive gauche du Mississippi, c'est-à-dire une grande partie des Etats-Unis
25 d'aujourd'hui.

C. Lisez les paragraphes suivants pour apprendre:
- deux raisons de l'échec de la colonisation française en Amérique du Nord.
- pourquoi on dit que la société de la Nouvelle-France est québécoise plutôt que française.

On peut conclure de ce qui précède que la France a entrepris la colonisation de la Nouvelle-France surtout pour des raisons économiques et qu'elle a fréquemment subordonné les intérêts de sa colonie à ceux de sa politique européenne.

5   De même, les Français n'ont jamais vraiment immigré en Nouvelle-France en grands nombres. Entre 1608 et 1640, il n'y est arrivé que 296 immigrants français, et entre 1740 et 1760, période record d'immigration française, 3.565. La population de la Nouvelle-France a augmenté, mais cette croissance était surtout le résultat d'un taux de

10 natalité extrêmement élevé. La société de la Nouvelle-France est donc plus québécoise que française: c'est vraiment une «société distincte». Elle doit s'affirmer et défendre son identité par rapport aux Français, aux Anglais et aussi aux Américains.

III. Le Québec d'aujourd'hui

A. Depuis la Deuxième Guerre mondiale, la province de Québec est en pleine mutation°. Lisez les paragraphes suivants pour apprendre:
- comment la province de Québec a changé depuis 1945.
- ce que c'est que la «révolution tranquille».
- comment le Québec montre son esprit indépendant dans le monde.
- si le Québec est officiellement bilingue.
- ce que c'est que la «sign law».

L'économie du Québec s'est développée, l'exode rural et l'urbanisation se sont accentués, l'influence de l'Eglise catholique a baissé. Cette modernisation, appelée la «révolution tranquille», s'est accélérée pendant les années 60. Conscient de sa force grandissante et de l'appui

5   de sa population, le gouvernement québécois commence à s'opposer énergiquement aux tendances centralisatrices du gouvernement fédéral et à se conduire en état souverain, en particulier dans les domaines culturels et linguistiques: il signe des accords de coopération avec la France, inaugure dans le monde des centres culturels québécois et

10 collabore avec les pays africains au développement de la francophonie.

Il y a 6,5 millions de francophones au Canada, dont 80% vivent dans la province de Québec. Le gouvernement fédéral canadien est officiellement bilingue ainsi que la province du Nouveau-Brunswick. En

1977, une loi déclare le français seule langue officielle du Québec. Tous
15 les écoliers du Québec doivent être scolarisés en français. Une exception
a été admise pour ceux dont les familles étaient anglophones avant
1976.

Les francophones veulent aller encore plus loin: ils réclament un
choix de langue de scolarisation dans le Canada tout entier et ont
20 récemment adopté une loi rendant obligatoire l'affichage en français
dans la province de Québec («sign law»). Cinquante communautés en
Ontario ont réagi en se déclarant uniquement anglophones.

B. Les questions de langue sont extrêmement importantes au Canada. Lisez les
paragraphes suivants pour apprendre:
• pourquoi le Québec insiste sur l'importance du français.
• si le Canada est une société biculturelle.
• ce que l'immigration nous montre sur la société canadienne.
• pourquoi Mulroney a accepté l'accord du lac Meech.
• ce qui est arrivé à cet accord.

Les batailles linguistiques du Canada peuvent étonner, mais elles ont
une signification politique profonde. Pour le Québec, la langue française
est indispensable à la préservation de sa culture distincte. Les autres
provinces ne comprennent pas pourquoi les francophones ont droit à
5 un statut spécial; aujourd'hui, le Canada est une société multiculturelle,
une mosaïque d'ethnicités, plutôt qu'une société biculturelle,
anglophone et francophone. Les chiffres suivants sont très révélateurs.

De 1981 à 1985, 43% des immigrants au Canada venaient d'Asie et
d'Inde et 10% d'Amérique du Sud et d'Amérique centrale. Les
10 immigrants constituent 36% de la population de Toronto, 16% de la
population de Montréal et 29% de la population de Vancouver. Plus de
3 millions de Canadiens ont une langue maternelle qui n'est ni l'anglais
ni le français.

Le problème du Québec «société distincte» est une question
15 d'actualité brûlante°. En 1982, le Québec, qui était alors gouverné par le
Parti québécois (PQ) indépendantiste, a refusé de ratifier la constitution
canadienne. Pour obtenir cette ratification, le premier ministre du
Canada, Brian Mulroney, a consenti à accepter pour le Québec, à la
conférence du lac Meech en 1987, le statut spécial de «société
20 distincte». Les dix provinces canadiennes avaient trois ans pour
approuver l'accord du lac Meech. A la dernière minute, deux provinces
exprimant les revendications d'autres cultures, dont la culture
amérindienne, ont refusé de ratifier l'accord. On se demande
aujourd'hui si l'union canadienne va survivre à cette crise ou si le

25 Québec, qui avait rejeté l'indépendance en 1980, voterait aujourd'hui de la même manière.

Note culturelle: la littérature d'expression française dans le monde

Un dernier aspect de la francophonie qu'il est important de mentionner est la floraison° sur plusieurs continents d'une littérature d'expression française. Le Québec est un grand centre culturel reconnu dans le domaine du cinéma, de la chanson et de la littérature. Parmi des quantités d'autres noms, on peut mentionner Gabrielle Roy, Michel Tremblay, Marie-Claire Blais, Claude Jasmin et Anne Hébert, dont les œuvres ont été couronnées de succès non seulement au Canada, mais aussi en France.

L'Afrique est aussi un grand centre d'activité culturelle. Suivant l'exemple du grand poète sénégalais Léopold Sédar Senghor, des écrivains plus jeunes comme Cheikh Hamidou Kane, Camara Laye et V. Y. Mudimbe sont en train de conquérir un public enthousiaste, en Afrique et en dehors de l'Afrique. De même pour les écrivains maghrébins d'expression française parmi lesquels Driss Chraïbi, Kateb Yacine et Tahar Ben Jelloun. Celui-ci a obtenu le prix Goncourt en 1987 pour son roman *La Nuit sacrée*.

Dans les Antilles, Aimé Césaire est maintenant considéré comme un des plus grands poètes et auteurs dramatiques de langue française. Toute cette activité intellectuelle démontre la force vivante de la francophonie et assure sa survie.

VOCABULAIRE

I. A.
le legs: l'héritage

I. B.
poser les jalons: préparer le terrain

II. A.
amérindienne: *native American*
la morue: *cod*
le noyau: le centre
les fourrures: peaux d'animaux
les coureurs de bois: *trappers*

II. B.
un soulèvement: une révolte
une épopée: récit d'actions héroïques

III. A.
la mutation: l'évolution

III. B.
une question d'actualité brûlante: *a burning issue*

Note culturelle
la floraison: *blossoming*

VIDEO

LE MONDE FRANCOPHONE

Avant de visionner

Cette vidéo retrace l'histoire de la francophonie de la première conférence de Niamey en 1970 au sommet de Dakar en 1989. Elle vous permettra de mieux comprendre la diversité de ce monde francophone en vous présentant des images d'un grand nombre de pays et de personnes ayant en commun l'usage du français.

Avant de visionner la première partie (-1-)

Dans cette partie, on nous présente le monde francophone à travers un montage d'images et de musique. L'écran sera divisé en quatre parties et vous verrez des images se succéder dans chaque partie. Parfois, l'image d'une partie s'élargit et finit par remplir tout l'écran. Vous verrez des images variées: villes, campagnes, moyens de transport, technologie, journaux, personnages célèbres, industries et métiers.

A vous d'abord

Avant de visionner cette partie, consultez de nouveau la carte de la francophonie pour bien préciser les pays et les régions du monde où on parle français. Sur quels continents le parle-t-on? Pourquoi parle-t-on français dans tant de pays africains? Connaissez-vous des personnages célèbres qui parlent français? De quels pays viennent-ils? Essayez d'imaginer les images que vous allez voir.

Un peu de vocabulaire

Voici des mots dont vous aurez besoin pour décrire ce que vous allez voir. Vérifiez le sens des mots que vous ne connaissez pas.

   un défilé, une pancarte, une bannière, une enseigne
   un magazine, une revue, un journal
   un micro(phone), un ordinateur, une antenne parabolique, une fusée, un téléviseur
   des danseurs (danseuses), des chanteurs (chanteuses), des élèves
   une école, un hôpital, un laboratoire, un poste de commande, un chantier, une
      usine de sidérurgie, une mine

Pendant que vous visionnez

Par groupes de deux, regardez chaque partie de l'écran plusieurs fois et essayez de répondre aux questions.

A. Regardez d'abord la partie du haut à gauche seulement.
1. De quel pays voit-on le nom?
2. Quelles sont les activités montrées?
   danser, jouer de la guitare, couper, lire, écrire, faire du pain, cuisiner, chanter, faire un discours
3. On voit une pancarte où on lit «De l'eau, de l'eau, il faut maîtriser l'eau, source de vie.» Sur quel continent se trouvent ces gens? A quel problème fait-on allusion ici?
4. Quelles personnes reconnaissez-vous?

B. Regardez la partie du haut à droite.
1. On voit le nom de deux pays, le Luxembourg et _____ .
2. Quels sont les titres des trois journaux?
3. Quels sont les endroits montrés?
   un laboratoire, une gare, une ville, des plaines, un aéroport

C. Regardez la partie du bas à gauche.
1. De quelle ville voit-on le nom?
2. Quelles images modernes remarquez-vous?

D. Regardez la partie du bas à droite.
1. De quel pays voit-on le nom?
2. On voit les titres de trois journaux: le *Mauricien*, _____ et l'*Orient-Jour*.
3. Trouvez quatre activités (par exemple: la danse ou danser).

Et maintenant

1. Comment ces images montrent-elles la diversité du monde francophone?
2. Qu'est-ce qui vous a le plus surpris(e) dans ces images? Pourquoi?
3. La communication entre les pays francophones sera un thème important de cette vidéo. Quels sont les moyens de communication ou de rencontre que vous avez remarqués ici?
4. Cherchez des renseignements sur les personnalités suivantes de la vidéo: Antonine Maillet, Léopold Senghor, François Mitterrand, Pierre-Elliott Trudeau, Gilles Vigneault.

Deuxième partie — laboratoire (-2-)

Avant de visionner la troisième partie (-3-)

Dans cette partie, les représentants de quatre pays parlent de l'importance de la francophonie pour leur pays. Chaque interview est introduite par une chanson du pays.

Un peu de géographie

Cherchez sur la carte du monde francophone les pays suivants: l'île Maurice, le Québec, le Viêt-nam, Haïti. Vous avez déjà entendu parler de l'histoire du Québec. Lisez maintenant les passages suivants sur les trois autres pays pour trouver des renseignements sur leur histoire, leur population, leur situation géographique, le nombre de leurs habitants qui parlent français et les activités et produits économiques principaux.

Haïti: partie ouest d'une île de la mer des Antilles (la partie est s'appelle la République dominicaine, où on parle espagnol). 6.216.000 habitants. Le français, langue maternelle ou seconde langue de plus d'un million d'Haïtiens, est la langue officielle avec le créole. L'île sur laquelle se trouve Haïti a été découverte en 1492 par Christophe Colomb. Elle fut colonisée par les Espagnols jusqu'à la fin du XVIIe siècle. A cette époque, les Français reçurent par traité la partie occidentale de l'île. Au XVIIIe siècle, des esclaves noirs transportés d'Afrique et assignés à la culture du sucre et du café firent la richesse d'Haïti. Pendant la Révolution française, les esclaves dirigés par Toussaint Louverture se révoltèrent contre les Français, qui abandonnèrent le terrain en 1804. Depuis cette époque, Haïti est un pays indépendant. Aujourd'hui, c'est une république francophone dont les principales activités économiques sont l'agriculture (le sucre, le café, la banane, le tabac) et les textiles.

L'île Maurice: Ile de l'océan Indien à l'est de Madagascar. 1.050.000 habitants. Le français est la langue maternelle ou seconde langue de près de 200.000 Mauriciens. Le français et l'anglais sont les deux langues officielles. Conquise par les Hollandais à la fin du XVIe siècle, l'île Maurice fut nommée ainsi en l'honneur de Maurice de Nassau, chef militaire des Hollandais. En 1715, les Français s'emparent de l'île qu'ils rebaptisent l'île de France. En 1814, l'île passe aux mains des Anglais qui l'appellent de nouveau île Maurice (en anglais, Mauritius). L'île obtient son indépendance en 1969; elle fait aujourd'hui partie du Commonwealth britannique. Les principales activités économiques sont l'agriculture (le sucre, le thé) et le tourisme.

Le Viêt-nam: Ce pays de 66.700.000 habitants est situé dans la partie orientale de la péninsule indochinoise. Quoique le français n'y ait pas de statut officiel, il est la seconde langue de plus d'un million et demi de Vietnamiens. Les premiers Français à arriver en Indochine au XVIe siècle et au XVIIe siècle furent des missionnaires. Au XIXe siècle, les Français s'emparent d'autres territoires. On appellera cette colonie l'Indochine française. Le mouvement pour l'indépendance de l'Indochine s'affirme au lendemain de la Deuxième Guerre mondiale et en 1954, le Viêt-nam devient indépendant, après une guerre longue et pénible. Le pays est partagé en deux parties, le Viêt-nam du Nord et le Viêt-nam du Sud. En 1962, la guerre reprend, cette fois-ci entre le Nord et le Sud. C'est dans ce conflit que les Etats-Unis interviendront. Le Nord sortira vainqueur et en 1976, réunifiera le pays en république socialiste du Viêt-nam. Le Viêt-nam, le Laos et le Cambodge (Kampuchéa) ont comme principales activités économiques l'agriculture (le riz, les fruits et légumes, le maïs), les textiles et l'industrie alimentaire (*food processing*).

Un peu de vocabulaire

Vérifiez le sens des mots que vous ne connaissez pas.

être noyé, envahissant, la puissance, constamment, quotidiennement, une âme, la langue maternelle, faire partie de, membre à part entière, s'engager, un descendant, les racines

Pendant que vous visionnez

A. Regardez et écoutez d'abord la première chanson et l'interview d'Edouard Maunick.

1. Décrivez la foule qui écoute le chanteur.
2. Complétez les paroles de la chanson:

   Et les rivières ne _____ plus,

   Et les violons ne _____ plus,

   Ils _____ tous cette vie.

   Les marins ne _____ pas,

   Parce que les navires ne _____ pas,

   Ils _____ tous d'autres rives.

3. A votre avis, cette chanson est-elle typique d'un pays agricole, industriel ou maritime? Pourquoi?
4. De quel pays vient Maunick? Quel est le nom de ce pays en anglais?
5. Maunick note le contraste entre une francophonie des élites et une francophonie _____ .
6. Vrai ou faux?

   a. La francophonie n'existait pas avant les conférences et les rencontres officielles.

   b. Le français se parle très peu sur l'île Maurice.

7. Laquelle des phrases suivantes résume le mieux l'idée principale de Maunick?

   a. Les réunions officielles des pays francophones sont nécessaires, mais il ne faut pas oublier qu'une francophonie naturelle existait déjà sur l'île Maurice.

   b. Grâce aux rencontres officielles, les habitants des pays comme l'île Maurice commencent à parler plus le français entre eux.

B. Regardez et écoutez la chanson suivante et l'interview de Louise Beaudoin.

1. La chanson dont Gilles Vigneault, Félix Leclerc et Robert Charlebois interprètent une partie ici est une chanson québécoise célèbre, écrite par Raymond

Lévesque. Les trois chanteurs ont eu beaucoup de succès lors de la période de la «révolution tranquille». Donnez le dernier mot de chaque vers de la chanson. Concentrez-vous sur les paroles chantées par Charlebois, à droite.

Quand les hommes vivront _____

Il n'y aura plus de _____

Et commenceront les beaux _____

Et nous, nous serons morts, mon _____ .

2. A votre avis, de quel conflit parle-t-on ici? Quel est le sens du dernier vers?

3. De quel pays vient Louise Beaudoin? De quelle province?

4. Selon elle, pourquoi le Québec est-il unique parmi les autres communautés francophones d'Amérique du Nord?

5. De quel pays les Québécois ont-ils surtout peur?

6. Comment ce pays envahit-il le Québec?

7. Qu'est-ce que la francophonie représente pour les Québécois, selon elle?

C. Regardez l'interview de Cu Huy Can.

1. Que font les travailleurs?

2. Qu'est-ce qui est écrit sur le chapeau d'un des travailleurs?

3. Y a-t-il un rapport avec la chanson québécoise?

4. De quel pays est Cu Huy Can?

5. Le français est-il la langue officielle de son pays?

6. Pourquoi emploie-t-on le français dans son pays?

D. Ecoutez la chanson suivante et l'interview d'Euzhan Palcy.

1. Concentrez-vous d'abord sur les images et décrivez la scène.

2. Concentrez-vous maintenant sur la chanson, qui est en français haïtien. Quelles phrases avez-vous pu comprendre? Comment exprimerait-on ces phrases en français de la métropole?

3. Comment décririez-vous cette chanson? Est-ce une chanson triste ou heureuse? Exprime-t-elle le désir d'abandonner son pays ou d'y rester?

4. Les ancêtres des Haïtiens sont venus (de France / d'Afrique / du Canada).

5. Selon Palcy, la francophonie est importante pour les Haïtiens parce qu'elle leur permettra de _____ .

Et maintenant

1. Résumez les quatre aperçus de la francophonie qu'ont exprimés ces quatre représentants.

2. Comment ces quatre parties vous ont-elles aidé(e) à comprendre la diversité du monde francophone?

3. Quelles idées de la première lecture du chapitre sont répétées dans cette partie de la vidéo?

Quatrième partie — laboratoire (-4-)

Avant de visionner la cinquième partie (-5-)

Les images de cette partie résument le thème de la diversité du monde francophone, ainsi que le contraste entre son sous-développement persistant et sa modernité naissante. Le générique nous fournit des renseignements sur la production de l'émission et sa diffusion dans le monde francophone.

Un peu de vocabulaire

Voici des mots dont vous aurez besoin pour décrire ce que vous allez voir. Vérifiez le sens des mots que vous ne connaissez pas.

un pont, des routes, des pylônes, un âne, un chariot

des gratte-ciel, des maisons à la campagne, une église, une chaumière, une ferme, un village, des huttes

des paysans, des indigènes, un prêtre

quelqu'un qui pile du grain, la pêche au filet

la jungle, le sable, une colline, la végétation, la forêt tropicale, la pluie, la sécheresse, la verdure

Pendant que vous visionnez

1. Par groupes de trois ou quatre, dressez la liste des images présentées dans cette partie. Organisez ces images en catégories (par exemple, images de modernité ou de sous-développement). Comment ce montage vous aide-t-il à comprendre un des problèmes fondamentaux de certaines sociétés du monde francophone? Rappelez-vous la pancarte en gros plan du premier montage («De l'eau...»).
2. Dressez la liste des pays où cette émission a été diffusée. Cherchez des renseignements sur un ou deux des pays qu'on n'a pas présentés en détail.

Avant de visionner la sixième partie (-6-)

Dans cette partie, on nous présente les préparatifs du troisième sommet de la francophonie à Dakar en 1989. Après quelques images qui nous donnent une idée de la ville et de ses efforts de préparation, Mona Makki, la speakerine, résume les activités des pays francophones entre 1985 et 1989 et situe ce troisième sommet dans son contexte historique.

A vous d'abord

Avez-vous vu des photos de la ville de Dakar? Pouvez-vous vous représenter cette ville? Où se trouve cette ville? Quelle est sa population? Quelles sont les activités économiques principales du Sénégal?

Un peu de vocabulaire

Voici des mots dont vous aurez besoin pour décrire ce que vous allez voir. Vérifiez le sens des mots que vous ne connaissez pas.

Activités:

débroussailler, nettoyer, balayer, asphalter, ratisser, porter, laver le carrelage ou les vitres, installer des fils électriques

Endroits:

le marché, le trottoir, le centre de conférence, la rue

Pendant que vous visionnez

1. Regardez d'abord la première minute de cette partie, avant les paroles de Mona Makki. Relevez les activités qui sont présentées.

   planter des fleurs, balayer le sable, porter une table, repeindre les murs, laver les vitres, accrocher les drapeaux

2. Vous allez aussi voir des panneaux et des enseignes. Essayez de compléter les mots qui s'y trouvent:

   a. Nettoyer, _____ bien, ne pas _____ c'est mieux.

   b. Journées de _____ de Dakar les 13, 14 _____ , _____ .

   c. La Propreté est l'affaire _____ .

3. Regardez la partie suivante sans mettre le son. Quelles activités remarquez-vous?

4. Complétez les mots de ces deux bannières:

   a. Francophonie 3e _____ de Dakar. Le _____ et le gouvernement _____ souhaitent la _____ aux participants du _____ au _____ _____ 1989.

   b. Vive la _____ et la solidarité entre _____ !

5. Ecoutez les paroles de Mona Makki et répondez aux questions.

   a. Les deux premiers sommets ont eu lieu en (1986 et 1987 / 1988 et 1989 / 1989 et 1990).

   b. Ces sommets ont eu lieu (à Paris et à Dakar / à Québec et à Dakar / à Paris et à Québec).

   c. Le concept même de la francophonie est né (en France / au Québec / au Sénégal) et son pionnier était (Charles de Gaulle / Pierre Trudeau / Léopold Senghor).

   d. (44 / 40 / 80) pays ont participé au troisième sommet.

Et maintenant

1. Résumez l'essentiel de cette partie de la vidéo en complétant les phrases suivantes. Le sommet de Dakar était la première réunion des pays francophones en _____ . C'est important parce que ce continent _____ . Après les deux premiers sommets, où les pays francophones ont préparé le terrain de leur coopération et ont tracé les premières voies, ce troisième sommet représente une étape importante parce que _____ .

2. Qu'est-ce qui vous a surpris(e) dans ces images de Dakar?

3. Expliquez le sens du titre de cette partie: «Paris-Québec-Dakar, naissance d'une communauté planétaire». Pourquoi a-t-on choisi ces trois villes pour ces sommets?

4. Quelles sont vos réactions à la musique de cette partie? Quels sentiments exprime-t-elle?

Avant de visionner la septième partie (-7-)

Assistons maintenant à la cérémonie d'ouverture du sommet de Dakar.

A vous d'abord

Cherchez des renseignements sur les chefs d'Etat suivants: François Mitterrand, Abdou Diouf, Brian Mulroney. De quels pays viennent-ils?

Un peu de vocabulaire

Vérifiez le sens des mots que vous ne connaissez pas, puis complétez les phrases ci-dessous.

Pour Diouf:
   accueillir, souligner, étonner, s'élargir, faire exception, se réjouir, saluer

Pour Mulroney:
   réaliser, des acquis

Pour Mitterrand:
   une priorité, une aide bilatérale, des données, le flux monétaire, se dérouler

1. Le président du sommet était heureux de voir un si grand nombre de participants. Il s'est _____ de leur présence et les a _____ chaleureusement.

2. Le professeur _____ l'importance des devoirs écrits.

3. Mon frère était en retard, ce qui m'a beaucoup _____ parce qu'il est très ponctuel.

4. En France, on se serre souvent la main quand on _____ quelqu'un.

5. Tous les livres de cet auteur sont intéressants; son dernier n'a pas _____ .

6. Avec l'addition de Hawaï et de l'Alaska, les Etats-Unis _____ de deux états.

7. Le sommet a été un grand succès puisque les participants ont pu _____ plusieurs projets importants. Ces _____ étaient solides.

8. La paix entre les pays devra être _____ pour tous.

9. Si un pays donne de l'argent à un autre pays, on dit qu'il distribue une _____ .

10. La pièce de théâtre était très ennuyeuse; l'action _____ trop lentement.

11. Les aspects essentiels d'une situation s'appellent _____ .

12. Le mouvement d'argent entre pays s'appelle _____ .

Pendant que vous visionnez

A. Ecoutez d'abord l'introduction et le discours d'Abdou Diouf.

    1. Qui est-il?

    2. Quels pays francophones mentionne-t-il?

        la Suisse, la Belgique, la France, le Cap-Vert, le Zaïre, le Cameroun, la
        Guinée équatoriale, Haïti

    3. Rétablissez l'ordre des cinq parties de son discours:

        Saluer les trois pays venus en qualité d'observateurs
        Invoquer le nom de Senghor
        Accueillir tous les délégués
        Souligner les thèmes de solidarité et de respect mutuel
        Accueillir un nouveau pays, membre à part entière

    4. Qu'est-ce qui interrompt le discours?

    5. Qu'est-ce qu'on entend en plus des applaudissements?

B. Ecoutez le discours de Brian Mulroney.

    1. Laquelle des phrases suivantes résume le mieux son idée principale?

       • Il faut recommencer les projets de coopération parce que rien ne s'est produit
         après le sommet de Québec.

       • Les initiatives du sommet de Québec ont été bien avancées et nous fournissent
         une base solide pour l'avenir.

    2. Selon lui, on a commencé à réaliser (80 / 20 / 40) pourcent des résolutions prises
       au sommet de Québec.

    3. Comment Mulroney commence-t-il son discours? Pourquoi?

C. Ecoutez le discours de François Mitterrand.

    1. Son thème principal est le développement (intellectuel / culturel / économique).

    2. Comment divise-t-il le monde francophone? (nord et sud / est et ouest / pays
       développés et pays sous-développés)

    3. Quelle aide mentionne-t-il ? (financière / culturelle / technologique).

    4. Selon lui, qui a bénéficié le plus des rapports entre les pays francophones?

    5. Que veut dire l'expression «Il faut changer les termes de l'échange»?

Et maintenant

1. Lequel des trois chefs d'Etat avez-vous trouvé le plus facile à comprendre?
Pourquoi? Lequel vous semble le plus naturel? Pourquoi?

2. Décrivez ces trois chefs d'Etat. Comment sont-ils physiquement? Qu'est-ce qu'ils
portent?

3. Pourquoi a-t-on choisi de montrer ces trois chefs d'Etat au début?

Huitième partie — laboratoire (-8-)

Avant de visionner la neuvième partie (-9-)

On parlera maintenant des problèmes de l'environnement que les participants ont discutés pendant le sommet. L'environnement a été un des sujets en vedette au sommet, c'est-à-dire un sujet très important.

Un peu de vocabulaire

Choisissez la définition qui correspond le mieux à chaque expression d'un problème de l'environnement.

Problèmes de l'environnement:
les déchets toxiques, la désertification, la pollution marine, le réchauffement de l'atmosphère, la destruction de la couche d'ozone

Définitions:
1. La hausse de la température de la couche (*layer*) gazeuse qui enveloppe la terre, causée par la pollution provenant des automobiles, par exemple.
2. Les résidus d'un produit qui peuvent être dangereux (par exemple: ce qui reste après les réactions nucléaires).
3. L'action de rendre malsains et dangereux les océans et les fleuves en y répandant des matières toxiques (par exemple: des herbicides et des pesticides).
4. La transformation d'une région en désert, causée par le manque de pluie ou d'irrigation ou par le détournement des rivières par les êtres humains.
5. La baisse de la quantité d'ozone de l'atmosphère, causée par l'utilisation des aérosols, par exemple.

Pendant que vous visionnez

1. Quels sont les problèmes présentés, en images et en paroles? Lesquels sont présentés seulement en paroles? Lesquels ne sont pas mentionnés du tout?

   le réchauffement de l'atmosphère, la pollution des rivières et des lacs, l'expansion des déserts, le déboisement des forêts tropicales, la décharge des déchets toxiques

2. De quel pays vient Christian Valantin?
3. Valantin dit que trois délégations ont promis de l'aide. Lesquelles?

Et maintenant

1. Expliquez: «L'Afrique ne saurait être la poubelle de qui que ce soit.»

2. Résumez l'essentiel du progrès sur les problèmes de l'environnement pendant ce sommet à l'aide des expressions suivantes, utilisées dans un ordre logique:

> formuler des résolutions, exprimer des craintes, apporter le soutien, prendre en compte l'ensemble des problèmes, faire des propositions concrètes

Avant de visionner la dixième partie (-10-)

Dans cette partie, on parle de l'influence linguistique des pays francophones sur le français de la métropole.

Pendant que vous visionnez

A. Regardez d'abord la première minute de cette partie sans mettre le son. Par groupes de deux ou trois, essayez de dresser la liste des mots français que vous remarquez.

B. Repassez cette partie avec le son.
  1. L'Académie française a accepté (90 / 10 / 80) mots d'origine francophone.
  2. Quelle est l'origine de ces mots?

> américaine, belge, haïtienne, africaine, suisse, québécoise

C. Ecoutez ensuite les paroles d'Alain Decaux.
  1. Qui est-ce?
  2. Qu'est-ce qu'il a dit au garagiste français?
  3. Quelle a été la réaction de celui-ci?
  4. Pourquoi Decaux a-t-il demandé au garagiste de changer son enseigne? (Parce qu'il voulait se moquer de lui. / Parce qu'il y avait une faute d'orthographe dans le mot *station-service.* / Parce qu'il voulait lui apprendre un nouveau mot d'origine francophone.)

Onzième partie — laboratoire (-11-)

Douzième partie — laboratoire (-12-)

Et maintenant

A. *Compréhension*

1. Mona Makki dit qu'une délégation du Québec et une délégation du Canada ont assisté au sommet de Dakar. Tirez les conséquences possibles de cette information.

2. Faites l'historique de la présence française au Canada. Que signifie le français pour les Québécois?

3. Parle-t-on une langue autre que l'anglais dans votre famille? Cette langue a-t-elle une signification spéciale?

4. Qu'est-ce qui vous a surpris(e) dans cette vidéo? Comment votre idée de la francophonie a-t-elle changé?

La statue
d'Evangeline en
Louisiane évoque
les malheurs des
Acadiens.

B. *Texte complémentaire: «Réveille»*

Ce poème de Zachary Richard, poète louisianais, appelle les Acadiens à résister aux
violences que les Anglais (les «goddams») commettaient envers eux. Le poème fait
allusion à la déportation de 1755 et à la Louisiane, terre de refuge. On peut également
interpréter ce poème comme un appel à la défense de l'héritage acadien (la langue et
la culture françaises) contre les attaques de la culture anglo-saxonne.

1. Lisez d'abord le poème à haute voix.

Réveille Réveille c'est les goddams qui viennent,
brûler la récolte.
Réveille Réveille, hommes Acadiens,
pour sauver le village.
5 Mon grand grand grand grand père
est v'nu de la Bretagne,
le sang de ma famille **est mouille** l'Acadie   *has wet*
et là les maudits viennent
nous chasser comme des bêtes
10 détruire les saintes familles
nous jeter tous au vent.

Réveille Réveille
J'ai entendu parler de monter avec
Beausoleil
15 pour prendre le fusil battre les sacrés
maudits.
J'ai entendu parler d'aller en la Louisianne,
pour trouver de la bonne paix
là bas dans la Louisianne.

20 Réveille Réveille
J'ai vu mon pauvre père
était fait prisonnier
pendant que ma mère **braillait**.   criait fort
J'ai vu ma belle maison,
25 était mise aux flammes,
Et moi j'su resté orphelin
Orphelin de l'Acadie.

Réveille Réveille c'est les goddams qui viennent,
Voler les enfants
30 Réveille Réveille hommes Acadiens
Pour sauver l'héritage.

Zachary Richard, «Réveille», *Cris sur le bayou*
(Montréal: Editions Intermède, 1980), p. 113.

2. Qui parle dans ce poème?

3. A la troisième personne, racontez ce qui est arrivé à la famille de celui qui parle dans ce poème.

4. Pourquoi croyez-vous qu'il a survécu?

5. Trouvez le vers qui indique une transition des malheurs personnels du héros aux malheurs de l'Acadie.

6. Après ce vers, le message du poème change-t-il?

AUDIO
LE QUEBEC ET LA FRANCOPHONIE

Avant d'écouter

Nous allons faire la connaissance de Jason, un jeune Américain d'origine québécoise qui vient de passer quatre ans au Québec. Il nous parlera de ses études, des événements politiques récents, des relations entre le Canada anglophone et francophone et des attitudes des Canadiens envers les Américains.

Après l'interview, vous étudierez une chanson québécoise célèbre, «Gens du pays», de Gilles Vigneault.

Avant d'écouter la première partie

Dans cette partie, Jason nous explique ce qu'il a étudié et où il a vécu.

A vous d'abord

1. Regardez de nouveau la carte du Canada présentée à la page 271 pour bien situer la province de Québec. Quelles sont les villes principales de la province? Comment s'appelle son fleuve principal? Avec quels états américains le Québec a-t-il une frontière commune? Renseignez-vous sur la distance entre Montréal et plusieurs grandes villes américaines comme New York, Chicago, etc.
2. Quels cours suivez-vous en plus du français ce semestre? Etudiez-vous la pédagogie pour devenir enseignant(e)?
3. Avez-vous jamais étudié dans un pays étranger? Où avez-vous vécu — dans une résidence, avec une famille, dans un appartement? Avez-vous jamais visité le Canada?

Un peu de vocabulaire

Vérifiez le sens des expressions suivantes, puis complétez les phrases ci-dessous.

Pour parler des cours:
un programme, une «mineure» (en québécois), la pédagogie, un stage d'enseignement, la psychologie

Pour parler des conditions de vie:
partager (les frais)

1. Mes cours de _____ sont très intéressants. J'étudie les nouvelles méthodes d'enseignement du français.

2. J'ai choisi un cours de _____ parce que j'aimerais mieux comprendre le comportement humain.

3. Pour avoir son certificat en pédagogie, il faut suivre des cours et faire _____ dans un lycée avec un enseignant qui a de l'expérience.

4. Cette année, j'ai beaucoup de cours; mon _____ est très chargé.

5. Je voudrais être médecin, donc je me spécialise en sciences, mais j'aime aussi les langues et j'ai une seconde spécialisation ou _____ en français.

6. En général, les étudiants n'ont pas beaucoup d'argent. Quand ils veulent louer un appartement, ils cherchent des amis qui peuvent _____ .

Pendant que vous écoutez

A. Première écoute
1. Jason a suivi un programme (d'anglais / de psychologie / de pédagogie).
2. Il a enseigné (l'anglais / le français / la psychologie) au niveau (élémentaire / secondaire / universitaire).
3. A-t-il vécu dans une résidence universitaire pendant tout son séjour?

B. Deuxième écoute
1. Jason n'a pas aimé vivre en résidence (parce qu'il était seulement avec des étrangers / parce qu'il était seulement avec des Québécois / parce que la résidence était très loin de l'université).
2. Jason a étudié surtout avec (des Canadiens anglophones / des Québécois francophones / des élèves de lycée).

Et maintenant

1. Selon Jason, que faut-il faire pour profiter au maximum d'un séjour à l'étranger? Quels choix a-t-il faits pour garantir les meilleurs résultats?

2. A votre avis, quels sont les autres avantages d'un séjour dans un pays étranger?

Avant d'écouter la deuxième partie

Dans cette partie, nous discutons les conséquences de la non-ratification de l'accord du lac Meech. Cet accord était un compromis politique qui aurait reconnu que le Québec était une «société distincte» au sein de l'union canadienne. Son échec a réveillé le sentiment indépendantiste dans toute la «Belle Province». Pourquoi l'accord a-t-il échoué? Pourquoi les autres groupes ethniques s'y sont-ils opposés? Est-ce que le Québec va déclarer son indépendance du gouvernement fédéral?

A vous d'abord

Révisez l'histoire récente du Québec que vous avez lue dans l'introduction. Quels événements historiques nous permettent de comprendre les rapports entre les

Canadiens anglophones et les Québécois francophones? Qu'est-ce que l'accord du lac Meech proposait?

Un peu d'histoire

1976: victoire du Parti québécois au Québec (chef du parti, René Lévesque)

1980: refus du programme du PQ, «la souveraineté-association»

1981: ratification de la constitution canadienne, sans l'accord du Québec

1984: défaite de Trudeau; arrivée de Mulroney

1987: accord du lac Meech (résidence d'été du premier ministre)

1990: date limite de la ratification de l'accord par les dix provinces

Un peu de vocabulaire

Vérifiez le sens des expressions suivantes, puis complétez les phrases ci-dessous.

Pour parler de l'histoire politique:

les rapports (entre les deux parties du pays), se débrouiller, ratifier (un accord), un référendum, les nationalistes, le combat, l'apathie

Pour parler des groupes ethniques:

un creuset (*melting pot*), une mosaïque culturelle (*cultural mosaic*), les autochtones

1. Après deux ou trois ans de cours de français, on ne parle pas parfaitement, mais on peut _____ et se faire comprendre.
2. La majorité des sénateurs ont approuvé la loi et l'ont _____ .
3. Il est souvent nécessaire de poser directement une question politique au public au moyen d'un _____ .
4. _____ du public américain est souvent surprenante; parfois, moins de 50% votent dans les élections législatives.
5. Les _____ aiment tellement leur propre pays qu'ils veulent souvent exclure tous les étrangers.
6. Les _____ entre les deux adversaires n'étaient pas toujours amicaux. Il y avait des périodes de paix et des périodes de _____ intense.
7. Si un pays encourage ses différents groupes ethniques à garder leur héritage culturel, la société deviendra une _____ . Si, par contre, on encourage les groupes à s'intégrer à la culture dominante, la société deviendra plutôt un _____ .
8. On appelle les premiers habitants d'un pays les _____ .

Pendant que vous écoutez

A. Première écoute
   1. Vrai ou faux? Selon Jason, les difficultés entre les anglophones et les Québécois sont surtout basées sur la différence de langue.

2. La société canadienne est-elle plutôt un creuset ou une mosaïque culturelle?
3. Quel groupe ethnique est surtout responsable de la non-ratification de l'accord du lac Meech? (les Américains / les Ukrainiens / les autochtones)
4. Vrai ou faux? Selon les trois personnes, l'indépendance du Québec semble plus possible aujourd'hui qu'en 1980.

B. Deuxième écoute
1. Selon Jason, les Québécois ont plus de _____ et d' _____ maintenant.
2. Selon Martine, l'indépendance semble plus possible maintenant parce que _____ .
3. Vrai ou faux? Selon Jason, le Canadien anglophone s'oppose très fortement à l'idée de l'indépendance du Québec.

Et maintenant

1. Expliquez ce paradoxe: le désir d'un groupe ethnique de faire valoir son identité culturelle, qui a toujours poussé les Québécois à se faire considérer une société distincte au Canada, a causé l'échec de l'accord du lac Meech.
2. Quels changements au Québec et dans le reste du Canada rendent l'indépendance plus possible?
3. Quelles seraient les différences entre une société basée sur l'idée du creuset et une société basée sur l'idée de la mosaïque culturelle?

Avant d'écouter la troisième partie

Ici nous parlons des rapports entre les Québécois et les Américains. Nous cherchons à comprendre pourquoi les Québécois n'ont pas les mêmes sentiments négatifs envers les Américains qu'ils ont envers les Canadiens anglophones.

A vous d'abord

Révisez la partie de la vidéo où la représentante du gouvernement québécois parle des rapports entre le Québec et les Etats-Unis. D'après elle, pourquoi la francophonie est-elle si importante pour le Québec?

Un peu de vocabulaire

Vérifiez le sens des expressions suivantes, puis complétez les phrases ci-dessous.

Pour parler des rapports entre pays:
ressentir, (des relations) tendues, conservateur

1. Pendant de longues années, les rapports entre l'Union soviétique et les Etats-Unis étaient très _____ . On appelle cette période «la guerre froide».
2. Les _____ au gouvernement sont souvent contre le changement social.

3. Le tremblement de terre a détruit beaucoup de bâtiments dans la ville. Les habitants en _____ toujours les conséquences.

Pendant que vous écoutez

A. Première écoute

Vrai ou faux?

1. La querelle entre les Canadiens anglophones et les Québécois francophones est essentiellement d'ordre linguistique.
2. Selon Jason, les Québécois préfèrent la culture américaine à la culture britannique.
3. Les Américains ont une influence politique importante au Québec.

B. Deuxième écoute

1. Selon Jason, lesquels des mots suivants s'appliquent aux Canadiens anglophones? Lesquels s'appliquent aux Américains?

conservateurs, joie de vivre, pudiques, colonisateurs, hostilité, puritains

2. Les Québécois ressentent surtout le pouvoir (politique / culturel / linguistique) des Canadiens anglophones.

Et maintenant

1. Comment Jason soutient-il l'argument que les difficultés entre les Canadiens anglophones et les Québécois dépassent les différences linguistiques?
2. Selon Jason, pourquoi les Québécois préfèrent-ils la culture américaine à la culture britannique?

Avant d'écouter la quatrième partie

Dans cette partie, nous vous présentons une chanson québécoise célèbre, «Gens du pays», composée et interprétée par Gilles Vigneault. Auteur de poèmes, de contes pour enfants et de chansons populaires, Vigneault est né en 1927 à Natashquan, petit village du Québec sur le Saint-Laurent. Ses chansons célèbrent la culture et la société québécoises ainsi que les beautés naturelles du pays.

«Gens du pays» date des années de la «révolution tranquille» au Québec, période pendant laquelle la province a sérieusement considéré une déclaration d'indépendance du reste du Canada. Elle est vite devenue l'hymne national québécois officieux.

A vous d'abord

1. Quelles images et quels mots associez-vous à l'idée de vieillir? Par exemple, quelles saisons de l'année? Quels objets ou quels mouvements dans la nature?
2. Imaginez que vous êtes très vieux et que vous considérez votre passé. Quels sentiments ressentez-vous? Que souhaitez-vous pour les jeunes qui vous suivront?

Pendant que vous écoutez

1. D'abord, écoutez toute la chanson. Pouvez-vous compléter le refrain?
Gens du pays, _____ .

2. Ecoutez la chanson une ou deux fois de plus pour compléter les paroles.

> Le temps qu'on a _____
> Pour _____ je t'aime
> C'est le seul qui _____
> Au bout de nos _____
> 5 Les vœux que l'on _____
> Les _____ que l'on sème
> Chacun les récolte en _____
> Oh, beau _____ du temps qui _____
> Gens du pays...
> 10 Le temps de _____
> Le _____ de le dire
> Sont comme la _____
> Aux doigts du _____
> C'est l'temps de nos _____
> 15 C'est l'temps de nos _____
> Ces _____ où nos regards se mirent
> C'est demain que j'avais _____ ans
> Gens du pays...
> Le ruisseau des _____
> 20 Aujourd'hui _____
> Et _____ un étang
> Où chacun peut _____
> Comme en un _____
> _____ qu'il reflète
> 25 Pour ces cœurs à qui je _____
> Le temps de _____ nos _____
> Gens du pays...

Et maintenant

1. Dans la première strophe (lignes 1–8), à quoi le poète compare-t-il l'amour? Relevez les mots qui expriment cette comparaison. Est-ce une strophe qui s'applique au passé, au présent ou à l'avenir? Expliquez le sentiment principal de la strophe.

2. Dans la deuxième strophe (lignes 10–17), quelle idée du temps le poète exprime-t-il? De qui parle-t-il (*nos* joies, *nos* rires, *nos* regards)? De quelle partie de sa vie parle-t-il? A quoi compare-t-il l'amour? Pourquoi? Le dernier vers (ligne 17) est très intéressant. Quel sentiment exprime-t-il? Pouvez-vous le traduire en anglais?

3. Dans la troisième strophe (lignes 19–26), qu'est-ce qu'un ruisseau? Pourquoi le poète n'a-t-il pas choisi un autre mot comme *rivière* ou *fleuve*? De quoi le ruisseau est-il un symbole ici? Qu'est-ce qui arrive à ce ruisseau? Quelles différences voyez-vous entre un ruisseau et un étang? A quoi cet étang est-il comparé? A votre avis, qui regarde dans l'étang? Qu'est-ce qu'on y voit? Qui est le *je* mentionné dans cette strophe? A qui parle-t-il? Qu'est-ce qu'il leur souhaite?

4. Comme tout bon poème, cette chanson peut se comprendre à plusieurs niveaux. Dans un sens, c'est une sorte de communication entre deux générations au sujet de l'amour, du passage du temps, etc. Pourtant, les Québécois indépendantistes y ont toujours vu l'expression de leurs sentiments. Interprétez le poème de ces deux perspectives. Remarquez surtout les définitions de plus en plus mûres de l'amour et de la conscience politique que les vers suivants semblent indiquer: «Chacun les récolte en soi-même»; «Ces yeux où nos regards se mirent»; «L'amour qu'il reflète pour ces cœurs...» Que veut dire le refrain dans les deux cas?

5. Chaque pays a normalement un hymne national officiel et un hymne national officieux ou populaire. Aux Etats-Unis, ces hymnes sont respectivement «The Star-Spangled Banner» et peut-être «America the Beautiful» («O beautiful, for spacious skies...»). Quels sont les thèmes de ces hymnes? Que célèbre-t-on dans chaque cas? En quoi sont-ils différents? Lequel ressemble le plus à «Gens du pays»? Pourquoi?

Questions d'ensemble

1. Regardez «Votre soirée de télévision», tiré du journal montréalais *Le Devoir* du 2 juin 1990. Trouvez des émissions qui sont sans doute d'origine québécoise. Y a-t-il beaucoup d'émissions américaines? Trouvez-en quelques-unes qui sont en anglais et d'autres qui ont été doublées ou sous-titrées. Quelles émissions viennent sans doute de la France métropolitaine? Quelles conclusions pouvez-vous tirer de ce choix d'émissions?

2. Imaginez que vous avez la possibilité de passer un semestre ou une année scolaire au Québec. Expliquez à un(e) ami(e) les avantages d'un tel séjour. Quels en seraient les désavantages?

La télévision du samedi soir en un clin d'oeil

	18h00	18h30	19h00	19h30	20h00	20h30	21h00	21h30	22h00	22h30	23h00	23h30	00h00
2 CBFT (R-C) Montréal	Le Téléjournal / 18h10/Virages		Baseball / Expos vs Pirates					Nouvelles météo/sport	21h50/Samedi de rire		23h15/Cinéma : L'homme aux yeux d'argent / Fr. 85 —Avec Alain Souchon		
3 WCAX (CBS) Burlington	News	News	Star Search		Paradise		Tour of Duty		Saturday Night with Connie Chung		News	Lifestyles of the Rich and Famous	
5 WPTZ (NBC) Plattsburgh	News		Family Ties	Cheers	My Two Dads	Amen	The Golden Girls	Empty Nest	Carol & Company	FM	News	Saturday Night Live	
6 CBMT (CBC) Montréal	News		The Tommy Hunter Show		Kate & Allie	Newhart	The Golden Girls	Empty Nest	Kids in the Hall	Just for Laughs	The National Newswatch	23h45/Night Music	
10 CFTM (TVA) Montréal	Ici Montréal	Jeunesse d'hier à ...	Cinéma : Flirch aux trousses —É.-U. 85 / Avec Chevy Chase et D. Wheeler-Nicholson				Opération enfant soleil (special téléthon)						
12 CFCF (CTV) Montréal	News	Expo Summer 90	Star Trek : The Next Generation		Katts and Dog	The Campbells	Movie : Her Secret Life —É.-U. 1987 / Avec Kate Capshaw et Jeroen Krabbe				News	Cinéma 12: Indiscreet	
16 TVS (Télévisions Francophones)	Paroles ontariennes	Sentiers	Journal télévisé de TF1	Parcours	Sacrée soirée				Cannes 90		Papier glacé	Musique classique	
17 CIVM (R-Q) Montréal	Passe-Partout	National Geographic		Cinéma : Tendres années —É.-U. 83 / Avec Sarah Boyd et Rainbow Harvest			Le Clap		Cinéma : À bas de pouvoir —Can. 85 / Avec Tess Harper et Leslie Nielsen		23h10/Point de vue		
20 Musique Plus	Musique vidéo		Vox Pop		Musique vidéo		Concert Plus : Earth Day 90						
22 WVNY (ABC) Burlington	News	Runaway with the Rich ...	Star Trek : The Next Generation		Mission impossible		Children's Miracle Network Telethon						
24 CICO (TVO) Ontario	Polka Dot Door	Nordic Fauna	Nature Watch	The Science Edition	Movie : The Glass Key —É.-U. 1942 / Avec Alan Ladd et Veronica Lake				Conversations	The Grand Tour	Ontario Lottery ...		
25 Much Music	17 h / Videoclips				Soul in the City		The Big Ticket / Earth Day 90						
33 VERMONT ETV (PBS)	The Lawrence Welk Show		Austin City Limits		Wish Me Luck		Movie : Moby Dick —G.-B. 56 / Avec Gregory Peck et Richard Basehart				Hollywood Legends		Movie
35 QUATRE SAISONS Montréal	La rose chanceuse	C'est à ton tour	Le 3505		Cinéma : La Coccinelle à Mexico —É.-U. 80 / Avec Joaquin Garay et Stephan W. Burns				Remington Steele		Sports plus week-end	Super Sexy	
57 WCFE (PBS)	Austin City Limits	Adirondack Outdoor	Wild America	Faerie Tale Theatre : The Three Little Pigs			National Geographic		Doctor Who			Lonesome Pine Special	

LECTURE
CLAUDE JASMIN: *LA PETITE PATRIE*

Avant de lire

L'extrait ci-dessous est tiré du récit *La Petite Patrie* (1972) de Claude Jasmin, écrivain québécois né à Montréal en 1930. Auteur de poèmes, de pièces de théâtre et de contes dramatiques, Jasmin se sert souvent des expériences de sa propre enfance pour présenter son pays. Dans ce chapitre intitulé «Citrouilles, sorcières et fantômes», il suit un groupe d'enfants montréalais dans leur «quête», la veille de la Toussaint (*Halloween*). Le résultat est à la fois un coup d'œil sur les habitants de Montréal pendant les années 1940 et un merveilleux récit d'une tradition bien connue.

A vous d'abord

Comment célébriez-vous la veille de la Toussaint quand vous étiez petit(e)? Quels déguisements portiez-vous? Chez qui alliez-vous? Y avait-il des personnes intéressantes ou même un peu bizarres sur votre chemin? Qu'est-ce qu'on vous donnait?

Pendant que vous lisez

A la première lecture, remarquez surtout:
- la profession des habitants.
- la diversité des nationalités.
- l'équivalent de «*Trick or treat!*»
- les expressions qui montrent les sentiments des enfants.
- la chronologie des activités.
- les mots anglais ou américains orthographiés à la française (par ex. «pinottes», *peanuts*).

L'hiver viendra. Ça va venir. Et ce sera joie **violente** pour les enfants
en même temps que pour les parents, pour les adultes, pour tous
ceux qui ne jouent pas, qui ne savent plus jouer.

    En attendant la merveilleuse première neige qui nous fera chanter,
5 crier, sauter en l'air de joie folle, il y a toujours novembre. Ce long
mois de novembre. Ce lent mois de novembre, mois des morts.
Heureusement, il y a ce premier jour de novembre: **la Toussaint. La
veille**, il y a une fête: celle de l'Halloween! Soirée qui nous a fait
avaler le souper en toute hâte. (...)

Intense ou calme?

All Saints' Day
Le jour d'avant ou d'après?
Dévorer ou manger lentement? / le dîner

10   Les vêtements usés, qui dormaient au fond d'une caisse du   *shed* / *are spread out*
hangar, s'étalent. Nous choisissons notre déguisement dans ce **tas**   *pile of rags* / **Riches ou humbles?**
de guenilles. Pour les enfants des quartiers **modestes**, il n'y a pas de
«**fée des étoiles**» ni autres beaux costumes que l'on achète dans les   *good fairy* (*costume*)
magasins de l'ouest de Montréal. Il y a ce vieux pantalon que papa
15   **revêt** quand il peint le plafond de la cuisine ou les murs d'une   *porte*
chambre. Il y a ce veston, aux boutons manquants, **dont la doublure**   *whose lining*
pend, derrière. Il y a cette vieille casquette **à la palette ondulante**. Il   *with a bent brim*
y a ce vieux **melon bosselé**, ce vieux manteau antique, **usé à la**   *dented bowler hat*
corde, ces gants aux doigts **troués**, ces mitaines de laine **aux mailles**   *threadbare* / *avec des trous*
20   **défaites**.   *with runs*

Nous voici, Devault, Morneau, Godon, Malbœuf, Dubé, Vincelette,
mon petit frère et moi, déguisés en **mendiants**. Nous voici dehors, le   *beggars*
cœur heureux avec, en main, le panier ou le sac que nous allons
ouvrir sous le nez des gens chez qui nous irons sonner. Petits
25   **quêteurs** de six ans, de dix ans. Carnaval burlesque pour marquer le   mendiants
jour de l'Halloween. Dans les fenêtres, **clignotent les lueurs des**
chandelles enfouies dans les citrouilles évidées. Ailleurs, on **a**   *candles flicker in jack-o'-lanterns*
accroché aux portes, des squelettes de papier. Et c'est **le branle-**   **A attaché ou a détaché?**
bas excitant des enfants de tous les quartiers de la ville. Nous   *l'agitation*
30   essayons, entre deux escaliers, deux **perrons**, de nous reconnaître les   *stoops*
uns les autres. Les cris **fusent**: «C'est toi, Marie-Reine?» et «J'aurais   **Se font entendre ou s'éloignent?**
jamais pu deviner que c'était toi, Raynald!» Et, sans cesse, nous
tendons la main pour une pomme, une orange, **une poignée de**
pinottes, quelques **clennedaks**, une petite boîte de gomme Chiclet   *a fistful of peanuts* / *sorte de caramel mou*
35   verte, rouge, bleue ou jaune. Jaune, ma couleur préférée! (...)
Certains voisins nous **accueillent** avec plaisir, d'autres **ne**   **Reçoivent ou refusent?**
daignent même pas répondre, quelques-uns ouvrent et restent de   *ne prennent pas le temps de*
glace, froids, dédaigneux, **se débarrassant de nous** avec impatience.   **Nous accueillant ou nous rejetant?**
Chez madame Lafleur (fleuriste, croyez-le ou non), c'est un petit cri
40   **feint** pour chaque visiteur et une large poignée de **sous** noirs qui   **Prétendu ou sérieux?** / *petites pièces d'argent*
dévalent. Chez les Devault, on n'ouvre pas et tout est noir. Chez le   **Tombent ou montent?**
notaire Poirier c'est, pour chacun, de la **réglisse noire**. Chez **la**   *licorice*
comédienne, mademoiselle Thisdale, c'est de la gomme-baloune,   *actrice*
comme toujours. Chaque année, chaque dernier jour d'octobre, chez
45   les Dubé, c'est **la retenue**, il faut chanter, **déclamer** un petit   *after-school detention* / **Réciter ou écrire?**
compliment, **faire valoir** ses talents. C'est la torture suprême pour   **Prouver ou cacher?**
les timides. C'est le bonheur suprême pour les jeunes **cabotins**. Moi,   *show-offs*
je n'ose même pas sonner, je **rougirais** jusqu'aux oreilles de devoir   *would blush*
chanter «**Auprès de ma blonde**» ou d'avoir à réciter «**La cigale et la**   *vieille chanson française*
50   **fourmi**». Chez madame Cormier, c'est noir et **apeurant**. Elle nous   *fable de La Fontaine* / **Effrayant ou accueillant?**
reçoit dans une de ses robes de nuit **vaporeuses**. On n'ose pas trop   *transparentes*
approcher. Elle nous examine. Elle ne dit rien. Pauvre madame
Cormier, elle doit mêler ses fantômes à elle aux pauvres **fantômes de**

quatre sous que nous sommes. Elle éclate de rire, et quand on lui dit
55 le **fatidique** «Charité s'il vous plaît, madame», elle part chercher des
biscuits, des sacs de thé, du sucre en cubes. Nous regardons **ces
drôles de friandises** en haussant les épaules.

    Continuons vers le sud. Stop chez madame Denis et sa fille
Laurette. Madame Denis **pousse des cris**, rit très haut, fait appel aux
60 voisins, est toujours touchée par chacun des petits **colporteurs**
masqués. Elle tente de deviner qui se cache sous chaque déguisement.
C'est bien long, hélas, pour un pauvre petit *jelly-bean*. Chez le docteur
Lemire, silence, noirceur et absence **feinte**. Chez madame Bégin,
encore des cris **éperdus**, appels au mari pour qu'il vienne constater
65 la perfection de chaque **accoutrement** et, enfin, une pomme à
chacun. On préfère les bonbons! Les escaliers **résonnent** de tous ces
pas, ces courses, ces **dévalements** pressés, parfois frénétiques. Il y a
tant de portes et il faut rentrer dès huit heures et demie, **a sommé**
maman, l'index en l'air.

70   (...) On a perdu Vincelette de vue, on **a lâché** Dubé qui était trop
mal déguisé et **nuisait aux** générosités offertes. Nous voici chez les
Cardinal, on y est sérieux et graves, la mère du grand Jean-Guy nous
remet des sacs de papier brun. On aime ce mystère. On **a hâte** de
rentrer pour ouvrir cette sorte d'offrande-surprise. On **grimpe** chez
75 les Kouri, on **rigole**, ils vont bien nous offrir, ces Syriens, des olives,
des **cornichons** ou des raisins secs de Corinthe. On va chez les
Laroche, chez les Bédard où il y a des têtes de **chevreuil** morts! Chez
les Carrière. On hésite chez monsieur Turcotte qui a ses salons
mortuaires au premier étage, et ce n'est pas l'endroit pour **afficher**
80 nos allures de fantômes et de **revenants**, car un des costumes les
plus fréquents est bien celui qui est fait d'un simple **drap de lit**,
blanc comme la mort, spectral. On va chez les Panaccio et l'on craint
d'y recevoir des poignées de macaroni ou des tranches de **piment
fort**. On fait nos farces faciles, on use des clichés les plus gros. (...)
85   La nuit est belle. C'est une veillée de grâce. Nos sacs ou nos
paniers deviennent lourds. **Drôle de manne**. On en aura pour des
jours et des jours, pense-t-on déjà, à **nous gaver** de toutes ces
friandises. On s'arrête, de part et d'autre, on compare ses gains, on
s'encourage, on se moque. (...)
90   On va chez les Lanthier. Quelle générosité! On y reçoit une grosse
poignée de sous noirs, mais aussi des blancs. Pensez donc, des cinq
sous d'argent. C'est la fortune. On rêve. On pourra s'acheter le gros
«gonne» qui peut tirer tout **un rouleau de pétards** ou, peut-être, **les
patins** usagés de bonne qualité ou, encore, on rêve, la voiturette avec
95 des pneus si épais ou **le traîneau** avec des **lames** de fer si hautes.
On va chez les Morneau, c'est la place pour les pinottes **en écales**.
On va chez monsieur Matte, et si ses trois filles n'ont pas le droit de

imitation ghosts

obligatoire

ces bonbons bizarres

Pleure ou s'exclame?

marchands ambulants

Réelle ou prétendue?
Paisibles ou extrêmes?
vêtement curieux
echo
Descentes ou montées?
A commandé ou a suggéré?

Quitté ou gardé?
ne facilitait pas les

Est impatient ou patient?
Monte ou descend?
rit
pickles
deer

Montrer ou cacher?
ghosts
bedsheet

hot peppers

curieuse nourriture
stuff ourselves

a roll of caps
skates
sled / blades
in the shell

parader avec nous, il reste qu'elles viennent nous ouvrir, en personne,
pour jeter, dans nos vieilles «**sacoches**», des poignées de bonbons   *saddlebags*
100 durs. (...)

　　　Là, on ne va pas sonner, c'est la maison d'un professeur de l'école.
On en a peur. S'il allait ouvrir en criant: «Et vos leçons? Hein? Et vos
devoirs?» **On file**. On sonne chez le juge Dupuis; le grand fils, Paul,   **On s'arrête ou on part vite?**
amusé, nous **toise** du haut de ses quinze ans. Il nous jette, superbe   regarde avec mépris
105 comme son père-magistrat, quelques chocolats durs en forme
d'étoiles de mer. On va sonner chez les Chapdelaine. Les frères
Lebœuf, eux, sont déjà couchés. En silence, on passe chez le voisin en
enjambant le garde-fou ornemental. On va chez le docteur Saine,   *stepping over the railing*
chez les Audet, chez madame McLaughlin qui «**jargouine**» en   parle
110 anglais. On ne comprend pas. Elle **s'acharne à** nous questionner   **Insiste à ou refuse de?**
dans cette langue barbare. **On gueule**: «La charité, si-ou-pla!» Et nous   **Crie fort ou demande**
recevons enfin notre dû. Des bonbons bizarres, des bonbons rares,   **poliment?**
elle dit: «*English candies, you know.*» Et on accepte, on est bien bons,
ces morceaux de *toffee* enveloppés dans des papiers pas familiers à
115 nos yeux. Ah! ces maudits *blokes*, jamais capables de faire comme
tout le monde!

　　　Et on file, plus lourds que jamais. Des voisins, **à sec de** provisions,   sans
éteignent la lumière de leur balcon, c'est un signe. Les cris sont plus
rares, les fantômes de la veille de la Toussaint **se dispersent**. La fête   **Se réunissent ou se**
120 **s'achève**. Il reste madame Laporte, un nom bien québécois, et elle   **séparent?**
n'est pas portière, comme est fleuriste madame Lafleur du coin Jean-   **Commence ou termine?**
Talon, et comme est corsetière madame J.-A. Bourré, ou madame
Lalongé, qui écrit sur l'enseigne de son magasin: «**Surveillez**   faites attention à
l'ouverture, madame Lalongé s'agrandit.» On sonne chez les
125 Damecour, chez les Henri, chez le pharmacien Martineau, chez la
veuve Delorme, chez l'opticien Brière, chez le vétérinaire Leclerc, et
c'est déjà fini. Cette soirée de la Toussaint des **enfants-gueux**   enfants pauvres
s'achève. On rentre à la maison **harassés**, le vieux manteau ouvert, on   **Fatigués ou reposés?**
a perdu la vieille cravate qui le tenait fermé, on a même perdu le
130 vieux **feutre** qui appartenait au père de grand-papa Lefèbvre. Le   chapeau
masque rabattu sur la poitrine, les vieux souliers trop grands
menaçant de nous quitter, on entre fiers et fatigués. Maman nous   sur le point
accueille, le front **soucieux**: «Vous êtes bien restés tard dans vos   **Inquiet ou heureux?**
quêtages?» On ouvre alors les sacs, les sacoches à gros **fermoir de**
135 **cuivre**, les paniers, et on en répand le contenu sur la table de la   *copper clasp*
cuisine ou sur la *pantray*, à côté. Et c'est pure merveille que ces
amas de sucreries variées avec, au fond, cette fortune de sous
accumulés, un trésor! On **se défait** du reste de nos guenilles, nous   se débarrasse
revoilà enfin jeunes, en santé, mais dépendants et pauvres. Le
140 temps d'un jeu et nous étions de riches **guenillous en loques**.   *beggars in rags*
Maman, nous voici redevenus tes enfants soumis. Et elle nous

dira tout doucement, heureuse de voir notre joie…: «Maintenant, allez
vous coucher, demain l'école, mes trésors.» Pour notre mère, c'est
étrange, nous sommes son trésor, nous autres, petits **bougres**, **la**
145 **morve au nez**! On traîne nos trésors à nous dans notre chambre et   *rascals with runny noses*
on s'endort avec des images de citrouilles, de sorcières et de
squelettes.

      Claude Jasmin, *La Petite Patrie* (Montréal: Editions la Presse, 1972), pp. 38–45.

Et maintenant

1. Résumez les activités principales de ce passage en utilisant les mots donnés et
d'autres mots si nécessaire.

    manger vite, s'habiller, commencer, frapper à la porte, demander, se
promener, continuer, se presser, ne pas sonner, se disperser, rentrer, ouvrir,
répandre, se coucher, s'endormir

2. Relisez les lignes 1 à 34.
  a. En quelle saison sommes-nous? Quelle est la date?
  b. Quelle est l'importance de cette fête pour les enfants?
  c. Ces enfants sont-ils riches? Où trouvent-ils leurs déguisements? Décrivez leurs
    costumes.
  d. Quel personnage vont-ils jouer?
  e. Combien d'enfants y a-t-il dans le groupe?
  f. Qu'est-ce qu'ils portent à la main?
  g. Qu'est-ce qu'on leur donne dans cette partie?
3. Relisez les lignes 35 à 56.
  a. Comment les enfants sont-ils reçus en général?
  b. Quelles sont les trois professions mentionnées?
  c. Dressez la liste de ce qu'on leur donne.
  d. Qui n'ouvre pas la porte?
  e. Que faut-il faire chez les Dubé? Est-on vraiment torturé? L'auteur frappe-t-il chez
    eux? Pourquoi?
  f. Qu'est-ce qui se passe chez Mme Cormier? Pourquoi a-t-on peur d'elle?
4. Relisez les lignes 57 à 83.
  a. Les enfants sont-ils contents de ce qu'on leur donne chez Mme Denis et Mme
    Bégin? Pourquoi?
  b. Qui n'ouvre pas la porte? Essayez d'imaginer pourquoi.
  c. Pourquoi les enfants sont-ils si pressés?
  d. Quelle est la famille préférée? Pourquoi?
  e. Quelles nationalités sont mentionnées? Quelles perceptions stéréotypées sont
    mentionnées?
  f. Pourquoi hésitent-ils devant la maison de M. Turcotte? Quelle est la profession
    de M. Turcotte?

5. Relisez les lignes 84 à 114.

    a. Que font les enfants entre les visites? Ont-ils reçu beaucoup de choses?

    b. Dressez la liste de ce qu'on leur donne.

    c. Quelle famille est la plus généreuse?

    d. Pourquoi ne frappent-ils pas à la porte du professeur?

    e. Quelles sont les professions mentionnées?

    f. Qu'est-ce qui se passe chez le juge?

    g. Qu'est-ce qui se passe chez Mme McLaughlin? Qu'est-ce que les enfants pensent d'elle? Parlent-ils anglais? Que font-ils pour se faire comprendre?

6. Relisez la dernière partie.

    a. Quelles sont les professions mentionnées?

    b. Décrivez l'état des enfants quand ils rentrent.

    c. Que font-ils du contenu de leurs sacoches?

    d. Comment les enfants sont-ils transformés à la fin de la journée?

    e. Comment la mère considère-t-elle ses enfants?

7. Décrivez cette partie de la ville de Montréal pendant les années 40. Résumez les nationalités et les professions qui sont mentionnées. A quelles classes sociales appartiennent les habitants du quartier? Cette variété vous surprend-elle? Dressez la liste des professions et des nationalités de vos voisins de quartier. Aujourd'hui, trouve-t-on la même variété dans un quartier d'une grande ville des Etats-Unis?

8. L'auteur nous fait remarquer plusieurs noms comme Mme Lafleur et Mme Bourré. Pourquoi ces noms sont-ils amusants? Y a-t-il d'autres noms intéressants dans ce passage? Connaissez-vous des personnes qui ont des noms très à propos (par exemple: *Mr. Cash* travaille dans une banque)?

9. Dans ce passage, on mentionne certains aliments typiques de certaines nationalités. Dressez-en la liste.

    Modèle: Selon les enfants, la famille italienne aime manger des macaronis et des tranches de piment fort.

10. Regardez de nouveau le paragraphe sur Mme McLaughlin (lignes 106–114). Cette présentation est-elle objective? Comment l'auteur exprime-t-il un point de vue sur les Anglais? Quels sont les mots péjoratifs?

BERNARD DADIE: *CLIMBIE*

Avant de lire

L'extrait suivant est tiré du premier roman de l'auteur ivoirien Bernard Dadié, *Climbié* (1956). Dans ce passage, il raconte comment les colonisateurs français ont supprimé les dialectes des peuples au profit de l'enseignement du français. Le passage est intéressant parce que l'auteur y exprime son amour pour les langues des peuples colonisés dans la langue du colonisateur.

A vous d'abord

1. Trouvez la Côte-d'Ivoire sur la carte d'Afrique. Depuis quand est-elle indépendante?

2. Les Français ont la réputation de prendre leur langue très au sérieux. Est-ce que vous avez déjà eu des discussions linguistiques avec un(e) Français(e)? Qu'est-ce que les Français pensent de leur langue?

Pendant que vous lisez

A la première lecture, essayez de préciser:

- la nature du symbole.
- comment on le reçoit.
- comment on s'en débarrasse.
- les effets du symbole sur les élèves.

Climbié marche, la tête pleine d'idées, cherchant le moyen de se débarrasser au plus tôt de ce petit cube, si lourd parce qu'il est le symbole même de l'enseignement **dispensé**. *accordé généreusement*

Le symbole! Vous ne savez pas ce que c'est! Vous en avez de la chance.

5 C'est **un cauchemar**! Il empêche de rire, de vivre dans l'école, car *un mauvais rêve*
toujours on pense à lui. On ne cherche, on ne **guette** que le porteur *attend*
du symbole. Où est-il? N'est-il pas chez celui-là? Chez cet autre? Le
symbole semble être sous **le pagne**, dans la poche de chaque élève. *loincloth*
L'on se regarde avec les yeux soupçonneux. Le symbole a empoisonné
10 le milieu, **vicié** l'air, **gelé** les cœurs! Vous ne savez pas ce que c'est, ni **Pourri ou purifié? / Réchauffé ou glacé?** pendant
quelle en est la cause? Ecoutez: les Inspecteurs **au cours de** leurs
multiples visites dans les écoles ont souvent **repéré** des «**ânes**» **ne** **Trouvé ou caché?** / *dunces without duncecaps*
portant point bonnet et constaté les attitudes **par trop cavalières** **Impertinentes ou sérieuses?**
des élèves à l'égard de la langue de **Vaugelas**. Rien n'est aussi *grammairien français du XVIIᵉ siècle*
15 douloureux que d'entendre mal parler une langue maternelle, une
langue qu'on entend, qu'on apprend **dès le berceau**, une langue *depuis sa naissance*
supérieure à toutes les autres, une langue qui est un peu soi-même,
une langue toute **chargée** d'histoire et qui, à elle seule, pour un **Remplie ou vidée?**
peuple, **atteste** son existence. A l'école, dans les rues, dans **les** *confirme, témoigne de*
20 **casernes**, dans les magasins, c'est le même massacre de la langue *barracks*
française. Cela devient **un supplice** intolérable. Il faut donc prendre **Une joie ou une torture?**
le mal à son origine. Les nombreux rapports d'inspection avaient déjà
souligné les déficiences de l'enseignement du français dans les écoles
primaires, les élèves ayant une **fâcheuse** tendance de toujours se *malheureuse*
25 parler en dialecte, plutôt qu'en français.

Vraiment le sabotage collectif de la langue française est quelque chose de terrible. (...) L'on n'entend que des énormités de ce genre:

«Moi y a dis, lui y a pas content.»

«Ma commandant, mon femme, ma fils.» (...)

30   Quelle **sanction** prendre contre des individus qui jouent si   **Punition ou récompense?**
légèrement avec une langue aussi riche, **coulante** et diplomatique   douce
que la langue française? Contre des individus qui **s'entêtent à** ne   insistent pour
jamais conjuguer les verbes au temps **voulu**, et refusent d'employer le   convenable
genre **consacré**?...   correct

35   Cette pénible situation ne pouvait vraiment pas durer. (...)

La décision fut donc prise et **des circulaires** partirent dans tous   documents officiels
les coins de **brousse**, dans les plus petites écoles des villages: *bush*
«**Défense** de parler les dialectes **dans l'enceinte de l'école**.» C'était   interdit / *on school grounds*
précis. Les zones bien délimitées. Et de ce jour-là **naquit** le symbole,   est né
40   un morceau de bois, une boîte d'allumettes, n'importe quoi, remis au
premier de la classe, **à charge** pour lui de le donner immédiatement   avec la responsabilité
à l'élève surpris en train de parler son dialecte. Ainsi, du jour où le
symbole parut, un froid régna sur l'école. L'on chantait bien au début
comme à la fin des classes, mais pas avec le même abandon, le même
45   **entrain**, la même **fougue**. Et les **récréations**, joyeuses, bruyantes,   enthousiasme / vivacité /
ces récréations attendues impatiemment lors d'une leçon mal **sue**, (...)   *recesses*
                                                                                            apprise
elles aussi, hélas, **s'en ressentirent**. Au milieu de cette **mêlée**   **En ont profité ou souffert?**
insouciante, de ces **ébats** tumultueux, de ces **poursuites effrénées**,   *friendly brawl* / activités /
de ces luttes au cours desquelles l'on parlait si facilement les   jeux mouvementés
50   dialectes comme pour se donner du courage, on ne voyait plus
maintenant que des petits groupes d'élèves **se chuchotant** des   **Criant ou se parlant à voix**
phrases timides, **se méfiant de** tout individu passant près d'eux, ou   **basse?**
                                                                                            soupçonnant
s'asseyant là, comme par hasard. (...)

Cet après-midi, Climbié fut le premier élève à rejoindre l'école. Couché
55   sur le sable, il **feint** de dormir. Les autres viennent, un par un, groupe   fait semblant
par groupe, bavards. Climbié **est à l'affût d'un** délinquant.   **Cherche un ou se cache**
                                                                                              d'un?
                                                                                            garçon faible et maigre
Que dit celui-ci? Mais ça y est! Akroman, un des **gringalets** qui
tantôt sautillait le plus autour de lui vient de répondre en **N'zima** à   sautait tout à l'heure /
un de ses frères venu à la barrière. Climbié sans rien dire se lève et lui   langue indigène
60   **tend** le petit cube. L'autre **sursaute**. Climbié sourit et s'en va jouer   **Donne ou prend?** / *jumps*
aussi. Il respire enfin.

A cause de ce symbole, c'était pour les élèves un vif plaisir de s'éloigner
de l'école dès que la sortie était sonnée...

Bernard Dadié, ''Climbié'' *Anthologie Africaine*, Jacques
Chévrier, ed. (Paris: Hatier, 1980) pp. 18–22.

Et maintenant

1. Relisez les lignes 1 à 25.
   a. Qu'est-ce que Climbié veut faire?
   b. Pourquoi les élèves sont-ils si soupçonneux?
   c. Qui a eu l'idée de ce symbole? Pourquoi?

d. Pourquoi les Français voulaient-ils encourager l'apprentissage du français parmi les indigènes? Est-ce seulement pour les «cultiver»?

e. Selon les rapports d'inspection, pourquoi l'enseignement du français ne marche-t-il pas très bien?

2. Relisez les lignes 26 à 53.

a. Qu'est-ce que les Français pensent du français tel que les indigènes le parlent?

b. Quelles sortes d'erreurs les indigènes font-ils?

c. Pourquoi fallait-il faire quelque chose?

d. Quelle décision a-t-on prise?

e. Quelle est la forme matérielle du symbole?

f. Comment le symbole aide-t-il à imposer la règle contre les dialectes?

g. Comment le symbole a-t-il changé les rapports entre les élèves?

3. Relisez la dernière partie.

a. Qu'est-ce que Climbié réussit à faire? Comment?

b. En est-il content? Pourquoi?

4. A votre avis, pourquoi l'interdiction de parler sa langue maternelle est-elle si pénible?

5. L'auteur écrit-il toujours du même point de vue? Indiquez les passages où l'auteur semble exprimer l'attitude des colonisateurs. Quelle sorte de langage emploie-t-il dans ces passages?

«LE PEUPLE DE LA MEFIANCE»

Avant de lire

Les extraits ci-dessous sont tirés d'un article de *L'Actualité*, un périodique canadien comme *Time* ou *Newsweek*. L'interviewer interroge Allan Gregg, président de la compagnie Decima Research, qui mesure l'opinion publique par sondages. Ils parlent de la situation au Québec après l'échec de l'accord du lac Meech et des changements fondamentaux dans le caractère canadien que cet épisode semble illustrer.

A vous d'abord

Regardez de nouveau la carte du Canada présentée à la page 271 pour trouver les dix provinces et les villes de Toronto, Sudbury, Montréal et Ottawa.

Pendant que vous lisez

A la première lecture de cet article, essayez d'apprendre:
- si le Canada anglais croit que le Québec se séparera du pays.
- si les Québécois préfèrent se séparer du pays.
- comment le Québec a changé depuis les années 70.

- ce que le Canadien moyen pense des querelles de son pays.
- ce que le Canadien pense des Etats-Unis.
- de quoi Gregg a peur.

L'ACTUALITE: Est-ce que le Canada anglais commence à s'imaginer
sans le Québec?

ALLAN GREGG: Non, absolument pas. Il y a un problème de
perception. Les Canadiens de l'Ontario et de l'Ouest n'ont pas
5   encore changé l'idée qu'ils se font des Québécois. Ils les voient
toujours **craintifs, timorés**, dépendants. Ils croient que les
Québécois ont besoin du lac Meech parce qu'ils ont toujours
besoin de quelque chose. Ils n'ont pas compris que le Québec
s'est transformé, ni le nouveau **dynamisme** de la province.
10 Ils croient que **le séparatisme**, c'est du passé, que le Québec
n'osera pas quitter le Canada, qu'il n'arrivera pas à **tenir le
coup** tout seul.

    Les Québécois, eux, préfèrent rester à l'intérieur du Canada,
mais pas à n'importe quelle condition sans **une
15 reconnaissance** de leurs droits. **Ils sont sensibles à la
mesquinerie** courante. Ils sont prêts à dire: «Bon, si vous ne
voulez pas de nous, nous sommes capables de survivre tout
seuls.»

L'ACTUALITE: Est-ce que cette image de la désunion que vous
20 **peignez** était déjà évidente il y a quelques années?

GREGG: En Ontario, pendant les années 70, on avait toujours
l'impression «d'être les meilleurs», que ce qui était bon pour
l'Ontario, l'était pour le pays tout entier. Il y avait une tendance
à **confondre** l'identité de la région avec l'identité du
25 pays. A l'Ouest, il y avait **un ressentiment** brutal contre le
Centre, **une conviction** que tout allait à l'Ontario. Avec le
développement du pétrole et du gaz, l'Ouest a commencé à
réclamer un **déplacement** du pouvoir.

    La Colombie Britannique, notre centre de culture «pop»,
30 se voyait toujours à part, isolée, mal comprise, mal représentée. (...)

    Et le Québec? Toujours menacé, sur la défensive. Les
Québécois se voyaient en minorité, pas seulement au Canada,
mais en Amérique du Nord. Et **tout à coup**, c'est **le
bourgeonnement** d'entreprises, l'expansion. Il y a eu **un
35 revirement** complet; comme si les Québécois avaient décidé
d'aborder le problème de leur caractère distinct **à rebours**, de
protéger leur culture en l'exportant. De là leur intérêt pour **le
libre-échange**. (...)

Marginal glosses:

Inquiets ou assurés? / Timides ou audacieux?

Reste le même ou a changé? / énergie le mouvement d'indépendance
Ne risquera pas de ou ne pourra pas?
Réussir ou échouer?

Une acceptation ou un refus? / Ils sont blessés par ou ils se moquent de? / pettiness

Décrivez ou cherchez?

Mélanger ou distinguer?
Une animosité ou une amitié?
Une certitude ou un doute?

Refuser ou demander? / Mouvement ou maintien?

Lentement ou soudain?
La croissance ou la réduction?
Changement ou maintien?
D'attaquer ou d'oublier? / dans le sens contraire

free trade

A l'élection de 1984, on voyait **un désengagement**
40 politique. Un tiers des Québécois avaient perdu leur identification
partisane. Mais c'était pareil dans tout le pays. (...) Partout
maintenant, la désunion reprend **de plus belle**.

L'ACTUALITE: Cette désaffection n'est-elle que politique?

GREGG: On voit **surgir** des questions sur la qualité de vie. Les
45 gens dans les régions métropolitaines se demandent si les
villes ne sont pas surdéveloppées. Ils ont peur que l'environnement
soit condamné, leurs enfants incontrôlables. Et partout il y a un
désengagement du processus **fédéral**. On se sent loin d'Ottawa,
on veut cultiver son jardin.

50 **Ainsi** l'idée du lac Meech. Au début, tout le monde était
d'accord. Mais peu à peu, lorsque **les désarrois** de chaque
région se sont multipliés, le lac Meech est devenu le symbole de
tout ce qui ne marche pas dans le pays. Et ce n'est plus la
question de réintégrer ou non le Québécois dans la
55 Constitution, mais **une inquiétude**, **une méfiance**: «Qu'est-ce
que le Québec va gagner à nos dépens?» (...)

Le Canadien moyen, **le gars** ordinaire qui regarde sa télé et
qui apprend que la ville de Sudbury vient de se déclarer
unilingue, en souffre. Même s'il pense que les gouvernements
60 **cèdent** trop aux francophones, même s'il déteste la loi contre
l'affichage en anglais au Québec, l'idée que les Canadiens d'un
côté du pays se querellent avec les Canadiens de l'autre
coin le rend **mal à l'aise**. Il est moins fier de lui et de son
pays.

65 L'ACTUALITE: Mais selon vous, nos plus graves préoccupations sont
de moins en moins d'ordre politique et de plus en plus d'ordre
social?

GREGG: Traditionnellement, nous avons cru que le crime, le
racisme, la drogue, c'était bon pour les Etats-Unis. Que ça
70 n'existait pratiquement pas chez nous. Mais l'été dernier, après
sondage, nous avons obtenu des résultats surprenants. Evidemment,
si nous avions demandé aux Canadiens: «Vous sentez-vous plus en
sécurité au Canada qu'aux Etats-Unis?», tout le monde aurait
répondu «Bien sûr!» Mais nos questions portaient sur l'expérience
75 **directe**. Nous demandions aux gens: «Avez-vous jamais été
victime d'un vol? D'un crime violent? Du racisme? Pouvez-vous
obtenir des drogues?» Et nous avons constaté que **les taux**
étaient les mêmes ici et aux Etats-Unis. Parfois même plus
élevés. Par exemple, plus de gens à Toronto se croyaient
80 victimes du racisme que **la moyenne** aux Etats-Unis.
Nous ne pouvons plus prétendre être différents. Les

Une désaffection ou un renouvellement?

identification avec un parti politique
De plus en plus ou de moins en moins?

Apparaître ou disparaître?

National ou régional?

such was the case for
Les problèmes ou les réussites?

Une peur ou une joie? / Une confiance ou un doute?

l'homme (*fam.*)

ici, *English-only*
Donnent ou demandent?

posting of signs

Heureux ou malheureux?

Personnelle ou théorique?

les niveaux

most people

Canadiens **se rendent compte** peu à peu qu'ils **se faisaient** une image **idéalisée** de leur pays.

L'ACTUALITE: Voyez-vous **un rejet** du discours politique?

85 GREGG: Oui et non. D'un côté nous avons perdu confiance en certaines institutions traditionnelles, l'Eglise, les politiciens, le gouvernement. Mais ça ne veut pas dire **chacun pour soi**. Au contraire, on voit renaître l'intérêt pour la communauté immédiate, une **croissance** du travail **bénévole**. Si on ne peut
90 pas contrôler les grandes institutions, on va **se consacrer aux** plus petites.

L'ACTUALITE: Croyez-vous que tout ça nous prépare mentalement à **l'écroulement** de l'identité nationale?

GREGG: Ce qui m'inquiète, c'est que cet écroulement peut arriver
95 **par défaut**. Les Canadiens se croient attachés à leur pays — 90% pensent que le Canada est le meilleur pays au monde où vivre. Ils **prétendent** que c'est très important pour les générations futures que le pays reste uni. A l'exception de quelques-uns qui **le** voient, qui le veulent même. J'ai peur que
100 le pays ne s'écroule **en dépit des** souhaits de la majorité de la population. Et si le pire arrive, cette majorité dira: «Ça m'est égal!»

«Le Peuple de la Méfiance», *L'Actualité*, 1er juillet 1990, pp. 15–17.

Right margin glosses:

Apprennent ou oublient? / Se créaient ou détruisaient? / Trop bonne ou pas assez bonne?
un abandon

every man for himself

Augmentation ou absence? / Rémunéré ou sans salaire? / S'intéresser aux ou oublier les?

La dissolution ou l'affermissement?

sans action directe

disent

l'écroulement
Malgré les ou à cause des?

Et maintenant

1. Relisez les lignes 1 à 18.
   a. Pourquoi le Canada anglais ne croit-il pas que le Québec puisse se séparer du pays?
   b. Selon Gregg, pourquoi les Canadiens anglais ont-ils tort?
   c. Qu'est-ce que les Québécois pensent de la possibilité de se séparer du pays?
2. Relisez les lignes 19 à 42.
   a. Qu'est-ce que l'Ontario représentait pendant les années 70? Qu'est-ce que les autres provinces pensaient de cette situation?
   b. Comment l'Ouest a-t-il gagné un peu plus de pouvoir?
   c. Comment le Québec a-t-il changé? Que fait le Québec pour protéger son identité?
   d. La désunion est-elle seulement un phénomène québécois?
3. Relisez les lignes 43 à 64.
   a. Quelles sont les questions sur la qualité de vie qui sont mentionnées dans cette partie?
   b. De quoi l'accord du lac Meech est-il devenu un symbole?
   c. Que veut dire l'expression *cultiver son jardin*? A quoi fait-elle allusion?
   d. Qu'est-ce que le Canadien moyen pense de ces querelles?

4. Relisez les lignes 65 à 83.
   a. Quelle idée traditionnelle des Etats-Unis se faisaient les Canadiens?
   b. Les Canadiens se font-ils une image réaliste de leur pays? Comment sont-ils en train de changer?
5. Relisez la dernière partie.
   a. Quelles sont les institutions que les Canadiens semblent rejeter aujourd'hui?
   b. Quelles sont les activités qui prennent plus d'importance?
   c. La majorité des Canadiens souhaitent-ils la désunion? Quelle est la phrase qui représente le mieux l'attitude de cette majorité? (Ce serait la catastrophe!/ Ensemble ou séparés, ça revient au même!/On serait mieux séparés!)
6. Relisez l'introduction à ce chapitre, puis rédigez un paragraphe sur la question suivante: Qu'est-il arrivé à la question de «souveraineté-association» depuis 1980?
7. Trouvez un article dans la presse française ou américaine qui parle des accords du lac Meech et résumez-le. On en a beaucoup parlé en juin 1990.
8. Organisez un débat sur le thème «Le bilinguisme: pour ou contre?»

LEOPOLD SEDAR SENGHOR: «A NEW YORK»

Avant de lire

Le mot *négritude*, que le poète martiniquais Aimé Césaire fut le premier à employer, désigne l'ensemble des valeurs culturelles et spirituelles du monde noir.

Dans le poème «A New York», paru dans le recueil *Ethiopiques* (1945–1953), Senghor décrit d'abord le choc ressenti par un Africain lors de sa première visite à Manhattan. Dans la deuxième strophe, que nous ne reproduisons pas ici, il décrit Harlem, quartier noir de New York. Dans la troisième strophe, il montre comment les valeurs de la négritude pourraient transformer et enrichir la culture occidentale. Le poème est aussi un appel à l'harmonie entre les races. Séparées dans la première et la deuxième strophe, elles sont unies dans la troisième.

A vous d'abord

Avez-vous jamais visité une grande ville comme New York? Quelles en ont été vos premières impressions?

Pendant que vous lisez

A la première lecture du poème, essayez de trouver:
   • les mots et les expressions qui décrivent le poète à New York.
   • les mots et les expressions qui décrivent la ville.
   • ce qui manque à New York, selon le poète.

1   New York! D'abord j'ai été confondu par ta beauté, ces grandes filles
      d'or aux jambes longues.

2   Si timide d'abord devant tes yeux de métal bleu, ton sourire de **givre**.   *frost*

3   Si timide. Et l'angoisse au fond des rues à gratte-ciel

4   Levant des yeux de **chouette** parmi l'éclipse du soleil.   *owl*

5   Sulfureuse ta lumière et les **fûts** livides, dont les têtes **foudroient** le   *shafts / blast*
      ciel

6   Les gratte-ciel qui défient les cyclones sur leurs muscles d'acier et
      leur peau **patinée** de pierres.   *weathered*

7   Mais quinze jours sur les **trottoirs chauves** de Manhattan   *bald sidewalks*

8   C'est au bout de la troisième semaine que vous saisit la fièvre en **un
      bond de jaguar**   *a jaguar's leap*

9   Quinze jours sans **un puits** ni pâturage, tous les oiseaux de l'air   *a well*

10 Tombant soudain et morts sous les hautes **cendres** des terrasses.   *ashes*

11 Pas un rire d'enfant en fleur, sa main dans ma main fraîche

12 Pas **un sein** maternel, des jambes de nylon. Des jambes et des seins   *a breast*
      sans sueur ni odeur.

13 Pas un mot tendre en l'absence de lèvres, rien que des cœurs
      artificiels payés en monnaie forte

14 Et pas un livre où lire la sagesse. La palette du peintre fleurit des
      cristaux de **corail**.   *coral*

15 Nuits d'insomnie ô nuits de Manhattan! Si agitées de **feux follets**,   *will-o'-the-wisp*
      tandis que les klaxons hurlent des heures vides.

16 Et que les eaux obscures **charrient** des amours hygiéniques, tels **des**   *carry*
      fleuves en crue des cadavres d'enfants.   *rivers at flood stage*

                                    (...)

                                     III

1   New York! Je dis New York, laisse **affluer** le sang noir dans ton sang   *flow*

2   Qu'il **dérouille** tes articulations d'acier, comme une huile de vie   *remove the rust from*

3   Qu'il donne à tes ponts la courbe **des croupes** et la souplesse **des**   *buttocks*
      lianes.   *vines*

4   Voici revenir les temps très anciens, l'unité retrouvée la réconciliation
      du Lion et du **Taureau** et de l'Arbre   *bull*

5   L'idée liée à l'acte l'oreille au cœur le signe au sens.

6   Voilà tes fleuves **bruissants** de **caïmans musqués** et de **lamantins**   *humming / musky crocodiles / manatees, sea cows*
      aux yeux de mirages. Et nul besoin d'inventer les Sirènes.

7   Mais il suffit d'ouvrir les yeux à **l'arc-en-ciel** d'Avril.   *rainbow*

8   Et les oreilles, surtout les oreilles à Dieu qui d'un rire de saxophone
      créa le ciel et la terre en six jours.

9   Et le septième jour, il dormit du grand **sommeil** nègre.   *sleep*

              Léopold Sédar Senghor, «A New York», *Ethiopiques: Poèmes*,
      Papa Gueye N'Diaye, Ed. (Dakar: Les Nouvelles Editions Africaines, 1974), pp. 80–83.

Et maintenant

A. Première strophe

1. Qu'est-ce qui a d'abord frappé le visiteur à New York?

2. Décrivez à votre façon le modèle féminin présenté dans les deux premiers vers.

3. Cette description est-elle uniquement positive? Relevez les mots qui semblent introduire une impression différente. Quelle est cette impression?

4. Qu'est-ce qui arrive au soleil dans une ville remplie de gratte-ciel?

5. Au cinquième vers, relevez les mots qui donnent une mauvaise impression de la lumière de Manhattan.

6. En examinant bien le vocabulaire du sixième vers, essayez de caractériser l'attitude profonde du poète envers les gratte-ciel de Manhattan.

7. Au septième vers, quel est le mot qui surprend? Que suggère ce mot?

8. Qu'est-ce qui arrive au poète au bout de la troisième semaine de séjour à Manhattan? Dressez la liste de ce qui lui manque. A quel domaine appartiennent les choses qui lui manquent?

9. Du vers 11 au vers 15, qu'est ce qui exprime le contraste entre Manhattan et le pays du poète?

B. Troisième strophe

1. Examinez bien le vocabulaire utilisé pour décrire le «sang noir». Quelle pourrait être, selon Senghor, la contribution de la négritude?

2. Du quatrième vers à la fin, le poète parle en prophète. Que suggère la réconciliation du Lion, du Taureau et de l'Arbre?

3. Au cinquième vers, à votre avis, qu'est-ce qui représente les valeurs occidentales (New York)? Qu'est-ce qui représente les valeurs noires?

4. Au sixième vers, on mentionne les Sirènes. Cherchez dans un dictionnaire la définition d'une sirène. Dans le monde nouveau entrevu par Senghor, par quoi les Sirènes sont-elles remplacées?

5. Après avoir lu tout le poème, pouvez-vous ajouter quelques mots à votre énumération en réponse à la question A.3?

CULTURE

8

INTRODUCTION

Vous allez examiner dans ce chapitre l'importance
historique des arts et l'état actuel des pratiques
culturelles en France.

VIDEO

La vidéo vous permettra d'apprendre davantage sur
deux de ces pratiques, la lecture et le spectacle.

AUDIO

Vous approfondirez ensuite vos connaissances de la
notion de «personne cultivée» telle qu'on la conçoit
en France.

LECTURE

Vous lirez enfin des extraits d'auteurs célèbres qui
reprendront le thème de l'importance de la lecture
et montreront trois styles littéraires différents. Vous
lirez et regarderez aussi, dans le cadre de cette section, deux scènes d'une pièce de théâtre française,
Orphée, de Jean Cocteau.

313

INTRODUCTION

A vous d'abord

1. A votre avis, quelles sont les caractéristiques d'une personne cultivée aux Etats-Unis?
2. Qu'est-ce que vous savez de la culture française? Connaissez-vous des peintres ou des auteurs célèbres?
3. A quelles activités culturelles participez-vous? Allez-vous souvent au concert ou au cinéma? Aimez-vous le théâtre? Avez-vous jamais visité les musées de votre ville? Regardez le sondage suivant et comparez vos préférences à celles des Français.

AU COURS DES DOUZE DERNIERS MOIS, COMBIEN DE FOIS ÊTES-VOUS ALLÉ(E)...

(âge: de 20 à 24 ans)	1 ou 2 fois	3 fois et plus
à un concert de rock	57	43
à un concert de jazz	65	35
à un concert de musique classique	64	36
à un spectacle de danse professionnel	78	22
à un spectacle d'opéra	67	33
à une pièce de théâtre professionnelle	60	40
au cinéma	11	89
à une exposition de peinture ou de sculpture	55	45
à un monument historique	54	46
à un musée	62	38

Tableau 1

I. Histoire

Lisez les paragraphes suivants pour apprendre:
- si l'idée de la culture a toujours été importante en France.
- l'importance de l'Etat dans les activités culturelles.
- l'origine du rôle de l'Etat.
- depuis quand Paris est le centre de la culture.

Même ceux qui ne savent pas grand-chose sur la France ont entendu dire que ses artistes et écrivains ont contribué d'une façon remarquable au patrimoine° culturel de l'humanité. Nous avons déjà vu, dans le premier chapitre, que beaucoup d'étrangers pensent qu'il est assez typique qu'un
5 Français soit écrivain, peintre ou acteur. Quand on examine plus attentivement l'histoire culturelle de la France, on se rend compte que tous les arts n'ont pas brillé avec la même intensité à toutes les époques; mais il est difficile de trouver une période qui n'ait pas donné naissance à une œuvre importante.
10   Un facteur semble avoir facilité cette créativité: c'est la participation active de l'Etat à la vie culturelle. Les Français trouvent tout naturel qu'un ministre responsable de la Culture fasse partie du gouvernement et ils s'attendent à ce que l'Etat subventionne généreusement les activités culturelles.
15   La création en 1635 de l'Académie française par Richelieu, ministre du roi Louis XIII, semble marquer l'entrée officielle de l'Etat dans le domaine culturel. Ce groupe était officiellement chargé de la rédaction d'un dictionnaire et d'une grammaire, mais il fonctionnait aussi comme arbitre du bon goût littéraire. Louis XIV continua la tradition en imposant son goût
20 et ses règles dans tous les domaines. Il influença la carrière de certains artistes soit en leur accordant sa faveur, soit en la leur refusant.
        Après la mort de Louis XIV, le centre du goût et des activités culturelles passa de la cour du roi à Versailles, aux salons° de la noblesse et de la haute bourgeoisie à Paris. Dès le XVIIIᵉ siècle, Paris devait jouer un rôle
25 prédominant dans la vie culturelle de la France.

II. L'architecture

Dans le paragraphe qui suit, identifiez chaque homme d'Etat avec un projet architectural.

L'Etat intervient dans plusieurs domaines. Celui qui est le plus évident au cours des siècles est le domaine de la construction de monuments et de bâtiments. Louis XIV a fait construire le palais de Versailles, Napoléon Iᵉʳ l'arc de Triomphe de l'Etoile, Napoléon III a modernisé le vieux Paris.
5 L'intérêt des chefs d'Etat pour la construction urbaine est particulièrement marqué chez les trois derniers présidents de la Cinquième République: Georges Pompidou a encouragé la construction de bâtiments modernes à Paris et s'est immortalisé par le Centre Pompidou (Beaubourg), qui combine un musée d'art moderne, une bibliothèque et un centre musical. Giscard
10 d'Estaing a poussé la transformation de l'ancienne gare d'Orsay en un musée d'art du XIXᵉ siècle. François Mitterrand semble vouloir laisser un

héritage encore plus imposant que ses prédécesseurs. On entre maintenant
au Louvre en passant par une haute pyramide de verre et on vient
d'inaugurer l'Opéra Bastille qui se dresse° près de l'ancien emplacement de
15 la Bastille. Depuis le commencement de sa présidence, on a construit à
Paris l'Institut du monde arabe, le parc d'exposition de La Villette et une
arche monumentale, deux fois plus haute que l'arc de Triomphe, qui
complète un ensemble architectural allant du Louvre à l'est à la Défense° à
l'ouest. Mitterrand a aussi exprimé son désir de voir construire à Paris la
20 plus grande bibliothèque du monde.

III. La langue

Lisez cette partie pour apprendre:
- l'importance qu'on attribue à la langue en France.
- ce que le gouvernement fait pour sauvegarder la langue.
- comment l'importance du français dans le monde a changé.
- l'influence de la colonisation sur la langue.

L'Etat joue aussi un rôle important dans le domaine du langage. On
connaît les efforts du gouvernement pour remplacer les mots empruntés à
l'anglais (plus précisément à l'américain) par des néologismes approuvés
par le Commissariat général de la langue française. Ce groupe supervise la
5 publication d'un dictionnaire des néologismes. Il existe aussi un Haut
Conseil de la Francophonie.
   Cette campagne pour la préservation de la langue française étonne
souvent les étrangers. Mais il ne faut pas oublier que la langue française
représente pour les Français un symbole de la puissance politique que leur
10 pays exerçait et qu'il a peu à peu perdue depuis le XIXe siècle. Au XVIIe
siècle, les regards de toute l'Europe étaient dirigés vers la cour du Roi-
Soleil et la culture française servait de modèle aux autres pays. Au XVIIIe
siècle, on pouvait parler de l'universalité de la langue française: tous les
Européens cultivés parlaient et écrivaient le français. Voltaire et Diderot°
15 correspondaient avec le roi de Prusse et l'impératrice de Russie et
essayaient d'influencer leur politique. La Révolution française eut des
répercussions dans toute l'Europe, surtout quand ses principes s'y
répandirent° avec les troupes de Napoléon Ier.
   Les Français ont eu du mal à accepter l'idée que leur pays ne jouait
20 plus le rôle politique principal et que leur langue ne servait plus de moyen
de communication universel. La colonisation a été un dernier effort pour
regagner le rang de grande puissance. Comme nous l'avons déjà vu, cet
effort n'a pas abouti° dans le domaine politique, mais par contre, il a

fortement contribué à refaire de la langue française un moyen de
25 communication international.

NEOLOGISMES

Anglicisme	Expression officielle
le fast-food	le prêt-à-manger
un Walkman	un baladeur
un hot-dog	un saucipain
le chewing-gum	la gomme à mâcher
un speaker / une speakerine	un présentateur / une présentatrice
le software	le logiciel
le hardware	le matériel
le marketing	le marchéage

Tableau 2

IV. L'accès pour tous

Lisez cette partie pour apprendre:
- une des responsabilités culturelles du gouvernement.
- comment le gouvernement a essayé d'augmenter la participation des Français aux activités culturelles.
- quelle inégalité est plus difficile à supprimer.

La constitution de 1946 proclamait le droit des Français à la culture. La culture doit donc être accessible à toutes les couches° de la population. L'Etat doit, dans la mesure du possible, éliminer les inégalités. La première est l'inégalité géographique, la concentration des ressources et des activités
5 culturelles à Paris, au détriment du reste de la France.

Depuis le commencement de la Cinquième République, on a essayé de favoriser le développement d'activités culturelles en province, avec un certain succès. On a créé des maisons de la culture qui devaient servir de centre aux activités locales. Des troupes théâtrales se sont développées en
10 province (par exemple, le Grenier de Toulouse); des festivals ont attiré des spectateurs à Avignon (théâtre) et à Strasbourg (musique). Lyon est devenu un centre renommé de danse moderne. Malgré tous ces efforts, Paris reste toujours le pôle d'attraction et les constructions déjà mentionnées accaparent° la plus grande partie des subventions gouvernementales.

15   La deuxième inégalité est plus difficile à éliminer, car c'est une inégalité
sociale, qui résulte souvent d'une scolarisation insuffisante. Comme dans
tous les pays, il y a en France des personnes cultivées et des personnes
incultes. Il y a des Français qui lisent beaucoup et il y en a d'autres qui
préfèrent la télévision à la lecture.

V. Les pratiques culturelles d'aujourd'hui

Lisez les paragraphes suivants pour apprendre:
- ce que les Français aiment faire quand ils sortent.
- si beaucoup de Français vont au spectacle.
- quelles sont les activités culturelles les plus populaires.
- quels sont les magazines les plus populaires.
- si les Français regardent beaucoup la télé.

Le ministère de la Culture fait effectuer° de temps en temps des enquêtes
pour mieux connaître les pratiques culturelles des Français. L'enquête
accomplie en 1988 et 1989 présente des résultats qui ne manqueront pas
d'étonner ceux qui ont un complexe d'infériorité culturelle vis-à-vis des
5 Français et de la culture française et sont persuadés que les beaux-arts et
les belles-lettres jouissent en France d'un public nombreux et enthousiaste.
De plus, les résultats de l'enquête culturelle nous permettent de mieux
évaluer les efforts déployés par l'Etat pour améliorer l'accès à la culture.
    Sorties. Quand les Français sortent le soir, c'est surtout pour aller au
10 restaurant, passer la soirée chez des parents ou des amis ou aller au
cinéma (49% disent préférer les films comiques et 23% les films policiers°).
Aller au spectacle (théâtre, opéra, concert), occupe la dernière place sur la
liste d'activités possibles. Suivent comme buts de sortie préférés les
discothèques ou boîtes de nuit et les matchs de sport. L'opérette et l'opéra
15 sont mentionnés les derniers. Soixante et onze pour cent disent n'être
jamais allés de leur vie à un concert de musique classique, 76% n'ont
jamais assisté à un spectacle de danse, 51% n'ont jamais fréquenté une
exposition de peinture et 62% ne sont jamais entrés dans une galerie d'art.
Par contre, 74% répondent avoir visité des musées et 72% des monuments
20 historiques.
    Musique. Au cours des douze derniers mois, 9% des Français sont allés
à un concert de musique classique (10% à un concert de rock et 6% à un
concert de jazz). Les Français disent préférer écouter les chansons (36%),
puis la musique classique (16%). L'opéra est en dernière place (2%).
25   **Lecture**. Au cours des douze derniers mois, 77% n'ont jamais fréquenté
une bibliothèque. Par contre, 87% disent posséder des livres et 75% en ont
lu au moins un (40% disent avoir lu des livres et des bandes dessinées,

34% exclusivement des livres). Quarante-trois pour cent lisent le journal
tous les jours et 84% lisent régulièrement un magazine (les magazines
30 les plus lus étant des magazines de télévision comme *Télérama* et
Télépoche).

   Télévision. 96% des Français interrogés au cours de cette enquête ont
la télévision chez eux (par contre, seulement 25% possèdent un
magnétoscope°) et la durée moyenne d'écoute de la télévision par semaine
35 est de 20 heures.

VI. Conclusions

Lisez ces derniers paragraphes pour apprendre:
- si le gouvernement a réussi à améliorer le niveau de la culture en France.
- les caractéristiques d'une définition plus large de la culture.
- à quel degré le comportement des Français correspond à la définition étroite de
  la culture.

L'enquête fait évidemment une corrélation entre les préférences indiquées
et l'âge et la profession des personnes interrogées. De là, on peut conclure
que:

   A première vue, le bilan° est plutôt mitigé°. Tant le *Cultus Gallus*° que
5 l'*Incultus*° sont rétifs° aux directives de la rue de Valois°, et insensibles à
ses largesses. Le premier est toujours surdiplômé° et ne prolifère pas°,
refuse de quitter Paris pour la province et appartient toujours à l'élite
dirigeante ou intellectuelle. Le second est de plus en plus rivé° à son
poste de télévision auquel il sacrifie non seulement livres et journaux
10 quotidiens, mais aussi la «culture populaire», que le ministère a pourtant
fait beaucoup d'efforts financiers et philosophiques pour réhabiliter.
Fêtes foraines°, bals publics, danses folkloriques, tours de chant, cirque et
opérette sont en perte de vitesse°. Et le succès des concerts rock, dont la
fréquentation° a été multipliée par deux depuis 1973, n'infirme pas la
15 règle: le rock n'appartient pas à la culture populaire mais à la «culture
jeune». Et les fils de cadres supérieurs et de professions libérales y sont
trois fois plus représentés que les fils d'ouvriers, en 1988 comme en 1973.
                    «Culture: l'état de la France» (*Le Point*, 2 avril 1990).

   Si on analyse de plus près les résultats de l'enquête, on se rend compte
que si on élargit le concept de culture à des catégories moins étroites
20 que la musique classique ou uniquement la lecture de livres, beaucoup
plus de Français participent aujourd'hui à des activités culturelles: ils
aiment visiter les vieux quartiers et les marchés aux puces°, ils lisent des
bandes dessinées et beaucoup pratiquent personnellement la musique, la
peinture, le dessin, l'écriture, etc.

25 Si on a un concept étroit de la culture, on peut s'inquiéter de la baisse
de la lecture et de la hausse de l'écoute de la télévision et regretter que les
Français ne s'intéressent guère à l'art ni à la musique moderne. On peut
aussi s'interroger sur les motifs qui ont poussé l'Etat à faire des dépenses
si considérables pour augmenter le nombre de places d'opéra à Paris,
30 quand les Français semblent avoir si peu de goût pour cette activité!

La leçon la plus utile à tirer de cette enquête, comme d'autres
sondages employés dans ce texte, est que, comme tous les autres peuples,
les Français représentent une variété de tendances et d'opinions et qu'il est
dangereux et inexact de les stéréotyper.

VOCABULAIRE

I.

le patrimoine: bien commun d'une collectivité
les salons: ici, réunions littéraires, artistiques, politiques, philosophiques dans le salon, le plus
souvent, d'une hôtesse distinguée

II.

se dresse: s'élève, est construit
la Défense: quartier moderne dans la partie ouest
de Paris

III.

Voltaire et Diderot: écrivains du XVIIIᵉ siècle
s'y répandirent: *were disseminated there*
n'a pas abouti: n'a pas eu de succès

IV.

les couches: *levels*
accaparent: prennent

V.

effectuer: faire
les films policiers: *detective movies*
un magnétoscope: *VCR*

VI.

le bilan: les résultats
mitigé: *mixed*
Cultus Gallus, Incultus: Latin pour le Français cultivé et le Français non cultivé
sont rétifs: résistent
la rue de Valois: l'adresse du ministère de la
Culture
est toujours surdiplômé: a beaucoup de diplômes
ne prolifère pas: leur nombre n'augmente pas
rivé: collé
les fêtes foraines: *fairs*
sont en perte de vitesse: perdent leur popularité
la fréquentation: *attendance*
les marchés aux puces: *flea markets*

VIDEO
LA LECTURE EN FRANCE (-A-)

Avant de visionner (-A1-) (-A2-)

«Télématin» propose deux séquences au moment de l'opération «Fureur de lire», organisée par le ministère de la Culture. Cette initiative est peut-être une conséquence des sondages récents de l'Institut national de la statistique et des sciences économiques (INSEE), qui ont constaté une forte baisse de la lecture en France. De 1967 à 1988, le nombre d'étudiants qui n'ont jamais lu un livre a quadruplé (4,7%). Parmi les adultes qui n'ont pas fait d'études supérieures, la proportion est passée de 6,1% à 9,6%.

A vous d'abord

1. Qu'est-ce que les Français aiment lire? Regardez le sondage ci-dessous. Quelles sont les catégories de livres possédés par plus de 40% des Français? Quelles sont les cinq catégories préférées?

Tableau 3

Proportion des Français âgés de 15 ans et plus qui possèdent...	possèdent dans leur foyer	lisent le plus souvent	préfèrent	en %
— des œuvres de la littérature classique	48	13	6	
— des romans autres que policiers ou d'espionnage	58	31	21	
— des romans policiers ou d'espionnage	45	15	8	
— des livres de poésie	34	4	1	
— des livres sur l'histoire	53	17	10	
— des livres reportages d'actualité	26	6	3	
— des livres pour enfants	40	2	—	
— des albums de bandes dessinées	47	12	5	
— des livres d'art	28	3	1	
— d'autres beaux livres, illustrés de photographies	31	3	1	
— des essais politiques, philosophiques, religieux	25	6	3	
— des livres de cuisine	65	9	4	
— des livres de décoration et d'ameublement	26	4	1	
— des livres de bricolage ou de jardinage	33	6	2	
— des livres scientifiques, techniques, professionnels	31	9	4	
— un ou plusieurs dictionnaire(s)	70	5	1	
— une ou plusieurs encyclopédie(s)	46	5	2	
— d'autres livres	13	4	3	

2. Qu'est-ce que vous aimez lire? Comparez vos goûts à ceux des Français.

3. Où achetez-vous vos livres? Est-ce que vous en empruntez à la bibliothèque?

Pendant que vous visionnez

A. Visionnez d'abord le premier reportage sans mettre le son.

    1. Décrivez le journaliste qui ouvre le reportage. Qu'est-ce qu'il porte? Quels objets remarquez-vous autour de lui? A votre avis, quelle image veut-il présenter?

    2. Dans le reportage d'Anne Gurey, quels mots remarquez-vous sur l'écran ou dans les images? Savez-vous où Anne Gurey se trouve?

    3. Décrivez le kiosque devant lequel Anne Gurey interroge la deuxième femme (Geneviève). Qu'est-ce qu'on fait à ce kiosque?

    4. La femme qu'on interroge paraît très animée. Imaginez ce qu'elle dit. Que pense-t-elle de son travail?

B. Repassez ce premier reportage avec le son.

    1. L'expression «Fureur de lire» veut dire (qu'on aime beaucoup lire / qu'on pense que les livres coûtent trop cher / qu'on préfère les livres violents).

    2. Anne Gurey est à la station (Montparnasse / Nation / Léo Lagrange).

    3. Le kiosque est (une librairie / une bibliothèque / une papeterie).

    4. Selon Geneviève, ce kiosque est différent des autres lieux de culture (parce qu'il se trouve près d'une cathédrale / parce qu'il se trouve dans un lieu de passage / parce qu'on y vend beaucoup de livres).

    5. Le kiosque attire beaucoup de monde; c'est donc un lieu (dangereux / difficile à trouver / de sécurité et de convivialité).

    6. Selon Geneviève, la lecture encourage le dialogue entre les gens et leur permet donc d'oublier (leur travail / leurs dettes / leur solitude).

    7. Complétez les mots d'Anne Gurey:

        Dans ce kiosque où nous nous _____ , vous avez un stock de _____ livres, des livres que les usagers peuvent _____ à tout moment contre un abonnement de _____ francs par _____ .

    8. «Toutes les réponses sont dans les livres, toutes les questions aussi.» A votre avis, que veut dire cette phrase?

C. Visionnez maintenant la deuxième séquence sans mettre le son.

    1. Les clients achètent-ils ou empruntent-ils des livres?

    2. Comment ce lieu est-il différent du lieu de la première séquence?

    3. Décrivez les livres qu'on voit.

    4. On montre le nom d'un auteur. Lequel?

    5. Voici quelques verbes dont on se sert pour parler des livres. Après avoir vu les images de cette séquence, pouvez-vous en donner une définition?

        observer, scruter, feuilleter, fouiller

D. Repassez la séquence avec le son.

    1. Les clients, dans cette séquence, s'intéressent surtout (aux vieux livres / aux livres étrangers / aux nouveaux livres).

2. Le journaliste parle de l'achat de livres comme (d'un passe-temps pas trop sérieux / d'une sorte de folie / d'un investissement).

3. Pourquoi appelle-t-on les clients de ce lieu des «chineurs»? (Parce qu'ils aiment la littérature chinoise. / Parce qu'ils cherchent des occasions et des soldes. / Parce qu'ils sont fous.)

4. Le chineur s'intéresse-t-il à toutes sortes de livres?

Et maintenant

A. *Compréhension*

1. Résumez l'essentiel de ce reportage en employant les expressions suivantes: le marché Georges Brassens, les vieux livres, le chineur, les bouquinistes, la folie douce (être fou), faire affaire avec quelqu'un.

2. Vous passez un semestre à Paris et vous avez loué une chambre au Quartier latin (métro: Pont Saint-Michel). Votre ami demeure à la Fondation des Etats-Unis (métro: Cité universitaire). Vous voulez vous retrouver demain à la bibliothèque du métro Montparnasse. Regardez la carte du métro à la page 324 et dites-lui comment y aller. Quelles lignes prendrez-vous? Y a-t-il des correspondances? Même activité pour aller au marché Georges Brassens (métro: Porte de Vanves). Discutez ce que vous allez trouver dans ces deux endroits.

B. *Texte complémentaire:* **Mémoires d'une jeune fille rangée**

Le passage ci-dessous est extrait des *Mémoires d'une jeune fille rangée* (1958), le premier volume de l'autobiographie de Simone de Beauvoir. A l'époque, elle est élève au Cours Désir, où elle fera ses études jusqu'au baccalauréat. Elle est très studieuse et prend grand plaisir à son travail scolaire et à la lecture.

1. A la première lecture, relevez les mots ou les expressions qui expriment le mieux les sentiments de l'auteur envers la lecture. Par exemple, comment décrit-elle l'importance de son abonnement personnel?

En dehors de mes études, la lecture restait la grande affaire de ma vie. Maman **se fournissait** à présent à la bibliothèque Cardinale, place Saint-Sulpice. Une table **chargée** de revues et de magazines occupait le milieu d'une grande salle d'où **rayonnaient**
5 des corridors **tapissés** de livres: les clients **avaient le droit de** s'y promener. J'éprouvai une des plus grandes joies de mon enfance le jour où ma mère m'annonça qu'elle m'offrait **un abonnement** personnel. Je me plantai devant **le panneau** réservé aux «Ouvrages pour la jeunesse», et où **s'alignaient** des centaines de
10 volumes: «Tout cela est à moi?» me dis-je, **éperdue**. La réalité dépassait les plus ambitieux de mes rêves: devant moi s'ouvrait le paradis, **jusqu'alors** inconnu, de l'abondance. Je rapportai à la maison un catalogue; aidée par mes parents, je fis un choix parmi

empruntait des livres

Avec beaucoup ou avec peu? *branched out*

Remplis ou vidés? / Pouvaient ou ne pouvaient pas?

le droit de sortir des livres

les étagères

se présentaient en ligne

très agitée

avant ce moment-là

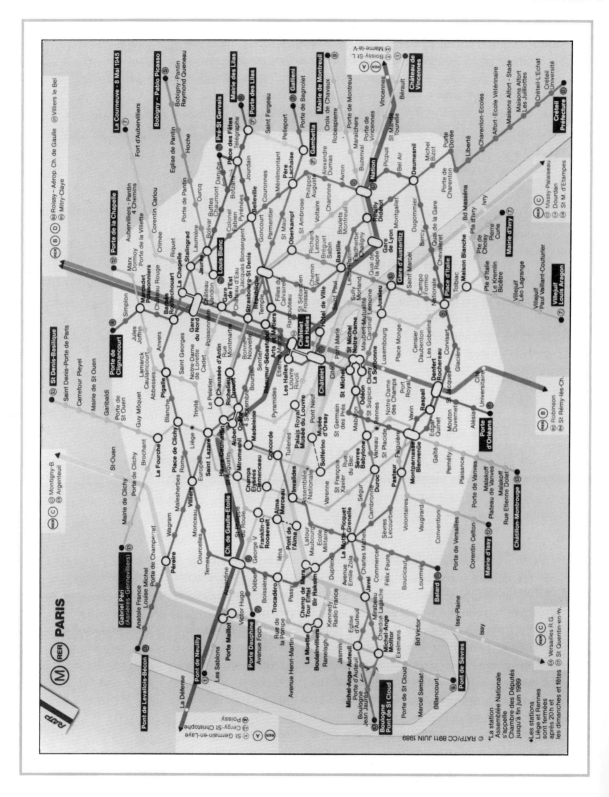

les ouvrages marqués **J** et je dressai des listes; chaque semaine,

15 j'hésitai délicieusement entre de multiples **convoitises**. En outre,
ma mère m'emmenait quelquefois dans un petit magasin proche
du cours, acheter des romans anglais: **ils faisaient de l'usage** car
je les **déchiffrais** lentement. Je prenais grand plaisir à **soulever**, à
l'aide d'un dictionnaire, **le voile opaque** des mots: descriptions et

20 récits **retenaient** un peu de leur mystère; je leur trouvais plus de
charme et de profondeur que si je les avais lus en français.

jeunesse

**Ouvrages désirés ou
ouvrages à rejeter?**

ils me servaient longtemps

Lisais ou comptais? / lever
un peu
le sens obscur

Gardaient ou perdaient?

Simone de Beauvoir, *Mémoires d'une jeune fille rangée*
(Paris: Gallimard Folio, 1958), pp. 97–98.

2. Relisez le passage en faisant surtout attention au choix de mots et aux explications
dans la marge.
  a. A votre avis, quel âge avait la narratrice au moment de cette expérience?
  b. Quel est l'événement central de cet extrait? Quelles possibilités ont été ouvertes
  à la narratrice grâce à cet événement?
  c. Quelles sortes de livres lisait-elle?
  d. Pourquoi les romans anglais lui donnaient-ils tant de plaisir?
  e. D'après ce texte, définissez le plaisir de la lecture pour la narratrice.

L'OPERA BASTILLE (-B-)

Avant de visionner (-B1-) (-B2-) (-B3-)

Les grands spectacles — ballet, théâtre, concerts, opéra — font partie de la culture en
France. Il n'est donc pas surprenant que la célébration du bicentenaire de la Révolution
française ait compris un grand opéra, *La Nuit d'avant le jour*, dans lequel ont figuré des
chanteurs et chanteuses célèbres comme Placido Domingo, Teresa Berganza et Barbara
Hendricks. Dans la première séquence, nous verrons quelques images des préparatifs
et des répétitions de cet événement important, qui a inauguré le nouvel opéra parisien,
l'Opéra Bastille. La deuxième séquence nous présentera un commentaire sur l'Opéra
lui-même. La dernière séquence est un vidéoclip de sa construction.

A vous d'abord

1. Trouvez la place de la Bastille sur le plan de Paris présenté à la page xi. Quel
bâtiment se trouvait à cet endroit au XVIIIe siècle? Qu'est-ce qui s'est passé à cet
endroit? A quelle date?
2. Trouvez sur le plan de Paris l'ancien Opéra, construit au XIXe siècle et qu'on appelle
l'Opéra Garnier.

Un peu d'histoire

La place de la Bastille est aujourd'hui dominée par la colonne de Juillet, érigée à la mémoire des Parisiens tués pendant «les Trois Glorieuses», les 27, 28 et 29 juillet 1830, lors d'une révolution qui a forcé l'abdication du roi Charles X. La statue qui surmonte la colonne est celle du «Génie de la Liberté».

Pendant que vous visionnez

A. Visionnez la première séquence sans mettre le son.
   1. Où se trouve le journaliste? Comment s'appelle-t-il?
   2. Décrivez la scène derrière lui: bâtiments, monuments, circulation, etc.
   3. Décrivez les images à l'intérieur de l'Opéra. A quoi toutes ces personnes sont-elles occupées?

B. Repassez la séquence avec le son.
   1. Comment s'appelle le metteur en scène du spectacle?
   2. Quelle est sa nationalité?
   3. (2.000 / 2.700 / 700) invités assisteront au spectacle.
   4. Trente-cinq _____ comme François Mitterrand assisteront au spectacle.
   5. Résumez le reportage en utilisant les expressions suivantes.

   inaugurer, régler, tester, répéter, le réglage, le nouvel outil lyrique, les bavures

C. Le bâtiment de l'Opéra devait remplir plusieurs conditions: il devait avoir une valeur architecturale, il devait avoir une excellente acoustique, il ne devait pas coûter trop cher et il devait permettre un grand nombre de séances pour rester rentable. Visionnez la deuxième séquence sans mettre le son et essayez de classer les images vues dans les catégories suivantes:
Catégories:

   architecture extérieure
   aménagement intérieur: confort du public
   aménagement intérieur: aspects technologiques, location de places

Images:

   le bâtiment de près et de loin, la place devant l'Opéra, le grand escalier et la façade, le guichet, l'ordinateur, l'intérieur de la salle, les places, les balcons, la scène, les coulisses, les planchers transportables, la maquette, l'élévateur, les plates-formes tournantes

D. Repassez la séquence avec le son.
   1. L'aspect le plus frappant de l'extérieur de l'Opéra est (sa façade / sa hauteur / son escalier monumental).
   2. A la différence de l'Opéra Garnier, la salle de l'Opéra Bastille n'a pas de places aveugles parce qu'il n'y a pas de _____ .
   3. Les billets les moins chers coûtent (50 FF / 150 FF / 500 FF).

4. L'écran de l'ordinateur vous permet (de voir l'endroit précis de votre place / d'acheter le billet le moins cher / de savoir d'avance quel opéra on présente).

5. Les chariots, les élévateurs, les scènes de stockage, etc. permettent des changements de décor plus rapides qu'à l'Opéra Garnier. Pourquoi est-ce un aspect important du fonctionnement de l'Opéra Bastille?

6. La première saison de l'Opéra Bastille a commencé en (juillet 1989 / février 1990 / octobre 1991).

E. Maintenant nous allons voir un clip de deux minutes sur la construction de l'Opéra Bastille réalisé par la Vidéothèque de Paris. Il est divisé en trois parties: avant, pendant et après la construction. Chaque partie est accompagnée d'une musique d'opéra différente: *La Flûte enchantée* de Mozart, *Don Giovanni* de Mozart et *La Traviata* de Verdi. Visionnez le clip une première fois. Quelles impressions avez-vous de l'Opéra: sa construction, sa valeur architecturale et artistique?

F. Repassez le clip une ou deux fois.
1. Décrivez les images du quartier avant la construction.
2. Décrivez la musique qui accompagne cette partie.
3. Qu'est-ce que l'enfant pense de l'Opéra? A votre avis, pourquoi l'a-t-on interviewé?
4. Quel est l'effet des images de démolition et de construction? Décrivez les ouvriers. Est-ce que la musique change? Qu'est-ce que la musique contribue à l'effet voulu?
5. Comment la musique change-t-elle quand on montre l'aménagement de l'intérieur du bâtiment et les préparatifs du premier spectacle?
6. Quels sentiments veut-on évoquer dans les dernières images?
7. Comment le clip présente-t-il une image positive de l'Opéra? Quelles qualités du bâtiment et de la musique veut-on présenter?

AUDIO
ASPECTS DE LA CULTURE

Avant d'écouter

Dans l'interview qui suit, vous allez entendre les idées de deux professeurs de français sur la culture en France. Madeleine est née à New York de mère française et de père américain et a fait ses études en France et aux Etats-Unis. Brigitte est parisienne et enseigne aux Etats-Unis depuis 25 ans. Elles nous parleront des activités culturelles qu'elles préfèrent, des caractéristiques de la personne cultivée et de l'importance de la lecture.

Avant d'écouter la première partie

Ici, Madeleine et Brigitte nous parlent de leurs activités culturelles aux Etats-Unis et en France.

A vous d'abord

1. Y a-t-il des musées dans votre ville? Lesquels? Y allez-vous souvent? Etes-vous allé(e) voir une pièce de théâtre récemment? Laquelle?

2. Avez-vous jamais entendu parler de la Comédie-Française? Lisez le paragraphe suivant pour apprendre quand ce théâtre a été fondé et le genre de pièces qu'on y joue:

   Comédie-Française, théâtre national situé rue de Richelieu, à Paris, dans lequel on joue le répertoire classique (Molière, Corneille, Racine, Marivaux, etc.), fondé en 1680 par ordre de Louis XIV.

3. Avez-vous jamais entendu parler du musée d'Orsay? Lisez le passage suivant pour apprendre quelques détails sur ce musée parisien.

   Le musée d'Orsay résulte de la transformation de la gare d'Orsay, inaugurée en 1900 et abandonnée, en tant que gare, en 1939. Après avoir considéré plusieurs alternatives, dont la démolition du bâtiment, le gouvernement décida en 1978 de convertir la gare d'Orsay en musée. Les architectes du projet ont été choisis par concours. L'architecte italienne Gae Aulenti a aménagé l'intérieur du musée.

On trouve au musée d'Orsay des œuvres du XIXe siècle, en particulier les œuvres exécutées entre 1848 et 1914. On peut admirer parmi celles-ci plusieurs toiles des grands Impressionnistes. Le musée d'Orsay présente aussi des concerts de musique de la même époque, des films, des conférences et des programmes éducatifs pour les jeunes.

Pendant que vous écoutez

A. Première écoute

Quelles sont les pratiques culturelles mentionnées?

voir des pièces de théâtre, pratiquer la lecture, aller au cinéma, assister à un concert, voir des expositions de peinture, voir des expositions de sculpture, aller à l'opéra, visiter des lieux historiques, assister à un spectacle de danse

B. Deuxième écoute
1. Quelle est l'activité préférée de Brigitte quand elle est en France?
2. Quelle est l'activité préférée de Madeleine quand elle est en France?
3. Aux Etats-Unis, Brigitte va à des _____ et des _____ .
4. Aux Etats-Unis, Madeleine va surtout au _____ , au _____ et aussi aux _____ à Chicago.
5. En France, elle est allée au musée d'Orsay, mais elle aime aussi visiter _____ .

Et maintenant

Lesquelles des activités culturelles mentionnées préférez-vous? Pourquoi?

Avant d'écouter la deuxième partie

Ici, nous parlons des caractéristiques de la personne cultivée selon les Français. Qu'est-ce que cela veut dire, être cultivé? Y a-t-il des différences entre les Américains et les Français à ce sujet? Y a-t-il des différences parmi les classes sociales en France? Quel est le rôle du gouvernement dans le développement du goût en France?

A vous d'abord

Lisez les résultats du sondage à la page 330 pour apprendre quelles connaissances certaines nationalités européennes considèrent les plus importantes pour une personne cultivée. Mettez ces connaissances en ordre d'importance pour les Français. Quelles différences remarquez-vous entre les Français et les Anglais? Faites votre propre liste. Avez-vous choisi les mêmes connaissances que les Français?

CULTURE

Derniere le mot, les Européens mettent des choses bien différentes. Les Français et les Italiens privilégient nettement la littérature, les Allemands l'actualité économique et sociale, les Anglais les mathématiques tandis que les Espagnols placent ces trois domaines pratiquement à égalité avec l'histoire.

Parmi ces différents domaines, lesquels jugez-vous prioritaires pour la culture générale d'un habitant de votre pays ?

	Ensemble	France	G-B	RFA	Espagne	Italie
Les mathématiques	45 %	40 %	**75 %**	44 %	35 %	33 %
La littérature .	44%	**57 %**	37 %	39 %	32 %	**55 %**
L'actualité économique et sociale . . .	40 %	34 %	42 %	**56 %**	32 %	36 %
L'histoire . . .	35 %	43 %	18 %	45 %	32 %	39 %
Les sciences biologiques et médicales	28 %	30 %	28 %	31 %	19 %	30 %
Le droit	22 %	32 %	17 %	27 %	14 %	18 %
Les sciences humaines (psychologie, sociologie)	22 %	27 %	24 %	19 %	18 %	23 %
Les sciences physiques et chimiques. .	18 %	15 %	27 %	22 %	14 %	14 %
La géographie	17 %	26 %	14 %	18 %	15 %	20 %
Les arts (peinture, musique)	16 %	23 %	9 %	14 %	18 %	17 %
La philosophie	8 %	11 %	2 %	6 %	9 %	10 %
La théologie . .	3 %	2 %	3 %	4 %	4 %	3 %

Tableau 4
Le Point, Numéro 915, 2 avril 1990

Pendant que vous écoutez

A. Ecoutez d'abord le commencement de cette discussion (jusqu'à «qui pour nous paraît souvent du badinage»).

1. Quelles sont les connaissances mentionnées?

l'histoire, la géographie, les langues étrangères, les sciences, la littérature, la philosophie, les mathématiques, les affaires

2. Brigitte ajoute que les Français attribuent beaucoup d'importance à _____ .

B. Ecoutez de nouveau cette partie.

1. Madeleine cite l'importance de la littérature classique, _____ et _____ .

2. Qu'est-ce que Tony a remarqué au sujet des connaissances littéraires des Français? (Que les Français connaissent les auteurs américains. / Que les Français citent souvent leurs auteurs classiques. / Que les Français ne lisent plus leurs auteurs classiques.)

3. Martine explique que les Américains ne parlent pas des mêmes auteurs (parce qu'ils lisent rarement des œuvres littéraires / parce qu'on lit des auteurs différents dans chaque école / parce qu'il y a une centralisation dans les programmes scolaires).

4. Selon Brigitte, est-ce que l'idée de la culture est la même dans toutes les familles françaises?

5. D'après Brigitte, laquelle des trois caractéristiques suivantes est la moins importante pour la personne cultivée: ses connaissances, sa façon de penser ou sa capacité de faire quelque chose?

C. Ecoutez la fin de cette partie.

Quelles sont les activités mentionnées?

aller à l'opéra, aller à des concerts de jazz, regarder la télé, visiter des monuments historiques, aller voir une pièce de théâtre, aller au musée, écouter des chansons, aller à des concerts de rock, lire des journaux, lire de la littérature

D. Ecoutez de nouveau la fin de cette partie.

1. Selon Martine, les Français passent la plupart de leur temps (à regarder la télé / à lire les auteurs classiques / à aller à l'opéra).

2. Martine pense que la première partie de cette discussion sur la culture des Français n'est pas complète parce qu' (on n'a pas parlé de musique / on n'a pas parlé du Français moyen / on n'a pas parlé du Français vraiment cultivé).

3. Bercy est (le nouvel opéra de Paris / un centre de culture populaire / un ancien théâtre).

4. Qui serait d'accord avec les opinions suivantes, Martine ou Brigitte?

   a. La politique culturelle du gouvernement est plutôt élitiste.

   b. Le gouvernement a essayé d'encourager la culture populaire.

Et maintenant

1. Brigitte nous explique que, pour être cultivé en France, il est très important de savoir bien parler. Attribuons-nous la même importance à l'art de la conversation aux Etats-Unis?

2. A votre avis, le gouvernement devrait-il subventionner la culture? Comment devrait-on choisir les activités culturelles à encourager?

Avant d'écouter la troisième partie

Ici, Madeleine, Tony et Brigitte parlent de leurs premières expériences de la lecture.

A vous d'abord

1. Lisiez-vous beaucoup quand vous étiez jeune ou préfériez-vous regarder la télévision?
2. Qu'est-ce que vous avez lu en français?

Un peu de géographie

Brigitte nous dit que, dans sa jeunesse, elle passait ses étés dans le Périgord. Situez cette région sur la carte de France. Lisez le paragraphe suivant pour en apprendre davantage sur la région.

Périgord (le), région du Sud-Ouest correspondant à la majeure partie de l'actuel département de la Dordogne. Parmi les activités économiques, on note surtout l'élevage bovin et la culture du blé et du maïs. On exploite aussi des chênes truffiers, pour la production des truffes, orgueil d'une gastronomie locale réputée, avec la production du foie gras. Sa plus grande ville, Périgueux, chef-lieu du département de la Dordogne, ne compte pas plus de 40.000 habitants.

D'après le *Dictionnaire géographique de la France* (Paris: Larousse, 1979), p. 600.

Le calme de la France profonde.

Pendant que vous écoutez

A. Première écoute

1. Madeleine aimait surtout lire (des romans / des pièces / des contes et légendes).

2. La première lecture en français de Tony a été (un roman historique / une pièce de Racine / une pièce d'Anouilh).

3. Brigitte lisait surtout (des auteurs américains en français / une collection de contes et légendes / des pièces de Molière).

B. Deuxième écoute

1. Quels auteurs Madeleine a-t-elle choisis pour ses premières lectures en français? Pourquoi?

2. Quel auteur Tony a-t-il choisi? Pourquoi?

3. Complétez les paroles de Brigitte:

   ...En ce qui concerne la lecture, j'_____des étés à _____ , parce qu'il n'y _____ pas grand-chose d'autre à faire. C'_____ dans une vieille maison du Périgord, et on _____, on _____ cueillir des champignons, et on _____. On lisait Anouilh ou Courteline ou Feydeau parce qu'on _____ jouer tous les rôles.

4. Pourquoi les jeunes Français que Brigitte a rencontrés étaient-ils contents de rentrer en France? (Parce qu'ils n'avaient pas aimé la Grèce. / Parce que la télévision française leur manquait. / Parce qu'ils n'avaient pas pu trouver de livres français en Grèce.)

Et maintenant

1. Comparez votre expérience de la lecture à celles des interviewées. Par exemple, avez-vous toujours eu la télévision dans votre famille? Comment passiez-vous vos étés? Est-ce que vous lisiez autant?

2. Quand Madeleine et Tony ont commencé à lire des livres en français, leur méthode a été tout à fait différente. Madeleine a choisi des livres qu'elle avait déjà lus en anglais tandis que Tony a trouvé des livres français qu'il ne connaissait pas du tout. Quelle méthode auriez-vous choisie? Pourquoi? Quels sont les avantages et les désavantages de chaque méthode?

LECTURE
NATHALIE SARRAUTE: *ENFANCE*

Avant de lire

Nathalie Sarraute a publié ses souvenirs d'enfance dans le livre *Enfance* (1983).
Plusieurs pages sont consacrées au plaisir de la lecture. Le passage qui suit est tiré
d'un chapitre dans lequel elle raconte comment elle a découvert, dans les tiroirs d'un
vieux meuble acheté d'occasion, plusieurs volumes d'un roman de Ponson du Terrail,
intitulé *Rocambole*.

Ponson du Terrail (1829–1871) était l'auteur de romans-feuilletons qui décrivaient
les aventures extraordinaires de son héros, Rocambole. L'adjectif *rocambolesque*, qui
veut dire «difficile à croire, invraisemblable, extraordinaire», est dérivé du nom
Rocambole.

Malgré son père qui l'avertit que Ponson du Terrail écrit mal et que ses livres sont
sans valeur littéraire, la petite fille attend avec impatience le moment de se plonger
dans sa lecture.

A vous d'abord

Aimez-vous les romans d'aventure? Pourquoi ou pourquoi pas?

Le plaisir de
l'écriture: Nathalie
Sarraute à l'œuvre

Pendant que vous lisez

A la première lecture de ce passage, essayez d'apprendre:
- l'âge (approximatif) de la narratrice.
- si elle aime lire ou non.
- le genre de livre qu'elle lit.
- pourquoi elle aime ce genre de livre.
- l'effet que ce livre a sur elle.

Voici enfin le moment attendu où je peux **étaler** le volume sur mon
lit, l'ouvrir à l'endroit où j'ai été forcée d'abandonner. (...) Je m'y jette,
je tombe... impossible de me laisser arrêter, [de me] retenir par les
mots, par leur sens, leur **aspect**, par **le déroulement** des phrases, un

5 **courant** invisible m'entraîne avec **ceux** à qui de tout **mon être**
imparfait mais **avide** de perfection je suis attachée, à eux qui sont **la
bonté**, la beauté, la grâce, la noblesse, la pureté, le courage mêmes (...)
Je dois avec eux affronter des désastres, **courir** d'atroces dangers,
lutter au bord de précipices, recevoir dans le dos des coups de

10 **poignard**, être **séquestrée**, maltraitée par d'affreuses **mégères**,
menacée d'être **perdue** à jamais (...) et chaque fois, quand nous
sommes tout au bout de ce que je peux endurer, quand il n'y a plus
le moindre espoir, plus la plus **légère** possibilité, la plus fragile
vraisemblance (...) Cela nous arrive (...) un courage **insensé**, la

15 noblesse, l'intelligence parviennent juste à temps à nous sauver. (...)
C'est un moment de bonheur intense... toujours très bref...
Bientôt **les transes**, **les affres** me reprennent.... Evidemment les plus
valeureux, les plus beaux, les plus purs **ont jusqu'ici eu la vie
sauve**... jusqu'à présent... mais comment ne pas craindre quecette

20 fois... il est arrivé à **des êtres** à peine moins parfaits... si, tout de
même, ils l'étaient moins, et [s']ils étaient moins **séduisants** [si] j'y
étais moins attachée, mais j'espérais que pour eux aussi, [s']ils le
méritaient, **se produirait** au dernier moment... eh bien non, ils
étaient et avec eux **une part arrachée à moi-même**, précipités du

25 haut **des falaises**, **broyés**, **noyés**, mortellement blessés... car
le Mal est là, partout, toujours prêt à frapper... Il est aussi fort
que le Bien, il est à tout moment sur le point de vaincre... et cette fois
tout est perdu, **tout ce qu'il peut y avoir** sur terre de plus noble, de
plus beau... le Mal s'est installé solidement, il n'a **négligé** aucune

30 précaution, il n'a plus rien à craindre, il savoure à l'avance son
triomphe, il prend son temps... et c'est à ce moment-là qu'il faut
répondre à des voix d'un autre monde... «Mais on t'appelle, **c'est
servi**, tu n'entends pas?»... Il faut aller au milieu de ces gens petits,
raisonnables, prudents, rien ne leur arrive, que peut-il arriver là où ils

35 vivent... là tout est si **étriqué**, **mesquin**, **parsimonieux**... alors que

Glose marginale:

placer

forme / la succession

current / les personnages /
ma personne, mon âme
Désireux ou détaché?

l'excellence morale

Eviter ou confronter?

combattre

couteau / enfermée /
femmes méchantes
Tuée ou sauvée?

Faible ou forte?

plus que raisonnable

les craintes / les terreurs

courageux

ont été sauvés

des personnages

**Charmants ou
désagréables?**

arriverait [un miracle]

a part of myself

cliffs / **Ecrasés ou sauvés?** /
drowned

all there could be

oublié

le repas est prêt

Etroit ou large? / **Médiocre
ou noble?** / **Généreux ou
avare?**

chez nous là-bas, on voit à chaque instant des palais, des hôtels, des
meubles, des objets, des jardins, **des équipages** de toute beauté,   voitures et chevaux
comme on n'en voit jamais ici, **des flots** de pièces d'or, des rivières   des rivières
de diamants... «Qu'est-ce qu'il arrive à Natacha?» j'entends une amie
40 venue dîner poser **tout bas** cette question à mon père... mon air   à voix basse
absent, hagard, peut-être **dédaigneux** a dû la frapper... et mon père   **Supérieur ou respectueux?**
lui **chuchote** à l'oreille... «Elle est plongée dans *Rocambole*!» L'amie   **Murmure ou crie?**
hoche la tête d'un air qui signifie: «Ah, je comprends... »   *shakes her head*

Nathalie Sarraute, Enfance (Paris: Gallimard, 1983), pp. 266–267.

Et maintenant

1. Relisez le premier paragraphe (lignes 1 à 15) en faisant surtout attention aux choix
   de mots et aux explications dans la marge.
   a. La narratrice nous dit qu'elle est attachée à la lecture et aux personnages de sa
      lecture. Relevez les expressions qui montrent cet attachement. De quel pronom
      personnel se sert-elle?
   b. Comment décrit-elle les héros et les héroïnes du livre? Qu'est-ce qui leur arrive
      pendant le récit? A la fin du récit?
2. Relisez le deuxième paragraphe (lignes 16 à 43).
   a. La narratrice décrit deux sortes de personnages: les plus purs et les moins
      parfaits. Est-ce que la même chose arrive à ces deux groupes?
   b. Comment la narratrice décrit-elle les grands conflits du livre? La victoire du
      Bien est-elle garantie?
   c. Pourquoi doit-elle arrêter sa lecture?
   d. En quoi le monde réel et le monde du roman sont-ils différents? Regardez
      surtout les adjectifs dont elle se sert pour les décrire. Pourquoi la narratrice
      préfère-t-elle le monde du roman?
   e. Qu'est-ce que les personnes du monde réel pensent d'elle et de sa lecture?

JEAN-PAUL SARTRE: *LES MOTS*

Avant de lire

Ces passages viennent du texte autobiographique de Sartre intitulé *Les Mots*, publié en
1964. Ici, Sartre raconte ses premières expériences de la lecture.

Le livre que Sartre mentionne, *Sans Famille* d'Hector Malot (1878), raconte les
aventures d'orphelins. C'était un livre favori des enfants français de la génération de
Sartre.

A vous d'abord

Vous rappelez-vous avec plaisir une lecture enfantine? Laquelle?

Pendant que vous lisez

A la première lecture de ces paragraphes, essayez d'apprendre:
- l'âge (approximatif) du narrateur.
- l'attitude de la famille envers les livres.
- si la famille a encouragé l'enfant.
- comment le narrateur a appris à lire.

J'ai commencé ma vie comme je la finirai sans doute: au milieu des livres. Dans le bureau de mon grand-père, il y en avait partout; **défense était faite** de les **épousseter** sauf une fois l'an, avant **la rentrée d'octobre**. Je ne savais pas encore lire que, déjà, je les

5 révérais, ces **pierres levées**: droites ou penchées, **serrées** comme des briques sur **les rayons de la bibliothèque** ou noblement espacées en allées de **menhirs**, je sentais que la prospérité de notre famille en dépendait. Elles se ressemblaient toutes, **je m'ébattais** dans un minuscule sanctuaire, entouré de monuments **trapus**,

10 antiques, qui m'avaient vu naître, qui me verraient mourir et dont **la permanence** me garantissait un avenir aussi calme que le passé.

   ...**Je m'emparai d'un ouvrage** (...) [et] **je fis semblant de lire**: Je suivais des yeux les lignes noires sans en sauter une seule et je me racontais une histoire à voix haute, en prenant soin de prononcer

15 toutes les syllabes. On me surprit — ou je me fis surprendre — **on se récria**, on décida qu'il était temps de m'enseigner l'alphabet. Je fus zélé comme un **catéchumène**; j'allais jusqu'à me donner des leçons particulières: je grimpais sur mon **lit-cage** avec *Sans Famille* d'Hector Malot, que je connaissais par cœur et moitié récitant, moitié

20 déchiffrant, j'en **parcourus** toutes les pages l'une après l'autre: quand la dernière fut tournée; je savais lire.

Jean-Paul Sartre, *Les Mots* (Paris: Gallimard, 1964), pp. 29–30.

Marginal notes: Il était interdit ou permis? / to dust — le commencement des classes — upright stones / close together — bookshelves — prehistoric standing stones — je m'amusais — massifs — Continuité ou instabilité? — je pris un livre / I pretended to read — everyone exclaimed admiringly — quelqu'un qui reçoit une instruction religieuse — crib — Lisant ou sautant des lignes?

Et maintenant

1. Relisez le premier paragraphe (lignes 1 à 11) en faisant surtout attention au choix des mots et aux explications dans la marge.
   a. Relevez les mots qui montrent le respect avec lequel le jeune Sartre considérait les livres de son grand-père.
   b. A quoi Sartre compare-t-il les livres? Comment cette comparaison nous aide-t-elle à comprendre ce que les livres représentent pour Sartre?

2. Relisez le deuxième paragraphe (lignes 12 à 21).

   a. Expliquez: «Je me fis surprendre». Qu'est-ce que l'enfant a fait? Pourquoi l'a-t-il fait? (Donnez deux raisons possibles.)

   b. Qu'est-ce que les mots de la phrase: «Je fus zélé comme un catéchumène» révèlent de l'attitude de Sartre envers la lecture?

3. Relisez le texte de Simone de Beauvoir sur la lecture (page 323). Comparez ses impressions à celles de Sartre.

4. Où et comment avez-vous appris à lire? Avez-vous eu une expérience comme celle de Sartre?

VIDEO/LECTURE
JEAN COCTEAU: *ORPHEE*

Avant d'étudier Orphée (-C-)

Selon le mythe traditionnel, Orphée, poète, musicien et chanteur, avait un si grand talent qu'il réussit à charmer les bêtes sauvages qui gardaient l'enfer° et à obtenir le retour sur terre de sa femme Eurydice, qui avait été tuée par une morsure° de serpent. On lui imposa la condition de ne pas la regarder avant d'être revenu des enfers. Orphée ne tint pas sa promesse et perdit Eurydice pour toujours.

Cocteau, dans sa pièce *Orphée* (1926), reprend à sa manière le mythe d'Orphée et d'Eurydice. Il le transpose dans le monde moderne, tout en gardant de nombreux éléments mythologiques.

Le poète et
ses miroirs:
Jean Cocteau

Orphée était poète et prêtre du soleil. Eurydice, par amour pour lui, a abandonné ses anciennes compagnes, les Bacchantes, dirigées par la dangereuse Aglaonice. Aujourd'hui, pourtant, leur belle histoire d'amour semble menacée. Eurydice reproche à Orphée de ne s'intéresser qu'à son cheval, qui lui dicte ses poèmes lettre par lettre, en frappant par terre de son sabot°. Orphée est jaloux de l'amitié entre sa femme et un jeune vitrier° nommé Heurtebise.

Eurydice a envoyé Heurtebise à son ancienne compagne Aglaonice, pour en obtenir un morceau de sucre empoisonné avec lequel tuer le cheval. En échange, Eurydice renverra une lettre compromettante pour Aglaonice. Aglaonice a même remis à Heurtebise une enveloppe dans laquelle Eurydice n'aura qu'à introduire la lettre en question. Quand elle lèche la colle° de l'enveloppe d'Aglaonice, Eurydice est empoisonnée. Elle supplie Heurtebise d'aller chercher Orphée qu'elle veut voir avant de mourir.

La Mort, accompagnée de deux assistants, vient chercher Eurydice pendant qu'Heurtebise essaie de trouver Orphée. La Mort donne au cheval le morceau de sucre empoisonné. La Mort et ses acolytes entrent et sortent en traversant les miroirs. Dans leur hâte, les gants° de caoutchouc de la Mort sont oubliés chez Orphée.

A la scène VII, Heurtebise ramène Orphée, qui se refuse d'abord à croire qu'Eurydice est vraiment en danger. Quand il réalise enfin qu'elle est morte, il veut l'arracher à la Mort. Heurtebise lui indique le moyen de le faire.

Un peu de vocabulaire

Notez le sens des expressions suivantes:
   l'enfer: *hell*
   la morsure: *bite*
   le sabot: *hoof*
   un vitrier: quelqu'un qui répare les vitres, les fenêtres; *glazier*
   lécher la colle: *to lick the glue*
   les gants: *gloves*

Notez aussi les expressions à double sens:
   casser du verre blanc = avoir de la chance
   «**M**adame **E**urydice **r**eviendra **d**es **e**nfers.» = merde
   le cheval = le pouvoir créateur du poète

Pendant que vous visionnez la scène VII (-C1-)

1. Faites surtout attention aux sentiments d'Orphée envers sa femme. Comment ces sentiments changent-ils pendant la scène? Pourquoi veut-il aller chercher Eurydice?

2. Remarquez le personnage qui dirige l'action de cette scène. Comment explique-t-il le fonctionnement du miroir?

3. Remarquez aussi les différences entre Orphée et Heurtebise.

4. Remarquez les gants de la Mort — leur couleur, leur taille.

5. Remarquez le jeu de scène par lequel Orphée passe à travers le miroir.

6. Essayez de décrire la maison d'Orphée.

Et maintenant

Lisez la scène VII, puis répondez aux questions qui la suivent.

SCENE VII

On entend la voix d'Orphée avant qu'il ne rentre en scène.

LA VOIX D'ORPHEE: Vous ne la connaissez pas. Vous ne savez pas de quoi
elle est capable. Ce sont des comédies pour me faire rentrer à la
maison.

5 *La porte s'ouvre, ils entrent. Heurtebise **se précipite** vers la chambre,*   court
*regarde, recule et se met à genoux **sur le seuil**.*   devant la porte

ORPHEE: Où est-elle? Eurydice!... **Elle boude**. Ah! çà... Je deviens fou!   elle est fâchée
Le cheval! Où est le cheval? (*Il découvre la niche.*) Parti! Je suis
perdu. **On lui aura** ouvert la porte, on l'aura effrayé; **ce doit être**   on lui a sans doute
10 **un coup** d'Eurydice. Elle me le payera! (*Il s'élance.*)   c'est la faute

HEURTEBISE: Halte!

ORPHEE: Vous m'empêchez d'entrer chez ma femme!

HEURTEBISE: Regardez.

ORPHEE: Où?

15 HEURTEBISE: Regardez à travers mes vitres.

ORPHEE: (*Il regarde.*) Elle est assise. Elle dort.

HEURTEBISE: Elle est morte.

ORPHEE: Quoi?

HEURTEBISE: Morte. Nous sommes arrivés trop tard.

20 ORPHEE: C'est impossible. (*Il frappe aux vitres.*) Eurydice! ma chérie!
réponds-moi!

HEURTEBISE: Inutile.

ORPHEE: Vous! laissez-moi entrer. (*Il écarte Heurtebise.*) Où est-elle? (***A***   dans les coulisses
la cantonade.) Je viens de la voir, assise, près du lit. La chambre
25 est vide. (*Il rentre en scène.*) Eurydice!

HEURTEBISE: Vous avez cru la voir. Eurydice habite chez la Mort.

ORPHEE: Ah! peu importe le cheval! Je veux revoir Eurydice. Je veux
qu'elle me pardonne de l'avoir négligée, mal comprise. Aidez-moi.
Sauvez-moi. Que faire? Nous perdons un temps précieux.

30 HEURTEBISE: Ces bonnes paroles vous sauvent, Orphée...

ORPHEE: (*pleurant, effondré sur la table*) Morte. Eurydice est morte. (*Il
se lève.*) Eh bien... **je l'arracherai** à la mort! S'il le faut, j'irai la   je la reprendrai
chercher jusqu'aux enfers!

HEURTEBISE: Orphée!... écoutez-moi. Du calme, Vous m'écouterez...

35 ORPHEE: Oui... je serai calme. Réfléchissons. Trouvons un plan...

HEURTEBISE: Je connais un moyen.

ORPHEE: Vous!

HEURTEBISE: Mais il faut m'obéir et ne pas perdre une minute.

ORPHEE: Oui.

40 *Toutes ces répliques d'Orphée, il les prononce dans la*
fièvre et la docilité. La scène se déroule avec une extrême vitesse.

HEURTEBISE: La Mort est entrée chez vous pour prendre Eurydice.

ORPHEE: Oui...

HEURTEBISE: Elle a oublié ses gants de caoutchouc. (*Un silence. Il*
45   *s'approche de la table, hésite et prend les gants de loin comme on*
    touche un objet sacré.)

ORPHEE: (*avec terreur*) Ah!

HEURTEBISE: Vous allez les mettre.

ORPHEE: Bon.

50 HEURTEBISE: Mettez-les! (*Il les lui passe. Orphée les met.*) Vous irez voir
    la Mort sous prétexte de les lui rendre et grâce à eux vous pourrez
    parvenir jusqu'à elle.

ORPHEE: Bien...

HEURTEBISE: La Mort va chercher ses gants. Si vous les lui rapportez,
55   elle vous donnera une récompense. Elle est avare, elle aime mieux
    prendre que donner et comme elle ne rend jamais ce qu'on lui
    laisse prendre, **votre démarche l'étonnera beaucoup. Sans doute**   votre action la surprendra /
    vous obtiendrez peu, mais vous obtiendrez toujours quelque chose.   probablement

ORPHEE: Bon.

60 HEURTEBISE: (*Il le mène devant le miror.*) Voilà votre route.

ORPHEE: Ce miroir?

HEURTEBISE: **Je vous livre** le secret des secrets. Les miroirs sont les   je vous donne
    portes par lesquelles la Mort va et vient. Ne le dites à personne. **Du**
    reste, regardez-vous toute votre vie dans une glace et vous verrez la   d'ailleurs
65   Mort travailler **comme des abeilles dans une ruche de verre**.   *like bees in a glass hive*
    Adieu. Bonne chance!

ORPHEE: Mais un miroir, c'est dur.

HEURTEBISE: (*la main haute*) Avec ces gants vous traverserez les miroirs
    comme de l'eau.

70 ORPHEE: Où avez-vous appris toutes ces choses **redoutables**.   qui font peur

HEURTEBISE: (*Sa main retombe.*) Vous savez les miroirs, **ça rentre un**
    peu dans la vitre. C'est notre métier.   ça fait partie de mon métier

ORPHEE: Et une fois passée cette... porte...

HEURTEBISE: Respirez lentement, régulièrement. Marchez sans crainte
75   devant vous. Prenez à droite, puis à gauche, puis à droite, puis tout
    droit. Là, comment vous expliquer... Il n'y a plus de sens... on
    tourne; c'est un peu pénible au premier abord.

ORPHEE: Et après?

HEURTEBISE: Après? Personne au monde ne peut vous renseigner. La
80   Mort commence.

ORPHEE: Je ne la crains pas.

HEURTEBISE: Adieu. Je vous attends à la sortie.

ORPHEE: Je serai peut-être long.

HEURTEBISE: Long... pour vous. Pour nous, vous ne ferez guère

85   qu'entrer et sortir.

ORPHEE: Je ne peux croire que cette glace soit **molle**. Enfin, j'essaye.   pas dure

HEURTEBISE: Essayez. (*Orphée se met en marche.*) D'abord les mains!

*Orphée, les mains en avant, gantées de rouge, **s'enfonce** dans la glace.*   pénètre

ORPHEE: Eurydice!... (*Il disparaît.*)

---

1. Pourquoi Orphée veut-il aller chercher Eurydice? Est-ce seulement parce qu'il veut la sauver de la mort?
2. Pourquoi la glace représente-t-elle la Mort? Comment la Mort travaille-t-elle? De quelle comparaison se sert l'auteur pour décrire ce travail?
3. Qu'est-ce qu'il y a de curieux dans le personnage d'Heurtebise? Est-il seulement vitrier? Imaginez ce qu'il peut être, ce que ses vitres peuvent représenter.

Avant de visionner la scène IX

Après un certain temps, Orphée rentre, suivi d'Eurydice. Au début, tout va bien, mais peu à peu les termes du contrat qu'Orphée a dû signer avec la Mort s'avèrent trop difficiles. Orphée regarde Eurydice (est-ce par distraction ou exprès?) et elle retourne aux enfers. D'abord, Orphée semble ne pas prendre ce départ au sérieux. Il découvre une lettre qui lui explique que les Bacchantes, anciennes compagnes d'Eurydice, ont soulevé les habitants contre lui et sont en marche pour venir le tuer. A la fin de la scène, Orphée se laisse tuer pour pouvoir rejoindre Eurydice.

Pendant que vous visionnez la scène IX

A. Visionnez la scène en entier.
1. Faites surtout attention aux changements dans le personnage d'Orphée.
2. A votre avis, quelles sont les actions principales de la scène?

B. Repassez la première partie (jusqu'à la ligne 67), «Je mange sur mes genoux»). (-C2-)
1. Résumez l'essentiel de cette partie en complétant les phrases ci-dessous. Vous pouvez employer les expressions suivantes:

    revenir, regarder, reprendre, retourner, disparaître, chercher, empêcher, l'enfer, le cheval, la lune, le miroir, Orphée

    a. Orphée retourne de _____ à travers le _____ .
    b. Un peu plus tard, Eurydice _____ .
    c. Selon Eurydice, c'était _____ qui a eu l'idée et l'audace de la _____ .
    d. Orphée a eu le droit de _____ Eurydice mais non pas de la _____ .

    e. Si Orphée regarde Eurydice, elle _____ .

    f. A plusieurs reprises, Orphée a failli _____ Eurydice, mais heureusement Heurtebise l'en _____ .

    g. Orphée a promis à Eurydice de ne plus parler du _____ .

    h. Eurydice a promis à Orphée de ne plus parler de la _____ .

  2. Quelle est l'attitude d'Eurydice envers les conditions imposées par la Mort? L'attitude d'Orphée est-elle la même?

  3. Quel mensonge Orphée a-t-il raconté à Eurydice? Pourquoi? Quelle attitude a-t-il envers ce qu'il a accompli?

  4. A votre avis, pourquoi Orphée est-il si inquiet dans cette partie? Est-ce seulement parce qu'il a peur de renvoyer Eurydice à la mort?

C. Repassez la deuxième partie (jusqu'à la ligne 136, «La lumière revient»). (-C3-)

  1. Résumez l'essentiel de cette partie en complétant les phrases ci-dessous. Vous pouvez employer les expressions suivantes:

> se disputer, se mettre entre eux, regarder, partir, retenir, disparaître, se retourner, parler trop, frapper, son voyage aux enfers, trop difficile, dans la lune, dangereux

    a. Orphée raconte _____ .

    b. A la fin de son récit, il _____ et est sur le point de _____ Eurydice.

    c. Il commence à se rendre compte que le pacte est _____ .

    d. Eurydice se moque de lui en disant qu'il est toujours _____ .

    e. Orphée lui répond qu'elle _____ .

    f. Peu à peu, Orphée et Eurydice recommencent à _____ .

    g. Orphée est sur le point de _____ Eurydice.

    h. Heurtebise essaie de _____ mais enfin il avoue qu'Orphée est devenu _____ .

    i. Orphée veut _____ mais Heurtebise et Eurydice essaient de le _____ .

    j. Tout d'un coup, Orphée _____ Eurydice et elle _____ .

  2. Orphée fait-il très attention à ne pas regarder Eurydice dans cette partie?

  3. A votre avis, pourquoi Orphée est-il si troublé?

D. Repassez la troisième partie (jusqu'à la ligne 175, «...pour comprendre votre infortune»). (-C4-)

  1. Résumez l'essentiel de cette partie en complétant les phrases ci-dessous. Vous pouvez employer les expressions suivantes:

> bientôt revenir, se mettre à table, manger, faire la cour, se moquer de, incroyable, distraction, irréparable, tragique

    a. Après avoir regardé Eurydice et causé sa mort, Orphée _____ et _____ .

    b. Heurtebise trouve son comportement _____ et veut croire qu'Orphée a regardé par _____ .

    c. Orphée se met en colère et accuse Heurtebise de _____ à sa femme.

    d. Heurtebise nie cette accusation et veut convaincre Orphée que cette deuxième mort d'Eurydice est _____ et _____ .

    e. Orphée _____ de cette explication et croit qu'Eurydice va _____ .

2. A votre avis, est-ce qu'Orphée a regardé Eurydice exprès, comme il le dit, ou par distraction?

3. Comment Orphée a-t-il réagi à la «deuxième mort» de sa femme?

E. Repassez la dernière partie. (-C5-)

1. Résumez l'essentiel de cette partie en complétant les phrases ci-dessous. Vous pouvez employer les expressions suivantes:

ramasser, refuser de partir, tuer, faire face à, une lettre, le bruit des tambours, la tête d'Orphée, la mort, sur la table, dans le miroir

a. Tout d'un coup, Orphée trouve _____ qu'on a apportée pendant sa visite aux enfers.

b. La lettre est écrite à l'envers, donc il faut la lire _____ .

c. La lettre lui apprend qu'une troupe de femmes veut _____ .

d. Tout de suite après, on entend _____ .

e. Heurtebise lui conseille de se sauver, mais Orphée _____ .

f. Orphée accepte _____ et monte l'escalier pour _____ aux femmes.

g. A la fin, on lance _____ par la fenêtre. Heurtebise la _____ et la met _____ .

2. Quel personnage dirige l'action de cette partie? Pourquoi ce changement?

3. Orphée accepte-t-il la mort? Pourquoi?

Et maintenant

Lisez le texte de cette scène, puis répondez aux questions qui suivent.

SCENE IX

Orphée sort de la glace.

ORPHEE: Vous êtes encore là?

HEURTEBISE: Eh bien, racontez vite.

ORPHEE: Mon cher, vous êtes un ange.

5 HEURTEBISE: Pas du tout.

ORPHEE: Si, si, un ange, un vrai ange. Vous m'avez sauvé.

HEURTEBISE: Eurydice?

ORPHEE: Une surprise. Regardez bien.

HEURTEBISE: Où?

10 ORPHEE: La glace. Une, deux, trois. (*Eurydice sort de la glace.*)

HEURTEBISE: Elle!

EURYDICE: Oui, moi. Moi, la plus heureuse des épouses, moi la première femme que son mari ait eu **l'audace** de venir reprendre chez les morts.

le courage

15 ORPHEE: «**Madame Eurydice reviendra des enfers.**» Et nous qui refusions un sens à cette phrase.

phrase que le cheval avait dictée à Orphée

EURYDICE: **Chut**, mon chéri, rappelle-toi ta promesse. On ne reparlera   tais-toi!
plus jamais du cheval.

ORPHEE: **Où avais-je la tête?**   à quoi pensais-je?

20 EURYDICE: Et vous savez Heurtebise, il a découvert le chemin tout seul.
Il n'a pas hésité une seconde. Il a eu l'idée **géniale** de mettre les   inspirée
gants de la Mort.

HEURTEBISE: C'est ce qu'on appelle, si je ne me trompe, **se donner des**   prendre pour soi l'honneur
gants.   qu'on n'a pas mérité

25 ORPHEE: (*très vite*) Enfin … le principal était de réussir. (*Il fait mine de*
se retourner vers Eurydice.)

EURYDICE: Attention!

ORPHEE: Oh! (***Il se fige.***)   il s'arrête

HEURTEBISE: Qu'avez-vous?

30 ORPHEE: Un détail, un simple détail. Au premier moment la chose
paraît effrayante, mais avec un peu de prudence tout s'arrangera.

EURYDICE: Ce sera une affaire d'habitude.

HEURTEBISE: De quoi s'agit-il?

ORPHEE: **D'un pacte**. J'ai le droit de reprendre Eurydice, je n'ai pas le   d'un accord
35 droit de la regarder. Si je la regarde, elle disparaît.

HEURTEBISE: Quelle horreur!

EURYDICE: C'est intelligent de décourager mon mari!

ORPHEE: (*faisant passer Heurtebise devant lui*) Laisse, laisse, je ne me
décourage pas. Il lui arrive ce qui nous est arrivé. Vous pensez bien
40 qu'après avoir accepté cette clause — il le fallait **coûte que coûte**   à tout prix
— nous avons passé par toutes vos **transes**. Or, je le répète, c'est   craintes
faisable. Ce n'est pas facile, certes non, mais c'est faisable. J'estime possible
que c'est moins dur que de devenir aveugle.

EURYDICE: Ou que de perdre une jambe.

45 ORPHEE: Et puis … nous n'avions pas le choix.

EURYDICE: Il y a même des avantages. Orphée ne connaîtra pas mes
rides.   *wrinkles*

HEURTEBISE: Bravo! **Il ne me reste plus qu'à** vous souhaiter bonne   je n'ai qu'à
chance.

50 ORPHEE: Vous nous quittez?

HEURTEBISE: Je crains que ma présence ne vous **dérange**. Vous devez   trouble
avoir tant de choses à vous dire.

ORPHEE: Nous nous les dirons après le déjeuner. La table est mise. J'ai
grand-faim. Vous êtes trop de notre aventure pour ne pas rester
55 déjeuner avec nous.

HEURTEBISE: Je crains que la présence **d'un tiers** ne **contrarie** votre   d'une troisième personne /
femme.   dérange

EURYDICE: Non, Heurtebise. (*En insistant sur les mots.*) Le voyage d'où je
reviens transforme la face du monde. J'ai appris beaucoup. J'ai
60 honte de moi. Orphée aura **dorénavant** une épouse   à partir de maintenant
méconnaissable, une épouse de **lune de miel**.   différente / *honeymoon*

ORPHEE: Eurydice! Ta promesse. On ne parlera plus jamais de la lune.

EURYDICE: C'est mon tour **de n'avoir aucune tête**. A table! à table!
Heurtebise à ma droite. Asseyez-vous. Orphée en face de moi.

de ne pas réfléchir

65 HEURTEBISE: Pas en face!

ORPHEE: Dieux! J'ai eu raison de retenir Heurtebise. Je m'installe à ta
gauche et je te tourne le dos. Je mange sur mes genoux.

Eurydice les sert.

HEURTEBISE: **Je brûle** d'entendre le récit de votre voyage.

je désire fort

70 ORPHEE: **Ma foi**, j'aurai du mal à le raconter. Il me semble que je sors
d'une opération. J'ai le vague souvenir d'un de mes poèmes que je
récite pour me tenir éveillé et de bêtes **immondes** qui s'endorment.
Ensuite un trou noir. Ensuite, j'ai parlé avec une dame invisible.
Elle m'a remercié pour les gants. Une sorte de **chirurgien** est venu
75 les reprendre et m'a dit de partir, qu'Eurydice me suivrait et que je
ne devais la regarder **sous aucun prétexte**. J'ai soif! (*Il prend son
verre et se retourne.*)

well

dégoûtantes

surgeon

en aucun cas

EURYDICE ET HEURTEBISE: (*ensemble*) Attention!

EURYDICE: J'ai eu une de ces peurs! Sans te retourner, mon chéri, **tâte**
80 comme mon cœur bat.

feel

ORPHEE: C'est stupide — Si **je me bandais** les yeux?

je me couvrais

HEURTEBISE: Je ne vous le conseille pas. Vous ne savez pas les règles
exactes. Si vous **trichez**, tout est perdu.

cheat

ORPHEE: On se représente mal la difficulté, la tension d'esprit qu'exige
85 **une bêtise pareille**.

une telle stupidité

EURYDICE: Que veux-tu, mon pauvre chéri, tu es toujours **dans la
lune**...

distrait

ORPHEE: Encore la lune! Autant me traiter d'idiot.

EURYDICE: Orphée!

90 ORPHEE: Je laisse la lune **à tes ex-compagnes**.

aux Bacchantes

Silence.

HEURTEBISE: Monsieur Orphée!

ORPHEE: Je suis **hiérophante** du soleil.

le poète-prêtre

EURYDICE: Tu ne l'es plus, mon amour.

95 ORPHEE: Soit. Mais **je défends** qu'on parle de lune dans ma maison.

j'interdis

EURYDICE: Si tu savais comme ces histoires de lune et de soleil ont peu
d'importance.

ORPHEE: Madame est au-dessus de ces choses-là.

EURYDICE: Si je pouvais parler...

100 ORPHEE: Il me semble que pour une personne qui ne peut pas parler,
tu parles beaucoup. Beaucoup! Beaucoup trop!

Eurydice pleure. Silence.

HEURTEBISE: Vous faites pleurer votre femme.

ORPHEE: *(menaçant)* Vous! *(Il se retourne.)*

105 EURYDICE: Ah!

HEURTEBISE: Prenez garde!

ORPHEE: C'est de sa faute. **Elle ferait retourner un mort.**

EURYDICE: Il valait mieux rester morte.

jeu de mots: she'd make a dead man turn over in his grave / she'd make a dead man come back

Silence.

110 ORPHEE: La lune! Si je la laissais dire, où irions-nous? Je vous le demande. L'époque du cheval recommencerait.

HEURTEBISE: Vous exagérez...

ORPHEE: J'exagère?

HEURTEBISE: Oui.

115 ORPHEE: Et même en admettant que j'exagère. *(Il se retourne.)*

EURYDICE: Attention!

HEURTEBISE: *(à Eurydice)* Du calme. Ne pleurez pas. La difficulté vous **énerve.** Orphée, **mettez-y du vôtre.** Vous finirez par faire un malheur.

trouble / faites un effort

120 ORPHEE: Et même en admettant que j'exagère, qui commence?

EURYDICE: Ce n'est pas moi.

ORPHEE: Pas toi! Pas toi! *(Il se retourne.)*

EURYDICE ET HEURTEBISE: Ho!

HEURTEBISE: Vous êtes dangereux, mon cher.

125 ORPHEE: Vous avez raison. Le plus simple est que je sorte de table et que **je vous débarrasse de ma présence** puisque vous me trouvez dangereux.

je me retire

Il se lève. Eurydice et Heurtebise le retiennent par sa veste.

ORPHEE: Mon ami...

130 HEURTEBISE: Orphée...

ORPHEE: Non, non. Laissez-moi.

HEURTEBISE: Soyez raisonnable.

ORPHEE: Je serai **ce qu'il me convient d'être.**

ce que je veux être

EURYDICE: Reste. *(Elle le tire, il perd l'équilibre et la regarde. Il pousse*

135 *un cri. Eurydice, pétrifiée, se lève. Son visage exprime l'épouvante.*

La lumière baisse. Eurydice s'enfonce lentement et disparaît. La lumière revient.)

la terreur

HEURTEBISE: C'était fatal.

ORPHEE: *(pâle, sans forces, avec une grimace de fausse **désinvolture**)*

légèreté

140 Ouf! on se sent mieux.

HEURTEBISE: Quoi?

ORPHEE: *(même jeu)* On respire.

HEURTEBISE: Il est fou!

ORPHEE: *(cachant de plus en plus **sa gêne** sous la colère)* Il faut se

son embarras

145 montrer dur avec les femmes. Il faut leur prouver qu'**on ne tient pas** à elles. Il ne faut pas se laisser conduire par le bout du nez.

on n'est pas attaché

HEURTEBISE: Voilà qui est fort! Vous prétendez me laisser entendre que
vous avez regardé Eurydice **exprès**?
parce que vous l'avez voulu

ORPHEE: Suis-je un homme **à distractions**?
à ne pas faire attention

150 HEURTEBISE: Vous ne manquez pas d'audace! Vous avez regardé par
distraction. Vous avez perdu l'équilibre. Vous avez tourné la tête par
distraction; je vous ai vu.

ORPHEE: J'ai perdu l'équilibre exprès. J'ai tourné la tête exprès, et je
défends qu'on **me contredise**.
me dise le contraire

155 *Silence.*

HEURTEBISE: Eh bien, si vous avez tourné la tête exprès, je ne vous
félicite pas.

ORPHEE: **Je me passe** de vos félicitations. Je me félicite, moi, d'avoir
je n'ai pas besoin
tourné la tête exprès vers ma femme. Cela vaut mieux que d'essayer
faire la cour
160 de **tourner la tête** aux femmes des autres.

HEURTEBISE: Est-ce pour moi, cette phrase?

ORPHEE: Prenez-la comme bon vous semble.

HEURTEBISE: Vous êtes trop injuste. Jamais je ne me suis permis de faire
la cour à votre femme. Elle m'aurait vite **envoyé promener**. Votre
refusé
165 femme était une femme modèle. Il vous a fallu la perdre une
première fois pour **vous rendre compte** et vous venez de la perdre
le comprendre
une seconde fois, de la perdre lâchement et de la perdre
tragiquement, de vous perdre, de tuer une morte, de commettre de
gaieté de cœur un acte irréparable. Car elle est morte, morte,
170 remorte. Elle ne reviendra plus.

ORPHEE: Allons donc!

HEURTEBISE: Comment, allons donc?

ORPHEE: Où avez-vous vu une femme quitter la table en criant et ne pas
venir se remettre à table.

175 HEURTEBISE: Je vous laisse cinq minutes pour comprendre votre
infortune.

*Orphée lance sa serviette par terre, se lève, contourne la table, va
regarder la glace, la touche, se dirige vers la porte et ramasse la lettre.*

ORPHEE: (*Il ouvre la lettre*). Qu'est-ce que c'est que ça?

180 HEURTEBISE: Une mauvaise nouvelle?

ORPHEE: Je ne peux pas lire, la lettre est écrite à l'envers.

HEURTEBISE: C'est un moyen de déguiser l'écriture. Lisez dans la glace.

ORPHEE (*devant la glace, lit*):
«Monsieur,

185 «Excusez-moi de **conserver l'incognito**. Aglaonice a découvert que
cacher mon identité
l'ensemble des lettres qui commencent les mots de votre phrase:
Madame Eurydice Reviendra Des Enfers forme un mot injurieux
pour **le tribunal** du **concours**. Elle a convaincu le jury que vous
les juges /
la compétition
étiez un **mystificateur**. Elle a **soulevé** contre vous la moitié
un faux poète / agité

190   des femmes de la ville. Bref, une énorme troupe de folles
sous ses ordres se dirige vers votre maison. Les Bacchantes ouvrent la
marche et **réclament** votre mort. Sauvez-vous, cachez-vous. Ne   demandent
perdez pas une minute.

«Une personne qui vous veut du bien.»

195 HEURTEBISE: Il ne doit pas y avoir un mot de vrai.

On entend au loin des tambours qui s'approchent et battent un rythme
furieux.

ORPHEE: Ecoutez...
HEURTEBISE: Des tambours.
200 ORPHEE: Leurs tambours. Eurydice **voyait juste.** Heurtebise, le cheval   avait raison
m'a joué.   m'a trompé
HEURTEBISE: **On n'écharpe pas** un homme pour un mot.   *tear into pieces*
ORPHEE: Le mot est un prétexte qui cache une haine profonde, une
haine religieuse. Aglaonice **guettait** son heure. Je suis perdu.   attendait
205 HEURTEBISE: Les tambours approchent.
ORPHEE: Comment n'ai-je pas vu cette lettre. Depuis quand l'a-t-on
glissée sous la porte?
HEURTEBISE: Orphée, je suis bien **coupable.** On a glissé la lettre   responsable
pendant votre visite chez les morts. Le retour de votre femme m'a
210 **saisi.** J'ai oublié de vous prévenir. Sauvez-vous!   préoccupé
ORPHEE: Trop tard. (***L'envoûtement*** *du cheval est fini. Orphée se*   la magie
transfigure.)
HEURTEBISE: Cachez-vous derrière **les massifs,** je dirai que vous êtes   *bushes*
en voyage...
215 ORPHEE: Inutile, Heurtebise. Les choses arrivent comme elles doivent
arriver.
HEURTEBISE: Je vous sauverai de force!
ORPHEE: Je refuse.
HEURTEBISE: C'est fou!
220 ORPHEE: La glace est dure. Elle m'a lu la lettre. Je sais ce qui me reste à
faire.
HEURTEBISE: Que voulez-vous faire?
ORPHEE: Rejoindre Eurydice.
HEURTEBISE: Vous ne le pouvez plus.
225 ORPHEE: Je le peux.
HEURTEBISE: Même si vous y parvenez les scènes recommenceront entre
vous.
ORPHEE (*en extase*): Pas où elle me fait signe **de la rejoindre.**   i.e. à la mort
HEURTEBISE: Vous souffrez. Votre figure se contracte. Je ne vous laisserai
230 pas vous perdre à plaisir.
ORPHEE: Oh! ces tambours, ces tambours! Ils approchent, Heurtebise, ils
tonnent, ils éclatent, ils vont être là.   font un bruit de tonnerre

HEURTEBISE: Vous avez déjà fait l'impossible.

ORPHEE: A l'impossible **je suis tenu.**   *je suis obligé*

235 HEURTEBISE: Vous avez résisté à d'autres cabales.

ORPHEE: Je n'ai pas encore résisté jusqu'au sang.

HEURTEBISE: Vous m'effrayez...

Le visage d'Heurtebise exprime une joie surhumaine.

ORPHEE: Que pense le marbre dans lequel un sculpteur **taille** un   *fait*

240   chef-d'œuvre? Il pense: on me frappe, on **m'abîme,** on m'insulte,   *me détruit*

on me brise, je suis perdu. Ce marbre est idiot. La vie **me taille,**   *me forme*

Heurtebise! Elle fait un chef-d'oeuvre. Il faut que je supporte ses

coups sans les comprendre. Il faut que je **me raidisse.** Il faut que   *harden myself*

j'accepte, que je me tienne tranquille, que je l'aide, que je collabore,

245   que je lui laisse finir son travail.

HEURTEBISE: Les pierres!

Les pierres brisent les vitres et tombent dans la chambre.

ORPHEE: Du verre blanc. C'est la chance! la chance! J'aurai le buste que

je voulais.

250 *Une pierre casse la glace.*

HEURTEBISE: La glace!

ORPHEE: Pas la glace! (*Il s'élance sur le balcon.*)

HEURTEBISE: Elles vont vous écharper.

On entend les clameurs et des tambours.

255 ORPHEE: (*de dos sur le balcon, il se penche*) Mesdames! (*Rafale de tambours.*)

Mesdames! (*Rafale de tambours.*) Mesdames! (*Rafale de tambours.*)

Il se précipite vers la droite, partie invisible du balcon. Les tambours
couvrent sa voix. Ténèbres. Heurtebise tombe à genoux et se cache le

260 *visage. Tout à coup une chose vole par la fenêtre et tombe dans la*
chambre. C'est la tête d'Orphée. Elle roule vers la droite et s'arrête au
premier plan. Heurtebise pousse un faible cri. Les tambours s'éloignent.

Jean Cocteau, *Orphée*, pages 30-33 and 35-45 (Paris: Editions Stock, 1962)

1. Définissez le rôle du poète, selon Cocteau. Est-ce un métier facile ou difficile?

2. Essayez d'expliquer ce que Heurtebise représente dans ces deux scènes. Qu'est-ce
que le cheval représente?

3. Qu'est-ce qu'Orphée pense des femmes? Analysez les répliques dans lesquelles il
exprime son opinion des femmes.

4. Faites une liste des jeux de mots et des expressions à double entente dans ces deux
scènes, et expliquez-les dans le contexte de la pièce. Par exemple: «Où avais-je la
tête?»

5. Faites une liste des aspects modernes et mythologiques de ces scènes.

LEXIQUE

abattre to tear down; **s'abattre** to fall, crash down, collapse

aboiement (*m.*) barking

abonné(e) subscriber, user, consumer

aboutir à to lead to, result in

abri (*m.*) shelter; **à l'abri** sheltered, protected

abribus (*m.*) covered bus stop

abriter to shelter, give cover to, protect

accaparer to corner, hoard, monopolize

accéder to reach

accentuer to accentuate

accès (*m.*) access; **avoir accès à** to have access to

accord (*m.*) agreement; **d'accord** OK, agreed, understood

accorder to grant; **s'accorder** to agree

accoucher to give birth

accrocher to hook, hang

accroître to increase, expand

accueil (*m.*) welcome, hospitality

accueillant(e) welcoming

accueillir to welcome

achat (*m.*) purchase; **le pouvoir d'achat** purchasing power

acheter to buy

achever to end, finish, conclude

acier (*m.*) steel

acolyte (*m.*) acolyte, assistant, accomplice

acquérir to acquire

acquis (*m.*) experience

activité (*f.*) activity

actualité (*f.*) topicality; **les actualités** news

actuel(le) current

adhérence (*f.*) adhesion, roadholding quality

adjoint (e) assistant

admettre to admit, allow to enter

s'adonner à to devote oneself to

aéré(e) airy

aérobic (*f.*) aerobics

aéroport (*m.*) airport

aérosol (*m.*) aerosol

affaiblissement (*m.*) weakening

afficher to post

affirmer to affirm, assert; **s'affirmer** to assert oneself, assert one's authority

s'affoler to panic

affûter to sharpen

âge (*m.*) age; **l'âge mûr** maturity

agence (*f.*) **immobilière** real estate agency

agent (*m.*) agent, representative, police officer

agglomération (*f.*) town, urban area

agir to act; **s'agir de** to be a matter of, involve

agrandir to increase, extend, make larger

agrément (*m.*) pleasure, amusement; **voyage** (*m.*) **d'agrément** pleasure trip

agriculteur (*m.*) farmer

ahurissant(e) bewildering, dumbfounding

aide (*f.*) help, aid, assistance; **aide soignante** practical nurse

aider to help, aid, assist

aiguille (*f.*) needle; hand (on a clock)

ailleurs elsewhere; **d'ailleurs** besides, furthermore

aîné(e) eldest child

ainsi thus; **ainsi que** as well as

air (*m.*) appearance; **avoir l'air** to seem

aise (*f.*) ease, comfort; **être bien aise de** to be very pleased to

aisé(e) easy, easily accomplished, financially comfortable

ajouter to add

ajuster to adjust, make fit

alcoolique alcoholic

aliment (*m.*) foodstuff

allégresse (*f.*) joy

Allemagne (*f.*) Germany

aller to go; **aller-retour** (*m.*) round trip

allumer to light

Alpes (*f.pl.*) Alps

alphabet (*m.*) alphabet

alpinisme (*m.*) mountain climbing

Alsace (*f.*) Alsace

amande (*f.*) almond

ambre (*m.*) amber

âme (*f.*) soul

améliorer to improve

aménagement (*m.*) **du territoire** national and regional development

amener to bring along

amérindien(ne) Native American

ameublement (*m.*) act of furnishing; the furnishings themselves

amincissement (*m.*) losing weight

amitié (*f.*) friendship

amnistie (*f.*) amnesty

amoureux/amoureuse (de) in love (with)

s'amuser to have fun; **s'amuser à** to enjoy (doing something)

an (*m.*) year; **le jour de l'an** New Year's Day

analphabète illiterate

analyse (*f.*) analysis; **analyse de contenu** content analysis

ancêtre (*m.*) ancestor

ancien(ne) old, former

âne (*m.*) donkey

ange (*m.*) angel

Angleterre (*f.*) England

annuler to cancel

antan yesteryear, days gone by

antenne (*f.*) antenna; **antenne parabolique** satellite dish

antonyme (m.) antonym
apathie (f.) apathy
apercevoir to perceive; s'apercevoir de to notice
aperçu (m.) overview, glimpse
apéritif (m.) before-dinner drink
apogée (f.) apogee, peak
appareil (m.) instrument, device; appareils
    ménagers household appliances
appartenir à to belong to
appliquer to apply; s'appliquer (à) to apply oneself
    (to); to be applicable (to)
apprentissage (m.) apprenticeship
approfondir (m.) to deepen, go into deeply
s'appuyer à to lean against
après after; d'après according to
araignée (f.) spider
arbitre (m.) judge
arbre (m.) tree
arche (f.) monumentale monumental arch
argent (m.) silver; money
argenterie (f.) silverware
argot (m.) slang
armoire (f.) cupboard, cabinet, wardrobe
arracher to rip, pull out, uproot, dig up
arrêter to stop; s'arrêter to stop (oneself)
en arrière behind
arriéré(e) backward, behind the times
art (m.) de vivre art of living
artichaut (m.) artichoke
artisan (m.) craftsman
ascenseur (m.) elevator
asphalter to apply asphalt
s'assagir to settle down
assaut (m.) assault
assiéger to besiege, surround, mob
assiette (f.) plate
assis(e) seated
assister à to attend
assommé(e) knocked out
assourdir to deafen; to muffle a sound
assouvir to satisfy
s'assumer to come to terms with oneself
assurance (f.) insurance
atmosphère (f.) atmosphere
atout (m.) trump card
attarder: s'attarder to be delayed, linger
atteindre to reach, attain
attendre to wait for; s'attendre à to expect
attirer to attract
attribuer to attribute
aube (f.) dawn
au-delà beyond
auparavant before, previously
auprès de close to, nearby, from
aussi bien que as well as
autant as much; autant que as much as
auto (f.) car
autochtone (m., f.) native
autour around
autrefois formerly, in the past
Autriche (f.) Austria
autruche (f.) ostrich
avare miserly, stingy

avenir (m.) future
avertir to warn, notify, advise
aveuglément blindly
avide greedy, eager
avion (m.) airplane
avis opinion; à votre avis in your opinion
avocat(e) lawyer
avoir to have; il y a there is, there are; avoir accès
    à to have access to; avoir beau (faire) to do in
    vain, try as one might … ; avoir besoin de to need;
    avoir droit à to be entitled to; avoir le droit de
    to have the right to; avoir l'air to seem; avoir
    l'occasion de to have the opportunity to; avoir
    les moyens to be able to afford; avoir lieu to take
    place, happen, occur; avoir mal au ventre to have
    a stomachache; avoir un malaise to feel unwell;
    avoir tendance à to be inclined, have a tendency
    to; avoir (très) envie de to want (very badly); en
    avoir ras le bol (sl.) to have enough, have it up
    to here
avoisiner to border on

baba (m.) au rhum rum cake
baccalauréat (m.) high school diploma
bachelier/bachelière high school graduate
baguette (f.) stick; French bread
bain (m.) bath; bain de mer sea bathing; bain de
    soleil sunbathing; salle de bains bathroom
baisse (f.) decrease, decline; baisse de la
    natalité decline in the birthrate
baisser to lower, decrease
balayer to sweep
balcon (m.) balcony
banaliser to make commonplace
banc (m.) bench
bande (f.) dessinée comic strip
banlieue (f.) suburb
bannière (f.) banner
banqueroute (f.) bankruptcy; faire banqueroute to go
    bankrupt
banquier/banquière banker
barrière (f.) barrier, gate
bas(se) low
base (f.) base; de base basic, fundamental
battre to beat; se battre to fight
bavard(e) talkative
bavarder to chat
beau: avoir beau (faire) to do in ain, try as one
    might …
beau-père (m.) father-in-law, stepfather
bêcher to dig, turn over
bénéfice (m.) profit
bénéficier to profit
bénéfique beneficial
Berbère (m., f.) Berber
besoin (m.) need; avoir besoin de to need
bétail (m.) cattle, livestock
betterave (f.) beet(root)
beurre (m.) butter; faire son beurre (sl.) to earn one's
    living
bibliothèque (f.) library
bicentenaire (m.) bicentennial
bielle (f.) connecting rod

bien (*m.*) wealth, good
bien well; **bien entendu** of course; **bien que** although
bien-être (*m.*) well-being
bienfait (*m.*) benefit, kindness
bifteck (*m.*) steak
bilan (*m.*) balance sheet
billet (*m.*) ticket
biscotte (*f.*) rusk, Melba toast
bistrot (*m.*) bar
blague (*f.*) joke
blanc/blanche white
blessé(e) wounded
bœuf (*m.*) cattle, steer; beef; **bœuf bourguignon** beef stew
boire to drink
boisson (*f.*) beverage, drink
boîte (*f.*) box, can; **boîte aux lettres** mailbox; **boîte de nuit** nightclub
bolide (*m.*) meteor; racing car
bon(ne) good; **bon marché** inexpensive, good bargain; **bon vivant** (*m.*) person who enjoys life's pleasures (especially good food and wine); **bonne chance!** good luck!; **faire bonne chère** to eat well; **être en bons termes** to be on good terms
bondé(e) jam-packed
bonheur (*m.*) happiness
bonne (*f.*) maid; **bonne à tout faire** cleaning lady
bord (*m.*) edge; **au bord de** at the edge of
borne (*f.*) limit, boundary
bouché(e) blocked
bouchée (*f.*) mouthful
bouchon (*m.*) plug, cap
boucle (*f.*) loop, ring; **boucle d'oreilles** earring
bouclier (*m.*) shield
boulanger/boulangère baker
boules (*f.pl.*) lawn bowling
bouleversement (*m.*) upheaval
bouleverser to upset, overturn, unsettle
bourgeoisie (*f.*) middle class
Bourgogne (*f.*) Burgundy
bourse (*f.*) scholarship, grant; bag, pouch; stock exchange
bout (*m.*) end, tip
bouteille (*f.*) bottle
boutique (*f.*) shop; **faire les boutiques** to go shopping
bouton (*m.*) button
bovin(e) bovine
brasserie (*f.*) brewery; café where simple meals are served
bref/brève brief, short; **bref** in short, to sum up
Bretagne (*f.*) Brittany
breton(ne) Breton
bricolage (*m.*) doing odd jobs, puttering about
bricoleur/bricoleuse handyman, Jack-of-all-trades, do-it-yourselfer
brillant(e) shiny, brilliant
briller to shine; **faire briller** to make shine, polish
briquet (*m.*) cigarette lighter
brouillard (*m.*) fog
brouiller to mix up, jumble, scramble
brousse (*f.*) underbrush
brûlant(e) burning

bruyant(e) noisy
bûche (*f.*) log; **bûche de Noël** Yule log; Christmas cake
but (*m.*) goal

ça that; **ça fait** that makes; **ça y est!** that's it! done!
cabine (*f.*) cabin, booth
cabinet (*m.*) office; **cabinet d'assurance** insurance agency
cachemire (*m.*) cashmere
cacher to hide; **se cacher** to hide, conceal oneself
cadavre (*m.*) corpse
cadeau (*m.*) gift
cadet(te) youngest child
cadre (*m.*) frame, context; executive, manager
cafetière (*f.*) coffeepot, coffee maker
cahier (*m.*) notebook
caillou (*m.*) stone, pebble
caisse (*f.*) cash box, cash register
calamité (*f.*) calamity
calcul (*m.*) calculation, arithmetic
caméra-vidéo (*m.*) video camera
camionnette (*f.*) light truck, van
canotier (*m.*) boater's hat; **canotier/canotière** oarsman/oarswoman
cantal (*m.*) type of cheese
cantine (*f.*) lunchroom, cafeteria
caoutchouc (*m.*) rubber
capacité (*f.*) ability, competency; **avoir la capacité en droit** to be qualified to practice law
capétien(ne) of the Capetian dynasty of French kings
capital (*m.*) capital; **capital initial** start-up capital; **placer des capitaux** to invest money
capter to win; to pick up, receive
caricature (*f.*) caricature, cartoon
carreau (*m.*) small square, tile, window pane
carrelage (*m.*) tiling
carreleur (*m.*) tiler
carrière (*f.*) career
cas (*m.*) case; **en tout cas** in any case
casque (*m.*) helmet
casser to break; **se casser la jambe** to break one's leg
castrateur/castratrice castrator (in the psychological sense)
célibat (*m.*) single life
centime (*m.*) coin (one-hundredth of a franc)
centrale (*f.*) power station
centre (*m.*) center
cependant however
cercueil (*m.*) coffin
céréale (*f.*) cereal, grain
chagrin (*m.*) chagrin, deep sorrow
chaînon (*m.*) link (of a chain)
chaleur (*f.*) heat
chaleureusement warmly
chambre (*f.*) bedroom; **chambre d'amis** guest room; **chambre de bonne** maid's room; **chambre de maître** master bedroom
Champagne (*f.*) Champagne region
champignon (*m.*) mushroom
championnat (*m.*) championship
changer to change
chanson (*f.*) song

chanter to sing
chanteur/chanteuse singer
chantier (*m.*) worksite; **chantier naval** shipyard
chapeau (*m.*) hat
chapitre (*m.*) chapter
charbon (*m.*) coal
charbonnage (*m.*) coal mining
chariot (*m.*) cart
charrier to carry, transport
charrue (*f.*) plow
charte (*f.*) charter
chasse (*f.*) hunt
chasser to chase, hunt
chat(te) cat
chaud(e) hot
chauffer to heat; **se chauffer** to get warm
chauffeur (*m.*) driver
chaumière (*f.*) thatched cottage
chef (*m.*) head, person in charge; **chef d'Etat** head of state; **chef-lieu** (*m.*) administrative center of a *département*
chemin (*m.*) way, road; **chemin de fer** railroad; **à mi-chemin** halfway, midway
chemise (*f.*) shirt
chêne (*m.*) oak; **chêne truffier** oak near which truffles grow
chercher to look for, seek
chéri(e) dear one, honey
chèvre (*f.*) goat
chez at (place, someone's home)
chicorée (*f.*) chicory, endive
chiffon (*m.*) cloth, rag
chiffre (*m.*) figure, number
chimie (*f.*) chemistry
choc (*m.*) shock; **le choc pétrolier** the oil crisis
choix (*m.*) choice
chômage (*m.*) unemployment
chou-fleur (*m.*) cauliflower
ciel (*m.*) sky
cil (*m.*) eyelash
ciment (*m.*) cement
cimetière (*m.*) cemetery
cinéma (*m.*) movies
cinémathèque (*f.*) film library
circulation (*f.*) traffic
cirer to wax
citrouille (*f.*) pumpkin
clameur (*f.*) uproar, hubbub, outcry
clandestin (*m.*) illegal immigrant
claque (*f.*) slap, smack
clavier (*m.*) keyboard
clé, clef (*f.*) key; **clef de voûte** keystone
client(e) customer, client
clientèle (*f.*) clientele, customers
cocarde (*f.*) rosette
cœur (*m.*) heart; **en plein cœur** in the heart of; **par cœur** by heart
cohabitation (*f.*) living together; **cohabitation juvénile** young people living together
coïncider to coincide
collé(e) à glued to
collier (*m.*) necklace
colline (*f.*) hill

colon (*m.*) colonist, settler
colonne (*f.*) column
colorant (*m.*) coloring; **colorant alimentaire** food coloring
combler to fill up, overwhelm
comestible edible
commandement (*m.*) commandment
commander to order, command
commencer to begin
commerçant(e) shopkeeper, merchant
commerce (*m.*) trade, commerce
commode convenient
commune (*f.*) commune; municipality
compagne (*f.*) female companion, mate
compartiment (*m.*) compartment
compas (*m.*) compass
compétent(e) competent, qualified
compléter to supplement
compliqué(e) complex, complicated
se comporter to behave
compote (*f.*) compote, stewed fruit
compréhension (*f.*) comprehension, understanding
compte (*m.*) account; **compte bancaire** bank account; **compte-rendu** (*m.*) report; **prendre en compte** to take into account; **tenir compte de** to take into consideration
comptoir (*m.*) counter
se concerter to work together, collaborate
concevoir to design, imagine
conclure to conclude, finish
concorder to coincide
concours (*m.*) competition, competitive examination
concurrence (*f.*) competition
conduire to drive, lead
confiance (*f.*) confidence, trust
confier to entrust; **se confier à** to put one's trust in, rely on
confiture (*f.*) jam, preserves
conformiste (*m., f.*) conformist
confus(e) confused, mixed up
congé (*m.*) day off; **congés payés** paid vacation
congélateur (*m.*) freezer
congère (*f.*) snowdrift
connaître to know
conquérir to conquer
consacrer to devote; **se consacrer à** to devote oneself to
consentement (*m.*) consent
conservateur/conservatrice conservative
conserve (*f.*) canned product; **les conserves** canned goods
constamment constantly
constatation (*f.*) observation
contenir to contain
continuation (*f.*) continuation
contrat (*m.*) contract
contravention (*f.*) traffic ticket
contre against, versus; **par contre** by contrast, on the other hand
contrebalancer to counterbalance
contredire to contradict; **se contredire** to contradict oneself
contrôler to control, check

convaincre to convince
convenir to agree, suit
convivial(e) convivial
convoi (*m.*) convoy
coquin(e) rogue, rascal, wretch
corbillard (*m.*) hearse
corde (*f.*) rope
corps (*m.*) body
correspondance (*f.*) travel connection (train, plane)
Corse (*f.*) Corsica
cossu(e) wealthy, well-to-do
côte (*f.*) rib; côte à côte side by side, cheek by jowl
côte (*f.*) coast; côte atlantique Atlantic coast; côte d'Azur French Riviera
côté (*m.*) side; à côté de next to; du côté de on the side of
cotisation (*f.*) subscription, contribution
couche (*f.*) layer; couche d'ozone ozone layer
coucher to put to bed; se coucher to go to bed
coude (*m.*) elbow; coude à coude elbow to elbow
coulisse (*f.*) backdrop; dans les coulisses backstage, in the wings
coup (*m.*) blow; coup de pied kick
couper to cut
coupure (*f.*) cut
cour (*f.*) courtyard; faire la cour à to court, seek to impress
courant (*m.*) current
coureur (*m.*) de bois trapper
courir to run; courir des risques to run risks
courrier (*m.*) mail
cours course, class; en cours in progress
course (*f.*) race, trip
court(e) short; court métrage (*m.*) short film
couscous (*m.*) couscous (national dish of North Africa)
coût (*m.*) cost
couteau (*m.*) knife
coutume (*f.*) custom, practice
couturier/couturière dressmaker
couvert (*m.*) place setting
couvert(e) covered, overcast
couverture (*f.*) blanket
cran (*m.*) notch
cravate (*f.*) necktie
crayon (*m.*) pencil
crèche (*f.*) day-care center
crème (*f.*) cream; crème de gruyère processed cheese; crème glacée ice cream
créole Creole
creuser to dig
creuset (*m.*) crucible, melting pot
crever to burst; on y crève de chaud (*sl.*) it's awfully hot
crevette (*f.*) shrimp
cri (*m.*) cry, shout, call
crier to cry out, scream
croire to believe
croiser to cross; se croiser to intersect, meet
croissance (*f.*) growth
croyance (*f.*) belief, conviction
cueillir to pick, gather
cuisine (*f.*) kitchen; cooking
cuisinière (*f.*) stove; cuisinière à charbon coal stove

cuivre (*m.*) copper
culture (*f.*) crop; cultures vivrières food crops
cure (*f.*) treatment, cure
curé (*m.*) parish priest
cuvée (*f.*) vintage

danseur/danseuse dancer
dauphin (*m.*) heir apparent (to the throne of France)
débarquer to disembark, unload
débarrasser to clear off; se débarrasser de to get rid of
déblayer to clear away, remove
débloquer to unblock, unjam, reopen
déboiser to deforest, clear of trees
débouché (*m.*) outlet, opening
débrouillard(e) resourceful person, problem solver
débrouiller to unravel, clear up, sort out; se débrouiller to find one's way, get out of a jam, make it through
débroussailler to clear away undergrowth
deça on this side; en deça de on this side of
déceler to discover
décennie (*f.*) decade
décès (*m.*) death
décevant(e) disappointing
décevoir to deceive, disappoint
déchet (*m.*) waste; déchets toxiques toxic waste
déchiffrer to decipher, decode
déchirer to tear, rip
déclasser to downgrade, change the order of, change classes
décoiffer; se décoiffer to mess one's hair
décompte (*m.*) detailed account, breakdown
découler to follow from
découper to cut out
découvrir to discover, uncover
décrire to describe
défaut (*m.*) defect, fault
défavorisé(e) disadvantaged
défi (*m.*) challenge
défier to challenge; to defy
défilé (*m.*) parade
défiler to file, march, parade by; se défiler to come unstrung; to slip off by oneself, shirk one's responsibility
défoncer to smash, dig a hole in
défricher to reclaim land for cultivation
dégager to release
dégoûtant(e) disgusting, sickening
dégoûter to disgust
dégueulasse (*sl.*) "yukky," repulsive
déguiser to disguise, conceal
dehors outside
déjeuner to eat lunch
delà beyond; au delà de beyond
délibéré(e) deliberate, intentional
démarquer to mark down
déménager to move
déménageur (*m.*) mover
au demeurant after all
démobiliser to demobilize
démocratiser to democratize
démographe (*m.*) demographer

démontrer   to show, demonstrate
démuni(e)   impoverished
dénombrer   to count, enumerate
département (*m.*)   department; administrative division of France
dépasser   to exceed, go beyond; pass a car
dépayser   to disorient
déplacement (*m.*)   movement, short trip
déplacer   to move; **se déplacer**   to get around, change location
se dépouiller de   to shed, rid oneself of
depuis que   since
déraillement (*m.*)   derailment
dérisoire   ridiculous, laughable
dérouler   to unwind; **se dérouler**   to proceed, develop
derrière   behind
dès que   as soon as
désaccord (*m.*)   disagreement, clash
désavantagé(e)   poor, disadvantaged
descendance (*f.*)   descent, descendants
désertification (*f.*)   act of turning a region into a desert
désespoir (*m.*)   despair
désintérêt (*m.*)   disinterest
désinvolte   easy, casual, detached
désinvolture (*f.*)   casualness, offhandedness
désormais   henceforth
desserte (*f.*) **directe**   direct service (bus, train, plane, etc.)
desservir   to provide service (bus, train, plane, etc.); to clear away
dessiner   to draw, design
désunion (*f.*)   disunity
détendre   to release, relax
détente (*f.*)   relaxation
détroit (*m.*)   strait
devant   before, in front of
développer   to develop; **se développer**   to develop
devenir   to become
deviner   to guess
devise (*f.*)   motto
devoir (*m.*)   duty, task
devoir   to have to, must
dévorer   to devour
dieu (*m.*)   god
dinde (*f.*)   turkey
diplôme (*m.*)   diploma
dire   to say; **à vrai dire**   to tell the truth; **entendre dire**   to hear; **vouloir dire**   to mean
diriger   to direct, run
discours (*m.*)   speech, discourse
disparaître   to disappear
disque (*m.*)   record, disk
dissimuler: se dissimuler   to hide
dissiper: se dissiper   to dissipate
dissoudre: se dissoudre   to dissolve, melt, break up
domestique   domestic
domestique (*m., f.*)   servant
donc   thus, hence, therefore
donnée (*f.*)   datum, fact
donner   to give; **donner lieu à**   to give rise to; **donner sur**   to look onto, open onto; **donner à quelqu'un la monnaie de sa pièce**   to give someone a taste of his own medicine
dormir   to sleep

dortoir (*m.*)   dormitory
dos (*m.*)   back
dose (*f.*)   dose, quantity, amount
doseur (*m.*)   doser
doter   to endow, equip
double (*m.*)   double
doublement (*m.*)   doubling; dubbing
doubler   to double; to dub; to pass cars
doucement   gently, sweetly
douceur (*f.*)   mildness, sweetness
douche (*f.*)   shower
doué(e)   gifted
douter   to doubt; **se douter de**   to suspect
doux/douce   soft, sweet
dramaturge (*m.*)   playwright
dresser une liste   to draw up a list
droit (*m.*)   right, law; fee, toll, charge; **avoir droit à**   to be entitled to; **avoir le droit à**   to have the right to; **faire son droit**   to study law
duchesse (*f.*)   duchess
durer   to last
dysenterie (*f.*)   dysentery

ébaubi(e)   amazed, flabbergasted
éboueur/éboueuse   street sweeper, trash collector
écart (*m.*)   divergence, deviation; **écart de prix**   difference in price; **à l'écart**   at a distance
écartement (*m.*)   spacing, distance apart
échange (*m.*)   exchange
échantillon (*m.*)   sample
écharper   to slash, gash, cut to pieces, hack up
échauder   to scald
échec (*m.*)   failure, setback
échelle (*f.*)   ladder
échoir à   to fall to; to come due
éclair (*m.*)   bolt of lightning
éclaircie (*f.*)   break in the clouds, sunny spell
éclater   to burst
éclipse (*f.*)   eclipse
éclore   to open, hatch
école (*f.*)   school; **les grandes écoles**   prestigious universities with tough entrance requirements; **école maternelle**   nursery school
écolier/écolière   schoolchild
écran (*m.*)   screen
écraser   to crush
écriture (*f.*)   handwriting
écrivain (*m.*)   writer
s'écrouler   to collapse, crumble
écumer   to skim
effectuer   to carry out; **s'effectuer**   to be carried out, be performed, be implemented
effet (*m.*)   effect; **en effet**   indeed, actually
efficace   efficient, effective
s'effondrer   to collapse
s'effriter   to crumble away, disintegrate
effroi (*m.*)   fright, terror, dread
effroyable   frightful
égalité (*f.*)   equality
égard (*m.*)   respect; **à l'égard de**   with regard to
égarement (*m.*)   deviation, distraction
église (*f.*)   church
égorger   to slit the throat of

élargir to expand, increase; **s'élargir** to extend, expand
élevage (*m.*) animal breeding
élève (*m., f.*) pupil
élever to raise
éloigner to distance; **s'éloigner** to move away
émancipation (*f.*) emancipation
embarbouiller to confuse
embouteillage (*m.*) traffic jam
embrasser to embrace, hug, kiss; to take up (a career)
embrouiller to tangle, confuse
émission (*f.*) broadcast
emmurer to wall in
empire (*m.*) empire; influence
emplacement (*m.*) placement, positioning, location
emploi (*m.*) use; **emploi du temps** schedule
employer to use, employ
empoisonner to poison, pester to death
emporter to carry off, win
empressement (*m.*) eagerness, readiness
emprunter to borrow
enclos (*m.*) enclosure
encombrer to clutter
encore still, yet, more, again
s'endormir to fall asleep
endroit (*m.*) place, spot, location
enfant (*m., f.*) child
enfantement (*m.*) childbirth
engager to pledge; **s'engager à** to commit to, promise, undertake
engrais (*m.*) fertilizer, manure
enjamber to step over
enjeu (*m.*) stake
enlever to remove
ennemi(e) enemy
ennuyer to annoy; **s'ennuyer** to be bored
énoncé (*m.*) statement
enquête (*f.*) investigation
enrayer to put a stop to
enregistrer to register, record
enrichir to enrich
enrubanner to decorate or trim with ribbons
enseignant(e) teacher
enseignement (*m.*) teaching
ensemble together
ensemble (*m.*) the whole
entendre to hear, understand; **entendre dire** to hear; **entendre parler de** to hear about; **s'entendre** to understand each other, get along
entendu understood; **bien entendu** of course
entente (*f.*) understanding; **à double entente** with double meaning
entreprendre to undertake
entreprise (*f.*) company, enterprise
entêté(e) stubborn, headstrong
entêtement (*m.*) stubbornness, obstinacy
entier/entière whole, entire
entonnoir (*m.*) funnel
entourer to surround
entraîner to entail; to bring about; **s'entraîner** to train
entrée (*f.*) entrance; main course
entretenir to maintain, keep in good condition
entrevoir to catch a glimpse of, have an inkling of
envahir to invade

envers toward
envie (*f.*) desire, fancy; **avoir (très) envie de** to want (badly)
environ approximately, around, about
envisager to envisage, contemplate
s'épanouir to open up, blossom, light up (face)
épanouissement (*m.*) blossoming
épouser to marry, wed
épouvanter to scare, terrify
époux/épouse spouse
épreuve (*f.*) test, ordeal
épuiser to exhaust, use up
équatorial(e) equatorial
équipe (*f.*) team
équitable equitable, fair
équitablement equitably, fairly
équité (*f.*) equity, fairness, impartiality
équivaloir to be equal, be equivalent to
ère (*f.*) era, epoch
ériger to erect, establish
escalier (*m.*) staircase
escargot (*m.*) snail
Espagne (*f.*) Spain
espagnol(e) Spanish
espoir (*m.*) hope
esprit (*m.*) spirit, mind
essayer de to try to, attempt
essence (*f.*) gasoline
essor (*m.*) rapid expansion
esthétique (*f.*) aesthetics, attractiveness
estimer to guess, estimate, think
établir to establish; **s'établir** to establish oneself
étage (*m.*) story, floor
étagère (*f.*) shelving unit
étaler to spread out
étang (*m.*) pond
étape (*f.*) stage
état (*m.*) state; **État** government; **état d'âme** state of mind, mood; **état-major** headquarters staff, top management; **États-Unis** United States
étendre to spread, stretch; **s'étendre à** to reach all the way to
ethnie (*f.*) ethnic group
étiquette (*f.*) label
étonner to surprise; **s'étonner de** to be surprised at
étouffer to stifle, suffocate
étranger/étrangère foreign(er); **à l'étranger** abroad
être to be; **être bien aise de** to be very pleased to; **être en bons termes** to be on good terms; **être à l'étroit** to be cramped for space, hemmed in
étroit(e) narrow
étroitement closely
étude (*f.*) study; attorney's office; **faire de bonnes études** to do well in school
s'évader to escape, break loose
événement (*m.*) event, occurrence
éviter to avoid
évoluer to evolve
évoquer to evoke
exception (*f.*) exception; **faire exception** to make an exception; **à quelques exceptions près** with few exceptions
exécutant(e) performer

exemplaire (*m.*)　example, copy, specimen
exercer　to practice; **exercer un métier**　to practice a
　profession
exode (*m.*)　exodus
expliquer　to explain
exploiter　to use, work, operate; **exploiter la terre**　to
　cultivate the land
explorateur/exploratrice　explorer
exportation (*f.*)　exporting
exporter　to export
exposition (*f.*)　exhibit
exprès　intentionally, on purpose
express (*m.*)　express train
exprimer　to express
extérieur (*m.*)　outside, exterior
extrait (*m.*)　extract, selection

fabriquer　to make
face (*f.*)　face; **en face de**　across from; **faire face à**　to
　face, face up to, deal with
facile　easy
faire　to make, do; **faire banqueroute**　to go bankrupt;
　faire briller　to make shine, polish; **faire bonne
　chère**　to eat well; **faire de bonnes études**　to do
　well in school; **faire du mal**　to harm, hurt; **faire du
　rocher**　to go rock climbing; **faire du ski
　nautique**　to water-ski; **faire exception**　to make an
　exception; **faire face à**　to face, deal with; **faire la
　cour à**　to court, seek to impress; **faire la lessive**　to
　do the laundry; **faire le point de**　to take stock of;
　faire les boutiques, faire les magasins　to go
　shopping; **faire marche arrière**　to go in reverse;
　faire partie de　to belong to; **faire place à**　to make
　room for; **faire sacrer**　to have crowned or
　consecrated; **faire sa toilette**　to wash and dress;
　faire son beurre (*sl.*)　to earn one's living; **faire son
　droit**　to study law; **faire tenir**　to make hold; **faire
　tout son possible**　to do everything one can; **se
　faire**　to become, make oneself; **se faire aimer de**　to
　win the affection of
fait (*m.*)　fact; **en fait**　in fact; **faits divers**　news
　items
falloir　to be necessary, have to
famille (*f.*)　family; **famille nombreuse**　large family
fanfare (*f.*)　fanfare
fantôme (*m.*)　ghost
farce (*f.*)　practical joke, trick, prank
faubourg (*m.*)　suburb
fauteuil (*m.*)　armchair
favoriser　to encourage, promote
femelle (*f.*)　female
femme (*f.*)　woman; **femme de chambre**　maid
fer (*m.*)　iron
fermement　firmly
ferroviaire　of the railroad
fête (*f.*)　celebration, holiday; **fête foraine**　fun fair
fêter　to celebrate; **fêter en grande pompe**　to celebrate
　in grand style
feu (*m.*)　fire; **feux d'artifice**　fireworks
feutré(e)　muffled
fidèle　loyal, faithful
fier/fière　proud
fièvre (*f.*)　fever

figurer　to appear
fil (*m.*)　wire; **fil électrique**　electrical wire; **au fil des
　années**　through the years
fille (*f.*)　girl, daughter
film (*m.*)　film, movie; **film policier**　"whodunit" film
fils (*m.*)　son
fin(e)　fine; **fines herbes**　herbs for seasoning
fin (*f.*)　end; **prendre fin**　to end
flamand(e)　Flemish
flan (*m.*)　baked custard
flâner　to loaf around, "hang out"
fleurir　to bloom, flourish, prosper
fleuve (*m.*)　river
flipper (*m.*)　pinball machine
floraison (*f.*)　flowering, blooming
flot (*m.*)　wave, stream, flood
fluvial(e)　of a river
flux (*m.*)　flow
foi (*f.*)　faith
foie (*m.*)　liver
fois (*f.*)　time; **à la fois**　at the same time
foncer　to rush, charge, swoop
fonction (*f.*)　function, operation; **en fonction de**　as a
　function of
fonctionner　to function, work, operate
fond (*m.*)　bottom, back
forain(e)　itinerant, traveling
force (*f.*)　force; **force majeure**　act of God
forcément　necessarily
forêt (*f.*)　forest
former　to form; **se former**　to take form
formulable　able to be formulated
formule (*f.*)　formula, method
fort(e)　strong
fortement　strongly
fossé (*m.*)　ditch
foule (*f.*)　crowd
four (*m.*)　oven; **four à micro-ondes**　microwave oven
fourchette (*f.*)　fork
fournir　to furnish, supply, provide
foyer (*m.*)　household, home
fracas (*m.*)　din, crashing sound
fraîchement　freshly, recently
frais (*m.*)　expense, cost
Français(e)　French person; **le Français moyen**　the
　average Frenchman
France (*f.*)　France; **la France profonde**　provincial
　France (in contrast to Paris)
francophone (*m.*, *f.*)　French speaker
frappant(e)　striking
frapper　to hit, strike
frémir　to shudder, shake
frénétique　frenetic
fréquentation (*f.*)　frequenting, frequent visits
fret (*m.*)　freight
frigo (*sl.*) (*m.*)　refrigerator, fridge
froid(e)　cold
fruitier/fruitière　fruit-bearing
fuir　to flee; **fuir à toute vapeur**　to get away at top
　speed
fulgurant(e)　flashing like lightning
fumée (*f.*)　smoke
au fur et à mesure　while, as, progressively

fusée (*f.*)   rocket
fusil (*m.*)   gun, rifle
futé(e)   crafty, sly

gagner   to gain, win, earn; **gagner du terrain**   to gain ground
gain (*m.*)   gain
gamin/gamine   brat
garagiste (*m.*)   garage owner, mechanic
garçon (*m.*)   boy; waiter
garde-barrière (*m., f.*)   gatekeeper
garder   to keep
gardien(ne)   caretaker
gare (*f.*)   train station
garnir   to garnish, decorate
gazeux/gazeuse   carbonated, fizzy
gémir   to groan, moan
gendre (*m.*)   son-in-law
gêner   to bother
en général   in general
généreux/généreuse   generous
générique (*m.*)   film credits
genre (*m.*)   type, kind
gens (*m. or f.pl.*)   people
geste (*m.*)   gesture
gestion (*f.*)   management
gifle (*f.*)   slap in the face
gigantesque   gigantic
glace (*f.*)   ice, ice cream; car window, mirror
glissement (*m.*)   sliding, slipping; **glissement de terrain**   landslide
gomme (*f.*)   gum, eraser; **gomme à mâcher**   chewing gum
gorge (*f.*)   throat
gourmand(e)   person who loves to eat
gourmet (*m.*)   gourmet
goût (*m.*)   taste; **prendre goût à**   to take to
goûter (*m.*)   after-school snack
grâce à   thanks to, owing to
graine (*f.*)   seed
grandir   to get bigger, grow up
grandissant(e)   growing, increasing
gratifier   to gratify, give satisfaction to
gratte-ciel (*m.*)   skyscraper
gratter   to scratch; **se gratter**   to scratch oneself
gratuit(e)   free of charge
grenier (*m.*)   attic
grève (*f.*)   strike; **en grève**   on strike
grief (*m.*)   grievance, ground for complaint
grimper   to climb
grive (*f.*)   thrush
gros(se)   big; **en gros**   on the whole, overall; **gros sous** (*m.pl.*)   money; **gros titres** (*m.pl.*)   headlines
grossesse (*f.*)   pregnancy
grossier/grossière   coarse, rough, rude, crude
grossièrement   roughly, coarsely
grossir   to get fat, put on weight
groupement (*m.*)   grouping, classification
guérir   to cure
guerre (*f.*)   war
guise (*f.*)   manner, way, fashion; **en guise de**   as, substituting for
gymnastique (*f.*)   gymnastics

habillé(e)   dressed
habiller   to dress; **s'habiller**   to get dressed
habitation (*f.*)   dwelling; **habitation à loyer modéré (HLM)**   low-cost housing
habituer   to accustom; **s'habituer à**   to get used to, become accustomed to
haletant(e)   panting
hasard (*m.*)   chance, luck; **au hasard**   at random
haut(e)   high; **haute couture**   high fashion; **haute pression**   high pressure; **à haute voix**   aloud
hauteur (*f.*)   height
herbe (*f.*)   herb, grass
héritage (*m.*)   inheritance
hériter   to inherit
héritier/héritière   heir
hétérogène   heterogeneous, different
heure (*f.*)   hour, time; **heure de pointe**   rush hour
hocher   to shake one's head, nod
homme (*m.*)   man; **homme d'affaires**   businessman
homogène   homogeneous, similar
honnête   honest
honoraires (*m.pl*)   honorarium, fee
hôpital (*m.*)   hospital
horizon (*m.*)   horizon, skyline
hors   outside; **hors de**   outside of
hospitalier/hospitalière   hospitable
huile (*f.*)   oil
huître (*f.*)   oyster
humeur (*f.*)   humor, mood, spirits
humide   damp, humid
hurlement (*m.*)   yelling, roaring, howling
hurler   to yell
hutte (*f.*)   hut
hyacinthe (*f.*)   hyacinth
hydroélectricité (*f.*)   hydroelectricity
hygiène (*f.*)   hygiene
hymne (*m.*)   hymn, anthem

ignorer   not to know
île (*f.*)   island
illettré(e)   illiterate, uneducated (person)
immensité (*f.*)   immensity, vastness
immeuble (*m.*)   building
imparable   unstoppable
imperméable (*m.*)   raincoat
implanter   to implant, set up, establish
importer   to import
imprégner   to saturate; **s'imprégner de**   to become saturated with
inclination (*f.*)   inclination
incomber   to become the responsibility of
inconvénient (*m.*)   disadvantage
inculte   uncultured, uneducated
indémodable   always in fashion
index (*m.*)   index; index finger
indicateur (*m.*)   signal; timetable
indice (*m.*)   mark, indication
indien(ne)   Indian
indigène   native
indiscuté(e)   undisputed
indochinois(e)   Indochinese
industrie (*f.*)   industry; **industrie alimentaire**   food industry

inévitable inevitable, unavoidable
inférieur(e) lower, inferior
infirmer to invalidate
infirmier/infirmière nurse
infraction (f.) offense, violation of the law
infrastructure (f.) infrastructure
ingénieur (m.) engineer
inondation (f.) flood
inquiet/inquiète worried
inquiéter to worry
inquiétude (f.) anxiety, uneasiness, worry
s'inscrire à to enroll in, register for
insertion (f.) insertion
insipide insipid, tasteless, dull, flat, uninteresting
inspecteur/inspectrice inspector; **inspecteur des fraudes** fraud investigator
installer to set up; **s'installer à son propre compte** to set up one's own business
instituteur/institutrice elementary school teacher
insuffisant(e) insufficient, inadequate
intendant (m.) steward; provincial administrator
intercaler to insert, sandwich in
interconnexion (f.) connection
interpeller to challenge, heckle, accost
intimité (f.) intimacy; **dans l'intimité** privately, with a few friends
intituler to title, name
introduire to introduce
investissement (m.) investment
investisseur (m.) investor
inviter to invite
islam (m.) Islam
Ivoirien(ne) person from the Ivory Coast

jacobin(e) Jacobin (member of a political club formed around the time of the French Revolution); pro-centralization
jaillir to gush, spout
jalon (m.) stake, marker; **poser les jalons** to pave the way, blaze a trail
jambon (m.) ham
jardin (m.) garden
jardinage (m.) gardening
jeu (m.) game; **jeu de mots** pun; **vieux jeu** old-fashioned
jeune young
jouer to play; **jouer aux boules** to play *boules* (lawn bowling); **se jouer de** to trifle with (someone)
jour (m.) day; **jour de l'an** New Year's Day; **plat du jour** daily special (in a restaurant)
journal (m.) newspaper
journée (f.) day, daytime; **journée continue** continuous workday with a short break for lunch
juger to judge
jurer to swear
justement exactly, rightly, properly
justesse (f.) accuracy

kiosque (m.) newsstand

laboratoire (m.) laboratory
labourage (m.) agriculture

labourer to plow
lac (m.) lake
laisser to leave
lait (m.) milk
laiteux/laiteuse milky
laitier/laitière milkman/milkmaid
laitue (f.) lettuce
lancée (f.) momentum; **sur leur lancée** on their way up
lancer to throw, toss, launch, start, initiate; **se lancer dans** to plunge into
laps (m.) **de temps** time lapse
largement for the most part
larme (f.) teardrop
laver to wash
lavette (f.) dishcloth
lave-vaisselle (m.) dishwasher
leçon (f.) lesson
lecture (f.) reading
léger/légère light
légèrement lightly
légume (m.) vegetable
lent(e) slow
lentille (f.) lentil; lens
lessive (f.) laundry; **faire la lessive** to do the laundry
lever to raise; **se lever** to get up
liberté (f.) freedom, liberty
lié(e) tied, connected, associated
lien (m.) tie, connection
lier to connect; **lier conversation** to start talking
lieu (m.) place; **avoir lieu** to take place
limite (f.) limit
limitrophe bordering
lin (m.) flax, linseed; linen
lire to read
livre (m.) book
livrer to deliver; **se livrer à** to surrender to, give oneself up to, indulge in
locataire (m., f.) tenant
logement (m.) lodging
loi (f.) law
lointain(e) distant
loisir (m.) leisure time, leisure activity; **à loisir** at your convenience
long(ue) long; **(tout) au long** all along
longueur (f.) length
lopin (m.) plot of land
louer to rent; to praise
louisianais(e) Louisianan
loup (m.) wolf
lourd(e) heavy
loyer (m.) rent
luisant(e) shiny
lumière (f.) light
lutte (f.) fight
luxe (m.) luxury
luxueux/luxueuse luxurious
lycée (m.) high school

mâcher to chew
machin (m.) thingamajig
machine (f.) machine; **machine à écrire** typewriter
maçonnerie (f.) masonry

magasin (*m.*) store; **faire les magasins** to shop, go shopping
magazine (*m.*) magazine
magnétophone (*m.*) tape recorder
magnétoscope (*m.*) VCR
maigrir to become thinner, lose weight
main (*f.*) hand
maintien (*m.*) maintenance, upkeep
maire (*m.*) mayor
maison (*f.*) house; **maison de courtage** brokerage firm
maître (*m.*) master, teacher
mal (*m.*) evil, hurt, wrong; **avoir mal** to hurt; **avoir mal au ventre** to have a stomachache; **faire du mal** to harm, hurt
maladie (*f.*) illness, sickness; **maladie du sommeil** sleeping sickness
malaise (*m.*) discomfort, uneasiness; **avoir un malaise** to feel unwell
malentendu (*m.*) misunderstanding
malgré in spite of
malheur (*m.*) misfortune, unhappiness
malin/maligne clever, crafty, sly, shrewd
mamelle (*f.*) breast, udder
Manche (*f.*) English Channel
manger to eat
manifestation (*f.*) demonstration, protest
manque (*m.*) lack; **manque d'hygiène** lack of good hygiene; **manque de travail** lack of jobs
manuel(le) manual
manuel (*m.*) manual; **manuel scolaire** textbook
marche (*f.*) running, operation; **faire marche arrière** to go in reverse
marché (*m.*) market; **marché aux puces** flea market
marcher to walk; to work, function
maréchal (*m.*) marshal
marge (*f.*) margin, border, edge
mari (*m.*) husband
mariage (*m.*) marriage
marin (*m.*) sailor
Maroc (*m.*) Morocco
marocain(e) Moroccan
marron (*m.*) chestnut
marteau (*m.*) hammer
masque (*m.*) mask
matelas (*m.*) mattress
maternel(le) maternal; **école maternelle** nursery school
matière (*f.*) material; **matières premières** raw materials
matin (*m.*) morning
matinal(e) early, of the early morning
mauvais(e) bad; **mauvais temps** bad weather
mécanisé(e) mechanized
mécontentement (*m.*) dissatisfaction, displeasure
médecin (*m.*) physician, doctor
médecine (*f.*) field of medicine
média (*m.*) medium; **les médias** the media
médicament (*m.*) medicine, medication
méfiant(e) distrustful, suspicious
meilleur(e) better
se mêler à to involve oneself in, take part in, join in

membre (*m.*) member
même same; even; **de même** likewise; **tout de même, quand même** all the same; **en même temps** at the same time
mémoire (*f.*) memory
ménage (*m.*) household, family
ménager/ménagère domestic, of the household
mensonge (*m.*) lie
menuisier-ébéniste (*m.*) cabinetmaker
mer (*f.*) sea
merveilleux/merveilleuse marvelous
mesure (*f.*) measurement; **sur mesure** made to order, custom-made; **au fur et à mesure** while, as, progressively
métier (*m.*) trade, profession, occupation; **exercer un métier** to practice a profession, ply a trade
métro (*m.*) subway
métropole (*f.*) parent nation of a colony; capital city
metteur (*m.*) **en scène** producer, director
mettre to put, place; **mettre le son** to turn the sound on; **mettre en confiance** to win (someone's) trust; **se mettre à** to start to, set to, begin to
meuble (*m.*) piece of furniture
meubler to furnish
mi- mid; **à mi-chemin** midway, halfway
micro, microphone (*m.*) microphone
micro-onde (*f.*) microwave
Midi (*m.*) south of France
mieux better; **il vaut mieux** it would be better (to)
mieux-vivre (*m.*) better way of life
migration (*f.*) migration; **migration urbaine** migration to the cities
migratoire migratory
milieu (*m.*) surroundings, environment; **milieux ruraux** rural society
milliard (*m.*) billion
millionième millionth
mince thin
mine (*f.*) mine; appearance
mineure (*f.*) minor (subject) (*Canadian usage*)
Minitel (*m.*) home computer terminal
miroir (*m.*) mirror
mise (*f.*) **en service** start-up, putting into service
misère (*f.*) misery
mitrailleuse (*f.*) machine gun; (here) bar implement
mixte mixed, coed
mobilité (*f.*) mobility
mode (*m.*) style, manner; **mode de vie** way of life
mœurs (*f.pl.*) morals, manners (of people), customs (of a country)
moindre (*m.*) least
moins less; **le moins** least; **au moins** at least; **pour le moins** at the very least
moitié (*f.*) half
monarchie (*f.*) monarchy
monde (*m.*) world; **tiers monde** Third World
monétaire monetary
monnaie (*f.*) money, change
montagne (*f.*) mountain
montée (*f.*) climb
monter to climb; to assemble
montre (*f.*) wristwatch
montrer to show

monument (*m.*) monument; **monument aux morts** monument in honor of the dead
se moquer de to make fun of, mock
moqueur/moqueuse mocking; mocker, practical joker
moral (*m.*) morale
mort(e) deceased person
mosaïque (*f.*) mosaic
mosquée (*f.*) mosque
mot (*m.*) word; **mots croisés** crossword puzzle; **jeu de mots** pun
moucher to wipe; **se moucher** to blow one's nose
mouiller to dampen
mourir to die
mousse (*f.*) foam
moustique (*m.*) mosquito
mouton (*m.*) sheep
mouvementé(e) excited, turbulent
moyen (*m.*) means; **moyens de transport** means of transportation; **avoir les moyens** to be able to afford
moyen(ne) average; **le Français moyen** the average Frenchman
moyenne (*f.*) average; **en moyenne** on the average
mue (*f.*) molting
multinationale (*f.*) multinational company
mur (*m.*) wall
mûrir to ripen
musculation (*f.*) bodybuilding
Musulman(e) Muslim

nager to swim
naïf/naïve naive
naissance (*f.*) birth
nappe (*f.*) tablecloth
narine (*f.*) nostril
narrateur/narratrice narrator
nation (*f.*) nation; **Nations Unies** United Nations
navire (*m.*) ship, vessel
ne (negative particle); **ne t'en fais pas!** don't worry about it!; **ne... guère** hardly; **ne... que** only
néanmoins nevertheless
néerlandais(e) Dutch
nettoyer to clean
neuf/neuve new
nez (*m.*) nose
nier to deny
niveau (*m.*) level; **au niveau de** at the level of; **niveau de vie** standard of living; **passage à niveau** railroad crossing
noce (*f.*) wedding; **noces d'or** golden wedding anniversary
noir(e) black
noirceur (*f.*) blackness
nom (*m.*) name
nommer to name
nor'af (*m.*) (*sl.*) North African
nordiste northern
notaire (*m.*) notary
noter to note
nourrir to feed, provide nourishment
nourriture (*f.*) food
nouveau/nouvelle new; **de nouveau** again
nouvelle (*f.*) piece of news
noyer to drown, swamp, inundate

nuage (*m.*) cloud
nuageux/nuageuse cloudy
nuancer to shade, vary

obéissance (*f.*) obedience
obstruer to block, obstruct
obtenir to obtain
occasion (*f.*) occasion, opportunity, chance; **avoir l'occasion de** to have the opportunity to
occidental(e) western
s'occuper de to take care of
œil (*m.*) eye (*pl.*: **yeux**)
œuf (*m.*) egg
œuvre (*f.*) work (collectively), accomplishments
œuvrer to work, strive for
oiseau (*m.*) bird
olivier (*m.*) olive tree
ombrager to shade, protect from the sun
onde (*f.*) wave; **onde courte** shortwave
ongle (*m.*) fingernail
opter to opt for, choose
or (*m.*) gold
orage (*m.*) storm
ordonnance (*f.*) prescription
ordonner to order, arrange in order
ordures (*f.pl.*) garbage, trash
oreille (*f.*) ear
organiser to organize
orgueil (*m.*) pride
orienter to orient
original(e) original
oser to dare
ôter to take away, remove
oublier to forget
outre-mer overseas
ouvrir to open

pain (*m.*) bread
pancarte (*f.*) placard, poster
panier (*m.*) basket
panne (*f.*) breakdown, failure
panneau (*m.*) panel, board
papeterie (*f.*) stationery store, paper mill
papier (*m.*) paper; **papier peint** wallpaper
paquebot (*m.*) ocean liner
parapluie (*m.*) umbrella
parbleu! Good Lord, yes!
parc (*m.*) park; **parc d'attractions** amusement park
parcourir to travel through, cover (ground)
parcours (*m.*) distance traveled, route covered
parenté (*f.*) relatives, family relations
parenthèse (*f.*) parenthesis; **entre parenthèses** in parentheses
paresseux/paresseuse lazy
parfois sometimes
parfum (*m.*) perfume, scent; flavor
parmi among
parole (*f.*) word, speech
parquet (*m.*) flooring
part (*f.*) share, portion; **à part entière** full (partner, citizen); **d'une part... ; d'autre part** on the one hand ... ; on the other hand
partage (*m.*) sharing, allotment, distribution, division

partager to share; **se partager** to divide
parti (*m.*) political party, choice, decision
participer à to participate in, take part in
partie (*f.*) part; **faire partie de** to belong to, be a part of
partir to leave; **à partir de** from (this point on)
partout everywhere
parvenir à to arrive at, reach
pas (*m.*) step; **à deux pas de** very close to
passage (*m.*) crossing; **passage à niveau** railroad crossing
passager/passagère passenger
passer to pass, spend
passe-temps (*m.*) pastime, hobby
pâté (*m.*) pâté
patineur/patineuse skater
patrie (*f.*) native country, homeland
patrimoine (*m.*) inheritance, estate
patriotisme (*m.*) patriotism
patron/patronne boss
pâturage (*m.*) grazing
pauvre poor
pauvreté (*f.*) poverty
pays (*m.*) country; **pays natal** native country, homeland; **pays de cocagne** land of milk and honey, land of plenty; **Pays basque** Basque region
paysage (*m.*) countryside, landscape, scenery
péage (*m.*) toll
peau (*f.*) skin
pêche (*f.*) fishing
peigner to comb
peine (*f.*) penalty; difficulty; **à peine** hardly
peintre (*m.*) painter
péjoratif/péjorative pejorative
pelouse (*f.*) lawn
se pencher to bend, stoop, lean
pendule (*f.*) clock
pénible difficult, painful
péninsule (*f.*) peninsula
pensée (*f.*) thought
pension (*f.*) payment for room and board; **pension complète** full room and board; **pension de famille** boarding house
pente (*f.*) incline
pénurie (*f.*) scarcity, dearth, shortage
percer to pierce, punch through
percevoir to perceive, discern; collect (taxes)
perdu(e) lost
perfectionner to improve, perfect
permettre to permit, allow
permis (*m.*) permit, license; **permis de conduire** driver's license
personnage (*m.*) character
perte (*f.*) loss
petit(e) small; **petit ami** boyfriend; **petite amie** girlfriend; **petites classes** primary grades; **petites annonces** classified ads
pétrole (*m.*) oil, petroleum
peuple (*m.*) people
peuplé(e) inhabited, populated
peuplier (*m.*) poplar
pharmacien(ne) pharmacist
phosphate (*m.*) phosphate

pichet (*m.*) pitcher
pièce (*f.*) piece; coin; room; **pièces détachées** spare parts
pied (*m.*) foot; **à pied** on foot; **pied-noir** (*m.*) French person born in North Africa
piège (*m.*) trap
pierre (*f.*) stone
piéton/piétonne pedestrian
pignon (*m.*) gable
pile (*f.*) battery
pilote (*m.*) pilot; **pilote de ligne** airline pilot
pion (*m.*) pawn
pionnier (*m.*) pioneer
pique-fiche (*m.*) spindle
pique-nique (*m.*) picnic
piqûre (*f.*) injection, prick, sting, bite
pire worse; **le pire** worst
piscine (*f.*) swimming pool
piston (*m.*) piston
place (*f.*) place; public square; **faire place à** to make room for
placer to place; **placer des capitaux** to invest money
plafond (*m.*) ceiling
plage (*f.*) beach
plaindre to pity; **se plaindre de** to complain about
plainte (*f.*) complaint
plaire to please; **se plaire à** to enjoy
planche (*f.*) board
plancher (*m.*) floor
plat (*m.*) dish, course of a meal; **plat de résistance** main dish; **plat du jour** daily special
plateau (*m.*) tray, shelf, board, platform
plâtrier (*m.*) plasterer
plébiscite (*m.*) plebiscite
plein(e) full; **plein tarif** full fare
pleurer to cry
pleurote (*m.*) trumpet mushroom
pli (*m.*) to fold, pleat, crease
plombier (*m.*) plumber
plonge (*f.*) dishwashing
pluie (*f.*) rain
plume (*f.*) feather; **plume d'autruche** ostrich feather
plupart (*f.*) most; **la plupart de** most (of)
plusieurs several
plutôt rather
pneu (*m.*) tire; **pneu crevé** flat tire
poids (*m.*) weight
poing (*m.*) fist
point (*m.*) point; **faire le point de** to take stock of; **un point, c'est tout** period, end of story
pointe (*f.*) point, tip; **de pointe** peak, heavy; high-tech, state-of-the-art
poisson (*m.*) fish
poitrine (*f.*) chest, breast, bosom
poivre (*m.*) pepper
policier/policière detective
polir to polish
pollution (*f.*) pollution; **pollution marine** pollution of the ocean
polonais(e) Polish
pompe (*f.*) pomp; **en grande pompe** in grand style, elaborately
ponctuer to punctuate

pont (*m.*) bridge
portée (*f.*) reach; **à (la) portée de** within reach of
portemanteau (*m.*) coat rack
porter to carry, bear
porteur/porteuse bearer, messenger
portière (*f.*) car door
pose (*f.*) placement; **pose de papier peint** wallpapering
poser to place; **poser les jalons** to pave the way, blaze a trail
possible possible; **faire tout son possible** to do everything one can
poste (*m.*) job; **poste de commande** control station
poubelle (*f.*) garbage can
poupon/pouponne baby
pouponner to baby, coddle
pourboire (*m.*) tip, gratuity
pourcentage (*m.*) percentage
poursuivre to pursue, proceed
pouvoir (*m.*) power; **pouvoir d'achat** purchasing power
pratiquer to practice
préciser to specify
preconcevoir to preconceive
préconiser to advocate, recommend
préfecture (*f.*) administrative center of a *département*; police headquarters
préfet (*m.*) administrator of a *département*; chief of police
préférence (*f.*) preference; **de préférence** preferably
préjugé (*m.*) prejudice
prélèvement (*m.*) deduction
premier/première first
prendre to take; **prendre en compte** to take into account; **prendre fin** to end; **prendre goût à** to take to
prénom (*m.*) first name
préparatifs (*m.pl.*) preparations
prépondérant(e) preponderant, leading
près near; **à peu près** nearly, about; **de près** close, near, at close range
présentoir (*m.*) rack
prestation (*f.*) allowance, contribution
prêter to lend
prêtre (*m.*) priest
preuve (*f.*) proof
prévision (*f.*) forecast, expectation, anticipation
prévoir to foresee, anticipate
prière (*f.*) prayer
prime (*f.*) bonus; **en prime** as a bonus
primeurs (*f.pl.*) early vegetables and fruits
primordial(e) of prime importance
printemps (*m.*) spring
priorité (*f.*) priority, right of way
prise (*f.*) **en charge** taking charge, assuming responsibility
priver to deprive
prix (*m.*) price
proche near
proclamer to proclaim, declare
procurer: se procurer to obtain; **bénéfice procuré** profit realized
produit (*m.*) product; **produit laitier** dairy product

professeur (*m.*) professor
programme (*m.*) program, schedule
progrès (*m.*) progress
projet (*m.*) draft; **projet de loi** bill
projeter to plan
prolifique prolific
prolongement (*m.*) extension, continuation
promener to walk: **se promener** to go for a walk
promptement promptly
prophétie (*f.*) prophecy
propos (*m.*) subject, remark; **à propos de** in connection with, on the subject of
propre clean; own
proprement dit literally, precisely
prospère prosperous
protection (*f.*) protection
protectorat (*m.*) protectorate
protéger to protect
provincial(e) provincial
provoquer to incite, cause to happen
puiser to draw (water), derive (ideas)
puissance (*f.*) power
puissant(e) powerful
punir to punish
pupitre (*m.*) desk
purée (*f.*) **(de pommes de terre)** mashed potatoes
pylône (*m.*) pylon

quadrupler to quadruple
quand when; **quand même** all the same
quant à as for, with regard to
quarantaine (*f.*) about forty
quart (*m.*) quarter, one-fourth
quartier (*m.*) neighborhood; **quartier latin** Latin Quarter
querelle (*f.*) quarrel
quitter to leave
quoique although
quotidien (*m.*) everyday life
quotidien(ne) daily
quotidiennement daily

racine (*f.*) root
raconter to tell, recount
radar (*m.*) radar
raffinerie (*f.*) refinery
rail (*m.*) rail
raison (*f.*) reason
ralentir to slow down
râler (*sl.*) to complain
ramassage (*m.*) collection; **ramassage d'ordures** garbage collection
ramasser to collect, gather
rame (*f.*) train
randonnée (*f.*) hike
rang (*m.*) row, line, rank
rangée (*f.*) row
rapide fast, rapid
rappeler to recall, remind; to call back; **se rappeler** to remember
rapport (*m.*) relation, connection; **par rapport à** compared to

rapprocher to bring together; **se rapprocher de** to draw nearer to

ras: en avoir ras le bol (*sl.*) to have enough, have it up to here

rassemblement (*m.*) assembly, gathering, crowd

rassembler to gather; **se rassembler** to gather together

ratage (*m.*) failure

ratifier to ratify

ratisser to rake, hoe

rattraper to make up, catch up

rayon (*m.*) ray; aisle

rayonner to radiate, beam, shine

réagir to react

réalisateur/réalisatrice producer

réaliser to accomplish, produce

rebaptiser to rebaptize

reboiser to reforest, replant trees

recette (*f.*) recipe; receipts, revenues

réchauffement (*m.*) heating up

réclamer to claim, complain

récolter to harvest

récréation (*f.*) recess, recreation

recueil (*m.*) collection, compilation

recueillement (*m.*) meditation, contemplation

recul (*m.*) backward movement; **en recul** declining, diminishing

rédaction (*f.*) writing, drafting, editing

redresser to straighten, set right; **se redresser** to stand up straight

référendum (*m.*) referendum

référer to refer, attribute, ascribe

réfléchir to reflect, think, consider

refléter to reflect

réfugié(e) refugee

réfuter to refute, disprove

regarder to look at

régime (*m.*) diet

règle (*f.*) rule

regorger to overflow, brim over

régresser to regress, diminish

regretter to regret

rejaillir to rebound, spurt out

rejoindre to rejoin, reunite

réjouir to delight, gladden; **se réjouir de** to rejoice at, be delighted at

relier to connect, link

religieux/religieuse religious

remarquer to note

rembourser to reimburse

remonter to go up again; to reassemble

remplacer to replace

remplir to fill

remuer to move, stir

rencontrer to meet

rendre to give back, turn in, convey; **se rendre à** to go to

renforcement (*m.*) reinforcement

renommer to reappoint

renoncer to renounce, give up

renouveau (*m.*) renewal

renseignement (*m.*) piece of information

rentabiliser to make profitable

rentable profitable

rentrer to return home, come back

répandre to spread; **se répandre** to spill out, spread out

réparer to repair

répartir to distribute evenly

repassage (*m.*) going over, reviewing; ironing

repeindre to repaint

repérer to find, locate

réplique (*f.*) reply

répondre to respond

reposer to place again; **se reposer** to lie, rest

reprendre to take again, recapture, restart

représentant(e) representative, agent

reproduire to reproduce

résidence (*f.*) residence, home; **résidence secondaire** country home, vacation home

résoudre to solve; **à résoudre** to be resolved

respirer to breathe

responsable (*m., f.*) person in charge

resquiller to wangle, avoid paying for, crash a party

ressaisir to seize again; **se ressaisir** to get hold of oneself

ressentir to feel; to resent

ressortir to be evident, come out again, result, follow

restaurant (*m.*) restaurant; **restaurant minceur** restaurant with "light" menu selections

restauration (*f.*) catering, food preparation; **restauration rapide** fast-food industry

rester to stay, remain

restreindre to restrict

restreint(e) limited, restricted

résumer to summarize

rétablir to reestablish; **se rétablir** to recover

rétablissement (*m.*) reestablishment, recovery

retard (*m.*) delay; **en retard** late

retentir to ring out

retourner to return, get back, turn over

retraite (*f.*) retirement

retrouver to find again; **se retrouver** to find oneself; to meet again

réunion (*f.*) meeting

réunir to reunite, bring together; **se réunir** to meet, gather together

réussir to succeed

réussite (*f.*) success

rêvasser to muse, daydream

réveillon (*m.*) dinner or party on Christmas Eve or New Year's Eve

rêver to dream

revêtir to put on, coat

révolu(e) past, bygone

revue (*f.*) magazine

riant(e) laughing

rideau (*m.*) curtain

rigolo (*sl.*) funny, comical

rigueur (*f.*) rigor, strictness; **de rigueur** obligatory

rillettes (*f.pl.*) chunky pork pâté

rire to laugh

rivaliser to rival, compete with, vie with

rive (*f.*) riverbank

rocailleux/rocailleuse rocky, stony

rocher (*m.*) rock; **faire du rocher** to go rock climbing

rôle (*m.*) role, part
roman (*m.*) novel; **roman-feuilleton** (*m.*) serialized novel
rond(e) round
ronronnement (*m.*) purring
rouge red
rouler to roll, travel; **rouler à bicyclette** to ride a bicycle
route (*f.*) road
routier/routière relating to roads
royaume (*m.*) kingdom
ruban (*m.*) ribbon, tape
rue (*f.*) street
rugir to roar, bellow

sable (*m.*) sand
sabot (*m.*) clog, wooden shoe
sac (*m.*) bag, sack
sachet (*m.*) small bag, packet
sacrer to consecrate; **faire sacrer** to have crowned or consecrated
sage wise; **sage-femme** (*f.*) midwife
sain(e) healthy
saisir to seize, grasp
salarié(e) salaried worker
sale dirty
salle (*f.*) room; **salle d'attente** waiting room; **salle de bains** bathroom
salon (*m.*) living room
saluer to greet
sang (*m.*) blood; **sang-froid** (*m.*) coolness, composure
sans-abri (*m.*) homeless person
saucisson (*m.*) salami
sauf except
saumon (*m.*) salmon; **saumon fumé** smoked salmon
sauna (*m.*) sauna
sauter to jump
savant(e) scholar, scientist
savoir to know, find out; **savoir-vivre** (*m.*) good manners, breeding
schéma (*m.*) diagram, outline
scie (*f.*) saw
scolarisation (*f.*) education, schooling
scolarité (*f.*) school attendance
sec/sèche dry
sèche-linge (*m.*) dryer
sécher to dry
sécheresse (*f.*) drought
secondé(e) assisted, backed up
secouer to shake
secours (*m.*) help, relief, aid, assistance
secteur (*m.*) sector; **secteur tertiaire** service industries
séculier/séculière secular
sécurité (*f.*) safety
séduire to seduce, fascinate, captivate
séjour (*m.*) stay
séjourner to stay, stop, remain
sel (*m.*) salt
selon according to
semblable similar
semer to sow
semoule (*f.*) semolina

sens (*m.*) meaning, sense, direction; **sens giratoire** traffic circle; **sens interdit** one-way street; **dans le sens des aiguilles d'une montre** clockwise; **contre le sens des aiguilles d'une montre** counterclockwise
sensible sensitive; considerable
senteur (*f.*) scent, perfume (*a literary usage*)
sentir to sense, smell; **se sentir** to feel
série (*f.*) series; **de série** mass-produced
serpent (*m.*) snake
serrer to hold tightly, close up, press
servage (*m.*) bondage, serfdom
serveuse (*f.*) waitress
service (*m.*) service; **services publics** public services
serviette (*f.*) napkin; towel
servir à to serve as
set (*m.*) **de table** set of placemats
seulement only; **non seulement... mais aussi** not only ... but also
sidérurgie (*f.*) iron and steel industry
siècle (*m.*) century
sieste (*f.*) nap
siffler to whistle
sillon (*m.*) furrow
sinueux/sinueuse winding, circuitous
sirop (*m.*) syrup
situer to locate; **se situer** to be located
ski (*m.*) skiing; **ski de fond** cross-country skiing; **ski nautique** water skiing; **faire du ski nautique** to water-ski
sobrement soberly, moderately, frugally
soin (*m.*) care; **soins de beauté** beauty treatment
soirée (*f.*) evening; evening party
soit... soit either ... or
sol (*m.*) ground, earth, soil
solde (*m.*) balance due; **en solde** on sale
solidaire united
somme (*f.*) sum, amount
sommet (*m.*) summit
sondage (*m.*) poll
songer à to dream of
sonner to ring (the bell)
sophistiqué(e) sophisticated
sorcier/sorcière sorcerer/sorceress, wizard/witch
sort (*m.*) fate, destiny, condition in life
sortie (*f.*) exit; outing
sortir to go out, take out, exit
soucieux/soucieuse worried, concerned
soucoupe (*f.*) saucer
souffle (*m.*) breath, blast, puff (of air, wind)
souffler to blow
souhaiter to wish, desire
soulever to lift, raise up
soulier (*m.*) shoe
souligner to underline, emphasize
soupçonner to suspect
soupe (*f.*) soup; **soupe en sachet** soup mix
soupirer to sigh
sourd(e) deaf
sourire (*m.*) smile
sous-tasse (*f.*) saucer
sous-vêtement (*m.*) undergarment
souterrain (*m.*) underground passage, tunnel

soutien (*m.*) support
speaker/speakerine TV and radio announcer
spécialité (*f.*) specialty; **spécialités de la maison** specialties of the house
sport (*m.*) sports; **sports d'équipe** team sports
squelette (*m.*) skeleton
stage (*m.*) training period, apprenticeship, internship
station (*f.*) station, stopping place; **station de ski** ski resort; **station-service** gas station
strophe (*f.*) stanza
subside (*m.*) subsidy
subventionner to subsidize
sucre (*m.*) sugar
sucreries (*f.pl.*) sweets
sucrier (*m.*) sugar bowl
sudiste (*m.*) southern
Suisse (*f.*) Switzerland
suite (*f.*) succession; **de suite** in succession, consecutively
suivant(e) following
suivre to follow
sujet (*m.*) subject; **au sujet de** concerning, with regard to
supérieur(e) upper, superior
supporter to stand, tolerate
supprimer to suppress
surdiplômé(e) person with many degrees
surgeler to deep-freeze
surmonter to surmount, overcome, get over
surpeuplé(e) overpopulated
surprenant(e) surprising
surprendre to surprise
surpris(e) surprised
surréaliste (*m., f.*) surrealist
sursaut (*m.*) jump, start
surtout especially
surveiller to monitor, watch over
survenir to happen suddenly, arise unexpectedly
susciter to cause, give rise to, stir up
suspension (*f.*) suspension; **suspension pneumatique** pneumatic suspension
syllabe (*f.*) syllable
sympa, sympathique nice
sympathiser to sympathize

tabac (*m.*) tobacco; tobacconist's shop
tableau (*m.*) board; picture, painting
tabler sur to count on, reckon on
tablette (*f.*) small blackboard, slate
tâche (*f.*) task
taille (*f.*) size
tailler to cut, trim
tandis que while
tant so much
taper to knock; **taper à la machine** to type; **taper le dos** to pat on the back
tapisserie (*f.*) tapestry; making of tapestries
tardif/tardive late
tarif (*m.*) price list, rate list; **plein tarif** full fare
tas (*m.*) heap, pile; **des tas de** (*sl.*) lots of, heaps of, oodles of
tasse (*f.*) cup
taureau (*m.*) bull

taux (*m.*) rate; **taux de change** exchange rate; **taux d'inflation** inflation rate; **taux de mortalité infantile** infant mortality rate; **taux de natalité** birthrate
tee-shirt (*m.*) T-shirt
téléviseur (*m.*) television set
témoigner to testify, show, bear out
témoin (*m.*) witness
temps (*m.*) time; weather; **mauvais temps** bad weather; **en même temps** at the same time; **emploi du temps** schedule
tendance (*f.*) inclination, tendency; **avoir tendance à** to be inclined to, have a tendency to
tendre à to tend to
tendu(e) taut; **relations tendues** strained relations
tenir to hold, keep; **tenir à** to care about; **tenir compte de** to take into consideration; **faire tenir** to make (something) hold; **se tenir** to behave, be; **se tenir à l'écart** to keep at a distance
tenter to tempt; to try
tenue (*f.*) outfit; **tenue de combat** battle dress
terme (*m.*) term; **être en bons termes** to be on good terms
terminer to end
terrassement (*m.*) excavation
terre (*f.*) earth, soil, land; **la Terre** Earth
territoire (*m.*) territory
tête (*f.*) head; **en tête** first of all, at the top of the list
théâtre (*m.*) theater
thermes (*m.pl.*) thermal baths
thon (*m.*) tuna
tic-tac (*m.*) ticking of a clock
tiens! hey! how about that!
tiers (*m.*) third party; **tiers monde** Third World
tire-bouchon (*m.*) corkscrew
tiré(e) de taken from
tiroir (*m.*) drawer
tissu (*m.*) fabric, tissue
toile (*f.*) spider web, fabric
toilette (*f.*) grooming; **faire sa toilette** to wash and dress
toit (*m.*) roof
tomber to fall
tonneau (*m.*) cask, barrel
tôt soon, early
toujours always
tour (*m.*) tour, turn; **deuxième tour** second round (of an election)
tourner to turn
tout(e) all, any; **tout de même** just the same; **tout au long** all along
toux (*f.*) cough
tracasser to worry
tracer to mark out
tracteur (*m.*) tractor
traducteur/traductrice translator
trafic (*m.*) traffic
train (*m.*) train; **en train de** in the process of
traîner to drag; **se traîner** to crawl, drag oneself along
traître treacherous
tranquille calm, tranquil
transe (*f.*) anxiety

transport (*m.*)   transportation; **transports en commun**   mass transit
trappeur (*m.*)   trapper
travail (*m.*)   work; **travail à la chaîne**   assembly line work; **travaux publics**   public works
travailler   to work
travailleur/travailleuse   hardworking, industrious
à travers   through
traverser   to cross
trébuchant(e)   staggering along
tremblement (*m.*) **de terre**   earthquake
tribal(e)   tribal
tricher   to cheat
tricolore   tricolor
trier   to sort, pick out
trinquer   to clink glasses (in a toast)
triste   sad
trombe (*f.*) **d'eau**   downpour
tromper   to deceive; **se tromper**   to make a mistake, be wrong
trompette (*f.*)   trumpet .
tronc (*m.*)   tree trunk; collection box
tronçon (*m.*)   section
trottoir (*m.*)   sidewalk
trou (*m.*)   hole
trouer   to make holes in
trouvaille (*f.*)   lucky find
trouver   to find; **se trouver**   to find oneself, be
truc (*m.*)   thing, thingamajig, whatchamacallit
tuer   to kill; **se tuer**   to kill oneself
tulipe (*f.*)   tulip
turlupiner   to worry, bother
tuyau (*m.*)   pipe, hose

unique   single, only (child)
unir   to unite
urbanisation (*f.*)   urbanization
usine (*f.*)   factory, plant
utile   useful

vacances (*f.pl.*)   vacation
vacarme (*m.*)   uproar, din, racket, hubbub
vache (*f.*)   cow
vagabond(e)   vagabond, wandering
vaincu(e)   loser
vaisseau (*m.*)   vessel, ship
vaisselle (*f.*)   dishes; **vaisselle assortie**   matching dishes; **faire la vaisselle**   to do the dishes
valable   valid
valider   to validate, authenticate
valoir   to be worth; **il vaut mieux**   it would be better (to)
valoriser   to give value
vapeur (*f.*)   steam, vapor; **fuir à toute vapeur**   to get away at top speed
vedette (*f.*)   launch, boat; star
véhicule (*m.*)   vehicle
veille (*f.*)   eve, day before
veiller à   to see to, keep an eye on
vélo (*m.*)   bike
venir de   to have just
vent (*m.*)   wind
vente (*f.*)   sale; **vente à la sauvette**   street peddling

ventre (*m.*)   belly, abdomen
verdure (*f.*)   greenery
vérité (*f.*)   truth
vernissage (*m.*)   opening of an art show
verre (*m.*)   glass
verrerie (*f.*)   glassmaking; glassware
vers (*m.*)   line of poetry
verser   to pour
vêtement (*m.*)   garment, article of clothing
vétérinaire (*m., f.*)   veterinarian
vêtu(e)   clothed, dressed
viaduc (*m.*)   viaduct
viande (*f.*)   meat
vie (*f.*)   life; **vie quotidienne**   daily life; **en vie**   alive
vieillesse (*f.*)   old age
vieillissement (*m.*)   aging
vieux/vieille   old; **vieux jeu**   old-fashioned; **mon vieux** (*sl.*)   old pal, old buddy
vigne (*f.*)   vine
vigoureusement   vigorously
ville (*f.*)   city
vinaigre (*m.*)   vinegar
violon (*m.*)   violin
virgule (*f.*)   comma
vis-à-vis   opposite; with respect to, regarding
visibilité (*f.*)   visibility
visionner   to view
visiter   to visit
vitesse (*f.*)   speed
viticulteur (*m.*)   wine grower
vitre (*f.*)   window pane
vitrine (*f.*)   shop window
vivace   hardy, indestructible
vivats (*m.pl.*)   cheering of the crowd
vivier (*m.*)   fish pond
vivre   to live; **vivre dans quatre murs**   to live within four walls
voie (*f.*)   road, track; **voie ferrée**   railroad tracks; **en voie de**   in the process of
voir   to see
voire   indeed, even
voisin(e)   neighbor
voiture (*f.*)   car; **voiture d'enfant**   baby buggy; **voiture de police banalisée**   unmarked police car
voix (*f.*)   voice; **à haute voix**   aloud
volaille (*f.*)   poultry, fowl
voler   to fly; to steal
voleur/voleuse   thief
volonté (*f.*)   will; **à volonté**   at will
volupté (*f.*)   sensual pleasure
vouer   to vow, dedicate, consecrate
vouloir   to want; **vouloir dire**   to mean
voyage (*m.*)   trip, voyage; **voyage d'agrément**   pleasure trip; **voyage d'affaires**   business trip
vrai(e)   true; **à vrai dire**   to tell the truth

W.-C., water-closet (*m.*)   toilet

yaourt (*m.*)   yogurt

zinc (*m.*)   zinc; counter of a bar
zone (*f.*)   zone, area; **zone de haute pression**   high-pressure area